출판이란 무엇이고 무엇이 아닌가

출판이란 무엇이고 무엇이 아닌가

초판 1쇄 인쇄   2016년 8월 15일
초판 1쇄 발행   2016년 8월 20일

지은이   유재건

펴낸이   유재건
펴낸곳   엑스북스(xbooks)
등록번호   제2014-000206호
주소   서울시 마포구 와우산로 180 4층 402호
대표전화   02-334-1412
팩스   02-334-1413
이메일   help@xplex.org

ISBN 979-11-86846-05-6 03300

이 도서의 국립중앙도서관 출판시도서목록(CIP)은 서지정보유통지원시스템 홈페이지
(http://seoji.nl.go.kr)와 국가자료공동목록시스템(http://nl.go.kr/kolisnet)에서
이용하실 수 있습니다. (CIP제어번호: CIP2016018351)

생각보다 글쓰기는 우리와 가깝습니다. 잘 쓰는 것도 좋지만, 쓰고 싶은 마음이 더 좋습니다.
엑스플렉스는 글로 소통하고 싶은 사람들을 위한 강의를 기획하고 책을 출판합니다.
언어의 세계는 무한하다는 믿음으로 미지수 엑스(x)의 활동을 꾸려나가는,
이곳은 '출판문화공간 엑스플렉스'입니다.

유재건

출판이란
무엇이고

무엇이 아닌가

xbooks

모든 것은 가고 또 되돌아온다.
모든 것은 죽고 또다시 피어난다.
모든 것은 부서지고 또다시 결합한다.

니체, 『차라투스트라는 이렇게 말했다』 중에서

| 일러두기 |

1 외래어 표기는 원칙적으로 국립국어원의 〈외래어 표기법〉을 따랐으나, 일부 관용적으로 굳어진 경우에는 관용을 따랐다. 타겟, 그룹핑, 맵핑 등이 그런 예에 속한다.

2 띄어쓰기의 경우에도 의미를 드러내는 데 더 적합하다고 판단되는 경우, 원칙을 따르지 않고 붙여서 썼다. 판매전, 판매중, 판매후, 마케팅커뮤니케이션, 저자브랜드, 출판사브랜드, 타이틀브랜드 등이 그런 예에 속한다.

책머리에

출판의 '벨 에포크'(La Belle Epoque, 아름다운 시절)는 끝났다. 지금까지의 출판을 지탱해 온 저자에서 독자로 이어지던 출판의 가치사슬(value chain)은 붕괴되었다. 지금 출판은 대격변(revolution)을 맞고 있다. 다시(re-) 소용돌이(volution) 속으로 빠져들고 있는 것이다. 소용돌이는 가벼운 것은 밖으로 밀어내고 무거운 것은 빨아들인다. 소용돌이에서 살아남는 방법은 하나다. 몸을 최대한 가볍게 한 상태에서 구명튜브와 함께 물속으로 뛰어드는 것이다. 공포에 떨면서 배의 마스트에 몸을 묶다가는 배와 함께 소용돌이 속으로 사라지고 만다.

우리의 목숨을 담보할 구명튜브는 콘텐츠와 네트워크다. 여기서 네트워크란 출판사와 직·간접으로 관계를 맺는 퍼블릭(public)으로, '입장과 코드를 공유하는 사람들, 즉 다중(多衆)'을 가리킨다. 이 네트워크를 통해 콘텐츠를 공유하고 활동을 공유할 수 있는 토대를 구축할 수 있다면, 즉 퍼블릭 릴레이션(public relations)을 구축할 수 있다면 출판은 소용돌이에서 살아남을 것이다.

책을 쓰는 동안 제목이 여러 번 바뀌었다. 맨 처음 제목은 출판의 정의를 묻는 『출판이란 무엇인가』였다. 출판이 직면한 지금의 어려움은 일시적인 것이 아니라 근본적인 것이기에 현상 너머의 본질 즉 정의를 다시 물음으로써 이후의 활로를 모색해보고 싶었다. 출판이 직면한 위기의 본질은 출판 '가치사슬'의 붕괴다. 당연히 과제는 '가치사슬'의 재구축이다. 그러나 재구축은 예전 가치사슬의 단순 복원이 아니다. 그건 불가능할 뿐만 아니라 의미도 없다. 웹시대가 요구하는 출판의 밸류체인은 새로운 밸류체인 즉 '가치전달네트워크'다. '가치전달네트워크'의 전제조건은 출판의 두 주요고객인 저자, 독자와의 항상적인 커뮤니케이션이다. 이제 출판은 '고객과의 관계관리'(CRM)를 본질적 속성으로 하는 마케팅을 만나야만 했다.

출판과 마케팅은 친연성이 매우 높다. 책이 정신(마인드)의 산물로서 정신으로 이전되는 상품이라면, 포지셔닝을 목표로 하는 마케팅은 고객의 마인드를 조정해 그 안에 자리를 잡는 일이기 때문이다. 출판과 마케팅 둘의 만남은, 시작은 출판+마케팅의 물리적 결합이더라도 결국 출판×마케팅의 화학적 결합이 될 수밖에 없다. 전자의 경우 마케팅은 선택일 수 있지만, 후자의 경우 마케팅은 필수다. 곱셈으로 연결되어 있는 후자의 경우, 마케팅이 없다면(0이라면) 출판도 없다. 전자가 물리적이고, 양적이고, 평균적이고, 정량적이고, 산술급수적인 방식의 결합이라면, 후자는 화학적이고, 질적이고, 승수적이고, 정성적이고, 기하급수적인 방식의 결합이다. 화학적 결합을 통해 출판과 출판마케팅은 동의어가 된다. 이제 출판이라고 쓰고 항상 출판마케팅이라고 읽어야 한다. 이 책에서 출판이라고 할 경우 그것은 언제나 마케팅이 괄호쳐져 있는 '출판(마케팅)'을 의미한다.

결국 지금 출판이 소용돌이에서 빠져나오기 위해서는 마케팅이 중요하고, 따라서 마케팅을 강조하는 의미에서 『출판마케팅이란 무엇인가』로 책제목을 바꿨다. 책제목에 출판마케팅을 넣고 싶었던 또 하나의 이유가 있다. 마케팅이라고 하는 일반성의 지반 위에 서있으면서도 출판마케팅은 일반마케팅과 다른 특성을 갖는다. 일반상품·서비스가 갖는 특성과 책이 갖는 특성, 그 둘의 대비를 통해 일반산업과 출판산업의 차이를 드러내보고 싶기도 했다.

본질이나 정의를 묻는 데는 긍정의 방식('무엇인가')과 부정의 방식('무엇이 아닌가') 두 가지가 가능하다. 긍정의 방식은 더하는 방식이고, 부정의 방식은 빼는 방식이다. 정의는 시대적 조건이나 상황에 따라 변한다. 한때 '무엇이다'라고 통용되었던 정의가 조건과 배치가 달라지면 더 이상 '무엇이 아닌' 게 되어버리는 경우가 적지 않다. 기업을 둘러싼 내·외부환경이 우호적일 때는 '무엇인가'를 물음으로써 새로운 것들을 지속적으로 추가해 가는 방식이 바람직하다. 그러나 내·외부환경이 비우호적이거나 적대적일 때는 '무엇인가'를 묻는 것에 더하여 '무엇이 아닌가'를 물음으로써 기존의 것을 부정하는 동시에 이전과는 다른 새로운 것을 찾으려는 노력이 필요하다. 더욱이 긍정과 부정을 대비시키면 본질이나 정의가 더욱 선명히 부각된다.

우리는 그동안 종이책 중심으로 오랫동안 출판을 해오면서 원하든 원치 않든 종이책을 출판의 '본질'이라고 여겨왔다. 그러나 이제 출판은 종이책과 결별해야 한다. 물론 종이책을 버리자고 말하는 건 아니다. 종이 외에도 다른 매체와 얼마든지 결합할 수 있어야 한다는 의미에서 결별을 이야기하는 것이다. 책의 존재론적 본질은 종이에 있는 것이 아니라 지식에 있다. 지식은 종이와 결합할 수도 있고, 스마트폰과 결합할 수도 있고, 그밖에 앞으로 등장할 다양한 매체와 얼마든지 결합할 수 있다. 소용돌이 앞에서 주저하고 망설이는 모습을 보면서 낡은 것과의 결별의 필요성을 더욱 강하게 느꼈으며, 이는 '무엇이 아닌가'를 더욱 강하게 묻는 요인이 되었다. 그래서 다시 한 번 『출판마케팅이란 무엇이고 무엇이 아닌가』로 책제목을 바꿨다.

출간을 앞두고 한 후배가 책제목을 듣더니 대뜸 "출판마케터들이 보는 책인가봐요" 한다. '아이쿠!', 출판을 마케팅 관점에서 재구축해보자고 제안하는 책인데, 이러면 시장세분화와 타겟팅에 문제가 생긴다. 이 책은 출판에 관심이 있는 모든 사람이 읽으면 좋을 책이다. 출판의 세계가 궁금하거나, 출판을 직업으로 선택하고 싶거나, 출판은 베스트셀러 한방이면 끝나는 거라고 믿거나, 편집자는 책을 만드는 사람이고 책을 파는 건 마케터의 일이라고 생각하거나, 디자이너는 책을 예쁘고 멋있게 만드는 사람이라고 생각하거나, 도서정가제 이후 프로모션이 막막해졌다고 생각하거나, 뉴미디어 환경에서 새로운 출판모델이 필요하다고 생각하거나, 좀더 전문적이고 프로페셔널한 출판 커리어를 쌓고 싶거나, 책은 죽었다, 아니 죽을 거라고 생각하는 사람 들이 보면 좋을 책이다.

결국 『출판이란 무엇이고 무엇이 아닌가』를 최종 책제목으로 정했다. 현실을 새롭게 구성·창조하려면 그에 앞서 의미 부여가 필요하고, 그러기 위해서는 '업'의 재정의를 통한 의미의 발견이 선행되어야만 한다. '출판이란 무엇이고 무엇이 아닌가'를 물음으로써 출판업의 새로운 의미를 발견하고, 부여하고, 그럼으로써 새로운 출판 현실을 구성해보고 싶었다.

이 책은 출판문화공간 엑스플렉스에서 『코틀러의 마케팅원리』(제14판, 시그마프레스)를 갖고 진행한 세미나와 강의의 결과물이다. 『코틀러의 마케팅원리』는 마케팅에 관한 교과서와 같은 책이다. 최소 열 번을 읽어 내용을 완벽하게 자기것으로 만들어두면 현실 문제에 부닥쳤을 때 큰 도움이 된다. 창의적인 결과물을 만들어내려면 이론을 머리가 아니라 몸에 기억시켜야 하는데, 그러려면 열 번 정도는 읽어야 한다. 보통 한 번을 읽으면 20% 정도가 기억에 남는다고 한다. 여기에도 8대 2의 '파레토의 법칙'이 적용되는 셈이다. 두 번째 읽으면 80의 20%, 즉 16%가 다시 남아서 처음의 20%와 함께 36%가 된다. 이때 처음에 남은 20%는 더 단단하게 각인된다. 세 번째 읽으면 64%의 20%가 남고, 이런 식으로 열 번 정도 읽으면 90% 이상이 남게 되는데, 이 정도 되면 책의 내용을 완전히 소화해서 자기것으로 만들었다고 할 수 있다. 어려운 시기일수록 이론 공부가 중요하다. 튼튼한 이론은 길을 이끄는 이정표 역할을 하기 때문이다.

모든 시절인연에 감사한다. 힘든 시기를 건너는 데 가족의 힘이 컸다. 매일매일 더 가벼워지고 싶다. 예민한 감각으로 소용돌이를 알아채고 그 소용돌이에 온몸을 싣는 가벼운 사람이고 싶다. 일상을 매번 소용돌이(volution) 속으로 다시(re-) 밀어넣는 그 능동적 휘말림 속에서, 일과 삶을 새롭게 구성하는 이노베이터, 혁명가이고 싶다.

2016년 7월
유재건

3장 _ 나누고, 조준하고, 쏘세요

제2부_전략이 있는 출판사는 위태롭지 않다

4장 _ 마케팅은 콘셉트 싸움이다

5장 _ 마케팅은 생물이다

6장 _ 마케팅, 기업전략과 마케팅전략이 빚어내는 드라마

제3부_마케팅전략은 4P로 완성된다

7장 _ 제품전략과 브랜딩전략

8장 _ 가격이냐, 가치냐

9장 _ 유통경로의 재구축

10장 _ 통합적 마케팅커뮤니케이션 전략

제4부_출판의 미래, 미래의 출판

11장 _ 지속가능한 출판의 조건

12장 _ 책출판에서 콘텐츠출판으로

제 1 부

출판의 시작과 끝에는 고객이 있다

1장

출판, 마케팅을 만나다

시작과 끝을 알면 위태롭지 않다

출판은 무엇으로 시작해서 무엇으로 끝나는 사업일까. 이런 질문에 이렇게 대답하는 사람들이 적지 않다. "시작과 끝, 그런 건 모르겠고, 출판은 책을 만들어서 파는 사업이다. 중요한 건 잘 팔릴 만한 아이템을 발빠르게 내서 많이 파는 것, 이게 출판이다." 출판업을 물질로서의 책을 만들어 파는 사업으로 보는 전형적인 판매 사고방식이다.

한편 이렇게 말하는 사람들도 많아졌다. "고객의 니즈로부터 출발해서 고객만족과 고객감동으로까지 이어지는 일련의 과정을 컨트롤하는 것, 물질로서의 책이 아니라 솔루션으로서의 콘텐츠를 다루는 것이 출판이다." 출판을 책이라고 하는 물질이 아니라 고객의 마인드를 다루는 사업으로 정의하는, 이른바 마케팅적 사고방식이다.

마케팅이란, "이익이 날 수 있도록(profitable) 고객관계를 관리하는 것"이다. 『코틀러의 마케팅원리』에는 이 순서가 바뀌어 고객관계를 관리하면 그 결과로 이익이 난다는 것으로 되어 있다. "마케팅은 기업이 고객을 위해 가치를 창출하고 강력한 고객관계를 구축함으로써 그 대가로 고객들로부터 상응한 가치를 얻는 과정으로 정의한다."[1]

　"고객관계관리(CRM)를 하면 프로피터블(profitable)하다."라는 마케팅의 정의는 고객(Customer), 관계(Relationship), 관리(Management), 이익성 있는(Profitable)의 4가지 요소로 이루어진 명제다. 관계(Relationship)는 한마디로 하면 '단골'이다. 단골의 반대말은 '뜨내기'다. 어떤 상품을 뜨내기가 아닌 단골에게 팔 때 그 비용은 "5배나 더 저렴하다."[2] 따라서 단골관계를 만들고 유지하면 4만큼의 절감한 비용을 제품개발 등에 쓸 수 있다. 고객관계관리가 중요한 이유다.

　출판에서의 고객은 필자와 독자다.[3] 뜨내기 필자와 단골 필자 중 어느 필자가 상대하기 쉽겠는가? 쉽다는 건 그만큼 비용이 덜 든다는 얘기다. 서로 일을 해봐서 스타일도 알고, 책 내는 품새도 알고, 편집자가 뭘 원하는지도 알고, 저 출판사에 책을 맡기면 책의 모양은 대충 이렇게 나올 거고, 책값은 얼마로 매길 거고, 프로모션을 이렇게 할

---

1 『코틀러의 마케팅원리』, 제14판, 필립 코틀러·개리 암스트롱 지음, 안광호·유창조·전승우 옮김, 시그마프레스, 2012, 6쪽(이하 『코틀러의 마케팅원리』로 약칭. 이 책에서는 주로 제14판을 인용했는데, 드물게 제15판을 인용한 경우가 있다. 이때는 '제15판'이라고 따로 명기했다). 차별화된 고객가치를 창출하여 고객에게 만족과 감동을 줌으로써 고객과의 관계를 구축하면 '고객으로부터 매출, 이익, 장기적 고객자산 등의 기업가치를 획득'할 수 있기 때문에 고객과의 관계를 획득·유지·확장해 나가는 것이 기업으로서는 매우 중요한데, 이를 '고객관계관리'라고 한다. 고객관계관리를 좀더 쉽게 말하면 한편으로 단골고객을 만든 다음 이들이 떠나지 않도록 지키고, 다른 한편으로 계속 새로운 단골을 끌어들이는 것을 말한다. 고객관계관리의 핵심은 단순하다. "받으려면 먼저 주어라." CRM의 기본이다. 신뢰와 호의의 관계가 만들어지면 반복적인 거래는 쉬워지고, 이는 투자 대비 효율을 극대화시킨다. 저자와의 반복거래, 독자와의 반복거래, 이것을 제대로 할 수 있으면 사업은 성공하고, 제대로 하지 못하면 사업은 어려움을 겪을 수밖에 없다.
2 『코틀러의 마케팅원리』, 22쪽 참조.
3 출판에서의 고객에 대해서는 이 책 62쪽 참조.

거고, 그 수준에 맞추자면 나는 원고를 이렇게 쓰면 될 거고, 이런 식으로 매니지먼트할 수 있는 범위 내에 있기 때문에 의사결정이나 진행이 매끄러울 수밖에 없다. 그러나 뜨내기 필자한테는 너무 많은 걸 설명해야 하고, 마감을 비롯해서 일의 전반적인 예측이 쉽지 않다. 한마디로 뜨내기는 매니지먼트 범위에 있지 않은 것이다. 매니지먼트가 가능하려면 단골 즉 릴레이션십의 확보가 전제되어야 한다.

4가지 요소 중에서 가장 중요한 것은 매니지먼트 즉 관리다. 예측 가능하고 반복적으로 수행 가능해야, 즉 컨트롤할 수 있어야 사업이기 때문이다. 컨트롤할 수 없으면 그건 운에 맡기는 도박이나 다름없다. 어떤 행동을 반복하고 지속하면 시스템이 만들어지는데, 이 시스템을 만드는 데 반드시 필요한 것이 매니지먼트다. 관리한다는 것은 경영한다는 것이고, 이는 결국 시스템을 구축하는 걸 의미한다. 책을 어제는 못 팔고, 오늘은 안 팔고, 그러다가 내일은 팔고, 이러면 사업이 될 수 없다. 어제도 주문했고, 오늘도 주문하고, 내일도 주문할 것이고, 이런 식으로 예측 가능한 일정 패턴이 있어야 한다. 유통경로도 그 패턴의 일환이다. 바로 이 일정한 패턴 즉 시스템이 매니지먼트고, 이것이 마케팅에서 가장 중요하다. 그래서 『코틀러의 마케팅원리』를 '하나로 꿰어서 한 마디로 요약하면'(콘셉트로 표현하면) "관리한다, 고객관계를, 그러면 이익이 난다."가 된다.

코틀러는 이 정의를 토대로 마케팅 과정을 5단계로 구체화한다.[4] ① 시장의 이해와 고객의 니즈·원츠 이해, ② 고객지향적 마케팅 전략의 설계, ③ 탁월한 고객가치[5]를 전달하기 위한 통합적 마케팅 프

---

4 『코틀러의 마케팅원리』, 6쪽.

로그램의 개발, ④ 이익이 나는[6] 고객관계 구축과 고객감동의 창출,
⑤ 고객으로부터 매출, 이익, 장기적 고객자산 등의 기업가치 획득.

　코틀러의 5단계 마케팅 과정을 좀더 구체적인 출판 프로세스로 바
꾸어 보면 다음과 같다.

　"출판은 내 업이다, 나는 왜 이 업을 하는가, 내 출판의 분야와 주제
는 무엇인가(사명)→내가 출판하려는 분야의 시장 크기와 특성은 어떤
가(세그멘테이션)→내 독자는 누구인가(타겟팅)→그의 니즈(욕구)는 무엇
인가→그 니즈를 제품·서비스[7]로 현실화시킬 수 있는가(저자를 찾을 수
있는가)→만들어낸 제품·서비스가 차별성이 있는가(차별화)→내 독자
에게 내 제품·서비스의 존재를 알릴 수 있는가(PR, 커뮤니케이션, 포지셔

---

5 고객가치란 고객이 어떤 제품을 소유하고 사용하여 획득한 편익(가치)과 그 제품을 획득하는
　데 소요된 모든 비용 간의 차이를 경쟁사의 제공물과 비교·평가한 것이다. 여기서 중요한 것은
　고객가치는 언제나 '지각된 고객가치'를 의미한다는 사실이다. '지각된'이 중요한 것은 마케팅
　이 어디까지나 소비자의 마인드와 관련된 주관적이고 심리적인 문제를 다룬다는 사실 때문이
　다. 고객가치는 비록 앞에 '지각된'이라는 말이 생략되어 있더라도 읽을 때는 언제나 '지각된
　고객가치'로 읽어야 한다.
6 『코틀러의 마케팅원리』에서는 profitable을 '수익성 있는'으로 옮겼으나, 이 책에서는 '이익이
　나는' '이익을 내는' 등으로 바꿨다. 일상의 용법에서는 수익과 이익을 혼용해서 쓰기도 하지
　만, 경영학이나 회계학에서는 둘을 구분해서 사용한다. 수익(revenue)은 매출을 의미하고, 이
　익(profit)은 매출에서 비용을 뺀 차액을 가리킨다.
7 출판사의 시장제공물은 주로 책(전자책 포함)이다. 따라서 제품·서비스라는 표현보다는 제품
　이라는 표현이 더 현실에 부합한다. 그러나 바뀐 출판의 지형은 출판사로 하여금 지금까지의
　제조업체에서 제조·서비스업체로의 변신을 요구하고 있다. 디지털은 아톰의 세계가 아니라 비
　트의 세계이기 때문이다. 아톰의 세계가 물질의 세계고 제품의 세계라면, 비트의 세계는 비물
　질의 세계고 서비스의 세계다. 아톰의 세계가 섞이기를 거부하는 아날로그의 세계라면, 비트
　의 세계는 콘텐츠들이 쉽게 섞이는 디지털의 세계다. 최근 미국의 출판시장에서 '판매-소유'모
　델이 아닌 '구독-이용'모델이 부상하고 있는 것도 이런 추세를 반영한다. 디지털화는 출판영역
　에서도 비중이 점점 커지리라는 판단에서 제품이라는 표현보다는 제품·서비스라는 표현을 썼
　다. 참고로 지식서비스기업으로서 출판사가 해야 하고, 할 수 있는 일로는 저자 매니지먼트 사
　업, 저자 양성 사업, 콘텐츠 구독 서비스 사업, 강의사업 등을 예로 들 수 있다.

닝)→내 제품·서비스에 대한 호감·선호·확신을 갖게 함으로써 구매하게 할 수 있는가(PR, 커뮤니케이션, 포지셔닝)→독자들이 효율적인 유통 채널을 통해 제품·서비스를 구매할 수 있는가(유통)→책을 읽은 독자가 만족하고 감동하는가(고객만족)→입소문이 나거나, 낼 수 있는가(입소문마케팅)→독자로부터 기업가치를 얻고 이익을 획득할 수 있는가→이런 프로세스가 확대재생산 될 수 있도록 목표를 세워 실행할 수 있는가(단기적 목표)→목표가 중장기적인 비전과 연결되어 있는가(중장기적 비전)[8]→다시, 나는 왜 이 업을 하는가(사명)."

사명으로 시작해서 다시 사명을 묻는 것으로 끝나는 이 기나긴 과정을 관통하는 하나의 키워드는 마케팅이다. 보일 듯이 보이지 않는 고객의 '본원적 욕구'(needs)를 읽어낸 다음, 그 욕구를 충족시키는 제품·서비스를 만들어내고, 알리고, 호감·선호·확신을 갖게 함으로써 구매를 하게 하고, 사용 경험을 통해 만족한 고객과 신뢰관계(브랜드)가 만들어지는 일련의 과정을 마케팅이라고 한다.

언어, 인간의 시작이면서 출판의 시작

출판에서 언어는 매우 중요하다. 에디터나 마케터는 언어 전문가가 되어야 한다. 이 말이 교정·교열을 잘 보고 글을 잘 써야 한다는 것만

---

8 『코틀러의 마케팅원리』에서는 비전이라는 표현을 쓰지 않는다. 대신 objectives와 goals라는 표현을 사용한다. objective와 goal은 둘 다 목표를 가리키는 말이지만, 뉘앙스와 용법에서 차이가 난다. objective가 단기적·구체적·정량적 성격의 목표를 가리킨다면, goal은 장기적·추상적·정성적 성격의 목표를 가리킨다. 이 책에서는 goal에 해당하는 10년~15년 정도의 중장기적이고 정성적인 목표를 '비전'이라는 용어로 썼고, objective에 해당하는 1년~3년의 단기적이고 구체적이고 정량적인 목표는 '목표'라는 용어로 정의해 사용했다.

을 의미하지는 않는다. 언어에 대해 깊이 이해해야만 출판미디어의 특성이나 마케팅의 특성도 이해할 수 있고,[9] 저자·독자와의 소통도 원활하게 할 수 있다. 어디에서 왔는지를 모르면 어디로 가야 하는지도 모르는 법. 출판은 언어로 시작해서 언어로 끝나는 '업'(業)이다. 우리는 매일 언어와 함께 살면서도 숨쉬는 공기에 대해 그런 것처럼 언어의 본질에 대해 잘 모르고 크게 관심도 없다.

우리는 흔히 언어가 사물을 대신한다고 생각한다. '나무'라는 단어가 현실의 '나무'를 대신한다고 생각하는 것이다. 그러나 현실의 나무와 언어상의 나무는 직접적 상관관계가 없다. 대상으로서의 나무를 나무라고 부르자고 한 것은 그저 우리의 약속일 뿐이다. 나무를 나무라고 하지 않고 '무나'라 부르자고 해도 문제될 게 없다. 이를 언어의 '임의성' 혹은 '자의성'이라고 한다.

인간이 인식(인지)을 한다는 것은 언어와 감각을 통해 사물이나 사건을 정신의 영역으로 받아들이는 것을 말한다. 그리고 인간은 언어를 통해 다른 사람과 커뮤니케이션을 한다. 인풋(인식), 아웃풋(표현)을 언어를 매개로 해서, 즉 언어를 통해서 하는 것이다. 언어는 사물(사건)과 인간 사이에 위치하면서 둘을 매개하는 역할을 한다. 언어는 언어일 뿐 사물(사건)이 아닌 것이다.

현실은 인간, 언어, 대상(존재)으로 구성되어 있다. 언어는 인간과

---

9 언어의 특성을 이해하는 것과 마케팅의 특성을 이해하는 것은 밀접한 관련이 있다. 마케팅이란 제품의 속성이나 편익을 소비자의 마음속·머릿속에 포지셔닝시키는 것인데, 제품이 통째로 마음속으로 들어가 자리를 잡는 것은 불가능하다. 매개를 거쳐 들어갈 수밖에 없는데, 그 매개물이 바로 언어다. 경쟁하는 상품들은 포지셔닝 사다리의 상층을 차지하기 위해 언어로 경쟁할 수밖에 없는데, 이것이 바로 제품의 속성과 편익을 가장 잘 표현하는 언어 경쟁, 바로 콘셉트 경쟁이다.

대상 사이에서 둘을 매개한다. 인간은 언어(와 감각)를 통해 대상을 인식하고, 인식한 것을 다시 언어를 통해 표현한다. 언어는 기표(시니피앙)와 기의(시니피에)로 되어 있다. 여기 나무가 있다. '나무'라고 쓰고 '나무'라고 읽는다. 기표는 '나무'라고 읽을 때의 소리를 가리키고, 기의는 실제 나무의 뜻이 아니라 기표의 뜻을 가리킨다. 나무의 뜻 즉 나무라는 기표의 뜻은 무엇인가? '나무'라는 소리를 들으면 우리 정신이나 마음속에 떠오르는 이미지(표상이라고도 한다), 그것이 나무라는 기표의 뜻이다. 나무에 얽힌 추억이나 사연, 느낌, 경험 등에 따라 사람마다 그 의미와 뉘앙스, 이미지가 다 제각각일 것이다. 저 하늘의 태양도, 달도 마찬가지다. 지구상의 인구가 70억 명이라면 나무의 뜻, 태양의 뜻, 달의 뜻도 각각 70억 개쯤 된다고 보면 맞다. 사랑, 우정 등의 추상명사는 더 말할 것도 없다. 중요한 건 실제 대상으로서의 나무, 태양, 달은 언어와는 별개로, 즉 기표·기의와는 별개로 저기 저렇게 따로 떨어져 엄연히 존재한다(있다)는 사실이다.

그런데도 우리는 나무라고 말해 놓고 그것이 실제 대상으로서의 나무를 가리키고 있다고 착각하는 경우가 많다. 커뮤니케이션이 불완전해지고 오해와 왜곡이 발생하는 이유다. 독일어 Gift에는 '선물'이라는 뜻과 '독'이라는 뜻이 함께 있다. 인간에게 언어는 독일어 Gift처럼 선물이기도 하고 독이기도 하다. 인간은 언어를 쓴다는 바로 그 점 때문에 위대해졌다. 그러나 같은 이유로, 즉 언어를 쓴다는 바로 그 점 때문에 착각을 하고 오해를 하고 왜곡을 하는 불완전한 존재가 될 수밖에 없다. 하지만 역설적으로 이 불완전함이 완전함에 대한 욕망을 불러일으키고, 이 욕망으로 우리는 불완전함을 넘어 완전함으로 최대한 가까이 다가서려 한다. 그 가까이 다가서려는 열망으로 자아는 더욱더 충만해지고, 그로써 우리는 존재의 이유를 갖게 된다(참고로 언어를 가지고 이 일을 가장 밀도 높게 해낼 수 있는 게 바로 출판이다).

인간은 생물학적 존재이면서, 정치·사회적 존재이고, 문화적 존재이기도 한 '3중의 존재'다.[10] 생물학적 존재인 인간은 어떻게 다른 동물들과 달리 정치·사회적이고 문화적인 존재가 될 수 있었을까. '생각하는 뇌'를 갖고 있고 언어를 사용하기 때문이다. 언어는 개념을 낳고, 개념은 사유(생각)를 가능케 함으로써 인간을 생각하는 동물, 이성적 동물로 만들어주었다. 뿐만 아니라 인간은 언어를 통해 욕구와 감정, 서사(이야기)를 표현하는 것이 가능하게 되었다. 이렇게 해서 인간은 생물학적 존재를 넘어 정치·사회적이고 문화적인 존재가 될 수 있었다.

언어를 쓰는 인간은 자신의 욕구를 말로 표현(요구)할 수 있다. "배고파, 맛있는 거 먹고 싶어. 아 사랑이 고파, 나를 사랑해줘." 이는 축복인 동시에 저주다. 동물의 경우 욕구는 욕구로만 그친다. 욕구가 욕구로만 그치면 욕구 불만에 따른 욕망 같은 것은 생겨나지 않는다. 욕구(needs)가 언어를 통해 요구(demand)로 번역되어 나타나는 순간, 언어(번역)의 불완전성으로 인해 욕구는 필연적으로 결여나 결핍을 동반하게 된다. 언어는 실제 대상과 유리된 기표-기의의 상징체계로 이루어진 기호여서 언어와 대상 간에는 필연적으로 간극이 생길 수밖에 없고, 이 때문에 욕구는 온전하게 채워지지 않고 결핍을 낳을 수

---

10 3중의 존재로서의 인간 특성은 뇌구조를 반영하고 있다. 미국의 뇌과학자 폴 매클린(Paul MacLean)에 따르면 인간의 뇌는 크게 세 부위로 이루어져 있는데, 가장 깊숙한 안쪽에 심장 박동이나 호흡 등의 생명활동을 관장하는 '생존의 뇌'(파충류의 뇌)가 있고, 이를 다시 '감정의 뇌'(포유류의 뇌)라고 불리는 대뇌변연계가 감싸고 있으며, 가장 바깥을 언어·의식·지능 등을 관장하는 '생각의 뇌'라고 불리는 대뇌피질(신피질)이 감싸고 있다고 한다.

밖에 없다.[11]

그럼 충족되지 않은 나머지 욕구는 그대로 사라지는가? 아니다. 소니 워크맨은 현실에서 사라졌어도 니즈 차원에서 음악을 듣고자 하는 열망은 계속 남아 있는 것이다. 그 남아 있는 열망이 아이팟으로 현실화되어 다시 살아나는 것이다. 아이팟 또한 언젠가는 사라질 것이고, 그건 또 다시 다른 것으로 현실화되어 살아날 것이다. 욕구가 완벽하게 채워지지 않는 한 인간의 요구는 사라지지 않고 끊임없이 되돌아온다. 요구에서 욕구를 뺀 그 차이만큼의 욕구불만이 무의식의 형태로, 잠재성의 형태로 남아 새로운 욕구를 낳기 때문이다. 이 무의식, 잠재성을 가리켜 욕망(desire)이라고 한다. 욕구는 이렇게 요구를 거치면서 욕망[12]이 된다. 이 잠재적인 힘을 알아채서 그것을 현실에서 보고, 만지고, 구매하고, 쓸 수 있게 만들어주는 것, 그것을 마케팅적으로 표현한 것이 바로 기획이고, 개발이고, 유통이고, 프로모션이다.

언어는 지식을 낳고 책을 낳는다

출판이란 무엇인가, 그 연원을 따져보면 역시 언어로부터 시작된다. 사회구성원으로 모여 사는 인간은 커뮤니케이션을 위해 언어를 사용

---

11 『인문학 개념정원』, 서영채 지음, 문학동네, 2013, 56쪽 참조.
12 현대철학에서 욕망을 어떻게 보느냐에는 크게 두 가지 시각이 있다. 라캉으로 대표되는 정신분석학 쪽에서는 결핍 내지 결여로서 즉 부정적인 것으로서 욕망을 얘기한다면, 들뢰즈로 대표되는 생성의 철학, 사건의 철학자들은 욕망을 결여가 아닌 긍정적인 생성의 에너지로 본다. 이 책에서는 욕망(욕구)을 두 가지 뜻 모두로, 즉 '뭔가를 간절히 원하는 상태' 혹은 '항상적 불만이나 결핍'의 뜻으로 사용한다.

한다. 언어가 가진 근본적인 한계에도 불구하고 언어를 사용하기 때문에 인간은 커뮤니케이션을 할 수 있다. 언어를 사용한다는 것은 개념을 사용한다는 것이다. 개념은 원활한 커뮤니케이션을 위한 일종의 약속이다. 지구상에 이런 나무, 저런 나무, 무수히 많은 나무가 있지만, 그 무수히 많은 나무를 '하나로(con) 꿰어(cept)' "뿌리가 있고, 줄기가 있고, 가지가 있고, 잎이 있는 식물을 나무라고 하자"고 약속을 하는 것이다. 이것이 나무의 개념(concept)이다. 개념은 가장 높은 수준의 추상이어서 받아들이는(인식하는) 사람의 입장에서는 제각기 다른 것으로 받아들일 수밖에 없다. 한마디로 나무라고 해도 말하는 사람이 생각하는 나무와 듣는 사람이 생각하는 나무는 다를 수밖에 없는 것이다. 비록 한계는 있지만 그럼에도 불구하고 이 약속 즉 개념이 없다면, 우리가 나무에 대해 얘기하는 건 애시당초 불가능하다.

개념에 논리가 붙게 되면, 비로소 사유가 가능해진다. 벽돌만 가지고 집을 지을 수 없는 것처럼, 개념이 있다고 해서 사유를 할 수 있는 건 아니다. 건축을 위해서 설계도가 필요하듯이 사유를 위해서는 논리가 필요하다. 사유가 주위에 널려 있는 정보를 만나서 다시 '하나로 꿰어지고' 여기에 감정과 서사(이야기)가 더해지면, 비로소 지식이 탄생한다. 이 지식을 어떤 미디어에 어떤 방식으로 실어 생산·유통·소비하게 하느냐가 출판업의 근본성격을 규정한다.

지금의 출판업은 출판사가 저자의 지식을 편집해서 종이책 미디어 혹은 전자책 미디어의 형태로 생산하고, 서점이 출판사가 만든 책을 유통하고, 소비자가 책을 서점에서 구입하거나 도서관에서 빌려서 소비하는 구조로 짜여져 있다. 출판의 가치사슬이 붕괴되고 있다는 것은 종이책을 중심으로 한 지금까지의 생산 – 유통 – 소비 프로세스에 균열이 발생하면서 작동이 제대로 되지 않고 있다는 얘기다. 이 문제를 해결하기 위해서는 종이책 이전의 단계로 거슬러 올라가, 다시 말해 지식의 단계로 되돌아가 거기서부터 다시 지식을 어느 미디어에 어떤 방식으로 결합시켜 유통·소비시킬 것인지를 근본적으로 검토해야 한다. 한마디로 지식의 '생산-유통-소비' 프로세스를 새롭게 구축해야 하는 것이다.

출판이 떠나온 곳은 지식이었고, 지식이 성립 가능했던 요인은 언어의 사용이었다. 앞에서도 말했지만 인간이 언어를 사용하는 한 욕구는 언어를 빌려 요구의 형태로 표현될 수밖에 없고, 이는 언어의 속성상 필연적으로 다 채워지지 않고 욕구불만의 형태로 인간 내면의 무의식에 쌓여 욕망이 된다. 이 욕망 즉 니즈가 존재하는 한 새로운 지식은 끊임없이 출현할 수밖에 없다. 더구나 지금은 미디어 전환기다. 따라서 지금 출판 불황의 구조적 모순을 해결하기 위해서는 당대가 요구하는 새로운 지식의 형태와 새로운 미디어의 형태 두 가지 측면에서 동시에 타개책을 모색할 필요가 있다.

진정한 시장지향성은 기업 전체가 고객을 위한 가치창출에 집착하고 자신들이 타겟고객에게 제공할 가치를 정의하고, 창출하고, 커뮤니케이션하고, 이를 실제로 전달하는 과정들의 집합으로 보는 것을 의미한다. 기업내 모든 구성원들이 기능이나 부서에 상관없이 마케팅을 수행해야 한다. 따라서 당신이 맡은 업무가 그 무엇이든, 마케팅과 고객가치 창출에서 당신이 맡은 역할을 이해할 필요가 있다.[13]

---

13 『코틀러의 마케팅원리』, 50쪽.

만들어서 파는 것은 마케팅이 아니다

지금까지의 출판의 밸류체인[14]은 한마디로 "책을 만들어서 서점에 판다."[15]로 요약할 수 있다. 출판사 구조는 출판사의 규모나 인원수와 상관없이 '만드는 인력'(제조)과 '파는 인력'(판매)으로 구성되어 있다. 제조 인력은 기획과 편집을 통해 좋은 책을 열심히 만든다. 판매 인력은 대형서점 4군데와 주요 도매상 혹은 몇몇 총판을 활동거점으로 삼아 서점에 책 파는 일을 열심히 한다. 판매 기술도 다양해서 쿠폰 붙이고, 마일리지 제공하고, 서점의 제한된 공간을 점령하기 위해 강도 높은 푸시 전략과 시장침투전략을 구사한다. 둘의 공통점은 마케팅은 하지 않는다는 점이다. 마케팅은 자기 업무가 아니기 때문이다. 이 말은 지금의 밸류체인에서 마케팅은 낄 자리도 없거니와 굳이 없어도 된다는 얘기다(마케팅의 부재는 미디어 환경과 출판 환경이 급격하게 변하자 출판계의 대응력 상실이라고 하는 문제를 야기했다).

마케팅의 정의는 여러 가지가 가능한데, "독자와의 커뮤니케이션"이라고 정의하는 것도 그 중 하나다. 무엇을 커뮤니케이션하는가. '이

---

14 밸류체인(가치전달 프로세스)이라는 것은 체인을 타고 동력이 전달되는 것처럼 가치가 체인을 타고 전달되는 것을 가리킨다. 기획을 하고 필자 섭외를 해서 원고를 받은 다음, 편집자가 편집·교정·교열을 보고, 디자이너가 디자인 작업을 한 다음, 제작을 하고, 마케터가 서점에 유통시켜서 판매를 하는(독자가 책을 구매하는) 과정을 거치면서 저자에게서 독자에게로 책의 가치가 전달되는 밸류체인의 한 사이클이 돈다.

15 출판사가 책을 (독자가 아니라) 서점에 판다는 게 이상할지 모르지만, 독자에게 책을 파는 것은 서점이지 출판사가 아니다. 출판사 입장에서는 유통채널인 서점을 이용해 독자에게 책을 판매하는 것이 비용 측면이나 효율성 측면에서 훨씬 유리하다. 그러나 이 문제의 핵심은 누가 파느냐가 아니라 누가 고객데이터를 갖고 있느냐에 있다. 서점을 유통채널로 이용하는 것과 독자관련 데이터를 전부 서점이 갖고 있는 것은 전혀 다른 문제다. 마케팅을 구사하려면 독자 관련 데이터의 확보 관리가 필수지만(마케팅을 한마디로 정의하면 고객관계를 관리하는 것이다), 출판사들은 독자관련 데이터를 거의 갖고 있지 못하다. 따라서 마케팅도 없다.

제품은 이런 솔루션을 내장하고 있어서 당신 삶의 이런 국면에서 이렇게 쓰면 당신의 문제를 이렇게 해결해줄 거다', 이런 구체적인 커뮤니케이션을 통해 차별적 우위성을 설득해냄으로써 독자의 기억 사다리 세 번째 안으로 들어가야 한다. 이렇게 하면 독자는 기대를 갖고 책을 구매한다.

마케팅커뮤니케이션에서 중요한 것은 고객이 구매후 사용 과정에서 배신감을 느끼지 않도록 적절한 수준에서 기대를 컨트롤하는 것이다. 기대를 너무 높여 놓으면 만족시키기가 그만큼 어렵다. 그렇다고 기대를 너무 낮춰놓으면 만족시키긴 쉬울지 몰라도 모객에 문제가 생긴다. 마케팅은 사이에서 줄타기다. 기대와 경험 사이에서 즉 독자 마인드와 제품 사이에서 벌이는 줄타기다. 제품에만 몰입해도 안 되고, 커뮤니케이션에만 몰입해도 안 된다. 그러나 현실에서 편집자나 마케터는 대개 제품에만 몰입한다. 제품이 좋으면 저절로 팔릴 거라고 생각한다. 그러나 제품이 아무리 좋아도 독자의 머릿속에 그 제품이 들어가지 않으면 구매 가능성은 희박해진다. 커뮤니케이션을 통해 독자 마인드에 제품 관련 정보를 집어넣어야 한다. 아직 제품 관련 정보가 없다면 새로 집어넣어 주어야 하고, 이미 다른 관련 제품 정보가 들어가 있다면 교체·갱신시켜 주어야 한다. 그러나 둘 다 쉽지 않다. 사람은 새로운 정보를 받아들이는 데 심리적 거부감을 갖고 있으며, 이미 확보한 정보에 대해서는 일관성의 법칙에 따라 바꾸지 않으려는 경향이 있기 때문이다.

커뮤니케이션을 통해 독자의 마음속에 내가 원하는 정보를 심어놓으려면 why에 집중해야 한다. 그러나 제품지향적인 사고방식으로는 why가 아니라 what을 자꾸 설명하게 된다. why로 설득하고 이해를 구하지 못하면 사람들은 관심도 갖지 않는다. 세상에 차고 넘치는 게 제품이기 때문이다. what이 제품 자체에 집중한다면, why는 제품을 둘러싼 환경이나 배경, 맥락에 집중한다. 한마디로 why니까 what이라고 설득하는 것이다. 어떤 맥락과 배경에서, 즉 어떤 이유에서 당신이 이 책을 구매하고 읽어야 하는지를 설득하는 것이다. 다짜고짜 거두절미, 맥락 다 자르고 자기 제품이 얼마나 좋은지 목청을 높이면 고객은 어리둥절해할 뿐이다. 제품에서 잠시 눈과 마음을 거두고 고객을 둘러싼 맥락과 배경으로 눈을 돌려 그 환경 속에 내 제품을 놓아보라.

흔히 커뮤니케이션을 할 때 상대방의 입장에 서라는 말을 많이 한다. 역지사지(易地思之)다. 그러나 이 말은 자기 입장 다 버리고 상대방의 입장에 일방적으로 맞추라는 말이 아니다. 이래서는 일방향의 입장 관철은 가능해도 서로의 메시지가 화학적 반응을 일으켜 새로운 변화를 이끌어내는 커뮤니케이션은 불가능하다. 상대 입장에 서라는 것은 전달하고자 하는 메시지의 인과관계나 전후 맥락을 충분히 제공함으로써, 즉 텍스트와 함께 콘텍스트를 제공함으로써 상대가 쉽게 이해할 수 있도록 도와주는 것을 말한다. 맥락을 이해하고, 상황을 이해함으로써 의미를 좀더 쉽고 분명하게 이해하게 된 상대는 메시지의 적극적 수용자가 되고 제품·서비스의 적극적 구매자가 된다.

그 많고많은 제품들의 경쟁을 뚫고 고객의 기억사다리 세 번째(그래야 구매로 이어진다), 일곱 번째(그래야 기억한다) 안으로 들어가려면, 우선 관심을 끌어야 한다. 관심을 끌려면 눈에 잘 보이지 않는 맥락과 배경을 함께 제공해야 한다. 『보이지 않는 고릴라』에는 다음과 같은 내용이 나온다.

흰 셔츠를 입은 팀, 검은 셔츠를 입은 팀이 농구공 패스 게임을 하고 있다. 흰 셔츠 팀의 패스 횟수를 세는 것이 이 실험의 과제다. 실험에 참가한 학생들은 흰 셔츠 팀의 패스 횟수를 셌다. 그러나 진짜 과제는 따로 있었다. 패스 횟수 질문은 주의를 유도하기 위한 질문일 뿐이었다. '고릴라 보셨나요?' 1분이 채 되지 않는 이 실험 동영상에서는 고릴라 옷을 입은 여학생이 약 9초에 걸쳐 천천히 무대 중앙으로 걸어와 카메라를 향해 가슴을 치고 나서 퇴장한다. 실험 참가자의 약 50%는 고릴라를 보지 못했다.[16]

사람은 목표가 정해지면 다른 것은 다 버리고 딱 자기 눈앞에 보이는 것에만(자기가 보고 싶은 것에만) 관심을 집중하는 경향이 있다. 심리학 용어로 이것을 '선택적 주의'라고 한다. 선택적 주의는 자기 보호 본능의 발현이다. 정보가 너무 많으면 의사 결정 내리기가 힘들기 때문에 효율적으로 필요한 선택을 하기 위해서 버릴 것은 다 버리는 것이다. 의사 결정을 하는 데 있어 트렌드나 대세를 따르는 '사회적 증거(social proof)의 법칙'도 마찬가지다. "다른 사람들이 하는 대로 행동하는 경향은 여러모로 매우 유용하다. 일반적으로 다른 사람들이 하는 대로 행동하게 되면, 즉 사회적 증거에 따라 행동하면 실수할 확률이 줄어든다. 많은 경우에 다수의 행동은 올바르다고 인정되기 때문이다."[17]

소비자의 머릿속에 없던 정보나 기존의 정보를 대체해서 새로운

16 『보이지 않는 고릴라』, 크리스토퍼 차브리스·대니얼 사이먼스 지음, 김명철 옮김, 김영사, 2011, 19~21쪽.
17 『설득의 심리학』, 로버트 치알디니 지음, 이현우 옮김, 21세기북스, 2002, 184쪽.

정보를 집어넣고 싶은가. 그렇다면 맥락이나 배경 설명을 통해 전체상을 보여줘야 한다. 새로 들어오는 '지식이나 정보'가 자신이 기존에 갖고 있던 지식이나 정보와 전체적 맥락 속에서 매끄럽게 하나로 이어질 때 고객들은 비로소 이해와 공감을 하고 지지를 보낸다. 전체상을 봄으로써 소비자는 제공되는 제품이나 서비스의 의미를 알게 되고, 자신이 그 제품·서비스를 구매하고 사용해야 하는 이유(why)를 충분히 납득하게 된다. 그럴 때 비로소 소비자는 머릿속과 마음속을 열어 새로운 것이 들어올 수 있도록 자리를 내어준다.

마케팅개념 시대의 커뮤니케이션과 고객만족

제품과 마인드 사이를 끊임없이 왕복운동 하지 않으면 포지셔닝과 고객관계 구축은 불가능하다. 제품을 열심히 잘 만든다고 고객이 알아주거나 저절로 팔리는 건 아니다. 고객과 경험을 공유하면서 이 제품이 고객의 삶의 장면에서 왜 필요한지, 이 제품으로 어떤 편익(혜택)을 얻을 수 있는지, 실제로 그 가치제안을 따랐더니 고객의 삶이 달라지고 생활이 달라지면서 만족스런 결과를 낳을 때, 그 만족한 고객으로부터 기업가치를 획득하는 게 마케팅의 본연의 모습이다. 이것이 가능하려면 고객과의 커뮤니케이션이 필수적이다.

물론 현실은 녹록지 않다. 대개의 출판사의 경우 인원이 채 5명을 넘지 않으며, 심지어 사장 혼자서 이것저것 다하는 1인출판사도 적지 않다. 커뮤니케이션은 고사하고 책을 만들어 팔기에도 바쁜 게 사실이다. 그러나 고객커뮤니케이션은 이제 선택이 아니라 필수고, 전사적 핵심업무여야 한다.

판매개념이 지배하던 시기에 편집자는 책만 만들면 됐고, 영업자는 책만 팔면 되었다. 그러나 이제 편집자는 독자와의 커뮤니케이션을 위해 과거보다 책을 빨리 만들 필요가 있다. 영업자의 경우도 이전까지는 책을 읽지 않아도 업무를 진행하는 데 크게 어려움이 없었다. 독자를 상대로 책을 파는 게 아니라 서점 MD를 상대로 책을 팔았기 때문이다. 서점 MD는 나름 책의 전문가라 편집부에서 만들어준 책 소개글이나 홍보 문건만으로도 충분히 영업이 가능했다. 그러나 마케팅개념 시대로 출판환경이 변하면서——이 말은 앞으로 출판사가 직접 고객을 만나야 한다는 것을 의미하고, 이는 서점 MD 외에 독자가 커뮤니케이션 파트너로 추가되었다는 걸 의미한다——영업자도 이제는 책을 읽지 않으면 마케팅을 할 수 없게 되었다. 책을 읽지 않고서는 독자와 커뮤니케이션이 불가능하기 때문이다.

책을 읽지 않고도 커뮤니케이션이 가능하다고 하면 그건 사기다. 읽지도 않고 좋다고 하거나, 책임질 수 없는 말을 하면 안 된다. 마케팅은 사기치는 게 아니다. 고객은 한번은 몰라도 두 번은 속지 않을 뿐만 아니라 고객가치와 고객만족은 임기응변으로 만들어낼 수 있는 게 아니다. 전사원이 책이라고 하는 텍스트를 완전히 꿰고 있어야 고객 커뮤니케이션이 가능하다. 예를 들어 책을 읽은 독자한테서 문의 전화가 왔다고 하자. 마침 책을 만든 담당편집자가 없다. 마케터는 그 책을 읽어보지 않았다. 그러면 '아, 그 부분에 대해 얘기해줄 수 있는 분이 지금 자리에 없네요.' 이럴 수밖에 없다. 나쁘진 않지만 좋지도 않다. 너무 평범하다. 이런 식으로는 차별적 우위를 차지할 수 없다. 차별적 우위를 차지하지 못한다는 것은 마케팅을 하지 않고 있다는 얘기다. 고객이 전화를 하면 언제나 고객의 질문에 응대할 수 있어야 한다. 그러기 위해서는 밸류체인을 넘어서 가치전달네트워크 방식으로 출판사의 업무 시스템을 혁신해야 한다.

밸류체인을 넘어 가치전달네트워크로

밸류체인에서 체인이 끊어지면 가치 전달이 되지 않는다. 어디에서 끊어질까? 가장 약한 고리에서 끊어진다. 저자가 쓴 글을 편집자가 엉망으로 만든다든지, 편집자가 잘 만들었는데 영업자가 제대로 팔지 못했다든지, 홍보가 잘 안됐다든지. 밸류체인의 병폐는 약한 고리에서 끊어지면 사람들이 이런 생각을 한다는 것이다. '이건 내가 잘못한 게 아니다.' 영업자는 편집자 탓을 한다. "서점에 진열과 판매를 열심히 부탁했더니, 사람 민망하게 내용도 별로 안 좋은 책을 만들어줘가지고 이게 뭐냐!" 편집자는 영업자 탓을 한다. "아니, 그렇게 좋은 책 만들어주었는데 팔지도 못하고, 뭐냐, 정말!" 서로 탓하기 바쁘다. 필자는 출판사 탓하고, 영업자는 편집자 탓하고, 편집자는 '표지가 그게 뭐냐'며 디자이너를 탓하고, 서로가 서로를 탓하면서 문제의 핵심·본질을 피해간다.

분업을 전제로 연결되어 있는 이런 체인 시스템에서는 연결이 삐걱거리면서 사이가 떠버리게 되면 이런 식의 책임전가식 반응이 언제든 생겨나게 되어 있다. 그러면 사업을 운에 맡길 수밖에 없다. 사업이 잘 돼도 왜 잘되는지 모르고, 안 돼도 왜 안 되는지 모른다. 개선역시 불가능하다. 원인을 알아야 개선을 할텐데, 상대에게 책임을 전가하느라 원인 진단을 제대로 못하는 것이다.

지금까지 출판의 밸류체인은 저자라는 고객과 독자라는 고객의 니즈에 기반해서 때로는 '고객을 끌고가기도 하고'(customer driving) 또 때로는 '고객에 의해 끌려가기도 하면서'(customer driven) 지식의 가치를 생산·유통하는 방식으로 작동했다. '저자 혹은 독자의 니즈를 읽고→기획을 하고→저자의 원고를 받아서→편집자가 편집하고→디자이너가 디자인하고→지업사에 종이 주문하고→인쇄소에서 인쇄하고→제본소에서 제본하고→물류회사에서 보관·배송하고→서점에 유통·진열하고→홍보·광고·프로모션하고→독자가 구매하는' 연결고리들(links)로 이루어진 체인 속에서, 기획자는 기획을 잘 하고, 에디터는 편집과 제작을 잘 하고, 디자이너는 디자인을 잘 하고, 마케터는 책을 잘 팔면 사업이 그럭저럭 유지될 수 있었다. "기업의 성공은 각 부서가 부여된 업무를 얼마나 잘 수행하는가와 여러 부서의 활동들이 얼마나 잘 조정되는가에 의해 결정된다."[18]

그러나 지금 출판계를 보면 이 전통적인 방식의 가치전달 프로세스가 작동을 멈추었다. 어느 한 부분이 문제가 아니라, 모든 연결고리가 문제가 되고 있다. 저자는 책이 점점 안 팔리면서 책을 써서 생활을 하기가 어려워지고 있으며, 인쇄소나 제본소도 경영이 어려워지고 있다. 서점 역시 성장이 한계에 부닥쳐 있으며, 독자의 독서율과 구매율도 떨어지고 있다. 밸류체인을 구성하는 각 부분들이 한계점을 노출하고 있는 지금, 이 체인을 다시 작동시키려면 혁신적인 대응책이 필요하다. 일직선적이고 단계적인 밸류체인은 설령 복구한다 하더라도 어디까지나 대증요법일 뿐이다. 그 효과 역시 일시적이고 제한적일 수밖에 없다. 웹으로 인해 근본적인 변화가 초래되었기

---

18 『코틀러의 마케팅원리』, 49쪽.

때문이다. 에디터, 디자이너, 마케터는 지금까지의 자기 고유성을 깨고 나와 네트워크 속에서 고객(저자·독자)들과 직접적으로 만나는 것을 염두에 두고 자신들의 직무를 재규정하고 재구축해야 한다. 출판사는 이제 '가치체인'을 넘어 '가치전달네트워크'로 나아가야 한다.[19]

밸류체인 모델의 한계를 넘어서기 위해 대안으로 제시된 게 가치전달네트워크다. 체인형태가 아니라 네트워크 형태로, 중심에 기업 구성원인 편집자·영업자·관리자가 있고, 그 주위로 저자와 독자, 지업사·인쇄소·제본소·배본대행사 등의 협력업체 들이 있다. 네트워크의 일원으로 참여한 독자들은 책의 기획, 생산, 유통, 소비(사용후기) 등에 관해 넓고 깊은 이야기를 쏟아놓는다. 또 구매와 결제가 가능하도록 시스템이 갖추어져 있어 네트워크에 접속해서 활동하는 독자들이 콘텐츠를 편리하게 구매할 수도 있다.[20] 가치전달네트워크가 밸류체인하고 가장 다른 점은 소셜네트워크와 웹을 통해서 생산-유통-소비에 관련된 모든 부문들이 전부 직접적으로 연결될 수 있다는 점이다. 이제는 누구나 다 커뮤니케이션의 주체가 될 수 있고, 되어야

---

19 밸류체인과 가치전달네트워크는 상호 모순적인 것이 아니다. 둘은 모두 고객가치 창출과 고객만족을 목표로 한다. 다만 웹과 소셜미디어 시대에 적합성이 높은 것은 밸류체인보다는 가치전달네트워크다. 예전에는 밸류체인상에서 지식을 가공해서 책으로 만든 다음 판매만 하면 그것으로 출판이 할 일은 어느 정도 완결되었다. 하지만 지금은 소셜미디어 시대다. 지식 제공이 끝이 아니라 가치전달네트워크상에서 지식을 공유하고 함께 경험하는 차원으로까지 나아가야 한다. 에디터나 마케터는 소셜네트워크, 소셜미디어를 통해 지식을 넘어서 지혜를 만드는 기획자가 되어야 한다. 라이프스타일과 경험을 에디팅하고, 디자인하고, 마케팅하는 존재가 되어야 하는 것이다.

20 물론 지금의 현실은 다르다. 독자들은 책의 구매와 책을 둘러싼 이야기 모두를 출판사 사이트가 아니라 서점 사이트에서 하고 있다. 가치전달네트워크가 의미있는 네트워크가 되려면, 즉 고객의 참여와 이야기와 고객정보가 있는 네트워크가 되려면 책의 판매도 출판사 사이트에서 직접 할 필요가 있다. 상품의 교환과 이야기는 원래 나란히 가게 되어 있다. 그래야 이야기도, 고객정보도 수집이 가능하기 때문이다.

한다. 소셜네트워크 사업을 잘 하려면 특정 담당자를 두어 전담케 하는 방식보다는 누구나 일상적으로 커뮤니케이션할 수 있는 방식이 바람직하다.[21] 누구나 콘텐츠를 만들고 누구나 커뮤니케이션을 하는 그런 방식으로 말이다.

"가치전달네트워크는 전체 거래시스템의 성과를 향상시키기 위해 '파트너관계'를 형성한 자사, 공급업자, 유통업자, 최종고객으로 구성된다."[22] 가치전달네트워크를 구축하기 위해서는 출판사 내부의 구조개편이 요구된다. 전통적인 가치사슬 방식인 "저자→편집자→디자이너→제작→물류→서점→마케팅→독자"의 분업적이고, 일직선적이고, 단계적인 사슬에서 벗어나, 하나의 조직으로 통합되어 함께 일하는 "저자·편집자·디자이너·마케터→독자"의 '수직적 통합 시스템'(vertical system)으로 재편되어야 한다.

대형출판사의 경우, 팀제로 수직적 통합을 시도한 출판사들도 적지 않지만, 거기서 더 나아가 출판사 내부를 '1인출판사의 연합체'로 바꾸는 것도 좋을 것이다. 이 경우 전체 인력시스템은 '사내창업가의 연합 시스템'이 될 것이다.

---

21 가치전달네트워크의 구축이 앞으로의 출판에서 정말 중요한 이유는 독자들에게 제품을 홍보하기 위해서일 뿐만 아니라 그들을 생산 프로세스에 끌어들일 수 있다는 점 때문이다. 독자들을 만족시키면 그들은 기꺼이 아이디어를 내주기도 하고 피드백을 해주기도 하며, 서평 등을 통해 고객전도사 역할을 해주기도 한다. 따라서 웹을 중심으로 가치전달네트워크를 누가 얼마나 잘 만들고 관리해 나가는가가 앞으로 출판사업의 핵심과제다. 이 일을 제대로 해내는 출판사는 살아남을 것이고, 그렇지 못한 출판사는 베스트셀러 크게 한 방 터져주지 않는 바에야 존립 자체가 어려워질 것이다. 주의해야 할 것은 네트워크 전담자가 콘텐츠 생산을 포함해서 네트워크와 관련된 모든 업무를 담당하는 구조는 가치전달네트워크 방식이 아니라 밸류체인 방식이라는 사실이다. 물론 네트워크의 효율적 운영을 위해 네트워크 관리전담자를 둘 필요는 있을 것이다.

22 『코틀러의 마케팅원리』, 349쪽.

가치전달네트워크상에서 에디터와 마케터의 역할은 어떻게 달라져야 할까. 지금까지는 대개 '에디터가 책을 만들고 나면 그 뒤를 이어 마케터가 책을 파는' 단계적이고 포스트(post)적인 방식이었다. 그러나 저자·독자와의 일상적인 커뮤니케이션은 생산의 모든 단계 즉 생산전·생산중·생산후의 모든 과정에 에디터와 마케터의 적극적 개입을 요구한다. 지금까지 프리프로덕션(pre-production)과 프로덕션(production)은 에디터가 책임을 지고, 포스트프로덕션(post-production)은 마케터가 책임을 지는 구조였다면, 앞으로는 에디터와 마케터가 협력관계를 구축해 각 단계마다 저자·독자와 커뮤니케이션하면서 그때그때 콘텐츠를 함께 만들어내는 구조로 바뀌어야 한다. 프리–프로덕션 단계로 들어온 마케터는 저자·에디터와 함께 목차를 짜고, 책의 콘셉트를 잡기 위해 시장조사를 토대로 저자·에디터에게 피드백을 해줘야 한다. 그러려면 책이 나오기 전에 원고 상태에서 같이 읽고 같이 고민해야 한다. 디자이너 역시 그 작업을 같이 해야 하는 것은 말할 필요도 없다. 그 정도의 팀워크라면 저자고객, 독자고객 누구하고도 커뮤니케이션이 가능할 것이다. 고객만족, 고객과의 커뮤니케이션은 바로 이런 상태에서 가능하다.

지금까지 단계적인 프로세스로 짜여진 밸류체인에서 에디팅과 마케팅은 '에디팅+마케팅'의 물리적 방식으로 결합되어 운용되었다. 그러나 가치전달네트워크에서 에디팅과 마케팅은 '에디팅×마케팅'의 화학적 방식으로 결합되어 운용되어야 한다. 전자가 수평분업적이라면 후자는 수직통합적이고, 전자가 선택적이라면 후자는 필수적이다. 쉬운 말로 덧셈에서는 어느 하나를 생략해도 결과치가 나오지만, 곱셈에서는 어느 하나를 생략하면 그 결과치 또한 0이 되기 때문에 에디팅과 마케팅은 선택적 관계가 아니라 필수적 관계가 된다.

에디팅×마케팅이 지금 요구되는 출판의 새로운 프로세스 모델이라면, 실무에서 요구되는 인재의 결합방식도 '에디터+마케터'가 아니라 '에디터×마케터'여야 한다. 즉 에디터는 동시에 마케터여야 하고, 마케터는 동시에 에디터여야 하는 것이다. 그의 이름을 편의상 '마케디터'(markeditor)라고 한다면, 마케디터는 마케팅의 시작과 끝 전부에 관여하면서 모든 과정을 컨트롤하는 존재다. 책을 만들기만 하고 책을 팔기만 하는 역할은 더 이상 의미도, 재미도, 설 자리도 없다. 밸류체인에서 할당받은 자기 자리를 박차고 나와 가치전달네트워크의 중심 역할을 해야 한다. 이것의 좋은 예가 1인출판 모델이다. 1인이 에디터이면서 마케터이면서 사장인 1인출판사 모델은 앞으로 출판사 내부 시스템을 재구축하는 데 많은 참조점이 될 수 있다. 에디터, 마케터의 구분을 없애고, 직원들을 전부 1인출판 사내창업가들의 연합모델로 재구축할 필요가 있다. 이럴 경우 기존의 분업화된 업무의 경계가 허물어지면서 일부 중간에 떠버리는 업무가 생길 수 있다. 서점을 상대로 한 수금이나 지불조정 등의 영업업무가 그런 예에 해당할 텐데, 내부 협의를 통해 관리부서로 업무를 이관해도 큰 문제는 없을 것이다.

마케팅은 보이지 않는 것을 보이게 하는 것

마케팅은 생산-유통-소비의 매 단계마다 보이지 않는 것을 보이게 하는 과정이라고 할 수 있다. 일반상품의 경우 고객은 소비자를 가리키지만, 출판의 경우 고객은 저자와 독자를 가리킨다. 저자 마음속에 있는 출판의 욕구와 저자 머릿속에 지식의 형태로 있는 콘텐츠, 여기에 독자의 지식에 대한 욕구 등등을 읽어내 눈에 보이는 지식상품으로 만드는 마케팅 과정이 기획이고, 편집이다.

그렇게 만들어진 책이 가만 놔둬도 알아서 팔리면 오죽 좋을까마는, 그런 일은 현실에서 거의 일어나지 않는다. 독자는 구매를 하기까지 ① 인지(awareness/attention), ② 감정·경험 공유, ③ 구매행동의 세 단계를 거친다. 1단계 인지단계에서 독자는 출판사의 마케팅 노력으로 해당 책에 대한 존재나 가격에 대한 정보, 책 내용에 대한 구체적인 지식을 얻게 된다. 1단계 인지단계에서 해당 책의 필요성을 느낀 독자는 더 강력한 단계인 2단계 감정유발에 따른 감정적 동화 과정으로 들어간다. 2단계에서 호감(책에 대한 긍정적인 감정을 느끼는 상태), 선호(다른 책 대신 이 책을 더 좋아하는 것)를 느낀 독자는 최종적으로 확신(이 책이 자신에게 꼭 필요한 책이라고 믿는 상태) 단계에 돌입하게 된다. 1단계와 2단계를 거치면서 필요성과 차별성을 확신한 독자는 마침내 3단계인 구매행동단계로 나아간다.[23] 1단계에서 3단계에 이르는 마케팅 과정은 보이지 않거나 희미하게 보이던 것을 명확하고 뚜렷하게 드러내 보이는 과정에 다름 아니다.

그럼, 구매까지만 유도하면 그걸로 마케팅이 끝나는 걸까. 유통이 엉망이면 구매 의사결정을 했어도 그 제품은 다시 보이지 않는 것으로 돌아간다. 사람들이 쉽고 편리하게 구매할 수 있도록 잘 보이게 진열해 놓는 것은 물론이고 품절 같은 사태가 발생하지 않도록 유통망 관리에 신경써야 한다. 이렇게 해서 독자가 책을 무사히 구매하면 그

---

23 『코틀러의 마케팅원리』, 421쪽 참조.

걸로 마침내 마케팅의 기나긴 과정이 끝나는 걸까.

아니다. 과거와 달리 이제는 구매후 행동까지 관리해야 한다. 책을 구매한 후 사용한 독자들의 반응은 크게 3가지로 나뉜다. 기대보다 경험치가 큰 만족한 독자, 기대와 경험치가 비슷한 그저그런 독자, 기대보다 경험치가 작은 불만족한 독자. 만족한 독자는 가만있지 않고 여기저기 떠들고 다닌다. 블로그나 트위터, 페이스북에 자신의 만족한 경험에 대해서 쓴다. 출판사는 이들이 더 신나게 떠들 수 있도록 (자사 책이 더 잘 보일 수 있도록) 할 수 있는 모든 것을 다해야 한다. 바이럴 (입소문) 마케팅이다. 그저그런 독자는 어떨까. 별로 떠들지도, 떠들 것도 없다. 그는 구매행위를 통해 일시적으로 눈에 띄었다가 다시 보이지 않는 잠재독자로 돌아간다. 당장 큰 문제는 아니더라도 이런 독자들이 많아지면 출판의 잠재성은 크게 위축되고 성장 동력은 사라진다. 심각한 건 불만족한 독자의 경우다. 이들은 시간, 비용 등 자신이 잃은 게 많다고 생각하여 만족한 독자보다 더 크게, 더 많이, 여기저기 떠들고 다닌다. 나쁜 소문은 사람들 눈과 귀에 훨씬 잘 띄고 파급력 또한 크다. 출판사는 이들이 더 떠들지 않도록(즉 보이지 않도록) 할 수 있는 모든 노력을 다해야 한다.

위에서 본 것처럼 마케팅은 생산과 소비의 시작과 끝 전과정에 걸쳐, 다시 말해 생산을 둘러싸고 생산전(preproduction)-생산중(production)-생산후(postproduction), 그리고 구매를 둘러싸고 구매전(prepurchase)-구매중(purchase)-구매후(postpurchase)의 전과정에 걸쳐 보이지 않는 것을 보이게 하는 과정이다. 손자의 표현을 약간 비틀어서 말하자면 '지시지종이면 백전불태'(知始知終百戰不殆)다. 시작과 끝을 알고 일(사업)에 임하면 백번 싸워도 결코 위태롭지 않다.

기업은 시장중심적이어야 한다

기업은 크게 "제품중심의 기업, 경쟁자중심의 기업, 고객중심의 기업, 시장중심의 기업"[24]의 네 부류로 나눌 수 있다.

먼저 제품중심적(제품지향적) 기업은 고객중심적이지도 않고, 경쟁자중심적이지도 않은 기업을 가리킨다. "난 경쟁자 몰라, 고객도 몰라, 내가 아는 건 오직 내 회사 내 제품이야." 웃긴 얘기 같지만, 상당수의 기업들이 이런 제품중심적 태도로 사업을 하고 있다. 고객이 어떤 상품을 원하는지, 시장에 어떤 상품들이 나와 있는지 잘 모르는 상태에서 내 제품에 대한 근거없는 자신감과 막연한 믿음으로 사업을 전개하는 경우다.

두 번째는 고객중심의 기업이 있는데, 이 유형의 기업은 고객중심적이긴 하되 경쟁사중심적이진 않다(경쟁사에는 신경을 쓰지 않거나 쓰더라도 형식적이다). 그 다음은 경쟁자중심의 기업인데, 이 유형의 기업은 경쟁자중심적이긴 하되 고객중심적이지는 않다(경쟁사를 살피느라 고객에는 신경을 쓰지 못한다).

마지막으로 고객중심적인 동시에 경쟁자중심적인 기업이 있는데, 이 유형을 시장중심적(시장지향적) 기업이라고 한다. 고객지향성과 경쟁자지향성의 두 단계를 거친 기업은 마지막으로 고객지향적인 동시에 경쟁자지향적인 시장지향성의 단계로 넘어간다. 가장 경쟁력이 있는 기업은 말할 것도 없이 시장지향적인 기업이다.

대개의 기업의 경우 처음에는 제품지향적 관점과 태도를 갖고 사

---

24 『코틀러의 마케팅원리』, 553쪽.

업을 시작한다. 그러다 이내 한계에 부딪히면서 비로소 고객에게로
눈을 돌리고, 고객이 어떤 제품을 원하는지, 어떤 가격을 원하는지,
어디서 사고 싶어하는지, 어떤 방식의 커뮤니케이션을 원하는지 묻
게 된다.

그러나 고객지향에 충실하다보면 자칫 경쟁자를 시야에서 놓칠
수 있다. 고객의 니즈 즉 필요성에 충실하다고 여겨 충분히 사업적으
로 승산이 있다고 생각하는 순간, 시장에는 자사보다 더 잘 고객을 만
족시키는 제품·서비스가 이미 있거나 등장할 수 있다. 그런 경우 동
일 제품범주 내에서의 차별화는 실패할 수밖에 없다. 사업적으로 유
의미한 가치제안이 되려면 필요성(니즈)과 차별성을 동시에 만족시켜
야 한다. 즉 고객지향적(필요성)인 동시에 경쟁자지향적(차별성)이어야
하는 것이다. 이 둘을 아우를 때 비로소 시장지향적 기업이라고 할 수
있다.

물론 책은 일반상품과는 다른 특성이 있다. 책의 유니크한 성격이
강할수록, 저자브랜드가 강할수록, 전문서일수록 대체재가 아니기
때문에 경쟁사를 그다지 의식하지 않아도 된다.[25] 김훈이나 황석영
의 소설을 다른 소설이 더 싼 가격을 경쟁우위로 내세워 대체하기는
어렵다. 유사품을 만들어 싸게 공급하는 것도 어렵다. 김훈이 쓴 소
설을 흉내 내서 쓰게 되면 저작권 위반이 된다. 따라서 책은 그 유니
크한 성격 때문에 경쟁자중심에서 벗어나 있지만, 이것도 시장의 성
격──공급자결정시장에 가까운 저작물인지, 소비자결정시장에 가
까운 저작물인지──에 따라 차이가 있다.

출판시장은 공급자결정시장의 측면과 소비자결정시장의 측면 두
가지를 다 가지고 있다. 소비자결정시장의 예로는 초등학생을 상대

로 한 학습참고서나 학습지 시장을 들 수 있다. 한편, 소설이나 시, 그 밖의 전문연구서는 아무나 저술을 할 수 없는 영역으로, 공급자결정 시장에 속한다.

출판물은 소비자결정시장과 공급자결정시장의 어디쯤엔가 자신의 포지션을 갖게 된다. 일반적으로 소비자결정시장 쪽으로 가까이 갈수록 대체재의 성격이 강해지는데, 이런 위치에 있는 출판물들은 반드시 경쟁자지향성을 가져야만 한다. A라는 출판사의 『산수는 내가 박사』하고 B라는 출판사의 『산수는 내가 왕』이 가격 차이가 많이 나면 비싼 쪽의 책은 안 팔릴 가능성이 크기 때문이다.

많은 마케터들이 고객지향=시장지향이라고 생각하는 경향이 강하다. 그러나 시장지향은 고객지향과 경쟁자지향을 포괄하는 개념이다. 고객지향을 하는 복수의 기업들이 모여 경쟁을 하는 곳이 시장인 만큼 기업은 고객지향과 경쟁자지향을 포괄해 시장지향으로 나아가야 한다.

---

25 소비재는 크게 독립재와 연관재로 나눌 수 있고, 연관재는 다시 대체재와 보완재로 나눌 수 있다. 설탕과 신발처럼 사용상 별다른 관련을 갖지 않는 재화를 독립재라고 하고, 대체재나 보완재처럼 사용상 다른 상품과 밀접한 관련을 갖는 재화를 연관재라고 한다. 대체재란 '경쟁재'라고도 불리는데, 돼지고기와 쇠고기의 경우처럼 하나의 수요가 증가하면 다른 하나의 수요가 감소하는 두 재화를 가리킨다. 보완재란 함께 소비할 때 만족과 효용이 더 커지는 두 재화로, '협동재'라고도 한다. 바늘과 실, 버터와 빵 등이 보완재의 예에 속한다. 책, 영화, 음악, 게임 등은 서로 간에 독립재의 성격을 갖는다고 할 수 있다. 그러나 모바일 기기 하나면 거의 모든 콘텐츠를 소비할 수 있는 환경에서 책은 동일한 모바일 평면을 놓고 영화, 게임, 음악, 웹툰, 신문, 방송 등과 경쟁관계에 놓이면서 대체재의 성격을 보이기도 한다. 한편 같은 책끼리 비교할 때 책은 대체재이기도 하고 보완재이기도 하다. 개인의 월 도서구매액이 일정한 액수를 넘지 않는다는 것을 전제할 때 책은 대체재의 성격을 가지지만, 책이 책을 부르는 책의 특성을 고려할 때 책은 대체재의 성격보다는 보완재의 성격을 띤다고 할 수 있다. 또 저자브랜드가 강한 책이거나 전문성이 강하고 독창적인 주제의 책일수록 보완재의 성격을 띠며, 어린이 산수책처럼 범용성이 강할수록 가격에 민감하게 반응하는 대체재의 성격을 띤다.

그림에서처럼 A, B, C, D 네 기업이 있다고 하자. 시장지향적 기업을 한마디로 표현하면 "경쟁사로부터 최대한 멀리, 고객에게로는 최대한 가까이" 가는 기업이라고 할 수 있다. 이때 D처럼 역방향이 되지 않도록 주의해야 한다. D의 경우 경쟁사로부터 최대한 멀리 가는 것까지는 좋았는데, 방향이 표적고객이 있는 쪽이 아니라 반대쪽이기 때문에 고객에게 별 의미가 없는 차별화를 시도한 것이고, 따라서 사업은 실패할 수밖에 없다.

표적고객   제품범주(경쟁사)

■——A●————————B●————●C———■————————●D

네 개의 기업 가운데 포지셔닝에 가장 강점이 있는 기업은 A다. 동일 제품범주에서 가장 멀리 떨어져 있어 차별화가 확실히 되어 있는데다가, 표적고객의 필요성(니즈)에 가장 가까이 가있기 때문이다. A기업처럼 고객지향적이면서 경쟁자지향적이지 않으면, 즉 두 가지를 모두 충족시키는 시장지향적 기업이 아니면 포지셔닝에 성공하기 어렵다.

앞에서 얘기한 것처럼 마케팅의 전과정은 5단계로 구성되는데, 이 과정은 시장지향적인 기업의 사업 전개 과정이기도 하다. 시장(marketplace)과 고객욕구(니즈·원츠)를 이해하는 것이 첫 번째 단계다. 두 번째 단계는 고객지향적 마케팅전략의 설계로, 세그멘테이션·타겟팅·포지셔닝을 하는 단계다. 그 다음 세 번째 단계가 우수한 가치를 전달하는(차별적 우위를 점하는) 통합적 마케팅프로그램(4P)의 개발이다. 이 세 가지 단계에는 시장지향적이라는 말이 함축되어 있다. 고객

욕구에 기반한 시장세분화와 타겟팅은 기업이 고객지향적이어야 함을 가리킨다. 그리고 차별화를 통한 포지셔닝과 실제적으로 차별적 우위를 담보하는 통합적 마케팅프로그램의 개발은 경쟁자보다 우위에 설 수 있는 전략과 전술을 요구하는 것으로, 기업이 경쟁자지향적이어야 함을 가리킨다. 고객지향성과 경쟁자지향성을 하나로 이어주는 것이 바로 시장세분화와 타겟팅이다. '모든 것은 아무것도 아니다'라는 말처럼, 세상 모든 고객의 욕구를 만족시켜주는 것은 불가능하므로, 기업은 시장을 나눈 다음 만족시켜줄 수 있는 시장(고객층)을 선택해서 그 고객에 최적화된 4P를 개발하게 된다. 이때 기업은 이 세분시장에 들어온 다른 기업과 필연적으로 경쟁할 수밖에 없는데, 그중 가장 강력한 '차별적 우위'[26]를 점한 기업이 시장선도자의 지위를 차지하게 된다.

마케팅의 5단계 중에서 앞의 이 세 단계가 기업이 시장지향적이어야 한다는 것을 의미한다면, 시장지향적인 기업은 그 결과로서 네 번째 단계에서 기업이 제공하는 우월한 가치제안을 통해 만족을 경험하고 감동을 한 고객과 끈끈한 관계를 맺게 되고, 마지막 다섯 번째 단계에서 그 대가로 고객으로부터 기업가치를 획득——고객 생애가치와 긍정적 입소문을 내는 고객전도사의 역할로 보답——한다는 것이 마케팅이론의 핵심이자 전부다.

---

26 차별적 우위란 포지셔닝(가치제안)을 가능케 하는 것으로서, 여기에는 다섯 가지의 가능한 가치제안이 있다. 경쟁사보다 ①더 비싼 가격에 더 많은 혜택을, ②같은 가격에 더 많은 혜택을, ③더 싼 가격에 더 많은 혜택을, ④더 싼 가격에 같은 혜택을, ⑤훨씬 더 싼 가격에 더 적은 혜택을 제공하는 경우가 그것이다.

공급자 언어 4P vs 소비자 언어 4C

마케팅믹스인 4P는 인사이드아웃 관점의 공급자 언어다. 이를 아웃사이드인 관점의 소비자 언어로 바꾸어 표현하면 4C가 된다. 4P는 제품(Product), 가격(Price), 유통(Place), 프로모션(Promotion)을 가리키고, 4C는 고객 솔루션(Customer solution), 고객비용(Customer cost), 편의성(Convenience), 커뮤니케이션(Communication)을 가리킨다. 마케터는 4P와 4C 사이를 넘나들 필요가 있다. 이를테면 4C 관점에서 기획을 하고, 이를 바탕으로 4P를 개발한 다음, 다시 4C 관점에서 커뮤니케이션을 하는 식으로 말이다.

'제품'은 소비자 언어로 표현하면 '고객 솔루션'인데, 출판사 입장에서 보면 책이라고 하는 제품을 판매하는 것이지만, 독자 입장에서 보면 자신의 문제(problem)에 대한 해결책(solution)을 구매하는 것이다. 서점에는 사랑의 문제에 대한 나름대로의 해결책을 담은 수백 종의 책이 존재한다. '정말, 이 책 한 권이면 모든 사랑 문제 끝'인, 단 한 권의 책은 없다. 사랑 문제에 대한 해결책을 담은 책이 그렇게나 많다는 것은 거꾸로 말하면 문제 또한 그렇게나 많다는 얘기다. "어떻게 사랑이 변하니?"라는 유명한 영화 대사가 있었지만, 시대와 상황과 조건에 따라 "사랑이 변하기 때문에" 끊임없이 문제가 생기는 것이고, 해결책 또한 끊임없이 만들어지는 것이다.

'문제'는 고정불변의 어떤 실체로서 존재하는 것이 아니라 우리가 어떤 프레임을 갖고 불러내느냐에 따라 그때그때 다른 모습으로 자신을 드러낸다. 해결책 또한 어떻게 문제를 설정하느냐에 따라 그때그때 다른 모습으로 결정된다. 해결책은 문제의 그림자로, 해결책만큼 꼭 그만큼의 문제가 존재하는 셈이다.

기획을 한다는 건, 고정된 형태로 사전적으로 미리 정해져 있는 문제에 대해 사후적으로 해결책을 찾아서 제공하는 과정이 아니다. 기획을 한다는 건 '무슨 책을 만들까?'가 아니라, 독자의 문제를 설정하고(그래서 문제 설정을 위한 프레임이 중요하다) 그에 따른 해결책을 제시하는 것이다. 즉 독자 니즈를 읽고 그것을 원츠로 만들어내는 것이다. 이런 관점에 서려면 원고를 보는 눈이 물질로서의 책이 아니라 독자의 마인드를 향해 있어야 한다. 즉 "이 원고가 책이 될 수 있을까?"가 아니라 "이 원고가 독자의 문제를 해결해줄 수 있을까?"로 바뀌어야만 한다. 이렇게 질문을 바꾸기 위해서는 독자가 누구인지, 그의 니즈는 무엇인지, 그가 어떤 결핍을 느끼는지 명확히 알아야 한다. 결과가 유동적이고 불확정적이어서(독자가 원하지 않는 해결책일 수도 있다) 리스크가 크긴 하지만(기획이 어려운 이유다), 거꾸로 그렇기 때문에 여러 가지 다양한 시도를 상상력 넘치게, 재미있게, 자유롭게 해볼 수 있기도 하다.

기획의 결과가 좋다는 건 독자가 구매를 통해 그 책이 담고 있는 해결책에 대해 공감과 지지를 표시했다는 것이고, 그건 문제(니즈)를 제대로 읽었다(문제설정을 제대로 했다)는 것을 의미한다.[27] 결과가 좋지 않다는 건 그 반대라고 보면 된다.

'책값'(Price)은 책을 만드는 데 들어간 원가에 이익을 더한 값이 아

---

27 결과가 좋다고 할 때 우리는 대개 판매량이라는 척도만 떠올린다. 그래서 베스트셀러를 만들기 위해 간혹 수단과 방법을 가리지 않는 경우도 볼 수 있다. 마케팅 관점에서 결과가 좋다는 건 최대한 많은 독자가 그 책을 사는 것이 아니라 목표한 만큼의 독자가 그 책을 사는 것을 가리킨다. 타겟팅한(목표로 정한) 독자의 니즈를 충족시키는 솔루션(제품)을 통해 그의 구매와 지지를 이끌어냄으로써 단골관계를 맺는 것을 가리켜 결과가 좋다고 하는 것이다.

니라 책의 가치에 대한 값이다. 여기서 말하는 가치는 공급자(출판사)가 느끼는 가치가 아니라 사용자(독자)가 느끼는 가치다. 독자가 느끼는 가치가 바로 솔루션으로서의 가치다.[28] 독자는 단순히 책에 대한 값으로서 가격에 관심을 갖는 것이 아니라, 자신이 느끼는 문제에 대한 해결책 비용으로서의 값에 관심을 갖는다. 따라서 독자가 느끼는 문제의 크기가 책값을 결정한다. 문제가 크면 고객비용(Customer cost; 문제해결에 드는 원가)도 커서 책값도 비싸질 수밖에 없고, 문제가 작으면 고객비용도 작아서 책값이 낮아질 수밖에 없다. 다만, 책은 언어로 되어 있기 때문에 문제해결을 직접적이거나 즉각적으로 해주지는 못하므로 문제해결에 드는 원가가 온전히 책가격에 반영되지는 않는다. 대부분의 경우 독자는 책을 통해 문제해결의 방법이나 노하우를 배운 다음 다른 실질적인 도구나 방편을 통해 문제를 해결하기 때문에 이런 비용들이 책값에서 빠지게 된다. 책값의 시장가격선은 이런 메커니즘에 의해 결정되는 것이다.

'유통'(Place)은 공급자 입장에서 보면 어느 곳(온라인이든 오프라인이든)에서 제품을 진열·전시·판매하느냐의 문제지만, 소비자 입장에서 보면 제품을 얼마나 편리하게 구매할 수 있느냐 하는 편의성(Convenience)의 문제다. 고객들은 이왕이면 편리하게 구매할 수 있는 제품·서비스를 원하기 때문에 유통 즉 편의성 문제는 매우 중요한 이슈가 된다.

과거 오프라인 서점만 있었을 때 편의성은 공간의 편의성과 시간의 편의성 둘 다가 문제였다. 시간의 편의성을 위해서는 심야책방, 24

---

28 독자가 해결되기를 바라는 문제는 추상적 차원에서 구체적 차원의 문제까지, 먼 미래의 문제에서 당면한 문제까지 매우 다양하다. 문제가 다양한 만큼 솔루션 역시 다양할 수밖에 없다.

시간 책방 등이 고려될 수 있었고, 공간의 편의성을 위해서는 더 많은 동네서점이 필요했다. 온라인 서점 등장 이후에는 독자는 하루 24시간 서점 방문과 주문이 가능해 시간과 공간의 편의성 문제는 주문한 책을 얼마나 빨리 받느냐 하는 배송의 편의성 문제로 바뀌게 되었다. 아마존이 드론으로 택배를 구상하고 있는 것도 고객의 편의성에 대한 이런 욕구를 해소시켜주기 위함이다. 물론 전자책의 경우에는 편의성의 개념이 당연히 바뀐다.

유통을 편의성 관점에서 보면 출판사들이 놓치고 있는 지점들이 보인다. 대개의 출판사들은 독자의 편의성을 위해 새로운 유통망을 발명하기보다는 기존의 만들어져 있는 유통망에만 책을 뿌린다. 고객의 욕구는 당일 배송을 넘어 거의 실시간 구매를 원하는 쪽으로 가고 있는데도 말이다.

독자가 집밖으로 조금만 걸어나가도 바로 원하는 책을 살 수 있는 유통망을 구축할 순 없을까. 동네마다 있는 편의점에 에스프레소 머신이 놓인다면 책 한 권 구입하는 데 걸리는 총 시간은 10분 정도면 충분할 것이다. 집에서 100미터 떨어진 곳에 있는 편의점에 가서, 에스프레소 머신에서 원하는 책을 검색한 후 결제를 하면 3분 정도 후에 책이 제본돼서 나오는 시스템이라면 독자의 편의성은 매우 혁신적인 수준에서 충족될 것이다. 고객이 편리하게 구매할 수 있는 유통방식을 사업의 주체들이 얼마만큼 고민하느냐에 따라 독자 확장과 시장 확장의 양상이 달라질 것이다.

마지막으로 프로모션(Promotion)이 공급자가 고객을 향해 광고와 홍보 메시지를 일방향적으로 발신하는 소통방식이라면, 지금 고객은 수동적으로 메시지의 수신자가 되기를 원치 않는다. 그들은 쌍방향

으로 메시지를 주고받는 커뮤니케이션을 원한다.[29]

자본주의 역사에서 마케팅관리 철학은 생산개념, 제품개념, 판매개념, 마케팅개념으로 진화해왔다.[30] 생산, 제품, 판매개념이 주도하던 시기가 프로모션의 시대였다면, 포지셔닝으로 대표되는 마케팅개념이 주도하는 지금 시기는 커뮤니케이션의 시대라고 할 수 있다. 프로모션 시대가 구매를 유도하기 위해 제품에 포커스를 맞춰 제품의 장점을 설명하고 홍보하던 시대였다면, 커뮤니케이션 시대는 제품이 아니라 고객의 마인드에 포커스를 맞춰 그의 마음을 사로잡는 것이 관건인 시대다. 고객의 마음을 사로잡으려면 고객이 살면서 겪게 되는 문제와 그 해결책에 관심을 가져야 하며, 그러기 위해서는 프로모션 방식이 아니라 커뮤니케이션 방식이 필수적으로 요구된다. 프로모션에서 커뮤니케이션으로의 변화는 '제품 경쟁'에서 '마인드 경쟁'으로, 즉 물질 싸움에서 마인드 싸움으로 마케팅이 변모된 것과 궤를 나란히 한다.

출판은 책에 파묻혀서 편집하고, 교정보고, 디자인하는 일이 아니다. 그래서는 1년에 4만종 넘게 신간이 출간되는 현실에서 자신의 존재를 알리기는 불가능하다. 출판은 지식을 갖고 독자의 마인드 즉 그의 문제 속으로 들어가는 일이다. 프로모션 즉 커뮤니케이션은 독자가 무슨 생각을 갖고 있든 아랑곳하지 않고 자신이 출간한 책의 '내용(what)'을 일방적으로 설명하는 것이 아니라, 그 책의 솔루션 기능을 명확하게 알려주는 것이다. 솔루션 기능을 명확하게 알려준다는

---

29 프로모션과 커뮤니케이션의 차이에 대해서는 이 책 172쪽, 430쪽 참조.
30 마케팅관리 철학의 진화에 대해서는 이 책 169쪽 참조.

것은 독자가 겪고 있는 문제를 깊은 수준에서 이해하고 있을 때만 가능하다. 솔루션은 문제(problem)이고, 문제는 솔루션인 것이다. 이때 해결책을 깊이 있게 설명해내면 독자는 자신의 문제를 깊게 이해하게 된다. 이것이 차별적 우위성이 있는 솔루션이고, 이것이 가치제안이다. 왜(why) 이 책이 독자 당신의 삶하고 상관이 있는지, 지금 독자당신은 이런 문제로 고통을 겪고 있지 않는지, 그렇다면 이 책이 제안하는 솔루션은 어떤지, 이런 식으로 독자의 삶과 책을 깊은 수준에서 연관짓고 설득해낼 수 있을 때 독자는 비로소 솔루션의 차이를 인정하고 해당 책에 지지를 보내게 된다. 그게 커뮤니케이션 즉 프로모션이다.

로직트리, 커뮤니케이션의 핵심무기

문제를 설정하고 해결하는 방식은 '감'에 의한 방식과 '논리'에 의한 방식 두 가지가 있다. "자신이 숙지하고 있는 분야나 현장에 대한 감각이 작용하는 분야라면 감각과 경험에 의한 시행착오적 접근으로 해결되는 경우도 분명히 있다. 하지만 자신에게 익숙지 않은 분야나 변화가 심해 과거의 사고방법이 적용될 수 없는 분야인 경우에는 체계적인 도구가 없으면 논리적으로 사고를 구성하는 것이 쉽지 않다."[31] 문제를 찾아내 해결책을 구하고 그것을 효과적으로 커뮤니케이션하려면 논리가 필수다. 이런 필요에서 만들어진 논리적 사고틀이 바로 '로직트리'다. 논리가 전개되어 가는 모양이 마치 나무의 뿌리

---

31 『로지컬 씽킹』, 테루야 하나코·오카다 케이코 지음, 김영철 옮김, 일빛, 2002, 150쪽.

에서, 줄기로, 다시 가지로 뻗어나가는 것과 비슷하다고 해서 붙여진 이름이다.

로직트리는 문제를 발견하고 해결하기 위한 강력한 도구다. 로직 트리를 그리면 중복이나 누락을 쉽게 찾아낼 수 있어 문제 해결 또한 그만큼 쉬워진다. 로직트리는 가로방향과 세로방향으로 뻗어나가는 구조로 짜여 있다.[32]

세로방향으로는 '결론과 그 근거' 혹은 '결론과 그 방법'이 계층을 이루면서 뻗어나가는데, 먼저 결론을 제시하고(So What?, 그래서 결론은 뭐?), 그 밑으로 그 결론이 나온 근거 혹은 그 결론에 따른 방법의 가지가 뻗어나가는(Why So?, 왜 그렇게 말할 수 있지?) 복수 계층의 구조를 이룬다. 세로방향의 계층구조를 짜나갈 때 주의해야 할 것은 비약이 있으면 안 된다는 것이다. 레벨(차원)이 서로 다른 것 ——이를테면 3C와 4P——이 섞여버리면 미시(MECE) 구조가 깨지면서 문제를 찾아내거나 해결책을 구하는 것이 사실상 어려워지게 된다.

가로방향으로는 Why So?에 대한 대답으로 제시된 근거들 혹은 방법들이 나열되는데, 이것들은 누락이나 중복이 없는 미시적 관계를 이루어야 한다. "결론·근거·방법을 누락·중복, 그리고 비약도 없이 정리할 수 있다면 커뮤니케이션의 '부품'은 모두 잘 갖춰진 것이 된다."[33]

미시(MECE)는 "Mutually Exclusive & Collectively Exhaustive"의 머릿글자를 딴 말이다. 말 그대로 "서로 중복없이, 집합적으로(전체적

---

32 『로지컬 씽킹』, 153쪽 참조.
33 『로지컬 씽킹』, 151쪽.

으로) 빠트림 없이"다. 마케팅에서는 '미시'가 매우 중요하다. 빠지면 안 되는 필수요소가 누락되거나 모자란다면 '최소량의 법칙'[34]에 따라 성과는 바로 그 수준에서 결정되기 때문이다. 따라서 마케팅의 성과를 최대화시키려면 필수적인 요소 중에서 중복되거나 누락되거나 부족한 게 없는지 체크하는 것이 매우 중요하다.

중복과 누락을 알아채려면 전체를 꿰고 있지 않으면 안 된다. 전체를 모르면 뭐가 중복되고 뭐가 누락되었는지 알기 어렵다. 어디쯤 가고 있는지를 알고 가면 덜 힘들고, 힘이 들어도 끝까지 갈 생각을 할 수 있다. 어떤 곳을 처음 갔을 경우, 갈 때보다 올 때의 길이 훨씬 더 가깝게 느껴지는 것도 시작과 끝, 즉 전체를 알고 있기 때문이다. 전체 속에서 그 부분(조각)을 볼 때, 내가 어디쯤 가고 있는지, 지금 눈앞에 보이는 것이 무엇인지 제대로 알 수 있다. 마치 퍼즐의 조각 같다고 할 수 있다. 고객에게 어떤 부분(텍스트)의 의미를 알게 하고 싶다면 그 부분을 둘러싼 전후 맥락(콘텍스트)을 제공함으로써 상대가 전체상을 볼 수 있도록 해야 한다.[35] 전체와 부분의 관계를 아는 상태 즉 상황이나 맥락을 아는 상태가 되면 고객은 비로소 마음을 열고 귀를

---

34 '최소량의 법칙'에 대해서는 이 책 132쪽 참조.
35 광고회사 '빅앤트인터내셔널'의 명함은 텍스트와 콘텍스트의 관계를 절묘하게 이용함으로써 명함 하나에도 풍부한 스토리를 입힌 빼어난 사례로 꼽힌다. 클라이언트와 상담하러 갈 때 항상 기획자와 제작자 두 사람이 함께 움직이는데, 기획자는 개미의 상반신이 그려져 있는 명함을, 제작자는 개미의 하반신이 그려져 있는 명함을 함께 합쳐서 클라이언트에게 건넨다고 한다. 각각의 명함이 텍스트에 해당한다면, 합쳐서 건네는 행위는 맥락과 전체상을 제공하는 콘텍스트에 해당한다. 클라이언트는 각각의 텍스트가 콘텍스트 속에서 의미가 살아나는 경험에 신기해하면서 높은 관심을 보이고, 빅앤트의 직원은 명함을 주고받는 과정에서 개미에 대한 (즉 자기 회사에 대한) 이야기를 자연스럽게 할 수 있어 상대의 머릿속에 강렬한 인상을 남기는 포지셔닝 효과를 얻게 된다.

기울인다. 미시는 그런 점에서 반드시 필요한 전략적 사고법이라고 할 수 있다.

"상대를 이해시키기 위해서는 상대방 입장에서 설명할 필요가 있다고 흔히 이야기하지만,[36] 오히려 자신의 입장을 미시(MECE)적으로 명쾌하게 제시하고, 그쪽으로 상대방을 이끄는 것이 훨씬 현실적이다. 미시는 상대방에게 자신의 입장을 밝히고 상대방을 자신의 논의의 장으로 끌어들이기 쉽도록 하는 기술인 것이다."[37] 미시 기법을 사용해서 전체와 부분을 유기적으로 보면서 중복없이 일을 처리할 수 있다면 일의 효율과 성과가 높아질 것은 자명하다.

따라서 미시는 문제 해결을 위해서 정보를 수집·분류·판단하거나 사업계획서·기획보고서 등을 작성하는 데 매우 유용한 기술이다. 미시 분석을 통해 새로운 시장을 찾아낼 수도 있고, 기존 제품의 새로운 가치를 찾아낼 수도 있으며, 기존 업무 프로세스의 비효율적인 요소를 찾아내 개선할 수도 있다. 커뮤니케이션을 할 때도 상대와 조건에 따라 적절한 맥락(콘텍스트)을 함께 제공하면[38] 자신과 같은 생각을 할 수 있게 만들 수 있어(설득력을 높일 수 있어) 원하는 것을 좀더 쉽게 얻을 수 있다.

---

36 상대방 입장을 제대로 안다는 게 말처럼 쉽지도 않거니와 설사 안다고 하더라도 그 입장에서 쉽게 설명하는 것은 그것대로 또 어려운 일이다. 커뮤니케이션에서 중요한 것은 미시(MECE) 적 관점을 견지하는 것이다. "미시 사고방식이 활용되어 전체상이 명쾌하고, 제시한 부분집합 들을 더하면 전체가 되는 설명을 듣게 되면 상대방은 전달자가 생각한 전체집합을 자신의 이해의 틀로 삼아 머릿속을 정리하기 시작한다."(『로지컬 씽킹』, 78쪽)

37 『로지컬 씽킹』, 78쪽.

38 콘텍스트(맥락)를 함께 제공한다는 것은 그것이 전체상(전체틀) 속에서 어느 부분에 위치해 있는지를 보여주는 것으로, 미시전략에 해당한다. 또 콘텍스트를 제공한다는 것은 why를 설명하는 것이고, why를 통해 이해를 하게 되면 상대는 메시지를 좀더 쉽게 받아들이게 된다.

"설명을 잘하는 사람은 하나의 사항을 여러 가지 측면이나 장면으로 설명할 수 있다. 왜냐하면 그 사항을 전체집합으로 보았을 때 말하는 사람이 여러 가지 미시의 기준을 알고 있어서 어떤 기준으로 설명하면 상대방이 제일 이해하기 쉬운지 자유롭게 선택할 수 있기 때문이다."[39]

참고로 책의 목차 같은 경우도 미시를 단적으로 보여주는 좋은 예다. 거의 모든 책의 목차는 주제에 맞춰 중복과 누락없이 미시적으로 구성되어 있다. 『코틀러의 마케팅원리』의 목차를 보더라도 마케팅 5단계의 순서를 따라 중복·누락 없이 미시적으로 짜여져 있음을 알 수 있다. 미시 사고법의 로직은 간단하다. 분류를 통해 공통적인 것끼리 묶은 다음(그룹핑한 다음) 이름을 붙여보면 전체상이 한눈에 들어온다. 그 전체상 속에 내가 하려는 부분으로서의 일이나 계획(그것이 기획이든 생산이든 프로모션이든)을 위치시키고 평가하면 일의 방향과 속도를 가늠하는 데 강력한 무기가 된다.

경영이나 마케팅에서는 프레임워크가 매우 중요하다. 프레임워크란 판단이나 결정 등을 위한 틀 혹은 체계를 가리키는데, 중복이나 누락이 있어서는 프레임워크가 될 수 없다. 미시 사고는 강력하고 유용한 프레임워크를 갖기 위해 필수적이며, 이런 프레임워크를 갖고 있어야 정보의 수집·분류·해석이 쉬워진다. 이런 틀이 없으면 공통적인 것끼리 묶을 경우 벗어나는 것들이 계속 생겨나면서 중복이나 누락을 피할 수 없다.

현장에서 빈번하게 자주 쓰이는 미시의 툴을 많이 알아두면 좋다.

---

39 『로지컬 씽킹』, 78쪽.

"미시의 툴을 많이 가지고 있다는 것은 그만큼 상대방을 설득할 자유도를 더 많이 가지고 있다는 것을 의미한다."[40] 이미 검증된 프레임워크를 활용하면 효과적으로 일을 수행할 수 있는데, 기억해두면 실전에서 유용하게 써먹을 수 있는 대표적인 프레임워크로는, 전·중·후(과거·현재·미래), 플로(flow)·스텝(step),[41] 단기·중기·장기, 외부·내부(SWOT분석도 여기에 속한다), 미시환경·거시환경, 3C(4C), 4P, STEPPS(입소문 마케팅), SUCCESs(메시지 마케팅), 효율·효과, 사실·판단, AIDMA, AISAS, 구매접점 분류(최초접촉-구매시점-구매후-반복구매), 구매자 의사결정 과정[42] 등이 있다.

현실에서는 이런 기본 틀을 응용해 자기만의 미시 툴을 적극적으로 만들어보는 것이 중요하다. 그래야 업무를 창의성 넘치게 차별적으로 해낼 수 있다. 주의할 것은 프레임워크의 틀에 무리하게 짜맞추려다가는 업무의 본질을 놓치거나 왜곡할 수 있다는 것이다. 중요한 것은 미시라는 틀 자체의 이론적이고 논리적인 엄밀성이 아니라 미시의 틀을 활용하여 상대방과의 커뮤니케이션에서 얼마나 공통감각을 형성할 수 있느냐다.

참고로 전·중·후의 미시 프레임으로 출판의 프로세스를 분석해보면, 출판사는 독자를 만나는 데 있어 출간전·출간중 단계가 매우

---

40 『로지컬 씽킹』, 81쪽.
41 "일을 시작에서 끝에 이르기까지의 흐름(flow)이나 단계(step)로 나누어 생각해보는 것도 상당히 유효한 미시의 기준이다. 예를 들어 '어떻게 하면 당사의 제품을 고객에게 확대 판매할 수 있을까'라는 과제에 대한 답을 정리해 보자. 이 경우 물건을 사기까지 고객이 어떤 단계를 밟아나가는가를 정리하고 각 단계마다 확대 판매의 시책을 정리해보는 것도 좋은 접근 방법일 것이다. 일의 과정을 전체로 보고 그것을 플로와 스텝으로 정리하면 자신 혹은 자사만의 비즈니스 시스템을 만들 수 있다."(『로지컬 씽킹』, 84쪽)
42 구매자 의사결정 과정에 대해서는 이 책 198쪽 참조.

취약함을 알 수 있다. 많은 출판사가 기획하고 원고를 입수하고 편집 제작하는 동안 거의 독자를 만나지 않고 있으며, 출간후 단계에서도 초기의 인지 프로모션 중심의 제한적 활동에 머무르고 있다. 출간전 부터 독자와 함께 하는 활동이 필요하고, 출간후 프로모션 활동도 인 지단계를 넘어서 독자와 경험을 공유하는 단계까지 나아가야 하며, 구매후 관계관리를 통해 구전을 유도하는 입소문 마케팅을 적극적으 로 구사할 필요가 있다.

	출간전			출간중	출간후					
저자	기획	집필		편집공유	프로모션					
출판사	기획		입수	편집제작	프로모션					
독자					인지/지식	호감	선호	확신	구매	구매후
					인지	관심	서치		구매	쉐어
현재										
이후										

2장

내 고객은 누구이며, 그의 니즈는 무엇인가

출판사는 고객이 둘이다

고객이란 무엇인가. 다른 산업의 경우 고객이라고 하면 대개 소비자를 가리키지만 출판의 경우, 고객은 하나가 아니라 둘이다. 저자와 독자. 앞서 본 것처럼 마케팅의 정의는 "고객관계 관리를 잘 하면 이익이 나는 것"이다. 이 정의에서 추론해보면 "관계 관리를 잘하면 이익을 가져다주는 대상"이 고객임을 알 수 있다. 일반산업에서 관계관리를 잘하면 이익을 가져다주는 대상은 소비자이고, 출판에서 관계관리를 잘하면 이익을 가져다주는 대상은 저자와 독자다. 저자와 독자의 공통점은 관계관리를 통해 단골이 되면 반복해서 책을 써주고 반복해서 책을 사줌으로써 출판사에 이익을 가져다준다는 점이다.

저자가 없으면 책 자체를 만들 수 없기 때문에 출판은 독자만큼이나 저자가 주요고객인 사업이고, 따라서 독자(관계)관리와 저자(관계)관리가 중요한 사업이다. 일반상품의 경우 아이디어를 선별하고, R&D 부서에서 제품을 개발한 다음 생산·판매하면 된다. 일반기업은 보통 R&D를 위해 연구진을 고용한다. 일반기업의 연구진에 해당하는 것이 출판사의 경우 필자인데, 필자를 고용하는 출판사는 거의 없다.[1] 보통은 필요할 때마다 저자와 출판사 간에 계약을 맺고 출판을 한다. 저자와 독자가 둘 다 고객이긴 해도, 저자는 계약을 맺고 독자는 계약을 맺지 않는 고객이라는 점에서 차이가 있다.

마케팅 관점에 따르면 거래처나 회사 내부의 직원들도 고객이라고 할 수 있다. 관계관리를 잘하면 업무의 효율이 높아지고 생산성이 높아짐으로써 그만큼 이익을 내기 때문이다. 저자와 독자가 출판사 외부에 존재하는 외부고객이라면, 직원들은 출판사 내부에 존재하는 내부고객이라고 할 수 있다.

출판은 두 주요고객인 저자와 독자의 관리가 매우 중요한데, 출판사는 자기 저자는 알아도 자기 독자는 잘 모른다. 그러나 저자를 알기만 할 뿐 관리를 제대로 하는 출판사는 많지 않고, 독자는 그가 누군지 알지도 못하기 때문에 관리는 더더욱 생각도 못한다. 독자와 관련된 모든 데이터는 서점이 갖고 있다. 고객정보력을 둘러싼 서점과 출판사 간의 이런 힘의 비대칭성으로 인해 출판사는 서점과의 관계에서 주도권을 잃고 서점에 끌려다니고 있다. 지금부터라도 출판사는 플랫폼상의 가치전달네트워크 속에서 독자 개개인과 일대일로, 직접적으로 깊게 커뮤니케이션하면서 책을 알리고, 구매하게 하고, 책과 관련된 경험을 공유하는 다양한 기회들을 만들어내야 한다.

---

1 한 권의 책을 저술하는 데 시간이 얼마나 걸릴까. 이는 저술 분야, 책의 난이도, 독자 대상층, 저자의 능력 등 변수가 너무 많아 일률적으로 말하기가 어렵다. 게다가 만들어진 책이 몇 부 팔릴지 예측하는 것도 쉽지 않다. 이런 양적 계량화의 어려움으로 인해 고용관계를 맺고 저술을 하는 게 성립하기 어렵다.

D2C(Direct to Customer) 마케팅이야말로 비용 대비 효과가 가장 뛰어난 방법일 뿐만 아니라 그것 외에 출판사가 살 방법은 달리 없다.

생산·물류·유통과 관련한 출판사의 각종 업무가 아웃소싱이 가능해짐에 따라 자연스럽게 등장한 현상 중의 하나가 1인출판사다. 1인출판사를 꿈꾸는 사람들도 점점 늘어나고 있다. 그러나 1인출판은 생각처럼 쉬운 일이 아니다. 책은 만들 수 있을지 몰라도 플랫폼을 유지관리하고 독자 네트워크 관리도 해야 하는데, 혼자 북 치고 장구 치는게 말처럼 쉽지 않다. 1인출판사라 하더라도 네트워크 관리전담자는반드시 둬야 하는데, 1인출판사의 경우, 플랫폼 운영자를 따로 두는게 쉽지 않은 만큼 5개 정도의 출판사가 모여 공동플랫폼을 운영하는 것도 좋은 방법이다. 네트워크 내의 독자에게 끊임없이 말 걸기를시도하지 않으면 이제 책은 팔리지 않는다. 아니, 판매는 고사하고 출간 사실 자체를 알리는 것도 쉽지 않은 게 현실이다.

고객지향형 출판과 고객리드형 출판

마케팅 책을 보면 고객중심, 고객지향(고객주도), 고객리드라는 표현을자주 접하게 된다. 언뜻 "고객이 중심이 되고, 고객을 지향하고, 고객이 주도하고, 고객이 리드한다는 거네. 결국 다 같은 말 아니야" 하고생각하기 쉬운데, 셋은 구분해서 사용해야 한다. 고객중심(customer-centered)은 말 그대로 고객을 중심에 두는 태도나 사고방식으로서,'고객지향(고객주도)'과 '고객리드' 둘을 아우르는 개념이라고 보면 된다. 고객지향은 'customer-driven'을 옮긴 것인데, 이는 'driven by customer'로서 '고객에 의해 끌려가는 것' 즉 '고객이 주도하는 것'

을 가리킨다. 고객리드는 'customer-driving'을 옮긴 것인데, 이는 'driving customer'로서 '고객을 끌고 가는 것' '고객을 리드하는 것'을 가리킨다.

마케팅은 고객의 니즈로 시작해서 고객만족으로 끝나는 만큼 고객중심적이어야 한다. 고객중심적이라는 것은 고객에 의해 끌려가는 '고객지향/고객주도' 즉 소비자결정시장(소비자중심시장)과 고객을 끌고가는 고객리드 즉 공급자결정시장(공급자중심시장), 둘 다를 포함한다. 따라서 "고객중심의 출판을 한다"는 것은 고객리드형 출판과 고객지향형(고객주도형) 출판 둘 다를 가리킨다. 출판은 독자가 고객이기도 하지만, 저자가 고객이기도 하다. 따라서 독자가 자신이 원하는 책을 여러 개의 선택지 중에서 고르는 고객주도형 소비자결정시장이기도 하지만, 저자가 자신이 원하는 책을 냄으로써 독자고객을 끌고가는 고객리드형 공급자결정시장이기도 하다.

독자고객의 욕구에 의해 끌려가는 고객지향적 출판에 대해 좀더 구체적으로 살펴보자. 단적인 예가 초등학생용 학습지 출판 같은 경우다. 『○○○ 국어』나 『○○ 산수』 같은 출판물들은 공급자가 결정권을 행사하는 시장이 아니라 소비자가 결정권을 행사하는 시장이다. 소비자는 대체 가능한 비슷비슷한 콘텐츠들 중에서 가격 대비 가치가 가장 뛰어나다고 인지되는 제품을 구매한다. 이 시장의 콘텐츠들은 기본적으로 깊은 사유나 감동이 풍부한 서사를 담고 있지 않다. 소비자는 몇 가지 선택기준을 갖고, 이를테면 싼 값에 우리 아이 계산능력을 높여줄 만한 제품, 매달 학습지 선생이 정확한 시간에 와줄 수 있는 제품을 구매한다. 이 시장의 특성은 과점적이고 소품종대량의 성격을 갖는다. 규모의 경제가 관철되는 시장이기 때문에 몇 개 업체만이 살아남아 치열한 경쟁시장을 형성한다. 출판사의 성격은 대량생산, 대량판매가 관건인 만큼 '지식연구소'의 성격보다는 '공장'의 성격이 강하다고 할 수 있다. 공장 성격의 출판사는 생산성, 효율성, 가격 등이 매우 중요하다.

고객의 욕구를 앞서서 리드해 가는 고객리드형 출판의 예로는 전문서 출판 시장을 들 수 있다. 이 시장의 특성은 기본적으로 공급자결정시장으로, 이제까지 존재하지 않았던 새로운 발견, 새로운 사유, 새로운 이야기가 출판의 주된 대상이다.[2] 출판 주제가 독창적이고 전문적인 만큼 다품종소량의 성격을 갖는다. 소비자 역시 자신의 관심 주제와 필요에 따라 책의 구매를 결정하는데, 가격-수요의 관계가 비탄력적이어서 책값은 구매에 비교적 영향을 덜 미친다. 출판사의 규모보다는 출판 주제의 유니크함이 중요해서 수많은 출판사가 독특한 자기 색깔로 경쟁하는 독점적 경쟁시장을 형성한다. 대량 판매보다는 출판물의 전문성·독창성이 중요한 만큼 출판사의 성격 또한 '공장'의 성격보다는 '연구소'의 성격이 강하다.

모든 출판물은 소비자결정시장과 공급자결정시장을 양끝단으로 하여 그 사이 어디쯤엔가 위치한다. 현실에 존재하는 많은 출판사들은 고객지향형과 고객리드형 사이의 어디쯤엔가 포지션을 잡는다. 소비자결정시장은 주제가 동일하고, 필자보다 출판사가 중요하고, 상품가격이 중요한 소품종대량시장이다. 고객지향형쪽 가까이 위치할수록 베스트셀러 지향의 성격이 강하고, 고객리드형쪽 가까이에 위치할수록 전문성이 강하고 다품종소량을 추구한다. 출판은 속성상

---

2 출판의 이러한 새로운 성격은 뉴스거리가 된다. 방송이나 신문이 뉴스거리로 매주 특정지면을 할애하는 것도 출판의 이런 성격에 기인한다.

소비자결정시장 즉 고객지향형의 성격보다는 공급자결정시장 즉 고객리드형의 성격이 더 강하다. 공급자결정시장은 필자 중심의 시장으로서, 고객이 간절히 원해도 책이 없거나 고객이 생각도 못한 기발한 상품이 나오기도 하는 영역이다. 따라서 이 시장은 기본적으로 다양성이 지배하는 다품종소량의 영역일 수밖에 없다.

우리 사회가 노령화사회로 접어들면서 평생학습이 트렌드가 되고 소비자의 학습시간이 점점 늘어남에 따라 출판시장은 소비자결정시장에서 공급자결정시장 쪽으로 이동해 가고 있다. 따라서 출판사는 독창적인 사유, 새로운 지식으로 무장한 유니크한 저자의 책을 펴냄으로써 독자가 생각도 못한 사유의 충격과 감동을 줄 필요가 있다.

니즈·원츠·디맨드란 무엇인가

마케팅은 고객의 '욕구'를 이해하는 것으로부터 시작된다. 간절히 원하는 것 혹은 불만이나 결핍 등을 뜻하는 '욕구'에는 '니즈'(needs)와 '원츠'(wants) 두 가지가 있다. 니즈는 우리말로 '본원적 욕구', 원츠는 '구체적 욕구'라고 옮긴다. '본원적 욕구'에서 '본원적'이란 스스로가 근원이라는 뜻으로, 후천적으로 습득되는 것이 아니라 인간으로 태어나면서 선천적으로 갖게 되는 특성을 가리킨다.

니즈 즉 인간의 본원적 욕구나 욕망을 충족시키기 위해 제공되는 구체적인 제품·서비스를 원츠라고 한다. 인간은 목마르면 마실 것을 찾는데, 여기서 '목마름'에 해당하는 것이 '본원적 욕구'고, 이 본원적 욕구를 채워줄 '마실 것'(생수, 주스 등)에 해당하는 것이 '구체적 욕구/수단적 욕구'로서 원츠다. 원츠의 배후에는 항상 니즈가 있다.

인간은 동물이긴 하지만, 이성을 갖고, 언어를 사용하며, 사회생활을 영위하는 존재로, 생물학적 존재인 동시에 사회·정치적 존재이고, 문화적 존재다. 동물과 다른 인간의 이런 특성으로, "인간의 본원적 욕구는 음식, 옷, 따뜻함과 안전을 원하는 생리적 욕구(physical needs)로부터 소속감과 애정을 원하는 사회적 욕구(social needs), 지식과 자기표현을 추구하는 개인적 욕구(individual needs)에 이르기까지 다양한 형태를 갖는다."[3]

경영학과 마케팅 분야에서 많이 인용되는 매슬로(Maslow)의 욕구단계론도 인간의 생리적 욕구, 사회적 욕구, 개인적 욕구를 각각 반영하고 있다. 매슬로는 인간의 욕구를 5단계로 나누어 설명하는데,[4] 1단계는 생물학적 존재로서의 특성을, 2~4단계는 사회·정치적 존재로서의 특성을, 5단계는 문화적 존재로서의 특성을 각각 반영하고 있다. 1단계는 생리적 욕구(배고픔, 목마름 등), 2단계는 안전 욕구(안전, 보호 등), 3단계는 사회적 욕구(소속감, 사랑 등), 4단계는 존경 욕구(자존감, 인정, 신분 등), 5단계는 자아실현 욕구(능력개발과 문화예술적 성취 등)다.

1단계의 생물학적 니즈를 파악하고 충족시키는 것은 5단계의 자아실현 니즈를 파악하고 충족시키는 것에 비해 상대적으로 쉽다. 단계가 위로 올라갈수록 사회·정치적 요소와 문화적·심리적 요소가 뒤섞이기 때문에 니즈를 파악하기가 점점 어려워진다. 인구통계학에 기반해서 시장을 세분화하고 타겟팅하는 것은 라이프스타일 등의 심리적 요인과 행동적 요인에 기반해서 시장을 세분화하고 타겟팅하는 것보다 상대적으로 쉽다. 전자가 정량적 분석이라면 후자는 정성적

---

3 『코틀러의 마케팅원리』, 7쪽.
4 『코틀러의 마케팅원리』, 154쪽.

분석이기 때문이다.

인간이 언어를 사용하는 것은 본원적 욕구를 파악하는 것을 어렵게 만드는 요인이 되기도 한다. 인간은 언어로 해서 타인과 소통을 할 수 있게 되었지만, 바로 그 언어의 자의성과 상징성과 추상성 때문에 소통에 어려움을 겪기도 한다. 여기 커플이 있다. 둘이 싸웠는지 여자가 남자에게 "가버려" 소리친다. 여자 말을 곧이곧대로 듣고 가버리는 남자는 많지 않다. 그 말(text)의 진정한 의미를 맥락(context)을 통해 알기 때문이다. 이것은 시사하는 바가 크다. 맥락 속에서 혹은 맥락을 만들어 가면서 상대와 깊게 소통하지 않으면 니즈(상대가 진정으로 원하는 것)를 파악하기가 쉽지 않다는 것이다. 상대의 니즈는 말할 것도 없고, 자기 자신의 니즈를 파악하는 것도 그리 만만한 일은 아니다. 니즈는 의식적 차원의 것이기도 하지만, 무의식적 차원의 것이기도 하기 때문이다(참고로 인간이 인지하고 사고하는 데 있어 의식적으로 이루어지는 것은 5% 정도이고, 나머지 95%는 무의식적으로 이루어진다고 한다). 게다가 사회적 존재로서 위신과 체면을 중시하는 인간의 특성도 니즈 파악을 어렵게 하는 한 요인이 된다.

휴대폰 회사 노키아가 인도에서 겪은 일이 그 예다. 노키아는 인도의 문맹률이 높다는 니즈에 착안해 '문맹자용 휴대폰'(원츠)을 개발하기로 하고 마케팅리서치를 했다. 결과는 의외였다. 설문에 응한 많은 사람들이 구입 의사가 없다고 답했던 것이다. 비록 자신의 본심(자신이 문맹자임이 드러나는 것이 싫다!)과는 동떨어진 기술적 문제를 이유로 내세워 사지 않겠다고 대답했지만. 어쨌거나 사지 않겠다는 의사를 확인한 노키아는 문맹자용 휴대폰 개발 계획을 접었다.

니즈는 이처럼 개인적 욕구인 동시에 사회적 욕구이고, 심리적 문제와도 밀접한 관련이 있어서 파악하기가 쉽지 않다. 마케팅 리서치를 통해 쉽게 알아낼 수 있는 것도 아니다. 출판에서 책을 만드는 텍스트 활동과 책을 유통·소비시키는 콘텍스트 활동이 늘 함께 가야 하는 이유이기도 하다. 흔히 콘텍스트 활동은 책이 다 만들어진 이후에 하는 경향이 있는데, 콘텍스트 활동은 책의 출간 '전-중-후'에 저자·독자와 늘 함께하는 활동으로 재정의되어야 한다.

한편, 원츠가 구매력에 의해 뒷받침되면 디맨드(demand) 즉 수요가 된다. "수요는 구매력을 갖춘 원츠(구체적 욕구)를 말한다. 원츠가 있고, 이 원츠를 충족시킬 구매력을 갖게 되면 사람들은 가장 높은 가치와 만족을 제공하는 편익을 갖춘 제품을 구입하기 원한다."[5]

이미 말했듯이 니즈는 욕구다. 이 욕구는 상징기호인 언어를 통해서 요구(demand)의 형태로 표현되는데, 사물이나 사건을 완벽하게 재현하지 못하는 언어의 근본 속성상 욕구 또한 100퍼센트 충족되지 않고 늘 불완전하게 충족된다. 이 불완전한 충족이 욕구 불만의 형태로 무의식에 쌓여 욕망이 된다. 즉 "요구-욕구=욕망"[6]이고, 따라서 욕구로서의 니즈는 '욕망'을 의미하기도 한다.

디맨드(demand)는 요구 혹은 수요로 번역된다. 요구와 수요는 같은 의미로, 경제학적으로 표현하면 '수요', 심리학적·정신분석학적으로 표현하면 '요구'가 된다. "사람들은 자신의 욕구(니즈&원츠)를 언어를 통해서 요구한다."는 언어심리학적 표현을 경제학적으로 표현하면 "사람들은 자신의 욕구(원츠)를 화폐를 통해서 수요(구매)한다."가 된다. 두 문장의 차이는 언어가 들어간 자리에 화폐가, 요구가 들어간

5 『코틀러의 마케팅원리』, 7쪽.
6 『인문학 개념정원』, 서영채 지음, 문학동네, 2013, 56쪽.

자리에 수요가 들어간 차이뿐이다. 언어라는 상징체계에는 요구라는 표현이, 화폐라는 상징체계에는 수요라는 표현이 쓰일 뿐, 구조나 작동방식은 동일하다.

언뜻 언어라는 상징체계와 화폐라는 상징체계는 다르다고 생각할 수 있다. 언어라는 상징기호의 속성상 욕구가 욕구불만의 형태로 남아 욕망이 되는 것은 그렇다쳐도, 화폐라는 상징기호의 경우 돈이 많은 사람은 욕구나 욕망을 충분히 충족시킬 수 있지 않을까. 그러나 언어나 화폐가 상징체계인 한, 욕망을 향한 갈증과 허기는 쉽게 채워지지 않는다. 상징체계는 실제적이고 절대적인 것이 중요한 것이 아니라 관념적이고 상대적인 것이 중요하기 때문에 사람들은 더 많이 충족되고 더 완전하고 더 완벽하기를 갈구한다.

화폐를 은행에 맡겨두게 되면서 재물은 제아무리 많이 쌓아도 녹슬거나 좀먹지 않게 되었다. 이제 근대인의 욕망은 굳이 절제해야 할 필요가 없게 되었다. 재산이 아무리 많아도 여분은 실제적인 쓸모는 없다. 그러나 오늘날 많은 경우에 사람들의 행동 방식을 결정하는 것은 실제적인 쓸모보다는 상징적인 의미이다. 일반적으로, 많은 재물을 쌓아 놓은 자는 의기양양하고, 적은 재산밖에 없는 자는 움츠러들기 마련이다. 재산이 가지고 있는 실물성뿐만이 아니라, 이렇듯 그 관념성의 의미 또한 크기 때문에, 사람들의 재산에 대한 갈구는 끝이 없고, 이 욕구가 사람들의 생활양식을 각 방면에서 틀지우고 있다. 인간 외에 어느 생명체가 금고 안에 화폐를 쌓아 놓고 배불러 하는가![7]

7 『철학의 주요개념』, 백종현 지음, 서울대학교 철학사상연구소, 2004, 177쪽.

인간의 욕구, 욕망을 완전하게 충족시키기엔 늘 턱없이 부족한 게 언어고, 돈이다. 상징체계이기 때문이다. 또 돈이면 뭐든 살 수 있다는 게 상징체계로서의 화폐가 갖는 권위이지만(그래서 인간은 화폐를 욕망한다), 없어서 못 사거나, 있는데도 못 사거나, 사고 싶어도 살 수 없는 게 현실에는 너무도 많다. 욕구, 요구, 욕망의 메커니즘을 보면 인간으로서 존재하는 한 "인간의 욕심은 끝이 없다"(그것이 긍정적이든 부정적이든)는 말은 언제나 진리이다.

니즈-원츠-디맨드 vs 도-천-지-장-법

서양의 니즈-원츠-디맨드는 동양의 '도-천-지-장-법'(道天地將法)과 견줄 만하다. 손자는 『손자병법』 제1편 첫머리에서 전쟁(경쟁)에서 승리하기 위한 조건으로서 전쟁 전 헤아려야 할 5계(伍計: 기본방책 다섯 가지)를 언급한다. 도·천·지·장·법이 그것이다. 이 5계가 무엇을 의미하는지 노자 『도덕경』 25장의 표현을 빌려 설명해보자.

"人法地(사람은 땅을 따르고), 地法天(땅은 하늘을 따르고), 天法道(하늘은 도를 따르지만), 道法自然(도는 스스로 그러함을 따를 뿐)"[8]

먼저, 사람은 땅[地]을 따른다(의존한다)고 했다. 여기서 땅이란 무엇일까. 두 발을 딛고 서 있는 구체적인 물질적 토대 즉 역량(capacity)을 뜻한다. '지'(地)는 잠재된 것을 현실화시키는 능력으로서, 니즈를 원츠화하고, 원츠를 디맨드화하는 능력이다. 출판으로 치면 출판의 물질적 토대——넓게 보면 출판의 생산·유통·소비가 이루어지는 당대

---

8 『개념-뿌리들』, 이정우 지음, 그린비, 2012, 106쪽에서 재인용.

의 구체적이고 실질적이고 물질적인 조건을 의미하고, 좁게 보면 한 출판사의 물적 역량——를 뜻한다. 우리는 이 조건에 따라 출판활동을 해나갈 수밖에 없다.

둘째, 땅은 하늘[天]을 따른다고 했다. 천(天)은 시간 즉 타이밍을 가리킨다. 우리는 시간을 떠나서는 삶도 역사도 그 어떤 구체적인 결과물도 만들어낼 수 없다. 모든 것은 시간 속에서 생성하고 소멸한다. 인간의 삶과 일에는 도(度)가 있게 마련인데, 이것이 타이밍이다. 지나치거나 모자라서는 안 되며, 빠르거나 느려서도 안 된다. 도(度)가 지나치거나 미치지 못하면 일을 그르치기 십상이다. "도(度)는 도(道)와도 통한다. 도(度)를 넘거나 도(道)를 보지 못하면 문제가 발생하고"[9], 일은 성사되지 않는다. '천'과 '지'는 서로를 전제하기 때문에 떼어 놓고 생각할 수 없다. 때가 아무리 좋아도 역량이 없으면 잠재성은 현실화되지 않는다. 거꾸로 아무리 역량이 있어도 때를 맞추지 못하면 그 경우 역시 잠재성은 현실화되지 않는다. 어떤 사물이 '천지'간에 모습을 드러내는 경우는 '천'과 '지'가 딱 맞아떨어졌을 때뿐이다.

그 다음, 하늘은 도(道)를 따른다고 했다. 의존의 연쇄 관계를 고려할 때 결국 사람과 땅과 하늘은 모두 도를 따르는 것이 된다. 그럼 도는 무엇에 의존할까. "도는 스스로 그러함을 따를 뿐"이라고 한 노자의 표현에 의하면, 도는 다른 것에 의존하지 않고 오직 자기 스스로에 의존할 뿐이다. 스스로가 근본인, 즉 '본원적'인 것이다. 그렇게 보면 '도'는 다른 모든 것이 생겨나고 자리잡고 의존하고 기대는 터 혹은 대지라고 할 수 있을 것이다. 인간의 본원적 욕구가 꿈틀대는 욕망의

---

9 『개념-뿌리들』, 134쪽.

대지라고 불러도 좋을 것이고, 모든 현실성이 생겨나는 거대한 잠재성들의 장(場) 전체라고 말해도 좋을 것이다.

이 거대한 잠재성(니즈)의 세계에서 하나의 '욕망의 갈래'가 만들어지고, 그 갈래의 길[道]을 따라 구체적 원츠가 만들어진다(현실화된다). 도(道)는 말 그대로 욕망의 갈래로서의 '길'을 의미하기도 한다. 그 길은 욕망(needs) 위로 나 있다. 욕망이란 '~을 하고자 함'이다. 의식적인 것도 있고 무의식적인 것도 있으며, 개인적인 것도 있고 시대적이고 사회적인 것도 있다.

'길' 하면 우리는 정해진 홈파인 길을 떠올린다. 그러나 '도'로서의 길은 욕망이 가리키는 사방 팔방으로 흘러넘치는 길이다. 루쉰이 말한 것처럼 "원래 땅 위에는 길이 없다. 걷는 사람이 많아지면, 그것이 길이 되는 것이다." 욕망의 대지 위에 인간은 무수히 많은 길을 만들어낸다. 그러나 길은 영원하지 않다. 없던 길이 생기는가 하면 있던 길이 사라지기도 한다. 걷는 사람이 많아지면 길이 되고, 걷는 사람이 적어지면 사라진다. 길은 온갖 욕망들이 부딪쳐 사건을 만들어내는 '다중의'(public) 장소다. 사람들은 그곳에서 물건을 교환하고, 온갖 이야기를 쏟아내고, 토론을 하고, 논쟁을 한다. 길이야말로 출판(publication)[10]의 원점이 되는 셈이다. 출판의 위기가 생겨나는 곳도,

---

10 public은 publ(=people)에 형용사형 접미사 ic가 붙은 말로, '공공의' '공적인' '여러 사람의' '다중의'를 뜻한다. publish는 publ(=people)에 ish(=go)가 붙은 말로, '공중이나 다중을 향해 발표하다, 발행하다, 출판하다'라는 뜻을 갖는다. 출판을 뜻하는 publication도 public과 관련이 있는 말이다. image의 운동이 imagination(구상력, 창작력, 상상력)이듯이, public을 대상으로 하는 운동(활동)이 publication이다. 우리말로 옮겼을 때 같은 출판을 의미하지만, 프린트(print)가 인쇄·제작한다는 의미가 강한 말이라면, 퍼블리케이션(publication)은 공중(다중)을 대상으로 공표하고 발행한다는 의미가 강한 말이다. 지금 시기의 출판은 당연히 프린트보다는 퍼블리케이션 쪽에 무게중심이 실려야 한다.

출판의 기회가 생겨나는 곳도 바로 이 '길' 위다. 길에서 빚어지는 욕망에 주목하면서 그에 맞는 제품·서비스를 만들어가야 하는 것이다. 출판에 정해진 길은 없다. 다만 대중의 욕망과 함께 만들어가고 함께 흘러 갈 뿐인 것이다.

정리해 보자. '니즈-원츠-디맨드' 사슬에서 '니즈'는 보이지 않는 욕망의 세계다. '도-천-지-장-법' 사슬에서 '도'가 이에 해당한다. '원츠-디맨드'의 세계는 '천-지' 간에 모습을 드러낸 세계로서, 우리가 감각할 수 있는 구체적 형태의 제품·서비스(원츠)의 세계이고, 그것을 '요구하는/수요하는'(디맨드) 고객에게 구매되어 가치를 제공하는 세계다. 니즈에서 원츠, 디맨드로 이어지는 '마케팅의 세계'(인간의 세계)를 만들고·유지하고·확장해나가기 위해서는 인재[將]11와 따라야 할 '메커니즘/시스템'[法]12이 필요하다.

한마디만 덧붙이자면, 천도, 지도, 장도, 법도 모두 길[道] 위에서 찾아야 한다는 것이다. 출판의 길은 길 위에서만 찾을 수 있고, 출판이 살 길은 길 위의 출판을 하는 것이다.

---

11 사실 지금 출판의 가장 큰 위기는 바로 '장'(將) 즉 인재(human resources)의 문제가 아닐까 싶다. 젊은 인재가 출판 쪽으로 제대로 유입되지 않고 있는데도, 장기적 관점에서 인재를 키울 비전과 방책이 현재의 출판계에는 없다. 올드퍼블리싱이 요구하는 인재와 뉴퍼블리싱이 요구하는 인재는 다르다. 후자가 요구하는 인재는 사람의 흐름과 콘텐츠의 흐름을 능수능란하게 기획하고 조직하는 사람이다. 웹시대는 '기술 우위' 혹은 '기술 만능'의 착각을 불러올 수 있지만, 여전히 가장 중요한 것은 사람(인재)의 문제다. 콘텐츠를 만들어내는 것도 사람이고, 아무리 기술적으로 뛰어난 네트워크망도 사람들의 커뮤니티로 채워지지 않으면 단순한 '선'(線)에 지나지 않는다.

12 '법'(法)은 넓은 의미로는 삼라만상이 그 운행에 있어 좇아야(따라야) 하는 법칙을 가리키고, 좁은 의미로는 생산, 유통, 소비를 둘러싼 프로세스나 시스템 혹은 한 산업에 영향을 미치는 제도나 법규(디지털 파일 표준화, 디지털 저작권 관리[DRM], 도서정가제법, 공정거래법, 부가가치세법 …) 등을 가리킨다.

마케팅은 세상사, 인간사

마케팅은 단순히 물건을 많이 파는 판매의 기술이 아니다. 마케팅은 제품·서비스와 인간 사이에 위치하면서 제품·서비스를 인간의 마음 속/머릿속에 심어놓는(포지셔닝시키는) 일련의 과정을 가리킨다. 마케팅을 제대로 수행하려면 블랙박스와도 같은 인간의 심리나 마음, 정신의 기제, 감정, 뇌의 구조나 작동방식을 충분히 이해해야만 한다. 마케팅 이론을 피상적으로 외워서 기술로 활용하는 것은 어렵지 않다. 그러나 남들과 차별화된 마케팅을 구사하려면 인간의 생활 속으로 깊게 들어가야 한다. 깊게 들어간다는 것은 보이는 세계에서 보이지 않는 세계로, 익숙한 세계에서 낯선 세계로 들어간다는 것이고, 깊게 들어갈수록 감각적인 것과 가지적(可知的)인 것이 경계를 넘어 서로 뒤섞이면서 명석판명하던 것이 애매모호해진다.[13] 마케팅이 어려울 수밖에 없는 이유다.

고대 스토아학파는 삶과 죽음을 동일선상에서 사고했다. 우리는 오늘, 지금 이 순간을 사는 존재다. 그래서 그들은 "카르페 디엠"(carpe diem, "오늘을 붙잡아라")을 말한다. 그러나 감각에 포착되는 세계는 순간

---

13 "라이프니츠는 '지각'과 '통각'을 구별하면서 바다의 파도가 출렁이는 소리에 관해 다음과 같이 논하고 있다. 바다가 출렁이는 소리를 들었을 때, 하나하나의 파도는 확실히 우리의 귀에 소리의 울림을 전하고 있다. 그럼에도 우리는 그 하나하나를 식별할 수 없다. 하나하나의 파도는 확실히 '각각의'(distinct, 판명한) 소리를 내고 있고 우리도 그것을 지각하고 있을 터이지만, 그것들은 의식 속에서는 '애매한'(obscur, 어두운) 채로 있다. 우리는 그러한 무수한 미세 지각을 일괄하는 것으로 파도의 출렁거림이라는 '명석한'(clair, 밝은), 그러나 '혼잡한'(confus, 모호한) 통각을 얻는다. 무수한 미세 지각을 일괄하는 것으로 의식이라는 통각이 발생한다." 『고쿠분 고이치로의 들뢰즈 제대로 읽기』(ドゥルーズの哲學原理), 고쿠분 고이치로 지음, 박철은 옮김, 동아시아, 2015, 73쪽.

의 세계고, 덧없음의 세계다. 순간의 덧없음에 스러지지 않으려면 우주에 포함된 자기 존재를 인식하고, 영원의 삶을 생각해야 한다. 그래서 나온 것이 "메멘토 모리"(Memento mori, "죽음을 기억하라")다. 죽음이 저기 저렇게 있다는 것을 보지 못하면 오늘 하루가 얼마나 소중한지 알 수 없다. 개성 넘치는 자기 세계를 구축하려면 '카르페 디엠'(삶)과 '메멘토 모리'(죽음) 사이를 왕복 운동하면서 균형을 잡아야 한다. 모든 살아있는 것은 죽게 마련이다. 한때 영화를 누렸던 소니의 워크맨도 죽었고, 지금 맹위를 떨치고 있는 아이팟도 언젠가는 죽는다. 태어나고 죽는 라이프사이클은 인간이나 사물이나 똑같이 겪는다. 그럼 죽으면 사라지고 마는 걸까. 아니다. 사람들의 음악에 대한 욕구(니즈)는 영원히 살아있으므로 워크맨은 죽었어도 아이팟으로 다시 살아난다. 니즈 즉 잠재성으로 내재되어 있다가 적절한 조건을 만나면 다시 다른 모습으로 현실화(원츠화)되는 것이다.

니즈에서 원츠로, 원츠에서 다시 니즈로 유연하게 왕복운동 하면서 출판을 하고 마케팅을 하려면 무엇보다 정답에 대한 강박에서 벗어나야 한다. 먼저 문제와 질문을 구별할 필요가 있는데, 문제(problem)와 짝을 이루는 것은 해결(solution)이고, 질문(question)과 짝을 이루는 것은 답(answer)이다. "문제란 질문이 거기서부터 행해지는 기원이다. 사고는 문제로부터 질문으로 나아간다."[14]

문제의 세계는 복수성의 세계로 '문제-장'을 이룬다. 프레임(문제설정)에 따라 문제-장 속에서 하나의 솔루션이 채택되고 그 채택된 솔루션에 따라 하나의 질문과 답이 구해진다. 다른 프레임에 의해 다른

---

14 『고쿠분 고이치로의 들뢰즈 제대로 읽기』, 111쪽.

솔루션이 채택되면 당연히 질문과 답 또한 달라진다. '프로블럼-솔루션'의 세계가 프레임에 따라 다양한 해결책이 구해지는 복수성의 세계라면(정답이 없으므로 오답도 없다), '퀘스천-앤서'의 세계는 열이면 열, 누구나 똑같이 해석할 수밖에 없는 질문에 누구나 똑같은 답을 하는 단수성의 세계다(정답과 오답이 분명하고, 따라서 답을 빨리 찾는 것이 중요하다). 전자가 니즈와 원츠를 왕복운동하면서 세계를 잠재성과 현실성의 관계로 인식하는 방법론이라면, 후자는 원츠 즉 현실성에 국한해서 세계를 인식하는 방법론이다. 전자가 콘텐츠의 세계를 가리킨다면, 후자는 책의 세계를 가리킨다.[15] 마케팅 용어로 표현하자면 전자는 시장적 관점에 해당하고, 후자는 산업적 관점에 해당한다고 할 수 있다.[16]

어떤 문제가 있을 경우, 그 문제의 해결방법은 하나가 아니라 수백 수천일 수 있다. 그러나 우리는 '퀘스천-앤서'에는 강한 반면 '프로블럼-솔루션'에는 매우 약하다. 하나의 정답을 갈구하고 오답을 두려워하는 게 단적인 증거다. 창의적인 '해결책'은 말할 것도 없고, 외부에서 질문이 주어지지 않으면 '답'을 구하는 것도 어려워한다. 이러면 마케팅이 어려워진다. 차별적 우위성의 확보를 통해 강력한 포지셔닝을 하고 싶다면, 당연한 얘기지만 다양한 솔루션을 통해 차별성을 낳을 수 있는 '프로블럼-솔루션' 관점을 가져야 한다.

---

15 책이라고 하는 원츠를 중심으로 하는 출판산업이 한계에 부닥친 지금, 책 이전의 니즈 즉 지식에 대한 욕구로 돌아가 다른 프레임으로 새로운 해결책을 모색하는 관점의 전환이 요구된다. 솔루션으로서의 지식은 책이라고 하는 원츠 외에도 다양한 원츠로 가공될 수 있고, 또 되어야 한다.

16 산업적 관점과 시장적 관점에 대해서는 415쪽 참조.

니즈와 원츠, 잠재성과 현실성

"출판은 콘텐츠산업으로서 성장 가능성이 커." "맞아, 성장 잠재성이 아주 크지." 우리는 일상생활에서 가능성(possibility)과 잠재성(virtuality)을 거의 같은 의미로 쓴다. 하지만 둘은 용법과 뜻이 다르다. 가능성이 '될 수도 있고, 안 될 수도 있는' 상상적인 것을 가리킨다면, 잠재성은 우리 눈에 보이진 않지만 '분명히[實] 존재하는[在]' 실재(實在)를 가리킨다.

바둑기사 이세돌을 예로 들어 설명해 보자. 이세돌은 지금은 아니지만 언젠가는 할아버지가 될 것이다. 현실성으로서의 이세돌은 지금 우리 눈에 보이는 젊은 이세돌이지만, 우리 눈에 보이지 않는 미래의 할아버지로서의 이세돌도 분명히 존재한다. 젊은 이세돌 안에 할아버지 이세돌이 잠재성으로서 들어있는 것이다. 젊은 이세돌도, 할아버지 이세돌도 둘 다 객관적으로 있는 존재다.

젊은 이세돌처럼 지금 우리 눈앞에 보이는 존재를 '감각적 존재'라고 하고, 할아버지 이세돌처럼 감각할 수는 없지만 인식(이성)으로 알 수 있는 존재를 '가지적(可知的) 존재'라고 한다. 가지적 존재는 눈에 보이는 현상(현실/사실) 너머에 보이지 않는 형태로 존재하는 실재다. 인간이 다른 존재와 다른 점은 '가지적인 것'을 볼 줄 아는 능력이 있다는 점이다.

지금 감각적으로 우리 눈에 실제로 보이는 '가시적'(可視的)인 젊은 이세돌도 리얼한 존재고, 눈에 보이지는 않지만 가지적 존재로서 '실재하는' 할아버지 이세돌도 리얼한 존재다. 영어로는 '사실/현실'도 리얼리티(reality)이고, '실재'도 리얼리티다. 둘 다 진짜로 존재한다는 점에서 '리얼한' 것이다. 마케팅 용어로 표현하면 니즈도 리얼한 것이고, 원츠도 리얼한 것이다.[17] 잠재적인 것으로 실재하는 니즈는 조건이 충족되면 눈에 보이는 원츠로 현실화된다. 잠재성(니즈)을 보는 눈이 넓고 깊을수록 차별적 우위성을 갖는 원츠를 만들어낼 수 있는 능력 또한 그만큼 커진다.

잠재성이 현실화의 과정을 거쳐 우리 눈에 보이는 현실성이 되는 것은 시간적으로 미래 쪽을 향해 있다. 젊은 이세돌이 과거로 돌아가서 할아버지가 되진 않는다. 잠재성은 시간에 대해 비가역적이다. 한편 가능성은 젊은 이세돌이 어린이 이세돌이 될 수도 있다고 생각하는 것으로 시간적으로 과거 쪽을 향해 있다. 젊은 이세돌이 미래로 가서 어린이가 되진 않는다. 따라서 가능성은 시간에 대해 가역적이다. 언젠가는 반드시 현실화되는 게 잠재성이라면, 될 수도 있고 안 될 수도 있는 건 가능성이다. 지금 젊은 이세돌은 어린이 이세돌이 될 수 없다는 점에서 그것은 가능성일 뿐이지만, 기술 등의 발전으로 조건 자체가 변화되면——타임머신의 발명 등으로 시간을 가역적으로 되돌릴 수 있게 되면——그 가능성은 잠재성으로 변해서 현실성이 될 수도 있다.

현실성으로서의 출판이 지금 한계를 드러내고 있다. 분명한 건 지금까지 해오던 방식으로 해서는 상황이 바뀌지 않는다는 것이다. 인간의 로고스(이성·논리)가 한계에 부닥쳤을 때 그 한계를 돌파하기 위해 뮈토스(신화·이야기)가 필요했던 것처럼, 현실이 한계에 부닥쳤을

---

17 니즈는 잠재성에 대응하고, 원츠는 현실성에 대응한다. 니즈의 세계는 가지적인 세계고, 언어로 표현된 언표적 세계다. 원츠의 세계는 감각적인 세계고, 물질적(비언표적) 세계다.

때 요구되는 것이 가능성으로서의 상상력이다. 상상력은 가능성일 뿐이지만, 가능성이 잠재성이 되고 그것이 다시 현실성이 된다는 점에서 매우 중요하다. 20세기 이전에는 인간이 달에 착륙한다는 것은 단지 상상일 뿐이었지만, 그 가능성이 각종 기술 발달을 추동하여 잠재성의 형태로 축적되었다가 현실화의 조건이 충족되었을 때 마침내 현실성이 되었던 것처럼 말이다.

1970~80년대에 전자책을 생각한 사람은 거의 없었다. 그때 전자책은 단지 상상력의 산물일 뿐이었고, 가능성으로서의 출판일 뿐이었다. 상상력이 풍부한 누군가가 전자책을 얘기했더라도 대개의 사람들은 믿지 않았을 것이다. 1990년대에 들어서면서 인터넷이 등장하고 IT기술과 미디어 기술이 발전하면서, 그 가능성은 잠재성이 되었다가 현실성이 되었다. 가능성과 잠재성을 볼 줄 알면 우리 눈앞에 보이는 원츠 너머에 있는 고객의 욕망(니즈)이 보이고, 고객의 욕망을 읽을 수 있으면 새로운 출판의 세계가 보인다.

가능성·잠재성의 관점에서 보면 지금 우리 눈앞에 펼쳐져 있는 현실성의 세계는 일시적이고 제한적인 세계일 뿐이다. 그런데도 사람들은, 특히 성공한 현실화의 경험이 있는 사람들은 쉽게 자만한다. 한때 세상을 풍미했던 소니 워크맨이 시장에서 사라지는 운명을 맞게 된 것도 성공에 취해 소비자들의 변화한 니즈를 제대로 보지 못했기 때문이다. 소니 워크맨은 편리한 휴대성으로 성공했다. 소니는 성공을 가져다준 기술과 제품에 취해 더 작고 더 슬림하고 더 세련된 워크맨에 집착했다. 현실에서 눈을 거둬 니즈로 눈을 돌렸다면 대중의 음악 소비방식의 변화가 눈에 들어왔을 텐데 자신에게 성공을 가져다준 요인에서 눈을 돌리기가 쉽지 않았던 것이다.

소니의 사례는 출판인들에게도 많은 시사점을 준다. 거의 대부분의 콘텐츠 소비를 스마트폰으로 하는 시대에 우리의 지나친 '제품(종이책) 집착'이 점점 더 독자의 외면을 가속화하는 건 아닌지 스스로에게 물어봐야 한다. 마케팅은 제품과 소비자 마인드 사이에서 둘을 조정·조화시키는 것이다. 제품에 대한 과잉 몰입에서 벗어나 소비자에게 최대한 가까이 다가가려는 태도가 요구된다.

현실화된 것들은 모두 다 생로병사를 겪게 되어 있다. 사람이라면 유아기·청년기·중장년기·노년기의 '라이프사이클'(life cycle)을 겪게 되어 있고, 제품이라면 도입기·성장기·성숙기·쇠퇴기의 '프로덕트 라이프사이클'(product life cycle)을 겪게 되어 있다. 이게 현실의 모습이다. 실패를 딛고 성공하기 위해서는, 그리고 성공을 이어가기 위해서는 현실적인 것의 배후에 있는 잠재성(니즈)를 읽어내고 그것을 현실화시킬 줄 알아야 한다.

보이면 알게 되고, 알면 구매하나니

흔히 없던 것을 새로 만들어낼 때 '창조'라는 말들을 하기도 하는데, 사실 창조라는 말보다는 발견이라는 말이 더 적절하다. 무에서 유가 나오면 창조가 맞겠지만, 이미 다 잠재성 즉 실재(reality)로서 있던 것을 현실(reality)화시킨 것이기 때문이다. 빙산의 이미지를 떠올려 보면 쉽다. 수면 위로 솟아나온 빙산의 일부분을 가리켜 흔히 '빙산의 일각'이라고 한다. '일각'은 말 그대로 '한 부분' '한 귀퉁이'일 뿐이다. 그 밑에는 우리 눈에는 보이지 않지만 '실재'(잠재성)에 해당하는 거대한 뿌리가 있다. 우리가 못 볼 뿐 이미 있는 것을 어떻게 발견해서 눈에 띄게 할 것인가, 이것이 마케팅이다.

이런 맥락에서 보자면 제품의 생산도, 유통도, 구매도 모두 '발견성을 둘러싼 투쟁'이라고 해도 과언이 아니다. 남들이 생각도 못한, 듣도 보도 못한 제품을 만들어내는 것, 제품 차별화의 필수요소다. 이렇게 만들어진 제품이 사람들 눈에 쉽게 잘 보이도록 사람들이 잘 다니는 곳에 차별화되게 진열·전시하는 것, 유통 차별화의 핵심과제다. 사람들에게 제품의 존재가 잘 드러나도록 인지시키고, 호감-선호-확신을 갖게 함으로써 구매하도록 유도하는 것, 프로모션 차별화의 핵심포인트다.

이처럼 마케팅의 단계를 밟아가면서 발견(가능)성을 둘러싼 투쟁은 이어진다. 흔히 프로모션을 통해 구매까지 하게 하면 마케팅이 종결된다고 생각하기 쉽지만, 발견성을 둘러싼 투쟁은 소비자 구매를 넘어 구매후 사용자 경험 단계로까지 계속 이어진다. 소비자가 구매한 제품을 사용하는 단계에서도 발견성은 마케터의 화두다.

애플의 맥북 얘기다. 관찰 가능성 즉 발견성을 높여서 사람들 눈에 잘 띄게 하는 것이 마케팅이나 제품기획에서 얼마나 중요한지 잘 보여주는 사례다. 현재의 맥북을 보면 애플의 사과 로고가 거꾸로 박혀 있다(이전 버전의 노트북인 아이북은 사용자 입장에서 봤을 때 사과 로고가 정방향으로 들어가 있다). 애플의 디자인 총책임자 조너선 아이브와 잡스는 로고를 똑바로 넣을 것인지, 거꾸로 넣을 것인지 제품 출시 직전까지 고민했다고 한다. 그러나 심리학과 마케팅 관점에서 보면 답은 자명하다. 거꾸로 넣어야 한다. 사람들 사이에서 이슈가 되려면 관찰자의 시선에서 봐야 한다. 제품 중심으로, 사용자 중심으로 사고하는 것이 아니라, 잠재 유저 중심으로 사고해야 한다. 노트북은 사용 장면에서 보면 뚜껑이 닫혀 있을 때와 열려서 사용하고 있을 때가 다르다. 노트북을 열기 전에는 유저의 눈에나 관찰자의 눈에나 모두 로고가 똑바로 박혀 있는 것이 인지하는 데 유리하고 사용하는 데도 편리하다. 사용자 경험을 중시하는 애플의 철학에서 보면 사용자 편리성을 고려하여 로고를 똑바로 넣어야 한다. 그래야 유저가 방향을 헷갈리지 않고 뚜껑을 열 때 편리하다. 그러나 뚜껑을 열고 노트북을 사용중일 때는 사정이 다르다. 노트북을 사용중일 때 유저는 뚜껑에 있는 로고를 볼 수 없지만, 관찰자에게는 뚜껑에 있는 로고가 잘 보인다. 이때 관찰자의 시선에서 사과가 거꾸로 박혀 있으면(닫혀 있는 상태에서 똑바로 박혀 있으면) 그게 애플의 매킨토시라는 것을 쉽게 인지하지 못한다.

인간은 사물을 매우 깊게, 정확히 볼 것 같지만 조금만 뒤틀리거나 뒤집혀 있어도 제대로 인지하지 못한다. 게으르거나 무능해서가 아니라 세상에 볼 게 너무 많기 때문이다. '왜 이렇게 좋은 걸 몰라봐주지?' 하는 제품 중심, 생산자 중심의 인사이드-아웃 사고방식이 한계를 갖는 이유다. 생산자·공급자 관점에서 보면 세상에 유일무이한 것이 자기 제품이지만, 관찰자 입장에서 보면 여기저기 널려 있는 수많은 것 중의 하나일 뿐이다. 볼 게 너무 많고 알아야 할 게 너무 많기 때문에 발견 가능성을 극대화시키지 않으면 시야에 포착되지 않는다. 상대편의 시각으로 보는 아웃사이드-인 사고방식이 요청되는 이유다. 로고를 크게 할 것인가 작게 할 것인가. 당연히 크게 하는 것이 좋다. 발견 가능성이 높아지기 때문이다. 발견 가능성을 높여야 사람들의 시야에 들어가고, 그래야 인지하고, 구매하고, 사용하게 된다. 사용 후 만족을 느끼면 입소문이 나고, 이것이 마케팅이다.

타겟팅한 모든 고객의 눈에 훤히 드러나 보이도록 만드는 것, 이것이 마케팅의 목표다. "알면 곧 참으로 사랑하게 되고, 사랑하면 참으로 보게 되고, 볼 줄 알게 되면 모으게 되니 그것은 한갓 모으는 것은 아니다"(知則爲眞愛 愛則爲眞看 看則畜之而非徒畜也)라는 조선 정조 때의 문장가 유한준의 말을, 현대의 마케팅 어법으로 바꿔 말하면 이렇게 될 것이다.

　"보이면 알게 되고(인지→지식), 알면 참으로 사랑하게 되나니(호감→선호), 그때 보이는 것은 이미 예전과 같지 않으리라(확신→구매)."[18]

---

18 마케팅이론에 따르면 소비자는 '인지→지식→호감→선호→확신→구매'의 6단계를 거쳐 구매행동에 나선다(『코틀러의 마케팅원리』, 421쪽 참조). 참고로 유홍준은 『나의 문화유산답사기 1』 서문에서 "사랑하면 알게 되고, 알면 보이나니, 그때 보이는 것은 전과 같지 않으리라."라고 쓰고 있다.

3장

나누고, 조준하고, 쏘세요
세그멘테이션, 타겟팅, 포지셔닝

마케팅전략이 있는 기업은 위태롭지 않다

세그멘테이션(segmentation), 타겟팅(targeting), 포지셔닝(positioning)을 흔히 마케팅전략이라고 하고 머릿글자를 따서 STP라고도 한다. 대한민국 인구 5천만, 그 이질적인 사람들을 하나의 거대한 동질적인 집단으로 묶어 제품·서비스를 파는 것은 불가능하다. 동질적인 성격을 갖는 사람들끼리 묶어 여러 개로 잘게 나눈(시장세분화) 다음, 이 가운데 한 개나 두 개, 컨트롤할 수 있는 만큼만 선정해서(타겟팅), 그 고객에게 맞는 가치제안을 하는 것(포지셔닝), 이것이 마케팅전략이다.

목표고객이 누구인지를 확정하는 것——소비자가 어느 곳에 어느 모양으로 존재하는지 여러 가지로 나눠봐서 가장 차별적이고 효율적인 방식으로 고객가치를 창출하고 고객만족을 제공할 수 있는 세분시장을 선택하는 것——을 타겟팅이라고 하는데, 타겟팅을 위해서는 시장세분화가 먼저 요구된다. 출판에서 내 고객이 누구인가를 묻는 것은 시장세분화와 타겟팅을 묻는 것이고, 이는 출판사의 출간 방향과 주제를 묻는 것이다. "구체적인 A씨의 욕구를 충족시키기 위해 구체적인 필자 B씨로 하여금 이러이러한 콘텐츠를 집필하게 해서 A씨가 구매할 수 있는 합리적인 가격에 공급하겠다"는 것이 STP다.

마케팅의 전과정은 크게 5단계로 구성되는데,[1] 고객으로부터 시작해서 고객으로 끝나는 마케팅의 전과정에는 항상 고객이 있다. 이 5단계는 다시 '고객가치 창출'과 '고객관계 구축'의 2단계로 압축할 수 있다. 이 2단계는 우리가 흔히 '마케팅의 목표'라고 말하는 것이다. 기업이 마케팅전략을 세우는 것은 이 마케팅 목표를 달성하기 위해서다. 고객가치 창출과 고객관계 구축이라고 하는 마케팅 목표의 베이스에는 당연한 얘기지만, '누가 내 고객인가' 즉 시장세분화와 타겟팅이 항상 이미 전제로 깔려 있다. 모든 고객을 위한 가치 창출과 모든 고객과의 관계구축은 애시당초 불가능하기 때문이다. 코틀러는 마케팅전략을 이렇게 정의한다.

마케팅전략은 고객가치 창출과 이익이 나는 고객관계 구축을 위해 마케팅활동의 기본방향을 정하는 것인데, 구체적으로 어떤 고객을 대상으로(시장세분화와 목표시장의 선택) 어떻게 차별화된 마케팅 제공물을 개발할 것인가(차별화와 포지셔닝)를 결정하는 것이다. 마케터는 전체시장 범위를 파악하고, 그 시장을 유사한 특성을 가진 세분시장들로 나눈 후 가장 매력적인 세분시장을 선택하고, 그 세분시장 내 고객들을 경

---

1 마케팅 과정의 5단계는 시장과 고객의 니즈·원츠 이해→고객지향적 마케팅전략의 설계→탁월한 고객가치를 전달하기 위한 통합적 마케팅프로그램의 개발→이익성 있는 고객관계 구축과 고객감동의 창출→고객으로부터 기업가치 획득이다. 마케팅의 전체 과정은 이처럼 고객으로부터 시작해서, 고객과 함께하고, 고객으로 끝나는 '고객 일관성'의 토대 위에 구축되어 있다.

쟁사보다 더 잘 만족시킬 수 있는 방안을 강구한다. 기업은 마케팅전략에 근거하여 통합적 마케팅믹스 프로그램을 설계하는데, 마케팅믹스는 마케터가 통제할 수 있는 수단들인 제품, 가격, 유통, 프로모션들로 구성된다.[2]

마케팅전략은 결국 '고객만족을 위한 STP'라고 할 수 있다. 코틀러가 정의하는 마케팅의 원리는 '고객가치 창출→(고객만족)→고객관계의 구축'으로 요약할 수 있다. 고객가치는 어느 경우에 창출되는가. 필요성과 차별성의 두 요소를 충족시킬 때다. 필요성은 니즈에 기반한 제품범주를 형성하고, 차별성은 그 제품범주 중에서 해당제품이 경쟁우위를 갖는 것을 가리킨다.[3] 독자는 자기가 필요로 하는 책들 중에서 가장 차별성이 뛰어난(가치가 있다고 생각하는) 책을 선택한다. 메모에 대한 니즈는 출판사들로 하여금 메모에 대한 일련의 책들을 만들어내게 함으로써 시장에는 메모 관련 책들이 제품범주를 형성하게 되는데, 독자는 메모에 관한 여러 책 중에서 '자신이 가장 차별성이 뛰어나다고 생각하는'[4] 제품을 선택한다. 이처럼 필요성과 차별성을

---

2 『코틀러의 마케팅원리』, 51쪽.
3 차별성이란 말은 원래 '다른 정도'를 가리키는 말로서, 우월한 차별성, 비슷한 차별성, 열등한 차별성 등으로 나눌 수 있다. 하지만 마케팅에서 의미있는 차별성은 우월한 차별성의 경우뿐이다. 따라서 특별히 따로 언급한 경우를 제외하면 차별성은 언제나 차별적 우위성을 의미한다.
4 마케팅은 결국 소비자 인식과의 싸움이다. 다시 말해 소비자 마음속의 사다리 꼭대기에 누가 먼저 강력하게 자리를 잡느냐의 싸움이다. 이게 바로 포지셔닝이다. 이 세상 제품 중에서 객관적으로 뛰어난 제품은 없다. 다만 소비자가 주관적으로 인식하기에 뛰어난 제품이 있을 뿐이다. 고객가치 역시 객관적 고객가치는 없고, '인지된/지각된' 고객가치만이 있을 뿐이다. 제품 중심의 사고방식을 갖고 있는 한, 소비자의 '지각된 고객가치'는 결코 읽어낼 수 없다. 제품과 소비자 인식은 관련이 없는 것은 아니지만, 별개의 문제이기 때문이다. 현실에서 열등한 제품이 우등한 제품을 이기는 경우를 종종 보지 않는가.

만족시키는 제품·서비스를 고객에게 제공하는 것을 고객가치를 창출한다고 하는데, 독자는 자신이 선택한 제품을 사용하고 나서 자신이 느낀(인지한) 가치가 자신의 기대를 초과하면 만족을 하고, 이 만족이 반복되면 이는 고객관계 구축으로 이어진다.

시장을 나누기 위한 세분화 변수

시장을 나누는 유일한 방법이나 기준은 없다. "마케터들은 보다 작고 잘 정의된 표적고객을 발견하기 위한 노력으로 점점 더 다수의 세분화 변수를 사용하고 있다. 닐슨과 같은 리서치 회사들은 여러 가지 변수를 이용해 세분화할 수 있는 시스템을 제공해주는데, 이 시스템은 지리적, 인구통계적, 라이프스타일 및 행동적 데이터를 모아 회사들이 그들의 시장을 우편번호, 동네, 가구 단위로 나눌 수 있게 도와준다."[5] 소비자시장을 여러 개의 세분시장으로 나누기 위한 주요 '세분화 변수'(segmentation variables)에는 지리적(geographic), 인구통계적(demographic), 심리특성적(psychographic), 행동적(behavioral) 변수의 네 가지가 있다. "나는 한국의 서울에서 태어난(지리적 변수), 30대 중반의 남성으로(인구통계학적 변수), 이런 심리적 특성을 갖고 있기 때문에(심리특성적 변수), 이렇게 행동한다(행동적 변수)." 이런 식으로 네 개의 변수를 숙지하면 기억이 오래 간다.

---

5 『코틀러의 마케팅원리』, 205쪽. 다수의 세분화 변수를 사용한다는 것은 세분화 변수가 많아지는 것 외에도 이들 변수를 조합하는 경우의 수도 많아진다는 것을 의미한다. "대규모 소비자정보 전문기업인 액시엄(Acxiom)의 생애단계기반 시장세분화 시스템은 미국 가구들을 구체적인 소비자행동과 인구통계적 특성을 토대로 70개 소비자 세분시장과 21개 생애단계로 분류한다."(같은 책, 150쪽)

지리적 변수에 의한 시장세분화를 '지리적 세분화'라고 하는데, 이는 "시장을 세계, 국가, 지역, 도시, 지방, 인구밀도, 기후 등의 변수를 이용하여 서로 다른 지리적 단위로 나누는 것이다. 회사는 하나 또는 여러 개의 지리적 구역에서 사업을 할 것인지, 또는 모든 지역에서 사업하지만 니즈와 원츠에서의 지리적 차이에 관심을 기울일 것인지를 결정하여야 한다."[6]

인구통계적 변수에 의한 시장세분화를 '인구통계적 세분화'라고 하는데, 다른 세분화 방법보다 측정하기가 쉽다는 점에서, 그리고 소비자의 니즈, 원츠, 사용률(usage rates)이 인구통계학적 변수와 밀접한 관련성을 갖고 있다는 점에서 시장세분화에 가장 널리 사용되는 방법이다. "인구통계적 세분화는 시장을 나이, 성별, 가족 구성원 수, 가족생애주기(family life cycle), 소득, 직업, 교육, 종교, 인종, 세대, 국적 등과 같은 변수들을 근거로 나누는 것이다."[7]

인구통계적 변수에서 눈여겨볼 필요가 있는 것은 라이프사이클(생활주기, 생애주기)이다. 출생부터 사망할 때까지 인간의 삶은 시간의 연속으로 이어져 있다. 그 연속된 삶(생애)을 가족생활 혹은 사회(집단)생활을 둘러싸고 나타나는 인생의 커다란 변곡점들을 중심으로 몇 개의 단계──출생, 성장, 입학, 취업, 결혼, 출산, 육아, 노후 등──로 구분한 것이 라이프사이클이다. 라이프사이클은 대개 가족 생애주기의 모습으로 나타난다. 개인의 삶이 가족 중심으로 이루어지기 때문이다. 가족 생애주기는 결혼과 출산을 축으로 했을 때 미혼 독립가구, 기혼 무자녀 가구, 기혼 유자녀 가구, 한부모 가정, 동거 커플 가구, 중

6 『코틀러의 마케팅원리』, 197쪽.
7 『코틀러의 마케팅원리』, 199쪽.

년 미혼 가구 등의 여러 가구 형태로 시장 세분화가 가능하다. 최근 우리 사회의 '1인 가구'의 급격한 증가는 시장세분화 관점에서 특히 눈여겨볼 만한 대목이다.

소셜네트워크에 기반한 커뮤니케이션의 일반화와 고객 하나하나를 개인으로 보는 미시마케팅의 활성화로 심리특성적 세분화와 행동적 세분화가 인구통계적 세분화보다 일차적이고 직접적인 의미를 갖긴 하지만, 인구통계적 특징들은 마케팅 인텔리전스에 매우 중요한 데이터를 제공해준다. 목표시장의 사이즈를 가늠하고, 목표시장에서 효율적으로 마케팅을 전개하기 위해서는 해당 세분시장의 인구통계적 특징들을 기본적으로 숙지할 필요가 있다.

사이코그래픽스(psychographics)[8]란 소비자의 심리적(psycho) 특성을 기술(graph)하려는 목적을 갖고 있다. 마케터는 소비자들의 심리특성적(psychographic) 분석을 통해 그들의 사회계층적 특징, 개성(personality)[9], 라이프스타일(lifestyle, 생활양식) 등의 주요변수를 알아낸 다음 그것을 근거로 시장을 세분화하는데, 이를 '심리특성적 시장세분화'라고 한다.

사이코그래픽(심리특성적) 변수 중에서 가장 많이 쓰이는 것은 '개인이 삶을 살아가는 방식'인 라이프스타일이다. 특정 사회계층을 위한 제품·서비스를 개발할 때 많은 기업들이 라이프스타일에 따른 세분

---

8 사이코그래픽스(psychographics)란 심리·정신을 뜻하는 '사이코'(psycho)와 윤곽·묘사·도식을 의미하는 '그래픽스'(graphics)의 합성어로, 심리통계학을 의미한다.

9 개성(성격)은 한 개인의 독특한 심리적 특성으로, 자신을 둘러싸고 있는 환경에 대하여 한 개인이 보이는 반응이다. 개성은 비교적 일관성이 있고 지속적이어서 자신감, 사교성, 우월성, 공격성, 방어성, 융통성, 충동성, 자율성 등으로 유형화가 가능하다. 개성(성격)의 유형적 특성은 구매행동에 영향을 미치고, 이는 소비자행동을 분석하는 데 매우 유용한 틀을 제공해준다.

화를 한다. 나이, 성별, 소득, 직업 등 동일한 인구통계적 집단에 속한 사람들도 개인마다 라이프스타일이 다를 수 있는 데다, 같은 심리특성적 변수에 속하는 사회계층적 특징이나 개성보다 더 많은 것을 포착할 수 있게 해주기 때문이다.

라이프스타일이란 활동(Activity; 소비자가 자신들의 시간을 소비하는 방법 즉 일, 취미, 운동, 레저, 쇼핑, 사교활동 등), 관심(Interest; 소비자가 환경에서 중요하다고 생각하는 것 즉 패션, 음식, 가족 등), 의견(Opinion; 자신과 자신을 둘러싼 세상에 대한 신념, 태도, 사회적 이슈, 제품·서비스 등)을 기준으로 측정·분류되기 때문에 그 머리글자를 따서 AIO분석이라고도 하며, 인간이 세상과 관계맺는 방식과 인간 행동의 전반적인 패턴을 설명해준다.

라이프스타일에는 휴식할 때의 활동이라든지 매체 선호도, 그밖에 그의 캐릭터가 성취자 스타일인지, 열망자 스타일인지, 생존자 스타일인지도 포함된다. 사람들의 제품선택은 점점 더 가치선택과 비슷해진다. 즉 물맛이 좋다거나 맛을 우려낸 방식이 좋아서 특정 차를 선택하는 것이 아니라 '차와 내가 일체가 된 느낌을 주거나 혹은 차가 나의 정체성을 반영하기 때문에' 선택하는 것이다.[10]

"존재가 의식을 규정한다"는 칼 맑스의 말처럼, '소득'이라는 인구통계적 변수는 '사회계층'(하위층, 중산층, 상위층, 최상층)이나 개성, 라이프스타일 등의 심리특성적 변수로 나타나기도 한다. 부유층을 상대로 한 '하이터치 마케팅'이 이런 예에 해당한다. 하이터치(high touch)

---

10 『코틀러의 마케팅원리』, 151쪽.

란 말 그대로 인간적인 접촉, 고객과 높은 강도로 직접 부딪치는 걸 의미한다.

소형의 고급 유람선 라인을 취급하는 '씨드림(Seadream) 요트클럽'은 유람이 끝나자마자 바로 엄선된 손님들에게 전화를 걸어 회사의 CEO가 직접 집을 방문해 회사 비용으로 10여 명의 친한 친구들을 초대할 수 있는 브런치나 리셉션을 열어주겠다고 제안한다. 크루즈 여행을 한 사람은 유람에 관한 이야기를 한다. 씨드림은 모임에 초대된 손님들에게 좋은 가격을 제안하면서 1인 1박에 1,000달러 정도 하는 유람선 표를 판다. 부부의 친구들이 그들의 친구들에게 다시 구전을 전하는 것은 두말할 필요가 없다. 이런 방식은 매우 성공적이었고, 회사는 이제 가장 전통적인 방식인 광고를 하지 않는다.[11]

타파웨어라는 주방생활용품 회사도 제품에 대한 경험을 공유·구전하고 제품을 판매하기 위해 리셉션 이벤트를 적극 활용한다. 기존의 마케팅이 최고의 품질, 세련된 디자인, 합리적 가격 등을 경쟁우위의 핵심요소로 생각했다면, 하이터치 마케팅은 제품·서비스를 고객과 직접적으로 연결지어 고객의 라이프스타일에 맞는 브랜드 정체성을 확보함으로써 고객관계의 강화를 꾀하고 고객으로부터 기업가치를 획득하려 한다. 제품을 알리는 것을 넘어 경험하게 하고, 좋은 경험을 구전을 통해 널리 알리는 것이 중요하다는 것은 이제 웬만한 마케터들이면 다 안다. 문제는 제품이 좋으면 가만히 있어도 고객들이

---

11 『코틀러의 마케팅원리』, 201쪽.

알아서 구전을 해줄 것 같지만, 그런 일이 일어날 확률은 매우 낮다는 것이다. 관계 속으로 직접 들어가서 구체적인 계기를 만들어야 구전이 일어날 가능성이 커진다. 구전 마케팅을 체계적으로 학습하고 조직해야 하는 이유다.

한편, 마케터는 소비자들이 보여주는 여러 가지 행동적 변수(특성)로 시장을 세분화할 수도 있다. 빅데이터 분석 기법이 활용되면서 행동적 특성을 통한 시장세분화는 점점 그 설득력을 더해가고 있다.[12] 행동적 세분화를 위한 행동적 변수에는 '고객상황, 고객편익(혜택), 사용자 상황, 사용률, 충성도, 제품에 대한 태도' 등이 있다.

먼저 고객상황에 따른 세분화는 고객이 어떤 상황에서 제품에 대한 구매 의사를 갖는지, 어떤 상황에서 실제로 구매를 하는지, 어떤 상황에서 구매한 제품을 사용하는지에 따라 고객을 세분화하는 것이다. 고객상황에는 고객의 니즈도 포함된다. 고객상황에 따른 세분화는 기업으로 하여금 제품의 용도를 개발하는 것을 도와준다. 시장은 또 고객편익에 따라 세분화를 할 수도 있는데, 이는 "고객들이 제품을 통해 얻고자 하는 편익 혹은 혜택에 따라 시장을 나누는 것이다. 편익(혜택) 세분화는 소비자들이 제품군에서 추구하는 질·서비스·경제성·편리성·속도 등의 주요 혜택들, 각 혜택을 추구하는 사람들의 유형, 그리고 이 혜택을 제공하는 주요 브랜드들에 대한 파악을 요구한다."[13]

---

12 빅데이터가 소비자의 무의식적 욕망을 읽어낼 수 있는 혁신적인 기술인 건 분명하지만, 빅데이터를 확보하고 해석하는 것은 간단한 일이 아니다. 출판과 빅데이터의 관계에 대해서는 이 책 3부 400쪽 참조.
13 『코틀러의 마케팅원리』, 203쪽.

고객상황과 고객혜택에 따른 세분화의 대표적인 사례가 유유제약의 멍치료제 '베노플러스'다. 애초 베노플러스는 어린이를 대상(타겟)으로 개발한 멍 치료제였다. 아이들은 잘 넘어져서 다치니까 충분히 생각할 수 있는(논리적으로 아무 문제가 없는) 시장세분화와 타겟팅이었다. 그러나 판매는 기대한 만큼 되지 않았다. 사람들은 대개 멍을 대수롭지 않게 생각하거나(심지어 아이들이 멍 드는 걸 크는 과정으로 당연하게 여기기도 한다), 멍치료제가 있을 거라고는 생각지 않아 방치 상태에서 저절로 낫기를 기다리거나, 인터넷 검색 등을 통해 계란 마사지 등의 민간요법으로 치료를 하는 정도였다.

이런 상황에서 유유제약은 멍과 베노플러스에 대한 빅데이터 분석을 했고, 그 결과 몇 가지 눈에 띄는 소비자 특성을 발견했다. 무엇보다 설과 추석 명절에 베노플러스의 판매량이 특히 증가했는데, 이는 여성들이 명절 연휴기간을 이용해 성형이나 미용 시술을 받기 때문이었다. 유유제약은 행동적 변수에 대한 빅데이터 분석 결과를 토대로 마케팅전략과 마케팅믹스를 수정했다. 즉 타겟팅을 '어린이'에서 '성인여성'으로 재설정하고, 제품 패키지도 어린이 취향에서 성인여성의 관심을 끌 만한 디자인으로 바꾸었는데, 결과는 100퍼센트 매출신장으로 나타났다.

대형마트의 '기저귀 옆 맥주'도 빅데이터 분석 결과를 토대로 매장에서 상품진열을 재조정함으로써 매출신장을 끌어낸 케이스다. 젊은 부부의 경우 마트에서 기저귀를 살 때 맥주를 카트에 함께 담는 경우가 많다는 것을 빅데이터 분석 결과는 보여주었던 것이다.

시장세분화와 타겟팅을 생각(논리적 추론)으로 하면 위험하다. 소비자들이 결과로 보여주는 행동적 변수를 과학적으로 분석해 그에 근거해 시장을 나누고 타겟팅을 해야 마케팅 효과를 제대로 볼 수 있다 (이런 점에서 빅데이터 분석 기법은 세그멘테이션과 타겟팅의 정밀도를 눈부시게 향상시켜 주었다).

고객상황과 고객편익 외에도 시장은 "사용자 상황(user status)에 따라 '비사용자·과거사용자·잠재적 사용자·처음 사용자·정기적 사용자'로 나눌 수 있으며, 사용률(usage rate)에 따라 '소량·중량·대량 사용자'로, 또 충성도 수준에 따라 '없음·중간·강함·절대적'으로 나눌 수 있다. 구매준비단계[14]에 따라 '모름·알고 있음·관심 있음·원함·구매의사 있음'으로 나눌 수 있고, 제품에 대한 태도에 따라 '열정적·긍정적·그저그런·부정적·적대적'으로 나눌 수 있다."[15]

시장을 나누는 방법은 많다. 그러나 결과(고객관계의 구축과 고객으로부터 기업가치 획득)가 미미하면 그 세분화는 별 의미가 없다. 시장세분화에서 가장 중요한 조건은 크기가 일정 규모 이상이어야 한다는 것이

---

14 출판의 경우 구매준비단계를 보면 소비자들은 책을 사기 전에 크게 6가지 유형으로 존재한다. 책의 존재를 모르는 사람, 알고는 있는 사람(인지), 정보·지식이 있는 사람(지식), 관심 있는 사람(호감), 원하는 사람(선호), 구매의사가 있는 사람(확신). 이렇게 다양한 층위에서 소비자들이 존재하는데도 상당수의 마케터가 소비자를 구매하는 사람과 구매하지 않는 사람, 둘로만 나누어 보는 데 익숙하다. 책을 사지 않은 사람을 모두 똑같이 취급하면 안 된다. 결이 다 다른 만큼 쪼개고 나누어서(세분화해서) 보아야 한다. 이 책이 나온 사실 자체를 몰라서 안 사는 건지, 대충 알고는 있지만 안 사는 건지, 잘 알고 있지만 안 사는 건지, 원하긴 하는데 안 사는 건지, 사람마다 이유가 다 다른 만큼 거기에 맞는 커뮤니케이션을 해야 한다. 인지하지 못한 사람에게는 이 책의 존재를 분명하게 알리는 게 필요하고, 아는데도 사지 않는 사람에게는 왜 이 책을 사야 하는지, 그 '왜'를 설명해 줘야 한다. 마케터는 여기서 더 나아가 구매후 단계까지 보아야 한다. 구매후 만족하지 못한 독자가 있다면 그 불만족 경험을 수용·보완해야 하고, 만족도가 높은데 구전은 하지 않고 혼자만 알고 있는 독자들을 상대로는 적극적으로 구전 마케팅을 기획해야 한다. 이처럼 소비자의 존재 양태에 따라 커뮤니케이션의 방법들이 달라지기 때문에 소비자의 행동적 변수를 파악하는 것이 마케팅에서는 매우 중요하다.

15 『코틀러의 마케팅원리』, 204쪽.

다. 크기가 너무 작으면 차별화와 포시셔닝에 성공하더라도 수익이나 이익을 내기가 힘들기 때문이다.

마케팅을 단순히 일회성에 그치는 제품 판매의 기술이 아니라 소비자와 경험을 공유함으로써 의미있고 지속가능한 관계를 맺는 과정이라고 했을 때, 마케터는 라이프사이클이라고 하는 인구통계학적 큰틀을 염두에 두고 개개인의 라이프스타일에 주목하면서 삶의 주요 장면들에 개입해 들어가야 한다. 그 계기와 매개는 당연히 제품·서비스이긴 해도, 결국 핵심은 고객의 생활 속으로 들어가 대화를 나누고 경험을 공유하고 그럼으로써 서로에게 삶의 이유가 되는 것이다. 마케팅은 의지 갖고 하는 것이 아니다. 머리 갖고 하는 것도 아니다. 없는 것을 억지로 쥐어짜내는 것도 마케팅하고는 거리가 멀다. 세분화하고 타겟팅한 시장의 환경을 이해하고, 그 세분시장에 속하는 타겟 고객들의 욕구(욕망)를 이해하고, 그 흐름에 몸과 마음을 맡기면서 함께 호흡하고 함께 생활하는 것, 이것이 마케팅이다.

출판과 하이터치 마케팅

씨드림 같은 사례들을 보면 출판사도 하이터치 마케팅을 구사할 필요성을 느끼게 된다. 하이터치 마케팅의 핵심은 고객을 직접 만나 경험을 공유하고 구전을 유발하도록 하는 것이다. 그렇게 하기 위해서는 전사원이 제품중심적 사고(제품을 만들어서 파는)에서 벗어나 고객중심의 마케팅적 사고를 할 수 있어야 한다. 출판사의 모든 구성원은 고객의 욕구로부터 시작해 고객의 만족으로 끝나는 이 전과정을 완주해야 한다. 그러려면 당연히 힘(자원)의 안배와 속도 조절이 필요하다.

'씨드림' 같은 사례에 비춰보면 출판사 PR은 너무 단순하고 천편일률적이다. 원래 PR(Public Relations)은 '저자-출판사-독자로 짜여진 다중 네트워크'를 관리하는 것[16]으로서 다양한 활동을 포괄하는 개념이다. 출간기념 이벤트도 PR관점에서 보면 무료 저자특강 말고 다양한 방식으로 설계할 수 있다. 이를테면 저자, 에디터, 마케터가 함께하는 출간기념 이벤트는 참여한 독자들에게 한 권의 책이 쓰여지고, 만들어지고, 판매되는 과정에 얽힌 다양한 에피소드들을 들려주면서 저자되기의 욕망을 부추길 수도 있다. 또 객석의 독자를 무대 위로 불러올려 여러 명의 독자를 주인공으로 하는 '나는 이 책을 이렇게 읽었다'는 콘셉트의 토크쇼를 기획해볼 수도 있다.

이제 출판사들도 제품 만들고 판매하는 데만 모든 에너지를 쏟아붓지 말고 제품을 만들기 전과 만들고 나서의 모든 과정에서 독자를 만나고 경험을 공유하고 구전을 유발하는 데 갖고 있는 에너지를 나눠 써야 한다. 마케팅에서는 중복·누락·착오를 경계해야 하는데, 이를 방지하는 강력한 개념 중의 하나가 '전·중·후'다. '전·중·후'는 일의 모든 국면에서 요구되는 개념이다. 만약 여행서를 기획한다면 여행 전에 보는 책, 여행 중에 보는 책, 여행 후에 보는 책으로 나누어서 기획을 할 수 있다. 또 출판의 전 과정을 출간전, 출간중, 출간후의 3단계로 나누어 전략과 전술을 고민하면 눈에 띄게 업무성과를 개선할 수 있다. 효과적인 프로모션을 위해서는 모든 접촉단계에서 고객을 만나는 것이 중요한데, 그러려면 프로모션 단계를 구매전, 구매중

---

16 PR의 네트워크는 외부를 향해 열려 있어서 관계의 연쇄 즉 소셜네트워크를 이룬다. PR의 좀 더 구체적인 내용에 대해서는 이 책 377쪽, 382쪽 참조.

(쇼핑중), 구매후로 나누어서 중복되거나 누락되는 일 없이 소비자 행동을 관찰·체크해야 한다.

대개의 출판사들은 흐름 속에서 전·중·후를 꿰면서(맥락을 파악하고 힘을 안배하면서) 일하기보다는 전·후는 생각하지 않고 지금 하고 있는 것, 즉 '중'에만 과도하게 집중해서 일을 한다. 힘의 이러한 불균형 배분은 속도에 대한 감각의 결여를 낳고, 이는 다시 마감-없음의 개념으로 이어진다. TV와 라디오는 초단위로, 신문은 일 단위로, 잡지는 주 단위 혹은 월 단위로 마감이 있지만, 책은 특별한 경우가 아니면 마감이 따로 없다. 이 마감에 대한 '개념-없음'이 출판의 생산성과 경쟁력을 현저히 약화시키는 요인이 되고 있다.

권당 판매량의 지속적 하락에 따른 매출 감소를 상쇄하기 위해서도 마감 개념은 반드시 필요하다. 출판사들의 출간 생산성은 대개 비슷해서, 남다른 출간 속도를 경쟁우위 요소로 갖고 있는 출판사는 찾아보기가 쉽지 않다.[17] 속도에 대한 감각의 결여와 책이라고 하는 미디어에 대한 편견(이를테면, 오랜 시간 정성스럽게 만들어야 좋은 책이 만들어진다) 때문에 출판사들은 출간 속도를 높이는 데 일종의 거부감을 갖고 있으며, 출간 속도를 혁신적으로 높일 수 있는 방법의 연구·고안은 처음부터 이미 고려의 대상이 아닌 경우가 많다. 출판사들은 속도와 마감이라는 측면에서 이미 선험적 규정의 영향을 강하게 받고 있는 것이다.

출판이 미디어산업으로서 경쟁력을 가지려면 '속도'와 '마감-있

---

17 생산성만 비슷한 게 아니라 제품, 가격, 유통, 프로모션 등도 모두 비슷하다. 이런 상황에서 차별화는 서점의 진열 싸움으로 나타날 수밖에 없다.

음'의 개념을 장착하는 것이 시급하다.[18] 미디어 환경의 변화로 출판의 활동 반경이 출간전에서부터 구매후까지 독자들을 직접적이고 전방위적으로 만나야 하는 방식으로 확장되고 있기 때문이다. 결국 지금의 출판환경에서는 출간전, 출간중, 출간후 세 단계가 전부 중요하다. 출간전과 출간중은 출간후를 위한 과정이라는 점에서, 출간후의 활동에 포커스를 맞춰 그 활동이 규정되고 조정되어야 한다. 마감은 기본일 수밖에 없다. 기획을 마감하고, 원고를 마감하고, 편집을 마감하고, 출간을 마감해야 그 흐름의 연속선상에서 출간 이후를 기획할 수 있다. 출간전과 출간중의 단계를 어떻게 보내느냐에 따라 출간후의 사업실행의 질이 달라진다. 출간 전이든, 중이든, 후든, 핵심은 책이라는 미디어를 매개로 저자·독자와 만나는 것이고, 서로간의 경험을 공유하는 것이다.[19]

---

18 특히 원고 단계와 편집 단계에서의 마감개념 도입이 시급하다. 이 단계에서의 마감 개념 부재가 출판 전체의 불확정성을 높이기 때문이다. 업무진행 과정을 세밀하게 분석해서 중복·대기 시간을 없애고, 교정 보는 습관도 바꿀 필요가 있다. 천천히 꼼꼼하게 1회전 교정을 보는 것보다 빠르게 3회전 교정을 보는 것이 속도나 완성도 면에서 비교우위를 갖는다. 부분은 전체 속에서, 문장은 문맥 속에서 비로소 제대로 된 의미 파악이 가능하므로 빠르게 보는 것을 몇 번 반복하는 것이 더 정확하게 책을 만드는 방법이다. 이런 관점에서 보면 천천히 보는 게 꼼꼼하고 정확하다는 것을 의미하고, 빠르게 보는 게 날림과 동의어라는 건 편견일 뿐이라는 사실을 알 수 있다. 또 교정을 천천히 보다보면 그냥 지나치기가 쉽지 않다. 자꾸 손대고 싶어지고, 그러면 저자의 문장을 편집자 취향의 문장으로 바꾸고 싶어진다. 저자가 놓친 것을 잡아주는 적절한 수준의 개입은 몰라도 과잉 개입은 저자와의 신뢰 관계를 무너뜨릴 수도 있다. 자기 문장을 과도하게 뜯어고치는 것을 좋아할 필자는 없다. 더 문제적인 것은 제품만 따로 떼어놓고 완성도를 따지는 태도다. 설령 그렇게 해서 완성도 높은 책을 만들었다고 해도, 독자가 그 책의 출간 사실을 모르고, 그 책의 지식과 지혜를 경험하고 공유할 기회를 갖지 못한다면, 그 책은 완성도를 따지기 이전에 이미 이 세상에 존재하지 않는 것이나 마찬가지다. 책은 저자의 손에서, 편집자의 손에서 완성되는 것이 아니라, 독자의 손에서 비로소 완성되는 것이다.

19 엑스북스(xbooks)출판사에서 번역 출간한 『해리포터 이펙트』가 좋은 사례가 될 것이다. 이 책은 해리포터 마니아들(총 15명)이 쓴 에세이로 조앤 롤링과 해리포터에 대한 일종의 러브

조준이 먼저냐, 발사가 먼저냐

독자의 손에 들려서 읽히는 것을 표적(목표)으로 해서 우리는 사격(사업)을 한다. 사격(사업)을 하는 방식에는 '조준→발사'를 반복하는 ① 유형과 '발사→조준'을 반복하는 ②유형의 두 가지가 있다.

① 조준→발사→/조준→발사→조준/→발사 …

② 발사→/조준→발사→조준/→발사→조준 …

①과 ②는 별다른 차이가 없어 보인다. 사업은 반복되므로 '조준과 발사' 혹은 '발사와 조준'을 반복하다 보면 어느 순간 둘은 똑같이 / 조준→발사→조준/을 반복하는 것처럼 보인다. 우리는 흔히 습관적으로 원인을 결과보다 앞에 두는 경향이 있고, 발사보다 조준을 앞에 두는 경향이 있다. 그게 논리적으로 맞다고 느낀다. 그러나 '조준-발사'를 반복하는 ①과 '발사-조준'을 반복하는 ②는 달라도 한참 다르다. 시작점이 다르고, 순서가 다르고, 발상법이나 감각 또한 많이 다르다.

①과 ② 중에서 누가 더 사격(사업)을 잘할까. 심혈을 기울여 조준하고 발사하는 ①일 것 같지만, 아니다. 현실의 과녁은 항상 움직이는 과녁이다. 아무리 몰입하고 집중해도 조준만으로는 움직이는 과녁의

레터다. 엑스북스는 한국의 해리포터 마니아들 중에서 번역자를 공모했는데, 해리포터와의 인연을 에세이 형식으로 쓴 「해리포터와 나」라는 과제를 통해 1차 선발을 하고, 2차 최종선발은 원서의 샘플 번역을 통해 16명을 최종 선정했다. 출간전부터 독자와의 공유과정을 중시한 이벤트는 번역에 다수의 독자를 참여시킴으로써 출간중으로 이어졌고, 책 출간후 '독자-번역자'를 초청해서 벌인 이벤트는 출간전과 출간중으로 이어져온 독자와의 공유를 완결짓는 의미가 있었다. 독자와 활동을 공유함으로써 독자 만족을 끌어내고 독자들 사이에서 구전이 되게끔 기획한 사례다.

속도감을 느낄 수 없다. 실제로 발사를 해봐야 움직이는 과녁의 운동 감과 속도감을 알 수 있고, 그런 다음 조준을 해야 비로소 정확한 조 준이 가능해지면서 과녁을 명중시킬 확률이 높아진다. 순서가 중요 하다. 무엇을 먼저하고 무엇을 나중에 하는지에 따라 결과가 달라진 다. ①의 순서가 아니라 ②의 순서가 되어야 한다.

완벽한 준비를 강조하면서 실행 앞에서 주저하는 ①은 끊임없이 움직이는 과녁을 탓하면서 발사를 망설인다. 그러나 완벽한 준비, 그 런 건 없다. 시장은 중력이 지배하는 공간이다. 진공상태의 시장은 존 재하지 않는다. 조건과 상황은 늘 유동적이고, 현실을 지배하는 원리 는 '불확정성의 원리'다. 원인이 선차적으로 있어서 그것이 그대로 결과를 낳는 세계가 아니라는 말이다. '원인을 통해 결과를 찾기'(조 준→발사)보다는 거꾸로 '결과를 통해 원인을 찾아내고'(발사→조준), 그 원인으로 다시 결과를 만들어내고(조준→발사), 그 결과로 다시 원 인을 찾아내는(발사→조준) 과정의 반복이 현실의 사업인 것이다.

마케팅을 한다는 것은 부딪쳐보고 시도해본 다음 피드백을 받 아서 다시 시도해보는 것을 의미한다. 현실의 과녁은 늘 움직이고 '총'(마케팅이론) 역시 이 세상에 똑같은 총은 없다. 끊임없이 움직이는 과녁을 명중시키려면 최대한 순발력을 발휘해 과녁과 함께 호흡하 고 함께 움직이면서 발사하고 조준하고를 반복해야 한다. 또 공장에 서 똑같은 공정을 거쳐 생산된 총도 누구의 신체와 결합하느냐에 따 라 다 다른 총이 된다. '길이 잘든 총'(길이 잘든 이론)으로 쏴야 과녁을 명중시킬 확률이 높다. '총을 길들이는'(이론과 하나가 되는) 유일한 방법 은 실제로 총을 쏴보는 것이다. 쏘면서 피드백을 통해 계속 수정해 나 갈 때만 총을 길들일 수 있다. 결국 ①보다 ②가 사격을 잘하게 되어 있다. 사격(사업)을 잘하려면 매번 쏘고 체크하고, 쏘고 체크하는 것을 반복해야 한다.

개인의 경우, 어떤 것을 반복하면 습관이 되고, 습관이 반복되면 태도가 되고 신념이 된다. 기업의 경우, 어떤 방식을 반복하면 그것은 시스템이 된다. ①이 조준하고 발사하는 감각에 익숙해져 있다면, ②는 발사하고 조준하는 감각에 익숙해져 있다. ①과 ②는 리듬감 또한 전혀 다르다. 리듬감의 차이는 속도감의 차이를 낳고(후자의 신속함을 전자는 결코 따라갈 수 없다), 속도감의 차이는 성과의 차이를 낳는다. 구글의 경우가 단적인 예다.[20]

대개 기업에서 신제품 개발은 1년에서 2년 가까이 조심스럽게 단계를 밟아나가면서 진행해야 하는 일이다. 반대로 구글의 자유분방한 신제품개발 과정은 빛의 속도로 진행된다. 구글의 한 기술관리자는 '우리는 진행속도를 설정한다. 만약 어느 쪽이 적절한지 파악하기 어려운 두 가지 선택지가 있을 때에는 더 빠른 방식을 택한다.'고 덧붙인다. 구글 최고경영자 에릭 슈미트는 '세심하게 기획하여 오래 끌어가다 실패하는 프로젝트보다는 빨리 실패하는 프로젝트가 더 낫다'고 말한다.[21]

---

20 구글은 빨리 실패를 하는 기업으로도 유명하다. 연구실에서 철저히 조사하고 정교하게 완제품을 만들어서 시장에 내보내는 게 아니라, 일단 제품이나 서비스가 가능성이 있어 보이면 신속하게 시제품 형태로 만들어서 웹사이트에서 대중 참여 방식으로 속도감 있게 개발을 추진한다. 이런 프로세스 덕분에 구글은 실패도 성공도 다른 기업보다 빨리 한다. 빨리 성공한다는 것은 그만큼 경쟁우위를 차지할 수 있다는 말이고, 빨리 실패한다는 것은 그만큼 비용과 리스크를 줄일 수 있다는 말이다. 이런 속도와 프로세스의 차이가 다른 경쟁기업을 압도하는 결과의 차이를 만들어냈던 것이다.
21 『코틀러의 마케팅원리』, 266~267쪽.

'패스트 패션'의 대표 주자 유니클로도 속도에서 둘째 가라면 서러워할 기업이다. "머물면 망한다"는 경영철학을 내세워 실패마저 '스피드' 있게 해야 한다고 하는 유니클로의 야나이 다다시 대표. 이러한 경영철학으로 유니클로는 최첨단 유행의 신제품을 일주일마다 싼값에 내놓으며 전세계적으로 빠른 성장을 이룰 수 있었다.

출판은 어떨까. 출판을 포함한 콘텐츠 시장은 디지털화가 진행되면서 콘텐츠의 양과 질 모두가 기하급수적으로 늘고 있다. 이런 상황에서 다품종소량화는 필연이다. 다품종소량화가 가속화하는 환경에서 사업을 유지하는 유일한 방법은 기획에서부터 원고마감, 편집, 디자인, 제작, 유통, 프로모션의 전과정을 속도감 있게 처리하는 방법밖에 없다. 무수히 많은 지식 콘텐츠 중에서 독자의 선택을 받는 길은 '내 독자'와 지식을 함께 나누고 경험하면서 공동의 지혜로 만들어나가는 방법뿐이다. 책을 만들어내는 실력은 큰 출판사나 작은 출판사나 어느 정도 평준화되어 있기 때문에 이제 출판사 간 경쟁력의 차이는 독자에게 누가 먼저 다가가느냐로 판가름난다고 할 수 있다.

지금 출판은 조직을, 업무 프로세스를, 순서를, 발상을, 리듬을 바꿀 것을 요구하고 있다. 이제 에디터, 마케터, 디자이너는 정적인 분업의 틀을 깨고 나와 출간전에, 출간중에, 출간후에 독자와 함께 하는 역동적인 일의 흐름을 새로 만들어내야 한다. 시작은 발사다.

넓은 표적시장에서 좁은 표적시장으로

마케팅의 타겟팅(표적시장 선정) 전략에는 매스마케팅, 차별적 마케팅(세분화 마케팅), 틈새마케팅, 미시마케팅 등이 있는데, 기업들은 넓거나 좁거나 혹은 중간 정도 범위의 수준에서 표적시장을 선정할 수 있다. 매스마케팅은 대량마케팅 혹은 비차별적 마케팅이라고도 하는데, 표적시장을 선정하지 않고 모든 세분시장을 겨냥해 총을 쏘는 산탄총 방식의 마케팅을 가리킨다. 이 전략을 채택한 기업은 "세분시장 간 차이를 무시하고 하나의 시장제공물로 전체시장을 겨냥하며, 고객욕구의 차이점보다는 공통점에 초점을 맞춰 대다수의 구매자들에게 소구할 수 있는 제품과 마케팅프로그램을 설계한다."[22]

그러나 사회가 대중사회에서 다중사회로 변화함에 따라 사람들의 기호나 취향도 점점 다양화·세분화·전문화되고 있다. 이제 '모든 것은 아무것도 아니어서' 많은 기업들은 전체 시장을 공략하는 대신 각 세분시장별로 서로 다른 시장제공물로 소구하는 '차별적 마케팅'(세분화 마케팅)을 구사한다. 이는 산탄총 방식이 아니라 표적을 정해 놓고 그 표적을 향해서 조준하고 발사하는 라이플 방식의 마케팅으로, 표적 범위 내의 고객과 커뮤니케이션하면서 그들의 욕구를 읽어내고 그 욕구에 맞춘 제품·서비스를 제공함으로써 고객가치를 극대화시키는 전략이다.

차별적 마케팅에서 '차별적'이라는 건 '다르다'는 뜻으로, 세분화를 한 시장은 서로 다른 시장이라는 걸 의미한다. "여러 세분시장 내에서의 강력한 포지션 개발은 모든 세분시장들을 겨냥하는 비차별적 마케팅보다 더 많은 총매출을 가능하게 해준다. 그러나 차별적 마케팅의 사용은 비용을 증가시킨다. 따라서 기업은 차별적 마케팅 전략을 결정할 때 그로 인한 매출의 증가와 비용의 증가를 비교·검토해

---

22 『코틀러의 마케팅원리』, 209쪽.

보아야 한다."[23]

　세분화 마케팅보다 타겟팅의 범위를 더욱 좁혀서 하나 내지는 아주 적은 수의 세분시장이나 틈새시장(세분시장들 사이에는 빈틈들이 생길 수밖에 없는데, 이를 틈새시장이라고 한다)에 집중하는 시장범위 전략을 집중 마케팅 혹은 틈새 마케팅이라고 한다. 용의 꼬리(큰시장·작은점유율)보다는 뱀의 머리(작은시장·큰점유율)가 되기를 원하는 기업들이 쓰는 전략이다. 전문출판사 모델이 이에 해당한다. 전문성과 독창성으로 무장한 전문출판사는 타겟팅한 '전문적 세분시장'(틈새시장)에서 고객의 니즈에 대한 깊은 이해와 노하우 축적을 바탕으로 차별화된 기획, 차별화된 가격, 차별화된 프로모션으로 강력한 포지셔닝을 획득할 수 있다.

　특정 세그먼트 내의 개인 개인을 타겟으로 하여 제품이나 마케팅 프로그램을 맞추는 시장범위전략을 미시마케팅(micromarketing)[24]이라고 한다. 차별적 마케팅과 집중적 마케팅이 포커스를 맞추는 것은 시장이지 개별고객이 아니다. 요컨대 세분시장과 틈새시장의 욕구에 맞춰서 제품을 제공하는 것이지 개별소비자에 맞추어 제품을 고객화하지는 않는 것이다.

　"미시마케팅은 개인 하나하나를 고객으로 보기보다는 고객 하나하나를 개인으로 본다."[25] "개인 하나하나를 고객으로 본다"는 것은

---

23 『코틀러의 마케팅원리』, 209쪽, 210쪽.

24 마케팅 이론에서는 개인마케팅(individual marketing)과 지역마케팅을 미시마케팅의 범주에 넣어 함께 다루고 있다. 그러나 출판의 경우 특정지역만을 겨냥하는 지역마케팅은 큰 의미가 없으므로 여기에서는 개인마케팅만을 미시마케팅으로 언급하였다. 개인마케팅은 '일대일 마케팅'(one-to-one marketing), '개별화 마케팅', '개인시장 마케팅', 혹은 '대량개별화/대량고객화/대량맞춤화(mass customization) 마케팅'이라고도 한다.

개개인을 시장세분화의 관점에서 고객으로 바라본다는 것을 의미하고, "고객 하나하나를 개인으로 본다"는 것은 시장을 더 작게 세분화하는 대신[26] 일정 세그멘테이션(고객집단) 내에서 안으로 최대한 좁혀 들어가 개인을 발견해내는 것을 가리킨다.

"대량마케팅의 광범위한 사용은 과거 수세기 동안 소비자들이 개별고객으로 서비스를 받아왔다는 사실을 무색케 하였다. 그러나 오늘날 새로운 기술들은 많은 기업들로 하여금 개별화된 마케팅(일대일마케팅)으로의 회귀를 가능하게 해주고 있다. 대량개별화 또는 대량고객화는 기업이 고객의 개별 욕구에 맞춰진 제품이나 서비스를 디자인하기 위하여 다수의 고객들과 일대일로 상호작용하는 과정이다."[27]

시장세분화와 타겟팅을 할 때는 어떤 세분시장을 취하고 어떤 세분시장을 버리느냐가 매우 중요하다. "모든 고객을 섬기고자 노력하

---

25 『코틀러의 마케팅원리』, 212쪽. "개인 하나하나를 고객으로 본다"는 것은 소비자 개개인들을 인구통계적·심리특성적·행동적 변수 등을 이용하여 공통점을 갖는 세분시장으로 나눈 다음 그 시장(세분시장 혹은 틈새시장)에 속하는 고객으로 대한다는 의미다. 한편, "고객 하나하나를 개인으로 본다"는 것은 개인마케팅(mass customization)을 의미하는데, 이는 고객만족을 극대화시킬 수 있는 강력한 마케팅전략이다. 고객이라고 하는 것은 세그멘테이션을 전제로 하는 개념이다. 일단 고객의 공통적인 니즈·원츠를 묶어서 시장세분화와 타겟팅을 한 다음, 그 범주 안에서 고객 한 사람 한 사람의 더 깊고 더 구체적인 니즈·원츠에 대응하는 것이 개인마케팅이다. 과거 같으면 매스(mass)와 개별고객화(customization)의 결합은 형용모순이었지만 지금의 경제적·기술적·문화적 조건에서는 자연스러운 것이 되었다. 개인마케팅은 처음부터 끝까지 개별적으로 고객을 상대한다는 점에서 중세 장인시스템(customization)과 유사해 보이지만, 장인시스템의 주문과 생산이 우연적이고 일회적인 성격을 갖는다면, 개인마케팅은 필연적이고 반복적이고 DB화·템플릿화되어 있다는 점에서 다르다.
26 시장세분화를 작게 하면 할수록 타겟을 명중시킬 확률은 그만큼 높아진다. 그러나 시장 자체가 너무 작아지면 적정 수익과 이익을 내기가 어렵다. 따라서 밖에서 세분시장의 크기를 줄여나가는 대신 안으로 좁혀 들어가는 세분화 방식을 쓰게 되었는데, 이것이 미시마케팅(개인마케팅)이다.
27 『코틀러의 마케팅원리』, 213쪽.

는 것은 어떤 고객도 잘 섬기지 못함을 의미할 수 있다. 베스트바이 (Best Buy)는 모든 고객을 항상 행복하게 만들기 위해 노력하는 대신 시장을 세분화하고 표적고객을 좁게 선정한 다음 자신의 포지셔닝을 정교하게 다듬었다. 세분화 분석 결과를 바탕으로 베스트바이는 천사들을 수용하고 악마를 퇴치하기로 결정했다."[28]

베스트바이의 마케팅전략을 디마케팅(demarketing)전략[29]이라고 하는데, 월마트나 아마존 등의 기업과 같은 세그멘테이션에서 경쟁하는 게 아니라 비싸더라도 더 많은 가치를 원하는 사람을 세그멘테이션하고 타겟팅해서 그들에게 최선을 다하고, 나머지 고객은 버리는 전략이다. 무언가를 얻으려면 무언가를 버려야 한다. 지금은 포드가 등장하고 활약했던 20세기 초가 아니다. 세그멘테이션, 타겟팅, 포지셔닝을 한다는 것은 내가 들어가야 할 곳을 정해서 그 곳에서 성과를 내는 걸 말한다. 그때 문제가 되는 것은 세그멘테이션의 크기다. 타겟팅을 아무리 잘하고, 차별화와 포지셔닝을 아무리 잘해도 세그멘테이션이 너무 작으면 이익을 내기가 어렵다. 적정한 규모의 세그멘테이션을 했다면 그 세분시장의 고객만 만족시키고 나머지는 버리라는 것, 그것이 고객지향적 마케팅전략의 핵심이다.

---

28 『코틀러의 마케팅원리』, 194쪽, 195쪽.

29 decrease와 marketing의 합성어로, 이익에 도움이 되는 고객들은 수용하고 원가보다 더 많은 비용을 발생시키는 악성고객들은 퇴치함으로써 이익을 극대화하려는 마케팅 기법을 가리킨다. 디마케팅 전략은 '상위 20퍼센트의 고객이 이익의 80퍼센트를 올린다'는 파레토의 법칙에 충실한 '선택과 집중'전략의 일환이다. 파레토 법칙에 따르면 하위 80퍼센트의 고객이 이익의 20퍼센트를 올리는데, 이때 40퍼센트의 고객이 이익의 30퍼센트를, 나머지 40퍼센트의 고객이 −10퍼센트의 이익을 올린다고 하며, 이 최하위 40퍼센트의 고객을 퇴치하는 것이 디마케팅의 근거가 된다.

차별화되었다고 다 좋은 건 아니다

포지셔닝할 때 가장 중요한 것은 차별화의 요소들이다. 그러나 "모든 차별점이 의미있거나 가치있는 것은 아니다. 각 차별점은 고객의 편익뿐만 아니라 기업의 비용을 발생시킬 가능성이 있다. 차별점은 중요성(important), 독특성(distinctive), 우월성(superior), 전달성/전염성(communicable), 선점성(preemptive), 구매가능성(affordable), 이익성(profitable)의 기준을 만족시킬 때 추진할 가치가 있다."[30]

웨스틴 스탬포드 호텔의 경우, 자신들이 세계에서 가장 큰 호텔임을 차별점으로 내세워 포지셔닝을 시도했다.[31] 그러나 호기심 많은 사람들에게는 어필할 수 있을지 몰라도 목표고객인 실제 호텔 이용자들에게 세상에서 제일 큰 호텔은 그다지 '중요한' 관심사가 아니다. '중요성'은 목표고객에게 매우 높게 평가될 혜택(편익)을 제공할 수 있느냐를 의미하는데, 웨스틴 스탬포드 호텔의 '세상에서 제일 큰 호텔'은 목표고객에게 아무런 혜택도 주지 못한다. 이용객들이 중요하게 생각하는 것은 숙박비, 침대, 샤워실, 룸서비스, 부대시설 같은 실질적인 혜택이다. 혜택과 아무런 상관도 없는 것을 차별화의 요소로 삼아서는 '가치제안'(포지셔닝)에 실패할 수밖에 없다.

남의 사례를 보면 쉬워 보이는데, 문제는 우리 자신 역시 이런 실수나 오류를 많이 범한다는 것이다. 우리가 편집을 하거나 디자인을 하면서 중요하다고 여기는 요소들에 대해 정작 목표고객은 별로 관

---

30 『코틀러의 마케팅원리』, 221쪽 참조.
31 『코틀러의 마케팅원리』, 221쪽 참조.

심 없는 경우가 많다. 목표고객은 책을 통해서 자기 삶의 문제를 해결하고 싶어한다. 그것이 실질적인 혜택이다. 고객이 '그게 나한테 무슨 혜택이 있는데?' 하고 물을 때 쉽고 명쾌하게 답하지(이해시키지) 못하면 고객은 바로 관심을 접는다. 고객과 연결되려면 고객을 이해시키는 것이 필수다. 세상에는 관심을 가져야 할 게 너무 많기 때문에 고객 입장에서는 굳이 이해가 가지도 않는 것에 관심을 둘 이유도, 여유도 없는 것이다. 우리가 세그멘테이션을 하고 타게팅을 하고 차별화를 통해서 포지셔닝을 하는 이유는 너무 많은 제품·서비스 속에서 '당신의 문제는 이것 아니냐? 이 책이 바로 그 솔루션이다' 하고 그의 마음에 가장 빨리, 가장 확실하게 들어감으로써 그의 강력한 관심과 구매를 끌어내기 위해서다.

폴라로이드가 개발한 폴라비전이라는 홈무비 촬영기도 비슷한 오류를 범했다. 폴라비전은 동영상을 촬영하는 시장에 가장 먼저 들어가 '선점성'을 확보했지만 '우월성' 면에서 소니 등의 회사에서 만든 후발상품인 캠코더보다 열등했다. 열등한 것으로는 차별화/포지셔닝이 어렵다.

'독특성'의 사례로는 닛산 자동차 '큐브'를 들 수 있다.[32] '독특성'은 경쟁사보다 독특한 방법으로 차별점을 제안하는 것을 말하는데, 큐브의 경우 제품 카테고리 자체를 변경하는 독특성으로 포지셔닝에 성공했다. 일반적으로 자동차는 '가격'이나 '세상에서 하나밖에 없는 차' 등으로 차별화를 꾀하는데, 닛산은 젊은이들의 디지털 라이프스타일을 겨냥하여 아예 '큐브'의 카테고리를 '자동차'가 아닌 '모바일

---

32 『코틀러의 마케팅원리』, 222쪽 참조.

디바이스'로 바꿔 론칭했다. 카테고리를 바꾸면 그것만으로도 차별화된 포지셔닝이 가능해진다. 카테고리를 바꾸지 않고 기존의 카테고리 안에서 승부하는 것은 레드오션에서 싸우는 것과 마찬가지다. 기존의 웬만한 카테고리에는 이미 기득권자들이 자리를 잡고 있기 때문이다. 큐브의 사례는 새로운 카테고리로 시장을 세그먼트하면 그만큼 포지셔닝의 가능성이 커진다는 것을 보여준다.

시장세분화, 차별화, 포지셔닝을 위해서는 범주 설정이 중요한데, 이때 써먹을 수 있는 유용한 개념이 유(類)개념, 종(種)개념, 종차(種差)다. 유개념은 목표고객을 염두에 둔 제품범주에 해당하고, 종개념은 그 제품범주에 속하는 특정 상품을 가리킨다고 보면 된다. 또 종차는 같은 제품범주(유개념)에 속하는 제품들(종개념들) 간의 차별성(속성·편익의 차이)이라고 생각하면 된다.

어떤 개념의 외연이 다른 개념의 외연보다 클 때 큰 개념(상위개념)을 유개념, 작은 개념(하위개념)을 종개념이라고 한다. 유개념과 종개념은 상대적이다. 예컨대, 생물이라는 유개념에서는 식물과 동물이 종개념이 되고, 다시 동물이라는 유개념에서는 사람, 개, 고양이 등이 종개념이 된다. 그리고 하나의 유개념에 속하는 종개념들을 구별 지어주는 성질을 종차라고 한다. "사람은 이성적인 동물이다"를 예로 들면, '사람'이 종개념, '동물'이 유개념, 사람종을 다른 동물종과 구별해 주는 성질인 '이성적인'이 종차가 된다. 유개념 쪽으로 갈수록 외연(범위)은 커지지만 내포(속성·성질)는 작아지고(이를 보편화의 과정이라고 한다), 반대로 종개념 쪽으로 갈수록 외연은 작아지지만 내포는 풍부해진다(이를 특수화의 과정이라고 한다).

차별화는 덧셈이 아니라 곱셈이다

세분화와 타겟팅은 우리 회사만 하는 게 아니라 다른 회사도 한다. 그래서 기업의 미시환경 분석의 세 요소로 3C 즉 고객(Customer), 경쟁사(Competitor), 자사(Company)를 얘기하는 것이다. 만약 어떤 세분시장에 다른 회사는 없고 우리 회사만 있다면, 우리 회사가 가장자리의 세분시장을 타겟팅한 건 아닌지 의심해볼 필요가 있다. 뒤에서 좀더 자세히 살펴보겠지만, 가장자리는 안 된다. 포지셔닝은 쉬울지 몰라도 시장 크기가 매우 작아 이익을 내기가 힘들기 때문이다.

대개는 우리가 선택한 세분시장에 다른 회사도 있게 마련이다. 동일한 제품범주에서 경쟁하는 여러 회사 중에서 우리 회사와 다른 회사의 다른 점, 그게 차별화다. 차별화는 이중의 의미에서 차별화다. 우선 시장을 서로 다른 것으로 세분화한 것 자체가 차별화이고, 그 세분시장에서 다른 기업과 다른 방식으로 제품을 만들고, 다른 방식으로 가격을 매기고, 다른 방식으로 유통하고, 다른 방식으로 프로모션하는 것 또한 차별화다. 차별화와 관련해서 주의해야 할 점이 있다. '다른 것은 모두 차별화인가' 하는 점이다. 다른 것까지는 좋은데, 가치제안이 다른 회사보다 못하다면 굳이 달라야 할 이유가 없다.

차별적 (경쟁) 우위를 간단하게 정의하면 이렇다. "경쟁사로부터 최대한 멀어질 것, 그리고 고객에게 최대한 가까이 다가갈 것." 그러나 차별화라고 해서 거창하게 큰 것을 생각할 필요는 없다. 아주 미세한 변화가 커다란 차이를 낳을 수 있다. 차별화는 영어로 differentiation인데, 이 단어에는 미분이라는 뜻도 있다. 차별화와 극미(極微)의 세계를 다루는 미분은 서로 통하는 개념인 것이다.

각 차별화의 요소들이 더해져서 최종적으로 차별화의 결과값이 도출된다고 하면, 미세한 것의 변화를 통한 차별화는 거의 불가능할 것이다. 미세한 부분들의 변화를 합해봤자 결과값에서 큰 차이가 나는 것은 아니기 때문이다. 이 경우 차별화의 효과를 극대화시키려면 미세한 변화보다는 몇몇 눈에 띄는 부분에서 거대 차별화를 꾀하는 것이 훨씬 효율적인 방법일 것이다.

그러나 차별적 우위 즉 포지셔닝을 가능케 하는 차별화의 결과값은 차별화 변수(요소)들 간의 덧셈이 아니라 곱셈의 승수효과로 나타난다. 덧셈이 산술급수적인 데 반해 곱셈은 기하급수적이다. 곱셈의 결과값은 차별화 변수를 곱한 만큼의 차원이 된다. 만약 차별화 변수가 3개라면 결과값은 3승이 되는 것이다. 참고로 미분은 차원이 다른 함수를 미분할 경우에만 도함수가 다른 값을 갖는다. 그렇지 않고 단순히 상수의 덧셈 차원에서만 변화가 있는 함수를 미분하면 도함수의 값이 같게 나오는데, 이는 차별화에 실패했음을 가리킨다.[33]

출판에서의 차별화는 어떻게 가능할까? 기획, 저자관계, 원고내용, 편집, 디자인, 제작, 가격, 유통, 프로모션 등 출판의 밸류체인을 구성하는 모든 부분에서 차별화가 가능하다.

무엇보다 책의 내용은 가장 강력한 차별화의 요소다. 책은 독자의 문제를 해결해주는 솔루션이다. 얼마나 의미있는 주제의 책을, 얼마나 재미있게 썼느냐가 차별화의 정도를 좌우하는 만큼 출판에서는 저자관계관리가 매우 중요하다.

종이책의 물성면에서의 차별화도 중요하다. 종이책은 시대에 뒤처

---

33 차별화와 미분의 관계에 대해서는 이 책 229쪽 참조.

진 낡은 매체가 아니다. 종이책은 스마트폰 디바이스와 경쟁할 수 있다. 라이프스타일을 분석해보면 잠들기 전 책을 읽다가 잠드는 사람들이 적지 않음을 알 수 있다. 독자들은 스마트폰이나 전자책 리더기로 책을 읽을 수도 있고, 종이책으로 읽을 수도 있다. 종이책이 디지털 디바이스와 경쟁하기 위해서는 지금보다 더 가벼워지고 책의 크기도 더 작아져야 한다. 누워서 한 손으로 들고 읽는 데 불편함이 없을 정도가 되어야 한다.[34] 지금의 종이책은 누워서 한 손으로 들고 보기에는 너무 무겁고 크고 장식적인 요소가 많다.

편집에서의 차별화도 중요하다.[35] 지금의 종이책은 읽기가 매우 불편하다. 교재나 전문서 빼놓고는 '찾아보기'(색인)가 있는 책이 거의 없다. 디지털 검색시대에는 쉽고 빠르게 원하는 항목을 찾을 수 있어야 한다. 독자들에게는 그게 당연하다. 디지털 콘텐츠들의 최대 강점 중 하나가 편리한 검색인만큼, 종이책이 경쟁력을 가지려면 독자의 니즈를 고려한 찾아보기의 차별화가 반드시 요구된다. 목차 역시 찾아보기 기능을 하므로(전체구성을 한눈에 조망하는 기능과 함께) 이 역시 차별화 요소가 된다.

편집 차별화와 관련해서 한 가지 덧붙이자면, 책의 디자인이나 레

---

34 엑스플렉스의 출판브랜드인 엑스북스(xbooks)의 책은 기본판형의 크기가 122㎜×189㎜로, 한 손 안에 들어가는 판형이다. 본문 종이도 그린라이트를 써서 가볍게 만들고 있다.

35 여기서 말하는 편집은 레이아웃 등의 하드적 측면의 편집이 아니라 내용적인 측면에서 목차나 찾아보기 등을 어떻게 구성할 것인가 하는 소프트한 측면의 편집을 가리킨다. 하드한 측면에서의 편집의 경우, 지금은 종이책 전용의 편집을 해서 먼저 종이책을 만들고 나중에 이를 전자책으로 다시 변환시키는 방식을 취하고 있다. 디지털 퍼스트(digital first)의 경우에도 전자책, 종이책 편집을 각각 따로 한다. 앞으로 하드한 의미에서의 편집은 XML 편집을 통해 원천 파일을 만들고, 이후 원클릭 변환기를 통해 필요에 따라 자동으로 종이책, 전자책, 미리보기 등의 콘텐츠를 생성하는 방식으로 바뀔 것이다.

이아웃 등과 관련한 책의 표현적 측면의 차별화는 점점 더 어려워지고 있다. 이미 상당히 높은 수준에서 평준화가 되었기 때문이다.[36] 우리는 디자인을 매우 좁고 제한적인 의미로 사용하고 있다. 무엇보다 디자인과 스타일을 구별할 필요가 있다. "스타일이 외관과 관련된 것이라면, 디자인은 성능(솔루션)과 외관(패키지)에 동시에 관련된다. 좋은 디자인이란 성능과 외관을 동시에 충족시켜주는 디자인이다."[37] 이때 중요한 것은 성능과 외관에 대해 평가를 하고 판단을 하는 눈은 디자이너, 에디터, 마케터의 눈인 동시에 독자의 눈이라는 사실이다. 일방향에서 쌍방향으로 프로세스를 바꿔야 하는데, 쌍방향이 바로 커뮤니케이션이다. communication에서 com이 공동체·공유를 의미하는 만큼 독자와 공동의 활동을 구성하는 경험적 관점에서 출판을 재구축할 필요가 있다. 고객과의 커뮤니케이션을 통해 고객을 알고 그의 니즈가 반영된 디자인을 해야 한다.

출판미디어의 성격이 사적 미디어(private media)에서 소셜미디어(social media)로 변화 —— 제품 중심에서 독자 경험 중심으로 변화 ——함에 따라, 지금 에디터, 마케터, 디자이너 들은 자기 업무 정체성에 혼란을 겪고 있다. 앞으로 제품 자체를 갖고 차별화를 꾀하기는 점점 더 어려워지고 있다. 책의 차별화는 제품에서 더 나아가 독자의 마음과 관련된 영역으로 확장되어야 한다. 즉 누가 독자의 마음을

---

36 이 말은 거꾸로 책의 표현적(물성적) 측면에서의 차별화가 어려워졌다는 것을 의미한다. 게다가 '미'적 판단에는 어떤 절대인 기준도 없다. 그야말로 백인백색, 천인천색이다. 그런데도 상당수의 출판인들이 마치 책의 물성적 완성도에 대한 전범이라도 있는 것처럼 필요 이상의 에너지를 쏟는 경향이 있다. 그 힘을 일정 정도 덜어내어 독자와 함께 책을 읽고 경험을 공유하는 쪽으로 이전시킬 필요가 있다.

37 『코틀러의 마케팅원리』, 237쪽.

사로잡느냐가 차별화의 포인트가 될 것이다. 지금까지 제품으로서의 책을 기획하고, 에디팅하고, 디자인하는 것을 통해 차별화를 꾀했다면, 앞으로는 경험적(내용적) 측면에서 독자의 마음을 기획하고, 에디팅하고, 디자인하는 것을 통해 차별화를 꾀해야 한다.

포지셔닝 – 고객의 기억사다리 차지하기

사업에 성공하려면 즉 포지셔닝에 성공하려면 차별화와 필요성, 이 두 가지를 동시에 충족시켜야 한다. 차별화를 통해 경쟁사로부터 최대한 멀어지고, 필요성을 통해 고객에게로 최대한 가까이 다가가는 것, 이것이 포지셔닝의 조건이다. 필요성을 충족시키려면 기업은 고객의 니즈에 주목해야 한다. 니즈란 목표고객이 필요로 하는 것, 욕망하는 것을 가리킨다. 이 니즈는 인간이라면 본원적으로 갖게 되는 욕망으로서 마케터들에 의해 창조되는 것이 아니다. 따라서 니즈는 창조의 대상이 아니라 발견의 대상이다. 기업은 고객의 이 니즈를 제품·서비스로 현실화시켜 시장에 제공한다(니즈라고 하는 잠재성을 현실성으로 만든다). 이 시장제공물(원츠)이 경쟁우위에 선 상품으로서 구매의 대상 즉 디맨드의 대상이 되려면 속성과 편익 측면에서 차별화가 되어야 하고, 그 차별화를 통해 고객의 기억사다리에 자리를 잡아야(포지셔닝되어야) 한다.

　포지셔닝에서 중요한 것은 고객의 기억사다리에 자리를 잡되 일곱 번째 안에 자리를 잡아야 한다는 것이다. 그래야 기억에 남기 때문이다. 경영학, 사회학, 심리학 등에는 여러 가지 법칙들이 있다. 바이럴 마케팅을 다룬 『컨테이저스』라는 책이 있는데, 그 책은 입소문 마케팅의 핵심 법칙을 6개로 정리해놓았다.『설득의 심리학』도 심리학의 주요 법칙을 6개로 정리해놓았고, 머리에 착 달라붙는 메시지의 조건을 다룬『스틱』도 법칙이 6개다.『보이지 않는 고릴라』도 우리가 일상에서 흔히 일으키는 착각을 6개 범주로 나누어 다룬다. 우연일까? 아니다. 연구 결과, 사람들이 제대로 기억을 하는 것은 7개까지로, 그 이상을 넘어가면 기억에 어려움을 겪는다고 한다. 그래서 6개 정도를 법칙으로 만들어놓으면 기억하기도 활용하기도 좋은 것이다. 또 기억이 아니라 구매되기를 원한다면, 포지셔닝 사다리의 세 번째 안에 자리를 잡아야 한다. 네 번째에 위치하면 이름은 기억해도 구매로 이어지기 어렵기 때문이다.

마케팅을 공부할 때 정의 같은 것은 여러 번 읽고 외워서 입에서 저절로 튀어나올 정도가 되어야 한다. 그러면 자기 개념이 된다. 사람은 개념과 논리를 바탕으로 사유를 하기 때문에, 개념을 자기것으로 만들면 사유를 힘있게 전개할 수 있다. 개념이 모호하면 사유가 모호하고, 사유가 모호하면 표현이 모호하고, 표현이 모호하면 의사결정이 모호하고, 의사결정이 모호하면 사업의 미래가 모호해진다. 포지션에 대한 정의는 다음과 같다.

소비자들은 제품과 서비스에 대한 정보에 치이고 있다. 소비자들은 구매 결정을 할 때마다 제품을 재평가할 수 없다. 구매과정을 단순화하기 위하여 소비자들은 제품·서비스·회사 들을 카테고리로 묶은 다음, 이들을 자신의 마음속에 자리매김한다. 제품 포지션은 제품이 소비자들의 마음속에서 경쟁제품에 비하여 상대적으로 차지하고 있는 위치로서, 경쟁 제품들과 비교하여 어떤 제품에 대해 소비자들이 갖고 있는 지각(perceptions), 인상(impressions), 그리고 느낌(feelings)의 복잡한 조합이다. 제품은 공장에서 만들어지지만 브랜드는 소비자의 마음속에서 만들어진다.[38]

포지셔닝은 결국 소비자가 갖고 있는 지각·인상·느낌의 조합이라는 사실이 중요하다. 제품의 속성 같은 것은 포지셔닝에 요구되는 필요조건이지 충분조건은 아니다. 흔히 에디터나 마케터, 디자이너는 '이 책이 얼마나 좋은데' 혹은 '이 책 표지가 얼마나 멋진데' 이런 생각들을 많이 한다. 그러나 그 제품, 그 디자인, 그 내용이 무엇이든 간에 중요한 것은 소비자의 마음속에 그 책이 강력한 인상이나 느낌으로 자리를 잡아야[포지셔닝 되어야] 한다는 것이다. 포지셔닝이 되지 않았다면, 슬프게도 그 책은 세상에 존재하지 않는 것이나 마찬가지다. 책만 열심히 만들어서는 아무 소용이 없는 이유다. 인지시키지 않고 포지셔닝시키지 않으면 열심히 만들고 열심히 디자인한 게 모두 수포로 돌아가는 것이다. 소비자의 마음속에 나의 기획이, 나의 편집이, 나의 디자인이, 나의 마케팅이 첫 번째로 들어가 자리를 잡아야 한다.

기억사다리의 최상층에 자리를 잡으려면 카테고리(제품범주) 설정이 매우 중요하다. 카테고리를 잘못 잡으면 열 번째 밖으로 밀려나기 쉽다. 예를 들어 공자의 『논어』를 현대적 감각으로 재해석한 책을 출간했다고 하자. 이 책의 카테고리를 어떻게 잡을 것인가. 인문학일반으로 잡으면 기억사다리의 열 번째 안으로 들어가기가 쉽지 않지만, 동양철학이나 동양고전 혹은 자기계발로 잡으면 세 번째 안으로 들

---

38 『코틀러의 마케팅원리』, 216쪽.

어가기가 좀더 쉬워진다. 카테고리 설정이 중요한 이유다. 인간의 인지 구조는 하나의 카테고리를 열고 들어가면 다시 새로운 카테고리가 나타나는 일종의 내비게이션 구조를 띠고 있어[유개념-종개념의 연쇄], 범주가 바뀌면 새로운 차별화와 포지셔닝이 가능해지는 특징이 있다.

주의할 것은 범주(세분화)가 지나치게 작으면 안 된다는 것이다. 이를테면 세분시장의 크기가 몇 백명인 데서 1등하는 건 곤란하다는 얘기다. 세분시장의 크기가 적절한지를 판단하려면 시장 전체의 사이즈와 각 세분시장의 사이즈를 알아야 한다. 그러려면 동양철학이 인문일반에서 차지하는 비중을 알아야 하고, 전체 출판시장의 크기와 그 중에서 동양철학이 얼마만큼의 포션(크기)을 차지하는지를 알아야 한다. 구체적인 데이터를 근거로 적절한 세그멘테이션을 한 다음, 그 세분시장에서 소비자의 기억사다리 3번째 안으로 들어갈 때 마케팅적으로 유의미한 결과를 얻을 수 있다.

깊이냐 넓이냐

『지적 대화를 위한 넓고 얕은 지식』이 『지적 대화를 위한 좁고 깊은 지식』이었다면? 깊이와 넓이는 과연 어떤 관계에 있을까. 깊으면 넓어질까, 넓으면 깊어질까.

출판사가 갖고 있는 '전체 제품군'(목록)을 제품믹스[39]라고 하는데, 제품믹스 밑에 인문, 외국어, 경제경영, 실용서 등의 제품라인이 온

---

39 제품믹스에 대해서는 이 책 287쪽 참조.

다. 종합 출판사를 지향하는 경우 쓸 수 있는 목록 전략은 크게 두 가지다. 하나는 '깊이에서 넓이로' 가는 전략이고, 다른 하나는 '넓이에서 깊이로' 가는 전략이다. 전자의 경우는 처음에 인문 분야에 집중해서 뿌리를 내린 다음 외국어 영역으로 넓히고, 외국어 영역에서 뿌리를 내리면 다시 그 옆의 분야를 개발하는 식으로 제품라인을 넓혀나가는 전략이다. 후자의 경우는 처음부터 인문 카테고리, 외국어 카테고리, 실용서 카테고리, 경제경영서 카테고리를 만들어서 넓게 산개한 다음, 이 라인에서 한 권 내고, 저 라인에서 한 권 내면서 목록을 채워나가는 방식이다.

일반적으로 후자 방식의 사업 전개는 리스크가 너무 크다. 서점에 가보면 한 분야에서 1년에 쏟아져 나오는 책이 수천 종이다. 한 출판사에서 1년에 몇 종 내는 것으로는 시장에서 존재감을 드러내기가 쉽지 않다.[40] 그 정도의 속도감이나 무게감으로는 독자의 눈이나 마음을 끌기가 어렵고 따라서 포지셔닝 또한 어렵다. 포지셔닝을 위한 효과적인 방법은 선택과 집중이다.[41] 선택과 집중이란 목표고객과 제품 범주를 '선택'한 다음, 갖고 있는 인적·물적 자원을 '집중'해서 차별적 우위성을 획득하는 것을 말한다. 기획과 생산을 스피디하게 진행

---

40 물론 베스트셀러가 터지면 두세 종 내는 것만으로도 존재감을 드러낼 수 있다. 그러나 베스트셀러는 예측이 불가능하다. 사업은 가용자원을 이용하여 예측 가능한 것을 목표한 만큼 이루어내는 것을 가리킨다.

41 선택과 집중을 위해 반드시 요구되는 것이 기업 사명이다. 사명이란 출판사를 '왜 하는가'라는 질문에 대한 답이다. 출판사가 사명이 있다는 것은 주제가 있는 출판을 한다는 것이고, 이는 뒤집어서 말하면 그 주제 이외의 출판에는 손을 대지 않는다는 것을 말한다. 일단 깊게 들어가서 깃발을 꽂았으면(포지셔닝에 성공했으면) 그 이후에는 옆으로 넓히는 확장전략을 쓸 수 있다. 이런 과정을 거칠 때만 깊이와 넓이와 길이를 갖춘 두텁고 안정적인 출판사 목록을 만들 수 있다. 중요한 것은 초반에 시작할 때는 반드시 '전문화해서 깊이 들어가야'(narrow focusing & dominate category) 한다는 것이다.

할 수 있는 가장 자신있는 분야를 골라서 그 분야에만 집중함으로써 시장에 빠르게 뿌리를 내리는 것이다. 외국어 분야가 가장 자신 있으면 그 분야를 시작으로 해서 깊게 들어간다. 그래서 존재감이 드러나면[포지셔닝에 성공하면], 옆으로 라인을 늘려간다.

출판 기획을 할 때도 깊게 들어가는 것이 중요하다. 마케팅전략을 짤 때 먼저 하는 것이 세그멘테이션과 타겟팅이다. 누가 볼지, 누구에게 알려야 할지를 정하는 작업이다. 타겟팅할 때 보통은 이런 식으로 하는 경우가 많다. "20대 직장여성 대상의 자기계발서." 그런데 이 20대 직장여성은 너무 넓은 세그멘테이션이다. 너무 넓은 세분시장은 시장세분화를 하지 않은 것이나 마찬가지다. 이질적인 것을 하나로 뭉뚱그리는 매스마케팅과 다를 게 없다. 모든 것은 아무것도 아니다. 25세~29세에 해당하는 여성인구는 170만명 남짓이다. 전문직, 사무직, 연구직, 판매직, 프리랜서 등등 직종도 다양하다. 이래서는 있지만 없는 유령 같은 존재나 마찬가지다.

흔히 커뮤니케이션이 어렵다고 하는데, 그건 대화 상대가 모호하기 때문이다. 시장을 적정매출과 이익이 나는 한에서 직종별, 라이프스타일별, 행동적 변수별로 최대한 좁히고, 그 좁힌 세분시장에서 한 사람 한 사람을 찍어서 깊게 파고 들어가면서 커뮤니케이션해야 한다. 일반적으로 구매행동 패턴을 이야기할 때 아이드마(AIDMA) 모델을 많이 이야기한다.[42] 이 구매행동 패턴을 한 점 타겟과 커뮤니케이

---

42 요즘에는 아이드마(AIDMA)보다 아이사스(AISAS) 모델을 많이 이야기한다. 아이드마 구매행동패턴은 "주목을 하고(Attention), 흥미를 갖고(Interest), 욕망하고(Desire), 기억했다가(Memory), 구매하는(Action)" 프로세스를 가리킨다. 아이사스(AISAS) 구매행동패턴은 "주목을 하고(Attention), 흥미를 갖고(Interest), 검색을 하고(Search), 구매한 다음(Action), 경험을 공유하는(Share)" 프로세스를 가리킨다.

션하면서 그대로 적용하는 것이다. 이 친구를 상대로 어떻게 어텐션을 유도할 것인가, 어떻게 인터레스트를 갖게 할 것인가, 이 친구한테 어떻게 이것을 욕망하게 할 것인가, 이 각각에 대해서 커뮤니케이션하는 것이다. 그러면 커뮤니케이션이 쉽다.

20대 직장여성과 대화하는 것은 누구한테나 다 어렵다. 왜, 상대가 모호하니까. 그러나 출판사 편집부에 근무하는 A양하고 대화하는 것은 어렵지 않다. 왜, 구체적 상대가 있으니까. 대화는 구체적인 상대가 있는 상태에서 하는 것이다. 그럼 아무나 한 사람, 한 사람 붙잡고 이야기를 하면 구체적 상대와 커뮤니케이션하는 것일까. 타겟팅이 두루뭉술하거나 너무 넓으면 한 사람 한 사람 붙잡고 이야기를 해도 모호하기는 마찬가지다. 타겟이 불명확하면 아무리 많은 사람을 인터뷰해도 유의미한 데이터를 얻기가 쉽지 않다.[43] 반드시 니즈, 라이프스타일, 구매행동 등에서 유사한 특성을 보이는 구매자 집단으로 시장세분화를 한 다음, 그 세분시장에 속하는 한 사람 한 사람과 인터뷰를 해야 구체적이고 의미있는 결과를 얻을 수 있다. 시장을 적정매출과 이익이 나는 한에서 직종별·라이프스타일별·행동적 변수별로 최대한 좁히고, 그 좁힌 세분시장에서 한 사람 한 사람을 찍어서 깊게 파고 들어가면서 커뮤니케이션을 하는 것이 중요하다.[44]

성공한 기업들의 사례가 공통적으로 보여주는 사실은 깊게 들어가라는 것이다. 깊이는 넓이를 만들어내지만, 넓이는 깊이를 만들어

---

43 "과연 모든 의견이 똑같은 무게를 가질까? 내 경우에는 아니다. 궁극적으로 내가 가장 주의깊게 경청하는 사람은 아내 태비인데, 그것은 내가 애당초 그녀를 대상으로 글을 쓰기 때문이다. 내가 감동시키고 싶은 사람이 바로 그녀이기 때문이다."(『유혹하는 글쓰기』, 스티븐 킹 지음, 김진준 옮김, 김영사, 2002, 270쪽)

내지 못한다. 깊이가 넓이를 만들어 낸 대표적인 성공 케이스로 자포스를 들 수 있다. '자포스 하면 신발, 신발 하면 자포스'일 만큼 신발 분야에서 최고의 상품구색을 자랑하는 이 온라인 소매업체는 이제 의류, 핸드백, 액세서리 등 다른 다양한 상품 범주들도 취급하고 있다 (참고로 자포스는 2009년에 아마존에 인수되었다). 자포스 대표이사 셰이는 말한다. "앞으로 10년 후 사람들은 우리 회사가 온라인 신발판매회사로 시작했는지조차 모를 것이다. 고객들은 우리 회사가 항공사에 진출하거나 국세청을 운영할 수 있는지를 실제로 물어본다. 지금부터 30년 후 자포스 항공이 진정 최고의 서비스를 제공하는 항공사가 될지도 모른다."[45]

사업을 설계할 때는 시작과 끝을 볼 줄 아는 능력이 중요한데, '난 도서로 시작해서 이렇게 갈 거야' 하고 사업을 시작하는 것하고, '나는 도서만 할 거야' 이렇게 생각하고 사업을 시작하는 것은 브랜드 네이밍부터 달라지게 마련이다. '지구의 허파'인 아마존을 기업명으로 썼다는 것은 아마존이 처음부터 글로벌 종합 물류유통회사를 염두에 두고 사업을 벌였다는 것을 말해준다. 거대 온라인 종합쇼핑몰 아마존의 경우, 지금은 취급하지 않는 분야가 거의 없지만, 처음 사업의 출발은 도서였다. 도서시장을 장악한 다음 옆으로 사업을 벌려나

---

44 타겟팅한 고객 한 사람 한 사람과 깊은 인터뷰를 함으로써 니즈와 원츠를 확인하고, 그것을 바탕으로 고객이 만족할 만한 제품·서비스를 개발하고, 적절한 가격을 찾아내고, 제품의 존재를 알리고 호감·선호·확신을 가질 수 있게 하는 방법을 찾아내야 한다. 베스트셀러 1백만 부도 한 권에서 시작한다. 시작은 한 권부터다. 고객이 제품을 수용하는 단계를 보면 이노베이터, 얼리 어답터(조기수용자), 전기 다수자, 후기 다수자, 최후 수용자의 다섯 단계를 거친다. 누가 우리 제품을 최초로 구매한 고객인지, 그 고객이 우리가 타겟팅한 고객과 일치하는지 확인해서 다음번 기획에 그 결과를 반영시켜야 한다.
45 『코틀러의 마케팅원리』, 4쪽.

가서 성공한 케이스다. 처음부터 '난 도서만 할 거야' 이랬으면 오늘날의 아마존은 없었을 것이다.

온라인 쇼핑몰과 오프라인 쇼핑몰의 가장 큰 차이점은 뭘까. 쇼핑의 편리함? 상품의 구색? 아니다. 그건 바로 '이야기'다. 아마존 CEO 제프 베조스는 이것을 정확히 꿰뚫어본 사람이다. 그가 도서로 온라인 쇼핑 사업을 시작한 것은 도서가 이야기를 통해 참여와 공유라고 하는 인터넷 공간의 특성을 구현하는 데 가장 좋은 품목이었기 때문이다. 책은 지식과 감정과 서사(이야기)를 다루는 매체이기 때문에 다른 상품에 비해 깊고 넓고 다양한 이야기를 나눌 수 있다는 강점이 있다.

온라인 쇼핑 공간이 일상에 점차 스며들면서 오프라인 쇼핑 공간에서 사라졌던 이야기가 다시 부활하게 된다. 근대 이후의 오프라인 쇼핑 공간에서는 근대 이전의 장터와 달리 이야기가 사라졌다. 고대의 아고라는 원래 사람들이 모이는 곳이었다. 사람들은 아고라에 모여 이야기도 나누고 필요한 물건들도 교환했다. 장터가 생겨난 것이다. 그러던 것이 자본주의 시대의 도래와 함께 분업의 원리가 정치·경제·사회·문화의 기본원리가 되면서 학문이 분업화되고, 생산이 분업화되고, 유통이 분업화된다.

분업화의 원리는 우리를 둘러싼 시간과 공간에 걸쳐 전방위적으로 관철된다. 시간의 경우 이야기하는 시간 따로, 일하는 시간 따로, 쇼핑하는 시간 따로, 밥먹는 시간 따로, 이런 식으로 분할되었고, 공간의 경우도 이야기하는 공간 따로, 물건 만드는 공간 따로, 물건 사는 공간 따로, 이런 식으로 분할되었다. 이렇게 시공간이 분할되면서 사람들은 마트에 가서 더 이상 수다를 떨거나 이야기를 나누지 않고 물건만 사서는 집으로 돌아오게 되었다.

그런데 인터넷 기술이 발달하고 쇼핑공간이 온라인 속으로 들어가면서 다시 장터가 아고라의 기능을 갖기 시작했다. 상품평이나 구매 후기 등을 쓰고 나누면서 이런 것들이 이야기가 되어 물건을 사고파는 것과 나란히 기능하게 되었다. 아고라로서의 장터가 다시 복원된 것이다. 역사는 이렇게 돌고 돌면서 차이나는 반복을 계속한다.

제프 베조스는 인터넷 공간의 이런 특성을 누구보다 예리하게 꿰뚫어보고, 온라인 도서 쇼핑몰을 지렛대 삼아 거대한 글로벌 종합쇼핑몰을 구축한 것이다. 포지셔닝을 위해서는 깊이에서 시작해서 넓이로 갔다가 다시 깊이로 돌아가야 한다. 그것이 포지셔닝을 획득·유지·심화시키는 방법이다.

저자브랜드·타이틀브랜드를 넘어 출판사브랜드로

포지셔닝이란 고객에게 어떤 제품을, 어떤 유통채널과 어떤 프로모션(커뮤니케이션)을 통해, 어떤 가격으로 제공하겠다고 하는 가치제안이다. 이 가치제안의 효과가 강력하면 할수록 고객의 머릿속(마음속)에 해당 기업과 관련해 선명한 이미지가 떠오르게 되는데, 이것이 포지셔닝의 결과 생성된 브랜드이미지다.

포지셔닝은 섬세함이 절대 필요하다. 많이 팔리려면 책을 널리 알려야 하고, 널리 알리려면 책의 장점을 최대한 부각시켜야 한다. 그래서 널리 알리고 파는 것까지는 좋은데, 나중에 '야, 이건 오자도 많고, 광고에서는 무지하게 재미있다고 해놓고 막상 읽어보니 재미는 하나도 없고', 이런 식이면 포지셔닝은 물건너 간다. 포지셔닝에서 중요한 건 기대와 사용경험(지각된 가치)[46] 사이의 컨트롤이다. 일반적으로 기대보다 사용경험이 크면 (대)만족을 하고, 기대와 사용경험이 같으면 만족도 불만족도 느끼지 않으며, 기대보다 사용경험이 작으면 불만족한다. 불만족 고객의 경우, 예전 같으면 신경쓰지 않아도 그만이었다. 그러나 지금은 사정이 다르다. 불만족한 고객은 가만히 있지 않는다. 여기저기 떠들어댄다. 마케팅에서 통계학적으로 밝혀낸 바에 따르면 만족한 경험을 여기저기 전파하는 것보다 열 배쯤 위력이 있다고 한다. 함부로 기대치를 높여 놓지 말라는 얘기가 나오는 이유다. 기대치를 높이면 높일수록 홍보에는 유리하지만 그 기대를 충족시키는 것은 점점 더 어려워진다. 그렇다고 기대치를 함부로 낮춰도 안 된다. 충족시키기는 쉬울지 몰라도 아예 쳐다도 안 보는 불상사가 생길 수 있다. 절묘한 줄타기를 해야 하는 것이고, 그래서 마케팅이 어렵다고 하는 것이다.

포지셔닝을 할 때 가장자리는 절대 피해야 한다. 세그멘테이션의 크기가 너무 작기 때문이다. 극우 혹은 극좌에 깃발을 꽂는 것은 쉽다. 내일부터 화폐를 완전히 없애고, 전국민에게 무상임대, 무상의료, 무상교육, 무상급식 등을 실시한다고 주장한다고 하면, 과연 얼마나 지지를 얻을까? 극좌파를 지지하는 타겟층으로부터는 그 선명한 주장만큼이나 높은 지지를 얻겠지만, 전체 국민을 대상으로 하면 미미한 지지율을 얻을 뿐이다. 이렇게 해서는 정치적으로 힘을 발휘할 수 없다.

---

46 '사용경험'이나 '지각된 가치'라는 표현으로 알 수 있듯이, 마케팅은 객관적인 제품 퀄리티나 성능이 아니라 소비자 마인드, 즉 주관적인 인식이 이슈가 된다. 마케팅이 판매의 기술학이 아니라 고객만족의 심리학인 이유다.

포지셔닝은 이렇게 극단에 위치하면 실패하고 만다. 선명할수록 포지셔닝이 쉬운 장점이 있는 대신에 시장 사이즈가 작아진다는 단점이 있다. 가장 바람직한 포지셔닝은 보수에서 가장 진보적인 지점 (우파에서 가장 급진적인 좌파), 진보에서 가장 보수적인 지점(좌파에서 가장 급진적인 우파), 여기에 포지셔닝을 하는 것이다. 여기가 사이즈가 가장 크다. 실제로 투표의 결과를 보면 이 부분의 지지율, 득표율이 가장 높다.[47]

포지셔닝의 전제조건은 세그멘테이션과 타겟팅이다. 포지셔닝률은 '포지셔닝/타겟층'으로 나타낼 수 있다. 타겟층이 작으면 작을수록 즉 분모가 작으면 작을수록 작은 포지셔닝만으로도 커다란 포지셔닝률을 달성할 수 있다. 그러나 열 명, 스무 명을 타겟으로 하는 것은 세그멘테이션이 아니다. 세그멘테이션은 반드시 일정 규모 이상이 되어야 한다. 세그멘테이션의 크기가 너무 작으면 적정한 수준의 이익을 얻을 수가 없기 때문이다. 시장점유율도 마찬가지다. 시장점유율은 '점유율/세분시장의 크기'로 나타낼 수 있다. 분모가 작을수록 즉 세그멘테이션의 크기가 작을수록 적은 점유율만으로도 높은 시장 점유율을 차지할 수 있다. 숫자의 함정이다.

그럼 적정 이익을 낼 수 있는 표적시장(target market)의 최소 크기는 얼마일까. 그 기준이 될 만한 것이 바로 틈새시장과 미시마케팅이다. 시장은 비차별적 대량 마켓에서 차별적 세분시장으로, 다시 틈새시장으로, 미시마켓(개인마케팅)으로 점차 진화해 왔다. "기업들은 표적시장을 매우 넓게(비차별적 마케팅), 매우 좁게(미시마케팅), 혹은 이들의

47『포지셔닝』, 잭 트라우트·알 리세 지음, 안진환 옮김, 을유문화사, 2004, 261쪽 참조.

중간(차별적 마케팅 또는 틈새 마케팅) 정도 수준에서 선정할 수 있다."[48]

마케팅 책을 보면 고객만족의 전설적인(?) 사례들, 이를테면 고객이 호텔을 떠날 때까지 호텔의 세탁부가 양복에 묻은 얼룩을 제거하지 못하자 나중에 그 고객의 집까지 찾아가서 양복값을 변상해 주었다는 리츠 칼튼 호텔의 이야기, 심지어 자기네 백화점에서 사지도 않은 타이어체인을 두말 않고 환불해준 노드스트롬 백화점 이야기[49] 같은 사례들이 적지 않다. 그런 전설적인 고객 응대, 고객 서비스가 가능한 것은 타겟 시장의 사이즈가 크기 때문이다. 사이즈가 작은 세분 시장에서 그런 서비스를 하면 비용이 너무 많이 들기 때문에 기업의 존속이 불가능해진다. 시장 규모에 따라서, 상황에 따라서 고객 응대 수준이 다를 수밖에 없다. 기업의 서비스 수준을 높이고 싶다면 적정 규모 이상의 시장에서 이윤을 많이 내야 한다. 그래야 더 나은 수준의 서비스를 통해 고객만족을 창출하고 그것을 바탕으로 기업이 성장해 나갈 수 있는 동력을 확보할 수 있다. 시장의 규모, 기업의 역량, 고객 서비스의 수준은 나란히 가게 되어 있다. 중요한 것은 최대의 포지셔닝 효과를 거두기 위해서 고객만족을 어느 수준에서 할 것인가를 결정하는 것이다.

포지셔닝이 어려운 이유는 공급자가 너무 많기 때문이다. 쏟아지는 제품과 메시지의 홍수 속에서 고객의 기억사다리 최상층에 확실하게 자리를 잡으려면 다른 기업과 다른 포지셔닝 전략을 써야 한다.

---

48 『코틀러의 마케팅원리』, 209쪽.
49 알래스카에서 타이어체인을 산 고객이, 미국 캘리포니아, 눈도 비도 안 오는 LA에서 환불을 요구하자 노드스트롬은 그 자리에서 바로 환불해 주었다. 10년 전에 노드스트롬이 인수 합병한 회사에서 구입한 제품이었기 때문이다.

그게 차별화다. 다른 기업이 제품의 품질에 집중한다면 우리 회사는 고객에게 품질 말고도 다른 새로운 가치를 제공할 수 있어야 한다. 포지셔닝을 확실하게 하기 위해서는 역발상이 필요하다. 먼저 경쟁사가 포지셔닝을 위해 역점을 두고 있는 것이 무엇인지 파악하고 경쟁사와 차별화하기 위해 경쟁사가 소홀히 하는 고객가치를 고객에게 제공하는 전략을 취하면 된다. 모든 기업이 노드스트롬이나 리츠 칼튼이 될 수는 없으며, 그럴 필요도 없다.

참고로 포지셔닝은 궁극적으로 고객의 머릿속에 브랜드이미지를 심어놓는 것이다. 브랜드와 관련해서는 제품전략과 브랜드전략 부분에서 좀더 자세히 다루겠지만, 여기서 먼저 한 가지 얘기하고 싶은 게 있다. 지금까지 출판의 경우, 개별 타이틀브랜드와 저자브랜드에 신경을 썼지 출판사브랜드에는 거의 신경을 쓰지 않았다. 이것은 출판기업의 성격과 관련이 있다. 출판은 저자의 원고 즉 저작권을 출판권의 형태로 위임받아 제품으로 만들어 파는 업종이다. 지적재산권은 저자에게 속하는 것으로 출판사 것이 아니다. 실제로 저작권 계약 기간이 만료되면 저자들이 다른 출판사로 옮겨가 책을 내는 경우가 적지 않다. 저자브랜드, 타이틀브랜드는 가능해도 출판사브랜드는 쉽지 않은 이유다.

그러나 책이 점점 더 다품종소량화 되는 추세를 감안할 때 앞으로는 출판사브랜드가 매우 중요해질 수밖에 없다. 출판사브랜드를 만들기 위해서는 지금까지 해온 것처럼 구매과정 자체보다는(구매과정에서 시도하는 포지셔닝은 프로모션 중심으로 이루어지는 일회적이고 단기적인 포지셔닝으로 출판사브랜드보다는 타이틀브랜드나 저자브랜드에 기대는 측면이 크다), 구매후 과정에 적극적으로 개입해서 사용자 만족과 그를 통한 관계구축을 끌어낼 필요가 있다(예전 같으면 높은 비용 문제로 구매후 독자관계관리가 불가능했지만, 지금은 낮은 비용으로 할 수 있는 조건이 만들어졌다). 이런 과정이 반복되면서 출판사브랜드가 구축되면 훨씬 적은 비용으로 타이틀브랜드와 저자브랜드를 만들어낼 수 있고, 이는 독자의 반복구매를 낮은 비용으로 가능케 해 다품종소량하에서 출판사업을 안정적으로 해 나갈 수 있는 토대가 된다.

| 제2부 |

전략이 있는 출판사는 위태롭지 않다

4장

마케팅은 콘셉트 싸움이다

콘셉트란 무엇인가?

최소량의 법칙[1]이라는 게 있다. 여러 개의 나무판을 잇대어 만든 나무물통에 물을 채울 경우, 어느 한 나무판에 구멍이 나 있게 되면, 물은 그 구멍이 있는 데까지만 찬다. 실제로 어떤 취약한 부분 혹은 어떤 일을 펑크내는 사람 등을 가리켜 구멍이라는 말을 쓰기도 한다. 마케팅의 가치사슬도 마찬가지다. 쭉 이어지는 체인에서 어느 부분에 약점이 있으면, 그것에 발목이 잡혀 원하는 결과를 얻기가 힘들다. 시장과 고객욕구를 아무리 잘 이해하고 STP를 아무리 잘했더라도, 마케팅믹스(4P) 개발이 엉성하다거나, 4P 중에서 세 가지는 괜찮은데

---

1 독일의 화학자이자 생물학자인 리비히(J. F. Liebig)가 주장한 법칙으로 '나무물통의 법칙'이라고도 한다. 식물의 생장에는 꼭 필요한 원소들이 있는데, 만일 어떤 원소가 최소량 이하이면 다른 원소가 아무리 많아도 제대로 생육할 수 없다는 이론. 당연한 얘기지만 높은 성과를 내고 싶으면 최소량의 수준을 높이는 것이 중요하다. 모든 것을 다 잘할 수는 없으므로 꼭 해야만 하는 것들을 누락없이 선택을 하고, 그 필수적인 요소들 간의 균형을 고려하면서 최소량의 수준을 높이는 것이 중요하다.

한 가지가 문제라거나 하면 전체적인 최종 결과는 가장 취약한 수준에서 결정된다. 기업의 미션, 핵심가치, 비전, 목표, 플랜이 아무리 좋아도 마케팅 실행이 엉망이면 결과가 미미하기는 마찬가지다. "옳은 일은 옳게 해야" 하고, 중복·누락·착오가 없도록 해야 한다. 밸류체인에서 체인을 구성하는 각 요소가 이를테면 80점 수준 이상을 유지해야 최종적으로 고객에게 80점 이상의 가치를 제공할 수 있다. 그러기 위해서는 일정 수준 이상을 일관되게 유지해야 할 필요가 있는데, 이를 위해 요구되는 것이 바로 콘셉트다.

열 명이 모여 콘셉트 회의를 한다고 하자. 콘셉트라는 개념에 대해 열 명이 다 다른 생각을 갖고 있다면 콘셉트 회의가 제대로 될 리 없다. 그래서 개념(콘셉트)이 매우 중요하다. 회사 내에서, 팀 내에서 '콘셉트' 하면 모두가 한 가지 뜻으로 사용해야 한다. 열 가지 뜻으로 사용하면 콘셉트 회의를 하는 게 아니라 콘셉트가 뭔지를 알아보는 회의를 하게 된다.

세상에 책은 많다. 정보도 많다. 많아도 너무 많다. 사람들은 메시지가 '한방에' 보이고 들리지 않으면 금세 귀를 닫고 눈을 돌린다. '한방에'는 직접적으로, 최단거리로 수용자의 눈과 귀와 마음에 가닿는 걸 말한다. 그러려면 메시지가 몇 가지 조건을 갖춰야 한다. 필요성, 차별(적 우위)성, 설득력, 본질응축성이 그것이다. '제품·서비스의 필요성과 차별성을 목표고객에게 설득력 있게 제시하되, 구구절절하지 않고 핵심만 명확하게.' 이런 조건을 갖춘 메시지는 수용자의 마음을 사로잡고 뇌리에 선명하게 각인되는데, 이런 메시지를 콘셉트가 있는 메시지라고 한다.

흔히 "당신 책의 콘셉트가 뭐냐"고 물으면 다짜고짜 책의 내용

(what) 즉 차별성을 구구절절 늘어놓는 사람들이 많다. 그러나 콘셉트는 'what'이 아니라 'why니까 what'이다. 독자는 why(필요성)가 먼저 제시되어야 공감을 하고, 그런 다음에야 비로소 what(차별성)에 관심을 보인다.

콘셉트가 뭔지를 잘 보여주는 영어 단어가 'virtue'다. 'virtue'는 본질, '~다움', 덕(미덕), 가치, 장점, 능력, 힘, 효능, 수확, 좋은 결과, 특징 등을 뜻하는 라틴어 '비르투스'(virtus)에서 온 말이다. 'virtue of this book'이라는 영어표현을 우리말로 옮기면, '이 책의 본질' '이 책다움' '이 책의 미덕' '이 책의 가치' '이 책의 장점' '이 책의 효능' 등이 될 것이다.

'이 책답다'는 건 책제목, 표지 카피, 광고 카피 등의 메시지가 이 책의 '본질적인(핵심적인) 특징'을 잘 드러내고 있다는 걸 의미한다. 또 '유재건답다' '엑스북스답다'라고 할 경우 사람들은 그 '~다운' 것에서 "그 저자가 쓴 책이라면, 그 출판사가 낸 책이라면, 틀림없이 이런 미덕, 이런 장점, 이런 효능을 갖추고 있을 거야" 하는 기대와 믿음을 갖게 마련이다. 이 책이 '효능'이 있다는 건 이 책이 '나의 욕구나 문제를 해결해주는 솔루션'임을 가리킨다. '이 책의 미덕'은 이 책이 갖는 장점이나 가치를 말한다. 특히 미덕(美德)이라고 할 때의 덕(德)은 콘셉트의 뜻을 직접적으로 보여준다. 德이라는 한자는 두 사람을 뜻하는 '두 인변'(彳)에 '곧바로'를 뜻하는 '직'(直)과 '마음'을 뜻하는 '심'(心)이 모여서 만들어진 글자다. "두 사람 사이의 소통에서 메시지가 한방에 마음에 가닿는 것"을 뜻한다. '덕'이 곧 '콘셉트'인 것이다.

이 책이 갖고 있는 필요성과 차별성 즉 '미덕, 효능, 힘, 본질'을 가장 단순한 형태의 핵심메시지로 만든 것, 이게 바로 콘셉트다. 'virtue of this book'의 우리말 번역들의 공통점은 '독자가 왜 이 책을 읽어야 하는지에 대한 이유', 즉 이 책이 독자가 해소되기를 간절히 원하는 어떤 욕구(needs, 필요성)나 문제(problem)에 대한 차별적 우위성이 있는 '해결책'(solution) ─── 그것이 위로든, 지식이든, 노하우든, 호기심이든, 재미든 ─── 을 담고 있다는 사실을 분명하게 보여주는데, 이게 바로 콘셉트다.

콘셉트(concept)란 말을 어원적으로 분석하면 그 뜻이 한층 분명하게 드러난다. 'con'은 'with'(서로, 함께, 하나로)의 뜻을, 'cept'는 '받아들이다/붙잡다'라는 뜻을 갖는다. 결국 콘셉트는 "서로(con) 받아들이다(cept)" 혹은 "이것저것 여러 가지를 붙잡아서(cept) 하나로(with) 꿰다"라는 뜻을 갖는 말이다.[2] "서로 받아들이기" 위해 전제로 요구되는 것이 개념(concept)이다. concept의 번역어인 개념(概念)에서 '概'는 평미레를 뜻한다. 평미레란 쌀가게에서 쌀의 양을 잴 때 쌀되에 수북이 쌓인 쌀을 밀어서 고르게 할 때 사용하는 방망이다. 마찬가지로 생각[念]을 고르게 펴서 원활한 소통을 위한 도구로 삼은 것이 개념이다. 평미레를 쓰지 않으면 쌀을 사고파는 게 원활하지 않은 것처럼,

---

2 참고로 콘텍스트라는 말이 있다. 문맥, 맥락, 상황 등을 뜻하는데, 맥락이란 사물 따위가 서로 이어져 있는 관계나 연관을 뜻한다. 콘텍스트 역시 콘(con)과 텍스트(text)가 결합된 말로서, '텍스트를 공유하는 것'을 가리킨다. 텍스트를 공유해야 관계나 연관이 생기면서 문맥이나 맥락이 성립한다. 둘 사이의 커뮤니케이션이 원활하려면 맥락을 공유해야 한다. 텍스트를 갖고 각자 따로따로 놀면 '콘텍스트가 만들어지지 않아서'(맥락없이 뜬금없는 이야기를 함으로써) 커뮤니케이션이 제대로 이루어지지 않는다. 서로 생각을 받아들이는 것을 콘셉트라고 하고, 서로 텍스트를 공유하는 것을 콘텍스트라고 하는 것으로 알 수 있듯이, 콘셉트와 콘텍스트는 서로 밀접한 관련이 있는 단어다. 즉 콘셉트를 제대로 전달함으로써 포지셔닝에 성공하려면 텍스트를 공유하는 콘텍스트 활동을 활발히 전개해야만 한다. 콘텍스트 활동이란 "만든 책(text)을 갖고 독자와 함께(con) 하는 다양한 커뮤니케이션 활동"을 가리킨다.

개념을 공유하지 않으면 언어 소통을 원활하게 할 수가 없다. 개념을 공유해야만 발신자의 메시지는 수신자의 마음속으로 쉽게 들어가 닻을 내릴 수 있고, 그런 상태가 되어야 구구절절 많은 설명을 붙이지 않고도 메시지를 쉽게 직관적으로 주고받을 수 있다. 콘셉트는 또한 '여럿을 하나로 꿰는(붙잡는)' '일이관지'(一以貫之)의 역할을 한다. 하나로 꿰기 위해서는 꿰어지는 것과 꿰는 것이 필요한데, 여기서 하나로 꿰는 역할을 하는 것이 바로 콘셉트다. 일견 무질서해 보이는 여러 현상이나 사건, 내용, 경험, 제품 등등을 하나의 분명한 목표나 이유 아래 꿰는 것, 이게 바로 콘셉트다.

모든 길은 콘셉트로 통한다

취업이 시대의 화두다. 취업할 때 필수적으로 요구받는 자소서. 보통의 자소서들을 보면 공통점이 있다. 백이면 거의 백, 자기 중심으로 과대포장 혹은 과소포장을 한다. 포맷도 비슷비슷하다. 언제 태어나서, 현명하고 어진 부모 밑에서 어떻게 자랐고, 품성은 어떻고, 스펙은 어떻고, 입사하면 어떤 각오로 일할 거고…… 이런 하나마나한(?) 이야기에 시간과 지면을 낭비한다. 차별화 요소가 거의 없어 '그분'이 읽지 않거나 읽어도 건성으로 읽는다. 애는 많이 썼을지 모르나, 결과는 슬프다. 만약 이런 자소서에 '그분'이 관심을 갖는다면, 그건 로또 당첨이고 기적이다.

나는 (내가 생각하는 것보다 훨씬) 잘나고 강점이 있는 사람이다. 내 자소서가 무관심과 푸대접을 받는 건 내가 마케팅을 못했기 때문이고, 그 말은 곧 내 자소서에 콘셉트가 없다는 걸 말한다. 그분에게 나를 제대로 어필하려면 나로부터 벗어나야 한다. 일단은 나로부터 벗어나고 멀어져야 나를 잘 보여줄 수 있다는 역설.

그러나 벗어나는 데도 이유가 있고 목표가 있어야 한다. 나로부터 벗어나는 이유는 나를 잘 보(여 주)기 위해서다. 나로부터 벗어나서 그분의 마인드로 들어간 다음 다시 나에게로 돌아와야 한다. 그분과 나 사이에서 왕복운동 하는 것이 절대적으로 중요하다. 나로부터 무작정 벗어나기만 하면 실없는 사람이 되므로 조심해야 한다. 손자의 말처럼 "지피지기면 결코 패배하지 않는다". 지피(知彼) 즉 그분에게로 갔다가, 지기(知己) 즉 나에게로 돌아와야 그분 눈과 마음에 드는 자소서를 쓸 수 있다.

나를 떠나 그분에게로 간다는 건 그분이 목마르게 '간절히 원하는 것'(필요성)이 무엇인지 알아내는 걸 말한다. 그런 다음 다시 나에게로 돌아온다는 건 다른 경쟁자들보다 내가 그분의 목마름을 싹 가시게 해줄 '시원한 솔루션'(차별성)을 갖고 있다는 걸 쌈박하게 정리해서 보여주는 걸 말한다. 그런 자소서를 '콘셉트가 있는 자소서'라고 한다. 다음 두 자소서는 콘셉트가 얼마나 중요한지 잘 보여준다.

저는 토익이 800점이고, 외국인과 영어로 소통하는 데 지장이 없습니다. 대학에서는 마케팅을 전공했으며, 4년 장학금을 받았습니다. 특히 3학년 때는 교환학생으로 인도 델리대학에서 1년 동안 뇌과학을 바탕으로 한 뉴로마케팅을 공부하기도 했고, 현지에서 인턴사원으로 근무한 경험도 있습니다. 2급 정보관리사 자격증이 있으며, 웹마케터 2급 자격증도 있습니다. 저를 채용해 주시면 결코 실망하시지 않을 것이며, 성실하게 근무하여 귀사의 성장에 일조하겠습니다.

상당히 익숙한 포맷의, 전형적인 '나' 중심의 '지기형 자소서'다. (그분) 눈에 띄게 잘못한 것도 없지만 (그분) 눈에 띄게 잘한 것도 없는, 그야말로 밋밋하고 무난한 자소서다. 문제점은 딱 하나, 세상에는 이런 (그분) 눈에 띄지 않는 자소서가 차고 넘친다는 사실이다. (그분) 눈에 띄지 않으면 그걸로 끝이다. 굳이 실패하고 싶어서 실패적인 자소서를 썼다면 모를까, 성공하고 싶다면 (그분) 눈에 띄는 자소서를 써야 한다. 이 '지기형 자소서'를 (그분) 눈에 띄는 그분 중심의 '지피지기형 자소서'로 바꿔보자.

귀사는 생활용품 부문에서 국내 시장점유율 54%를 차지하는 1위 기업입니다. 그러나 해외기업들의 국내시장 진출과 내수시장 경쟁의 격화로 시장점유율이 30%대 초반으로 떨어지면서 1위 자리를 위협받고 있습니다. 시장점유율을 끌어올리고 시장선도자의 위치를 확고히 하기 위해서는 해외진출을 통한 시장개발전략이 필요한데, 특히 귀사의 강점을 고려할 때 아시아에서의 전략거점 구축이 시급하다고 생각합니다. 비용 대비 효과 측면에서 특히 인도를 주목할 필요가 있다고 여겨집니다. 인도는 경제규모나 성장 가능성 면에서 중국에 결코 뒤지지 않을 뿐만 아니라 중국에 비해 규제도 훨씬 약한 편입니다. 또 산업 인프라도 잘 구축되어 있고, 양질의 노동력도 풍부합니다. 저는 마침 인도 델리 대학에서 교환학생으로 인공지능을 베이스로 한 뉴로마케팅을 1년 동안 공부할 기회가 있었습니다. 교환학생 경험과 현지인턴사원 경험을 바탕으로 현지에서 비즈니스를 하는 데 언어적·문화적 장애가 거의 없으며, 웹4.0과 관련된 첨단 마케팅 툴을 이용하여 빠른 시간 안에 사업 성과를 낼 수 있다고 자신합니다. 저를 뽑아주신다면 제가 가진 능력을 바탕으로 인도에서의 사업 교두보 마련에 일조함으로써 귀사의 글로벌 진출과 시장 확장에 기여하고 싶습니다.

콘셉트는 단계에 따라 변해간다

'나'는 고정불변의 실체가 아니라 맥락과 배경에 따라 천 개의 정체성을 갖는 다양체다. 맥락을 뚝 떼어놓고 오로지 나에게만 집착해서 나를 보여주면 나의 모습은 일면적이고 제한적이고 왜소할 수밖에 없다. 관점을 바꿔 그분이 원하는 맥락 속에 '나를' 놓아보라. 훨씬 멋지고, 그럴듯하고, 잘나 보일 것이다. 그분 맘에 들게 꾸미거나 과대포장하라는 얘기가 아니다. 그분이 나를 선택(구매)할 수 있도록 마케팅하라는 얘기고, 그러려면 콘셉트가 꼭 필요하다는 얘기를 하는 것뿐이다.

자소서를 왜 쓰는가. 경쟁자보다 나를 더 잘, 더 크게, 더 매력적으로 보이게 함으로써 응모한 많은 사람들 중에서 결국 나를 구매(채용)하게 하려는 데 그 목적이 있다. 콘셉트를 바탕으로 쓰면 그분이 반해서 구매할 마음이 솟아나는 자소서를 쓸 수 있다. 다이어그램을 통해 살펴보자. 다음 페이지의 그림에서 보듯이 목표고객(표적고객), 제품범주, 내 제품의 세 가지 구성요소가 하나의 끈으로 꿰어져 있는 것이 콘셉트다. 목표고객은 내 제품을 구매하는 사람이고, 제품범주는 내 제품이 속해 있는 그룹이다.[3] 자소서의 경우라면, 나를 채용해줄 기업

---

3 '선택과 집중'이라는 말들을 많이 쓴다. 모든 것을 다 잘하는 것은 불가능하므로 선택하고 집중해서 경쟁우위를 확보하려는 전략을 가리킨다. 좀더 구체적으로 말하면 목표고객과 제품범주를 '선택'한 다음, 가지고 있는 물적 자원과 인적 자원을 그 고객과 제품범주에 '집중'해서 '차별

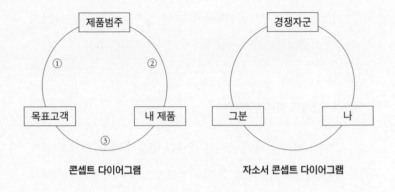

콘셉트 다이어그램 　　　　　 자소서 콘셉트 다이어그램

의 인사담당(그분)이 목표고객이고, 제품범주는 내가 입사하려는 회사에 같이 지원한 경쟁자들, 제품은 나다.

①은 니즈(needs, 필요성)의 끈으로서, 목표고객과 제품범주를 이어주는 끈이다. 니즈란 목표고객에게 의미있는 것, 즉 목표고객이 간절히 원하고 필요로 하는 것을 가리킨다. 자신의 니즈를 해소해줄 콘셉트를 만난 고객은 솔루션을 찾아 원츠(제품범주와 제품)의 세계로 눈을 돌린다.

②는 원츠(wants, 상품세계)의 끈으로서, 제품범주와 내 제품을 이어주는 끈이다. 내 제품이 포함된 제품범주가 구매 가능한 상품세계 즉 원츠의 세계를 구성한다. 제품범주로 눈을 돌린 목표고객은 제품범주 중에서 가장 차별(적 우위)성이 있는 제품을 찾는다. 차별(적 우위)성이란 동일 제품군 중에서 다른 제품에 비해 내 제품이 상대적으로 우수한 효능이나 가치를 갖고 있다는 것, 다시 말해 가성비(가격 대비 성

적 우위성을 획득하는'(포지셔닝에 성공하는) 전략을 가리킨다. 결국 '선택과 집중'이란 콘셉트나 마찬가지다.

능)가 뛰어나다는 것을 의미한다. ①과 ②가 충족된 제품 즉 필요성 (why)과 차별성(what)을 갖추고 있는 제품을 콘셉트가 있는 제품이라고 하는데, 제품콘셉트가 있다고 해서 그것으로 콘셉트가 완성되는 것은 아니다. 아직은 콘셉트의 필요조건만 충족하고 있기 때문이다. 제품콘셉트가 고객에게 확실히 포지셔닝되어 최종적인 브랜드콘셉트로 완성되려면(즉 필요충분조건을 충족하려면) ③의 과정을 거쳐 제품콘셉트가 목표고객에게 온전하게 전달되어야 한다.

③은 디맨드(demand, 수요)의 끈으로서, 내 제품과 목표고객을 구매로 이어주는 끈이다. 디맨드를 창출하기 위해 기업은 마케팅 커뮤니케이션(프로모션)을 통해 자사제품을 고객의 마인드에 포지셔닝시키는 과정을 거치는데, 이것이 ③의 포지셔닝 서술(positioning statement) 과정이다. ③의 포지셔닝 서술은 제품과 목표고객 중간에서 둘을 하나로 꿰어 이어주는 연결고리 역할을 하는 것으로, 포지셔닝 서술을 통해 제품콘셉트는 브랜드콘셉트가 된다. ③의 과정을 통해 내 제품이 콘셉트가 있는 제품(①과 ②를 하나로 꿴, 즉 목표고객의 니즈를 반영한 제품군 중에서 가성비가 가장 뛰어난 제품이라는 사실)임을 알게 된 목표고객은 호감, 선호, 확신의 단계를 거쳐 최종적으로 구매를 한다. 최종 결과로서 구매라는 행위까지 하나로 이어져야 비로소 콘셉트는 완성된다.

③의 과정에서 콘셉트는 3단계에 걸쳐 제품콘셉트, 포지셔닝 서술(마케팅콘셉트), 표현콘셉트로 그 형태가 바뀌어간다. 먼저 제품개발 단계에서는 제품콘셉트가 요구되고, 출시를 앞두고는 제품 외에 가격, 유통, 프로모션 등의 나머지 4P 요소와 경쟁사의 대응 등을 고려해서 마케팅전략을 짜게 되는데, 이 과정에서 제품콘셉트는 포지셔닝을 위한 '포지셔닝 서술'로 바뀌게 된다. 포지셔닝 서술은 해당 제품이

목표고객 마인드에 효과적으로 들어가 브랜드이미지로 굳건하게 자리잡기 위해 필요한 콘셉트로서, 포지셔닝을 위한 마케팅 전술의 토대가 되기 때문에 마케팅콘셉트라고 부르기도 한다.[4]

포지셔닝 서술은 일반적으로 "우리의 브랜드는 특정대상(목표고객과 그의 니즈)에게 어떤 차별성을 가져다주는 콘셉트이다."[5]라는 양식으로 기술된다. 포지셔닝 서술은 목표고객, 제품범주, 제품편익(benefits)을 중심으로 작성하되, 목표고객과 제품범주 간의 관계에서는 유사성을 기반으로 니즈(욕구·필요)가 서술되어야 하고, 제품범주와 해당제품 간의 관계에서는 차별성을 기반으로 편익 중심의 우월성이 서술되어야 한다. '포지셔닝 서술'은 서술(statement)이라는 표현으로 알 수 있듯이 '필요성'과 '차별성'이 객관적이고 구체적으로 묘사되어야 한다. 예를 들어 디지털 정보관리지원 회사 에버노트(Evernote)의 포지셔닝 서술은 다음과 같다. "에버노트는 기억하는 데 도움이 필요한 다중작업자에게 컴퓨터, 전화, 태블릿 및 웹을 이용해 일상으로부터 나오는 어떤 순간 혹은 아이디어를 찾아내고 이를 기억하기 쉽게 만들어주는 디지털 콘텐츠 관리 지원회사이다."[6]

'포지셔닝 서술' 단계를 거친 콘셉트는 최종적으로 소비자에게 전달하기 위한 '표현콘셉트'(브랜드콘셉트)로 그 형태가 다시 한번 바뀐다. 포지셔닝 서술은 말하자면 제품콘셉트를 표현콘셉트로 전환하기 위한 연결고리인 셈이다. 표현콘셉트는 전문가의 언어가 아니라 목표고객의 눈높이에 맞는 일상언어로 표현되어야 하는데, 눈높이가

---

4 『끌리는 컨셉의 법칙』, 김근배 지음, 중앙북스, 2014, 243쪽 참조.
5 『코틀러의 마케팅원리』, 224쪽.
6 『코틀러의 마케팅원리』, 15판, 시그마프레스, 2015, 224쪽.

맞지 않으면(너무 높거나 낮으면) 목표고객과의 메시지 공유가 힘들어지기 때문이다.[7] 표현콘셉트를 거쳐 소비자의 머릿속에 콘셉트가 자리를 잡게 되면 비로소 브랜드가 만들어지게 된다.

표현콘셉트 단계에서는 제품콘셉트에서 사용되었던 기술적 용어를 소비자가 이해할 수 있는 소비자 언어로 바꾸고, 소비자로부터 호감을 끌어내기 위해 필요하면 브랜드를 감성적으로 표현하거나 상징화하게 된다. 표현콘셉트에 꿰어지는 것은 각종 표현 매체(커뮤니케이션 매체)인데, 표현 매체에는 광고 카피, POP광고, 홈페이지, 세일즈 카탈로그 등이 있다.[8]

표현콘셉트는 더 이상 뺄 것이 없는 가장 단순한 형태의 핵심메시지를 가리킨다. 제품콘셉트나 포지셔닝서술이 구체적이고 객관적이고 지시적(묘사적)이라면, 표현콘셉트는 상징적이고 주관적이고 비유적이다. 표현콘셉트는 한 단어나 한 문장의 글로, 때로는 긴 글이나 이미지로 제시되기도 하는데, 책의 경우에는 책제목, 띠지 카피, 광고 카피, 그밖에 설득과 홍보를 위한 각종 메시지로 나타난다. 이때 중요한 게 콘셉트의 일관성이다. 책제목에서는 이렇게 말하고, 광고에서는 저렇게 말하면 정보과잉 속에 사는 독자들의 머릿속에 전달하려

---

7 제품개발 단계에서는 일상언어보다 전문가 언어를 사용한 제품콘셉트가 주로 사용되는데, 원활한 제품개발을 위해서는 정확한 커뮤니케이션이 필요하기 때문이다. 그러나 개발이 완료되어 제품을 시장에 내놓을 때는 정확한 커뮤니케이션보다는 소비자와의 정서적 공감과 공유 즉 소통성이 더 중요하기 때문에 목표고객의 언어를 사용해 콘셉트를 표현해야 한다. 아이팟의 경우, 제품콘셉트는 아이팟의 속성에 초점을 맞춘 "4GB의 아이팟 나노"가 될 것이고, 표현콘셉트는 소비자 편익에 초점을 맞춘 "주머니 속에 노래 1000곡을 담을 수 있는 아이팟"이 될 것이다.
8 『끌리는 컨셉의 법칙』, 243쪽.

는 메시지가 선명하게 자리잡을 수 없다. 매체에 따라 표현은 얼마든지 달라질 수 있어도 이때나 저때나 콘셉트(핵심메시지)는 일관되게 제시되어야 한다.

이처럼 콘셉트는 단계에 따라 서술과 표현 방식이 달라지는데, 그렇더라도 ①-②-③을 관통하는 본질적인 특징은 일관성을 유지한다. 결국 콘셉트란 ①-②-③이 하나로 꿰어져 있는 상태, 즉 소비자 니즈를 반영한 내 제품이 동일 제품범주 군에서 가장 차별적 우위성이 있는 제품이라는 사실을 소비자의 언어를 통해 소비자에게 확신시킴으로써 구매와 고객만족이라는 구체적인 결과(성과)를 만들어내는 것을 가리킨다.[9] 콘셉트는 목표고객의 니즈 확인에서부터 목표고객의 만족에 이르기까지의 기나긴 과정을 '일관성을 갖고 관통하는'(하나로 꿰는) 본질적이고 핵심적인 특징이다.

제품콘셉트나 포지셔닝 서술이 아무리 좋아도 목표고객에게 효과적으로 그 콘셉트가 전달되지 않으면 도로아미타불이다. 목표고객의 마인드에 콘셉트가 효율적으로 닻을 내리려면 '고객 니즈'(why, 내가 왜 당신 제품을 사야 하는데)와 '내 제품의 차별적 우위성'(what)을 목표고객에게 설득력있게 전달하는 것이 중요하다. 고객의 마음을 움직이게 만들려면(포지셔닝되려면) what만 열심히 얘기해 봐야 소용없다. 모

---

9 ①-②-③으로 꿰어져 있는 다이어그램은 콘셉트를 의미하기도 하고, 가치전달체인(value delivery chain)을 의미하기도 한다. "밸류 딜리버리 체인은 기업활동을 고객에게 무언가 가치를 향유하게 하는 일이라고 정의하고, 가치가 고객에게 전달되어 실현되기까지의 흐름을 3개의 스텝으로 나누어 파악한다. 어떤 가치를 전달할지를 결정하는 '가치 선택', 그 가치를 실제 상품과 서비스의 형태로 만드는 '가치 창조', 그리고 그것을 고객에게 전달하여 구현시키는 '가치 전달'."(『로지컬 씽킹』, 85쪽). 여기서 '가치선택'은 다이어그램의 ①에 해당하고, '가치 창조'는 ②, '가치 전달'은 ③에 각각 해당한다.

든 인간은 자기중심적이다. 자기의 니즈를 건드리는 제품에 호감을 갖고 선택적으로 주의·집중을 하게 되어 있다. 그의 입장에서 'why 니까 what'이라고, 그의 언어(용어)로 표현해야 한다.

이제 우리는 콘셉트를 정의할 수 있다. "①목표고객이 간절히 원하고(니즈 즉 필요성이 있고, 목표고객에게 의미있고), ②동제품범주 군에서 가장 강력한 차별적 우위성을 갖는 내 제품을, ③목표고객의 입장에서 why니까 what 아니냐고 그의 언어로 표현한, ①-②-③(니즈·원츠·디맨드)을 하나로 꿴 본질적이고 핵심적인 특징"이라고.

표현콘셉트를 결정할 때는 제출된 수많은 아이디어 중에서 3개 정도를 최종 후보로 압축한 다음 그 중 하나를 선택한다. 콘셉트의 정의에 따르면, 선택의 기준은 필요성, 차별성, 설득력, 본질응축성 등의 네 가지가 된다. 첫째, 목표고객이 간절히 원하는 니즈가 있는가(필요성), 둘째, 다른 제품을 압도하는 강력한 차별적 우위성이 있는가(차별성), 셋째, why니까 what 아니냐고 목표고객의 언어로 표현함으로써 필요성과 차별성을 설득해낼 수 있는가(설득력), 넷째, 본질적이고 핵심적인 특징이 제대로 압축되어 있는가(본질응축성).

예를 들어 책제목 3개가 최종후보 리스트에 올랐다고 하자. 어느 것으로 낙점할 것인가. 네 가지 기준을 적용해 각각을 평가(예를 들면 5점 척도 ◎, ○, △, ×, ××를 이용)한 다음, 가장 높은 점수를 얻은 것을 최종 제목으로 결정하면 된다.[10] 주의할 것은 이때에도 최소량의 법칙이 적용되기 때문에 단순합계 점수가 높은 것을 무조건 선택하면 안 된다. 3개가 월등히 높은데 하나가 현저하게 낮은 경우, 이를테면 필

---

10 『좋은 컨셉은 어떻게 만들어지는가』, HR institute 지음, 양영철 옮김, 거름, 2005, 72쪽 참조.

요성, 차별성, 본질응축성은 좋지만 설득력이 떨어지는 경우, 반드시 설득력을 보완해서 최소량의 수준을 끌어올려야만 한다.

결과가 없으면 콘셉트도 없다

콘셉트는 원인이나 의도가 아니라 결과다. 결과를 낳지 못하면 의도가 아무리 좋아도 콘셉트는 없는 것이다. '좋은 결과'가 있어야만, 즉 목표고객으로 하여금 확실히 인지하게 하고, 호감·선호·확신을 갖게 하고, 구매로까지 이어지게 해야만 비로소 콘셉트가 있는 것이 된다. 당연한 얘기지만 모든 실패의 원인은 콘셉트 부재다.

앞의 그림에서, 콘셉트가 흐르는 방향은 ①→②→③의 일방향이 아니다. 셋이 하나로 꿰어져 있기 때문에 어디에서 출발하더라도 동시에 세 가지를 다 고려해야 한다. 니즈를 파악하면 원츠와 디맨드로 동시에 생각이 확장되어야 하고, 원츠를 보면 니즈와 디맨드가 동시에 떠올라야 하며, 디맨드 속에서 니즈와 원츠를 동시에 볼 수 있어야 한다. 제품을 분석한다면 제품범주와 목표고객을 동시에 살펴야 하고, 제품범주를 설정할 때도 목표고객과 제품을 동시에 고려해야 한다.

콘셉트는 일관성을 갖는 원리이기 때문에 자유자재로 활용이 가능하다. 마케팅에 적용하면 마케팅 콘셉트가, 창업에 적용하면 창업 콘셉트가, 업무에 적용하면 업무 콘셉트가, 자소서에 적용하면 자소서 콘셉트가 된다. 콘셉트는 힘이 세다. 콘셉트는 현실세계를 해석하고 변혁하고 창조하는 강력한 무기다.

다시 자소서의 경우를 보자. 마케팅 콘셉트는 '제품'이라고 하는 브랜드를 고객 마인드에 포지셔닝하는 것이고, 자소서 콘셉트는 '나'

라고 하는 브랜드를 그분(인사담당)의 마인드에 포지셔닝하는 것이다. 마케팅 과정과 자소서를 쓰는 과정은 정확히 동형적이다. 둘 다 성과를 목표로 하는데, 유의미한 성과를 얻기 위해서는 반드시 콘셉트 사고를 바탕에 깔고 있어야 한다. 위에서 언급한 콘셉트 정의를 자소서 콘셉트 정의로 바꿔보면 이렇다.

"그분(인사담당)이 간절히 원하고, 입사 경쟁자 중에서 가장 강력한 차별적 우위성을 갖는 나를, 그분의 입장에서 why니까 what 아니냐고 그분의 용어로 표현한, 본질적이고 핵심적인 특징."

앞에서도 말했지만, 콘셉트(concept)에서 con은 꿰는 것이고 cept는 꿰어지는 것이다. 콘셉트는 "여럿을 하나로(with) 붙잡아 꿴(cept) 것"을 가리킨다. 대개의 자소서는 '나'(제품)를 가지고 꿴다. 쉽기 때문이다. '그분'(표적고객)을 아는 것은 어렵지만, 나를 아는 것은 상대적으로 쉽다. 그래서 '나는'으로 시작해서 '나는'으로 끝나는 자소서가 채용시장에 그렇게나 넘쳐나는 것이다.

'나는'으로 시작하는 경우, 그나마 눈에 띄려면 경쟁자(제품범주) 군에서 내가 어떤 차별적 우위성을 가지고 있는지 설명해내야 하는데, 그게 또 쉽지 않다. 경쟁자와 나를 동일한 평면 위에 놓고 객관적으로 근거를 갖고 비교 평가해야 하는데, 대개는 자신도 잘 모르고 남도 잘 모른다. 그래서 '나는'으로 시작하는 자소서들의 상당수가 차별적 우위성마저 드러내지 못하는 고만고만한 자소서가 되고 마는 것이다. 쉬운 길, 무난한 길은 편하긴 해도 너무 많은 사람들이 다니는 길이어서 눈에 잘 안 띄고 묻혀버리기 십상이다.

채용(구매)을 결정하는 것은 엿장수, 아니 인사담당 마음이다. 그분의 마음을 움직이려면 자소서가 콘셉트가 있어야 한다. 그분의 니즈

(입맛)에 입각해서 나의 차별적 우위성을 어필해야 한다. 그러려면 우선 진출하려는 업계에 대한 시장조사를 철저히 해야 한다. 금융업계라면 세계경제 상황과 금융업의 전망, 비전을 꿰고 있어야 하고, 출판업계라면 지식이 생산·유통·소비되는 환경과 조건을 꿰고 있어야 한다. 나를 소개하는 자기소개서지만, 내가 진출하려는 분야를 배경으로 해서 그 맥락 속에서 '내'가 부각되어야 하는 것이다. 그럴 때라야 그분의 니즈를 충족시킬 수 있고 경쟁자들과의 차별적 우위성을 소구할 수 있다.[11]

　결국 '나는'으로 시작해서 '나는'으로 끝나는 자소서가 아니라 '그분'으로 시작해서 '나는'으로 왔다가 다시 '그분'으로 끝나는 자소서를 써야 한다. 그게 콘셉트 있는 자소서고, 경쟁력 있는 자소서다.

콘셉트 사례·1 — 통영이라는 콘셉트

콘셉트는 여러 사물이나 현상, 사건을 하나로 꿰는 핵심단어나 핵심

---

11 삼성그룹 26년 인사전문가 조영환(현 AJ그룹 인재개발원장)은 이렇게 조언한다. "단골인 김 치찌개집 사장 아들의 취업을 도와준 적이 있습니다. 목표는 포스코였죠. 가장 중요한 것은 철 강산업에 대한 이해였어요. 재레드 다이아몬드의『총·균·쇠』를 읽으면서 쇠의 중요성에 대해 공부를 시켰죠. 그 다음은 자긍심. 지금은 사세가 예전 같지 않지만, 과거 우리나라가 경제 개발5개년계획을 세울 때 포스코가 아니었으면 지금처럼 경제성장을 이룩하지 못했을 겁니다. 그런 선배들의 마음을 느끼고 어떤 질문이든지 그런 열정이 배어나도록 해야 해요. 마지막으로 서울 포스코 사옥에 가게 했어요. 시집을 가려면 시댁에 가봐야 하지 않습니까? 회사 주변에서 담배를 피우거나 커피를 마시는 선배들에게 들이대라고 했죠. 기특하게 여긴 선배가 이 친구에게 포스코 직원들의 성공 사례가 담긴 사보를 줬다고 합니다. 이 친구는 포스코 면접에서 '1주일 전 회사를 찾아가 선배에게 받은 사보에서 이런 성공 사례를 읽고 감명받았다' 란 대답을 했고 합격했죠. 보통 저 정도 열정이면 면접관들은 모두 감동하고 놀랍니다."(blog. naver.com/jobarajob/220669687391)

문장을 가리킨다. 통영시 관광 길라잡이 박정욱은 콘셉트가 무엇인지 정확히 알고 있는 사람이다. 그는 통영의 모든 것(통영의 사회·역사·문화·관광·산업·지리 등)을 '통영'이라는 키워드 하나로 꿰어 입체적으로 보여준다.

'통영'(統營)은 통제영(統制營)의 줄임말로, 삼도수군통제사가 머물면서 지휘하는 진영(陣營)을 가리킨다. 임진왜란 중에 수군을 통합적·효율적으로 운용하기 위해 한산도에 처음 설치된 통영은 임진왜란이 끝난 후 두룡포(충무시)로 옮겨졌으며, 1895년에 폐지될 때까지 300년간 존속했다. 그동안 총 208명이 삼도수군통제사에 임명되었는데, 종2품의 벼슬이었지만, 경상·전라·충청 삼남의 수군을 통제하는 병권과 (전란중이었으므로) 삼남의 민생과 치안을 책임지는 행정권까지 거머쥐는 통에 관찰사인 정2품보다도 그 권력이 훨씬 막강했다.

그 막강한 권력을 견제하기 위해 조정에서는 통제사의 임기를 2년 단임으로 제한했는데, 통제사가 교체될 때마다 관료들과 그의 식솔들을 포함한 대규모의 인구 이동이 있었고, 이는 한양의 온갖 최신 문물(미술, 음악, 패션, 음식 등)이 통영에 이식·융합되는 결과를 초래했다. 통영에 먹거리 문화가 발달한 것은 수산물이 풍부해서이기도 하지만, 한양과 통영의 레시피가 뒤섞이면서 만들어진 결과이기도 하다. 또 박경리, 윤이상, 유치진, 유치환, 김상옥, 전혁림, 김춘수 등의 문화예술인이 많이 배출된 것도 이런 역사적 연원 속에서 생성된 문화적 DNA와 무관하지 않다.

이렇게 콘셉트로 '통영'이라는 시간과 공간이 내 안에 포지셔닝되자 갑자기 통영이 친숙하면서도 낯선, 의미 있는 시공간으로 다가왔다. 유적지, 거리, 사람, 시장, 문학관, 마주치는 모든 것이 '통영다운'

것으로 인식되었고, 통영은 어느새 내게 특별한 것이 되었다. 사람은 세팅된 대로 보는 존재이고, 이런 세팅을 가능케 하는 것이 바로 콘셉트의 힘인 것이다.

콘셉트 사례·2 – 프레젠테이션과 콘셉트

콘셉트는 제품·서비스뿐만 아니라 프레젠테이션에서도 힘을 발휘한다. 필자가 나가고 있는 출판계 모임이 있다. 그 모임에서는 해마다 11월이면 회원사가 출간한 책들 중에서 회원들의 투표를 통해 분야별로 '올해의 책'을 뽑는다. 분야는 대상 부문, 인문·사회·자연과학 부문, 문학·예술 부문, 어린이·청소년 부문, 실용·경제경영·IT 부문의 5개 부문이다. 회원들이 분야별로 최고의 책이라고 생각하는 책을 투표용지에 적어서 내면 최다 득표와 차순위 득표를 한 책 2종씩을 선정해서 '올해의 책'으로 선정하는 방식이다.

투표에 들어가기 전에 회원들이 자신이 출품한 책을 2~3분 동안 프레젠테이션 한다. 피티는 말할 것도 없고 이후의 투개표 상황도 열기가 뜨겁다. 투표 결과 동수가 발생하면 2차투표를 실시하고, 2차에서도 동수이면 3차투표를 실시한다. 대상은 과반을 득표해야 하는데, 과반을 얻은 책이 없을 경우에는 상위 1위, 2위를 차지한 책을 놓고 결선 투표를 한다.

프레젠테이션에 임하는 나의 전략은 단순하다. 바로 콘셉트 전략. 앞서도 말했지만 콘셉트란 "표적고객에게 의미있고, 차별적 우위성을 갖고, '표적고객의 언어'로 서술된, 본질적인(하나로 꿴) 특징"이다.

콘셉트 전략은 표적고객, 제품범주, 제품(속성·편익)의 세 가지 축(요소)으로 구성된다. 모든 경쟁상황——제품·서비스든 피티든——에서는 세그멘테이션과 타겟팅 즉 표적고객을 추출해내는 것이 무엇보다 중요하다. 나의 피티를 들어줄 청중 즉 표적고객은 누구인가? 출판사 사장들이다. 그들에게 의미있고, 그들이 간절히 원하고, 그들이 필요로 하는 것 즉 그들의 니즈는 무엇인가. 핵심은 내가 하고 싶은 이야기를 하는 것이 아니라 표적고객이 듣고 싶어하는 이야기를 하는 것이다. 그들의 항상적 관심과 불만은 무엇인가. 출판사 사장들인 만큼 아마도 "눈에 띄는 기획을 하고 싶다, 그 기획을 차별화된 결과물(책)로 만들고 싶다, 홍보가 잘 되고 입소문도 많이 나서 인정도 받고 많이 팔리기도 했으면 좋겠다" 등등일 것이다. 이렇게 표적고객의 심정이 되어서(아웃사이드-인) 그가 진정으로 원하는 것이 무엇인지를 콘텍스트에 유의해서(상황과 맥락을 충분히 살펴서) 생각해보면 무엇을 말해야 하는지가 분명해진다. 참고로 자신의 출판사가 펴낸 책이 얼마나 좋은지 텍스트에 충실하게, 열심히, 장황하게 설명을 하게 되면(인사이드-아웃) 청중들은 그다지 관심을 갖지 않는다. 사람은 대개 자신이 관심을 갖고 있는 것에 대해서만 눈과 귀를 여는 법이다.

제품범주의 선택은 포지셔닝에서 매우 중요하다. 내가 출품한 책이 어느 제품범주에 속하는지에 따라 차별화의 요소가 달라지고 우위성의 설득 포인트가 달라지기 때문이다. 『책 쓰자면 맞춤법』(엑스북스)은 인문과 실용, 두 분야로 출품이 가능했다. 인문 분야에 출품할 경우 '인문서도 이만큼 실용적일 수 있다'는 실용성이, 실용 분야에 출품할 경우 '실용서도 이만큼 인문적일 수 있다'는 교양성이 차별적 우위성의 요소가 될 터였다. 이럴 때는 출품한 책들의 면면 즉 콘텍스트(상황, 배경) 요소가 판단에 결정적인 역할을 한다. 인문 분야에 출품한 책들의 면면을 보니 쟁쟁한 책들이 너무 많아 실용성을 강조해서 차별적 우위성을 획득하기가 어려울 것 같았다. 실제로 나중에 개표할 때 보니, 인문·사회·자연과학 분야는 2차 투표까지 가고서도 선정작이 가려지지 않을 만큼 경쟁이 치열했다. 반면 실용 분야에 출품할 경우 맞춤법 책이라고 하는 실용서가 이 정도의 스토리텔링이 가능하고 이 정도로 깊이 있고 재미있을 수 있다는 것을 어필하면 충분히 기억사다리의 첫번째 칸을 차지할 수 있을 것 같았다.

제품범주는 '실용 분야'로 정해졌다. 그럼 그 분야에서 『책 쓰자면 맞춤법』은 어떤 차별적 우위성이 있을까. 출판계에서는 잘 나가는 베스트·스테디셀러의 조건으로 3T를 많이 들기 때문에 제품의 속성·편익 측면에서의 차별적 우위성의 요소를 3T(Target, Title, Timing)로 정리해서 설득과 지지를 구하기로 마음먹었다. 고객의 언어에 대해서는 같은 업종에 종사하는 고민과 관심이 비슷한 사람들이 표적고객이었으므로 그다지 신경쓸 필요는 없었다.

먼저 타겟(Target). 문자·이메일은 말할 것도 없고, 블로그·트위터·페이스북 등 개인미디어(소셜미디어)에 글쓸 일도 많고, 취업 등의 필요로 자기소개서를 쓸 일도 많아지면서 대중의 글쓰기와 맞춤법에 대한 관심이 높아지고 있는 추세여서 표적고객과 니즈가 충분히 확인되는 만큼 이들을 주 타겟으로 설정해서 이 책을 출간했다. 그 다음 타이틀(Title). 타이틀을 『책 쓰자면 맞춤법』으로 한 이유는 미디어 환경의 변화로 대중의 표현 욕구가 폭발적으로 증가했는데, 표현 욕구 중에서도 가장 높은 수준의 표현 욕구는 책의 저자가 되는 것이다. '책 쓰자면 맞춤법'이라는 책제목은 이 욕구를 겨냥한 것이다. 마지막으로 타이밍(Timing). 표적고객의 욕구(욕망)를 충족시켜주는 확실한 솔루션이 요구되는 시기에 편집전문가가 쓴 실전적 매뉴얼 성격의 책이 마침 출간되어 좋은 평가를 받고 있다는 점을 강조했다.

3T 외에 출품작의 강점을 더욱 부각시키기 위해 몇 가지 차별적 우위성의 요소를 덧붙였다. 이를테면 실용적 지식과 스토리텔링의 결합을 통해 재미와 의미 두 마리 토끼를 잡는 데 성공했다는 점, 유사한 부류의 다른 책들과 달리 '찾아보기'가 유니크하다는 점 등을 들었다.[12] 이렇게 콘셉트가 맞아떨어지면서 독자들의 좋은 평가 속에 판매량이 호조를 보이고 있으며, 오늘 이 경선에서도 호조를 보일 것이라 확신한다는 말로 최종 마무리를 했다. 결과는 실용서 부문 '올해의 책'.

마케터든 에디터든 디자이너든 의미 있는 결과, 목표한 결과를 얻고자 한다면 항상 표적고객, 제품범주, 제품(속성·편익)을 염두에 두고 작업을 해야 하는데, 그것이 바로 콘셉트 사고이고 콘셉트 전략이다.

콘셉트 사례·3 – 제품보다 콘셉트

콘셉트와 관련해서 마케팅사(史)에 길이 남을 전설적인 사례가 있으니, 바로 애완돌 '페트락'(pet-rock)이다. 프리랜서 광고업자 달(Dahl)은

---

12 색인은 가나다 순으로 정리한 일반적인 색인 외에 난이도와 중요도, 활용도 등을 종합적으로 고려한 색인도 함께 실었다. 가나다 순 색인도 올바른 맞춤법과 틀린 맞춤법을 나란히 놓음으로써 한눈에 비교는 물론 그 자체로 고급의 지식정보가 될 수 있도록 배려하였다. 난이도 색인은 이를테면 "초급 : 너무 쉬운 혹은 틀리면 너무 부끄러운" "중급 : 그냥 넘어가기에는 그래도 눈에 걸리는" "고급 : 이 정도 욕심은 충분히 부려볼 만한" "최고급 : 어디 가도 고수인 척할 수 있는" 식으로 분류하여 사용자들이 단계별로 좀더 직관적으로 편리하게 이용할 수 있도록 배려하였다. '차별적 우위'(콘셉트)는 거창한 데 있는 것이 아니라 작고 사소한 데 있다.

술자리에서 친구들이 애완동물 키우기의 어려움과 사료값·병원비 등의 고충에 대해 얘기들을 쏟아내자 자신은 애완돌을 키운다(밥을 줄 필요도 없고, 아프지도 않고, 찡찡대지도 않고, 똥을 치울 일도 없고…)는 농담을 했다가, 그 농담을 아이디어로 발전시키고 사업으로 현실화시켰다. 2주 남짓한 시간을 들여 30여 페이지에 달하는 「페트락 길들이기」라는 팸플릿을 완성하고 언론사에 보도자료까지 돌리며 판매에 들어갔다. 숨구멍을 뚫은 골판지 박스에 대팻밥을 깔아 돌을 얹고 박스 안에는 팸플릿을 첨부했다. 페트락은 1975년 8월부터 이듬해 2월까지 약 6개월 동안 개당 3.95달러에 150만 개 가량이 불티나게 팔려나가면서 센세이션을 불러일으켰다. 다음은 팸플릿의 일부 내용이다.

"(당신과 당신의 애완돌) 애완돌은 동물을 싫어하는 사람, 동물에 알레르기가 있는 사람, 혹은 집에서 동물을 기를 수 없는 분들에게 안성맞춤입니다. 이 애완돌과 함께라면, 동물을 기를 때 처하는 법적 규제에 직면할 필요가 없습니다. 배설물을 치우거나, 한밤중 이웃을 깨우게 될 일도 없지요. 애완돌은 언제 어디서나 환영받습니다."

"('가만있어'라는 명령어에 대해) 당신이 장을 보거나 머리를 하고 있을 때 돌이 맘대로 돌아다니게 되면 매우 곤란한 일이 벌어지기 때문에, 당신의 돌이 이 명령어를 제대로 익히는 것은 매우 중요합니다. 돌을 바닥에 놓고 강렬하게 쳐다보면서 명령합니다. '가만있어.' 놀랍게도, 많은 돌들이 이 명령어를 별다른 어려움없이 수행합니다."

"('굴러'라는 명령어에 대해) '굴러' 같은 기술은 경사진 곳에서 훈련시키는 게 좋습니다. 일단 구르기 시작하면 지칠 때까지 구를 것입니다. '죽은 척하기'는 애완돌의 주특기입니다."

"(마지막으로…) 혹시 당신의 돌이 버릇없이 굴더라도 조금 참아주세요. 어떤 상황에서도 당신의 돌을 놓아버리면 안 됩니다. 그렇지 않아도 이미 세상은 버려진 돌들로 넘쳐나니까요. 이 불쌍하고 불행한 돌들은 도로포장 재료, 시멘트 혼합물, 혹은 매립용으로 그 험난한 생의 끝을 맞이합니다. 부디 당신의 애완돌로 하여금 웬 알지도 못하는 자갈들 더미에 깔려 때이른 죽음을 맞게 하지 말아주세요. 그리고 기억하세요. 당신이 애완돌을 보살펴준다면, 애완돌 역시 당신을 보살핀다는 것을요."[13]

애완돌 페트락이 빅히트를 치자 시장에는 애완자갈(pet-pebble) 같은 미투상품과 페트락의 옷 같은 파생상품이 넘쳐났다. 심지어 페트락 공동묘지도 생겨났는데, 묘비명 가운데는 이런 것도 있었다고 한다. "조지는 너무 많은 유리창에 덤벼들었다."[14] 페트락의 광적인 유행이 휩쓸고 지나간 지 40년이 넘었지만, 페트락의 사례는 지금도 빼놓을 수 없는 마케팅의 연구 사례가 되고 있으며, 최근 한국에서도 애완돌을 키우는 사람들이 등장했다.[15]

달이 판 것은 제품이었을까, 콘셉트였을까. 겉으로 보기에 그가 판 것은 제품으로서 돌 혹은 팸플릿이었지만, 대중이 진정으로 구매한

---

13 *The care and training of your PET ROCK*(scribd.com에서 볼 수 있다).

14 「LA타임스」, 2005년 4월 1일자. www.latimes.com/local/obituaries/la-me-gary-ross-dahl-20150401-story.html.

15 『조선일보』, 2016년 4월 30일자, 「애완돌 키우는 사람들」. "직장인 임소연씨는 지난 1월 남자친구에게서 애완용 돌을 선물받았다. 임씨는 이 돌에 '콩콩이'라는 이름을 붙였다. 아침엔 애완돌 전용 종이상자에 넣어두고 출근을 하고 퇴근 후엔 상자에서 꺼내 물로 씻고 솔질을 한 뒤 드라이어로 말린다… 애완돌의 원조는 미국의 페트락(pet rock)이다."

것은 펫(pet)을 기르면서 갖게 되는 자신들의 항상적 불만에 대한 유쾌하고 속시원한 솔루션(해결책) 아니었을까.

일본의 극작가 이노우에 히사시는 자신의 집필 원칙을 이렇게 표현한 바 있다. "어려운 것을 쉽게, 쉬운 것을 깊게, 깊은 것을 유쾌하게." 대중에게 어필하기 위한 커뮤니케이션 전략으로서의 콘셉트를 이처럼 명쾌하게 표현한 게 달리 또 있을까. 페트락의 사례는 대중의 니즈에 대한 해결책을 '쉽고' '깊고' '유쾌하게' 제시함으로써 브랜드, 더 나아가 하나의 신드롬으로까지 만들어냈다는 점에서 제품 이전에 콘셉트의 힘이 얼마나 중요한지를 유감없이 보여주었다고 하겠다. 흔히 제품이 좋으면 콘셉트는 저절로 따라온다고 생각하는 경향이 있지만, 페트락의 사례에서 볼 수 있듯이 현실은 반대다. 우월한 콘셉트가 좋은(?) 제품을 만들어내는 것이다.

콘셉트=포지셔닝=가치제안

뭐든 다른 것은 좋은가? 아니다. 다르되 우위에 있어야 한다. 우위는 저자가 결정하는 것도 아니고, 에디터, 마케터, 디자이너가 결정하는 것도 아니다. 독자가 결정하는 것이다. "맞아, 내가 구입한 이 솔루션이 내 문제를 이렇게 해결해 주는구나. 와, 내 기대를 훨씬 뛰어넘네, 만족스럽네." 이게 우위다. "가격 대비 내가 찾던 가장 만족스런 솔루션", 이게 차별적 우위의 뜻이다. 차별적 우위란 고객을 전제로 했을 때만 의미가 있으며, 그러한 관점에서 보면 에디터는 책을 편집하는 사람이 아니라 "고객관계를 에디팅하는 사람"이고, 디자이너는 책의 본문과 표지를 디자인하는 사람이 아니라 "고객관계를 디자인하는 사람"이고, 마케터는 책을 파는 사람이 아니라 "고객관계를 마케팅하는 사람"이라고 할 수 있다. "고객관계를 매니지먼트하는(관리하는)" 마케팅의 관점에서 보면 에디터와 디자이너와 마케터는 자기 업무의 고유성에도 불구하고 고객관계를 매니지먼트하는 사람이라는 측면에서 같은 일을 하고 있다고 할 수 있다. 좁은 의미의 마케터의 일로서의 마케팅과 넓은 의미의 마케팅을 구분하기 위해 후자를 대문자 마케팅(Marketing)이라고 불러도 좋을 것이다.

차별적 우위성을 다른 말로 하면 가치제안이다. 그리고 차별적 우위성을 명확하게 드러내는 본질적이고 핵심적인 한 마디, 이게 바로 콘셉트다. 결국 차별적 우위성, 가치제안, 콘셉트는 같은 말이라고 할 수 있다. 따라서 콘셉트라고 할 때는 고객, 세분시장, 타겟팅, 니즈, 차별적 우위성, 포지셔닝, 가치제안, 이런 것들이 동시에 다 떠올라야 한다. 다시 말해, 내 고객은 누구인지, 그의 니즈는 무엇인지, 어느 제품범주에 속하는지, 속성과 편익 면에서 해당 제품범주군에서 차별적 우위성을 갖고 있는지—가격과 품질은 최적화되어 있는지, 적절한 프로모션을 통해 상품의 존재를 제대로 알렸는지, 유통경로를 통해 쉽게 구매할 수 있게 했는지, 제품 구매후 고객과의 커뮤니케이션은 원활한지—이 모든 것을 충분히 고려한 상태에서 계획을 세우고 실행에 옮겨야 비로소 콘셉트적인 사고를 갖고 일을 하고 있다고 말할 수 있다. 이 중에서 한 가지라도 빠지면 제대로 된 콘셉트를 만들어내기 어렵다.

앞에서 콘셉트 얘기하면서 라틴어 어원을 살펴보기도 하고, 미덕이 어떻고, 효능이 어떻고 하면서 먼 길 돌아왔지만, 콘셉트는 다른 것은 다 빼도 결코 빼면 안 되는 것, 더 이상 추가할 것이 없는 게 아니라 더 이상 뺄 게 없는, 본질적인 특성을 가리킨다. 콘셉트에서 중요한 것은 구체성을 내장한 단순성이다. 상대를 설득하거나 상대의 마음을 사고 싶을 때는(포지셔닝을 하고 싶을 때는) 상대의 마음속에 다이렉트로 들어가야 한다. 상대의 마음속에 다이렉트로 들어가 닻을 내리지 못하면 콘셉트가 아니다. 그건 콘셉트라고 하지 않고 아이디어라고 한다. 콘셉트와 아이디어의 차이는 결과가 있느냐, 없느냐의 차이다. 상대의 마음속으로 들어가 상대와 내가 공유하면 콘셉트가 되고(앞에서도 말했지만 콘셉트는 서로 받아들이는 것이다), 상대의 마음속으로 들어가지 못하고 내 마음속에만 있게 되면 아이디어에 그치고 만다. 마찬가지로, 구체적인 제품으로 현실화되지 못했을 때, 합리적인 가격을 매기지 못했을 때, 효과적으로 제품의 특성을 홍보하지 못했을 때, 유통채널을 제대로 찾지 못했을 때, 그건 아이디어지 콘셉트가 아니다.

상대의 마음속에 내 메시지가 닻을 내리려면 오래 설명하면 안 된다. 엘리베이터 피치(elevator pitch)가 좋은 예다. 엘리베이터 피치란 스타트업(신생벤처기업)이 투자를 받기 위해 자기 기업이나 상품, 서비스에 대해 빠르게 핵심을 설명하는 기술이다. 대기업 굴지의 회장이나 실력자들 앞에서 정식으로 프레젠테이션 하는 건 꿈도 못 꾸고, 엘리베이터에서 잠깐 보는 아주 짧은 시간 동안 사업 개요를 설명해서 통과되면 펀드를 받을 수 있는 기회가 생기는 데서 유래했다. 불과 몇십 초의 그 짧은 시간 동안 상대의 마음에 한방에 다가갈 수 있으려면, 핵심을 담고 있고, 본질적이고, 짧고, 간결하고, 군더더기가 없어야 하는데, 그게 바로 콘셉트다.

콘셉트는 제품과 목표고객을 이어주는 가치제안으로서 강력한 포

지셔닝 도구다. 시장에 출시되어 있는 상품을 '콘셉트-제품 그리드'
로 나타내보면 다음과 같은 네 부류로 나눌 수 있다.

제품

① 우월한 콘셉트 우월한 제품	② 우월한 콘셉트 열등한 제품
③ 열등한 콘셉트 우월한 제품	④ 열등한 콘셉트 열등한 제품

콘셉트

"열등한 제품은 우월한 제품을 이길 수도 있지만, 열등한 콘셉트
는 우월한 콘셉트를 이길 수 없다."는 마케팅의 격언처럼, 콘셉트가
우월하면 할수록 포지셔닝(가치제안) 경쟁에서 승리할 가능성이 크다.
위의 그림에서는 ① ② ③의 순서로 차별적 우위 즉 시장경쟁력이 있
다. 마케팅에서 중요한 것은 '팩트(fact)가 아니라 마인드'다. 다른 말
로 하면 '제품이 아니라 콘셉트'라고 할 수 있다. 대한민국 일등서점
하면 어디가 떠오르는가(연상되는가). 교보다. 그러나 온라인서점만 놓
고 보면 팩트는 예스24다. 마케팅에서는 포지셔닝이 중요한데, 포지
셔닝은 팩트 싸움이 아니라 심리 싸움이고, 연상 싸움이고, 마인드 세
팅 싸움이다. 콘셉트가 아니라 제품의 완성도나 팩트에 과도하게 집
착하면 마케팅(포지셔닝)에 실패할 수 있다. 포지셔닝에 실패하는 순
간 사업은 물 건너간다. 고객이 '최고라고 생각하는 것', 그것이 마케
팅의 핵심이다.

아이디어를 사업계획으로 현실화시키는 RWW

사람들이 흔히 하는 이야기가 있다. "아, 그거 하면 잘 될 것 같은데!!" 그 말 곧이곧대로 믿고 사업 차리면 십중팔구 망한다. 남들이 잘 되겠다 하는 사업이 실패할 가능성이 큰 이유는 누구의 눈에나 쉽게 보인다는 건 누군가가 이미 시작해서 '자리를 잡고 있을'(포지셔닝했을) 가능성이 크다는 얘기이기도 하고, 또 누구에게나 될 것처럼 보이는 것은 상식적인 거고, 상식적인 것은 차별화가 어렵고, 차별화가 어렵다는 것은 포지셔닝이 어렵다는 걸 의미하기 때문이다.

오히려 "에이, 그거 되겠어?" 하는 아이디어가 사업적으로 성공할 가능성이 더 크다. 남들이 쉽게 보지 못하는 것, 그건 하는 사람이 별로 없다는 얘기이고, 그만큼 차별화시키기가 쉽다는 얘기다. 물론 차별화가 쉽다고 그것이 곧바로 사업 성공으로 이어지는 건 아니다. 사업에 성공하려면 차별화 외에 필요성(니즈)이 요구된다. 사람들이 필요성을 별로 느끼지 못한다면 아무리 차별화를 해봤자 소용이 없다.

또 사업은 아이디어 갖고 하는 게 아니다. 아이디어를 사업계획으로 현실화시키기 위해서는 세 가지 조건이 필요하다. 이른바 '신제품 아이디어 선별 프레임워크'라고 하는 R-W-W(real, win, worth doing)[16]가 그것이다. 잠재성을 볼 수 있는 능력과 그 잠재성을 현실화시킬 능력이 있는지(실현가능성이 있는지), 경쟁에서 이길 수 있는지(차별화가 가능한지), 할 만한 가치가 있는지, 이 세 가지 기준에 맞춰 승산이 있을 때 사업을 벌여야 한다는 것.

---

16 『코틀러의 마케팅원리』, 273쪽.

먼저, '리얼한가?'를 따져봐야 한다. 리얼(the real)에는 '실재'라는 뜻과 '현실'이라는 뜻, 두 가지가 있다. "형이상학자나 자연과학자 등에게 '리얼한' 것은 감각적 세계를 넘어선 '실재'를 의미한다. 그러나 대부분의 사람들에게 '리얼한' 것은 생생한 현실이다."[17] 결국 '리얼한가?'라는 질문은 '실재적인가?'와 '현실적인가?' 두 가지 모두를 묻는 것으로서, '실재적인가?'는 눈에 보이지는 않지만 '진짜로 존재하는'(실재하는) 고객의 '잠재적 욕구'(니즈)가 존재하느냐는 것을 묻는 것이고, '현실적인가?'는 이 니즈를 구체적인 제품이나 서비스의 형태로, 즉 눈에 보이는 원츠의 형태로 만들 수 있느냐를 묻는 것이다. 결국 '리얼한가?'라는 질문은 '고객지향적인가'를 묻는 말로서, 제품·서비스로 만들어낼 수 있어야 하고[현실적이어야 하고], 그 제품·서비스에 니즈가 제대로 반영되어 있어야 한다[실재적이어야 한다]는 요구가 담겨 있는 셈이다. 리얼한 아이디어는 일단 사업계획으로 선별될 가능성이 크다고 하겠다.

두 번째로 물어야 할 것은 '이길 수 있는가?'인데, 이는 경쟁상대와 싸워 이길 수 있는 차별적 우위성이 있느냐를 묻는 것으로서, 경쟁자지향적인가를 묻는 말이기도 하다.

마지막으로 물어야 할 것은 '할 만한 가치가 있는가?'이다. 이는 "그 제품이 기업의 전반적인 성장전략과 부합하는가? 충분한 잠재이익을 제공하는가?"[18]를 묻는 것으로서, 기업에게 마케팅전략과 기업전략이 있는지를 묻는 말이기도 하고, 시장지향적인가를 묻는 말이

---

17 『사건의 철학』, 이정우 지음, 그린비, 2011, 65쪽.
18 『코틀러의 마케팅원리』, 273쪽.

기도 하다.

　결론적으로 어떤 제품개발 아이디어를 최종적으로 채택하기 위해서는 고객지향적인지, 경쟁자지향적인지, 시장지향적인지의 세 가지 프레임으로 검증한 후 신제품 개발 콘셉트로 채택해야 한다는 얘기다. 기업은 아이디어 선별 이후의 과정, 즉 콘셉트 개발과 마케팅전략 개발→비즈니스 분석→제품 개발→테스트 마케팅→상품화의 프로세스를 진행시키기 전에 R-W-W 질문에 '예스'라고 답할 수 있어야 한다.

고객이 매력을 느끼는 5가지 가치제안

가격 대비 혜택의 조합을 가치제안(포지셔닝)이라고 하는데, 경쟁에서 이길 수 있는 가치제안——기업에게 경쟁우위를 제공하는 차별화와 포지셔닝——은 모두 5가지다. ①'더 비싼 가격에 더 많은 혜택을' ②'같은 가격에 더 많은 혜택을' ③'더 싼 가격에 더 많은 혜택을' ④'더 싼 가격에 같은 혜택을' ⑤'훨씬 싼 가격에 더 적은 혜택을'이 그것이다. 5가지의 우월한 가치제안에 대한 구체적인 설명은 가격결정의 메커니즘을 설명하는 곳에서 하기로 하고(318쪽 참조), 여기서는 차별화와 포지셔닝 전략을 구사할 때 주의해야 할 점만을 간략히 살펴보기로 하자.

　'같은 가격에 같은 혜택을', 이 가치제안은 해도 그만, 안 해도 그만인 가치제안이다. 고객들 또한 특별히 관심을 가질 이유가 없다. 가격을 더 낮추든가 혜택을 더 높이든가, 뭔가 다른 액션을 취하지 않으면 프로모션을 해봐야 비용만 쓰고 실패하는 가치제안이다. 만약 내가 만든 책이 가격도 비슷하고 혜택도 비슷하다면 잘해도 한계가 있는 출판을 하고 있다고 보면 된다.

경기변동이 심하고 특히 요즘처럼 구조적인 불황이 장기적으로 지속될 때는 '더 싼 가격에 같은 혜택을' 주거나, '같은 가격에 더 많은 혜택을' 주는, 가격경쟁력에 무게중심을 둔 가치제안이 고객을 설득하기가 쉽다. 그렇다면 책의 경우에는 어떨까. 책은 싸다고 좋은 것도 아니고, 더구나 다품종소량생산에서는 책값이 비싸질 수밖에 없는데, 가격을 낮추는 전략이 가능할까. 가격 결정에 있어 운신의 폭을 넓히려면 출판사브랜드를 확보해야 하는데, 출판사브랜드는 반복적인 광고로 만들어지는 것이 아니라, 일정한 혜택과 만족도를 갖춘 콘텐츠를 경쟁사들에 비해 보다 싼 가격에 일관성 있게 지속적·반복적으로 제공했을 때 그런 경험 속에서 쌓인 독자들의 신뢰감이나 공감에 의해 만들어진다. 두텁고 내실 있는 목록이 바로 출판사브랜드의 살아있는 증거다. 출판에서 가장 높은 수준에서 추구해야 할 포지셔닝은 타이틀브랜드도 아니고 저자브랜드도 아닌, 바로 출판사브랜드 포지셔닝이다.

5가지 우월한 가치제안 중에서 눈여겨볼 대목은 '훨씬 싼 가격에 더 적은 혜택을'의 가치제안이다. '싼 가격에 더 적은 혜택을'의 가치제안은 경쟁력이 별로 없다. 혜택을 줄인 경우 체감효과는 실제보다 훨씬 크기 때문에 가격은 '훨씬 싸야'(much less) 한다. 이런 거 저런 거 다 뺐고 그러니까 이 가격이 가능한 거다, 이렇게 되어야 사람들은 반응을 보인다. 책에는 날개가 꼭 있어야 하는가, 왜 면지는 꼭 두 장씩 넣는가, 한 장씩 넣거나 안 넣으면 안 되는가, 표지는 꼭 컬러로 인쇄해야 하는가, 별색을 꼭 써야만 하는가. 기획, 편집, 제작, 물류, 유통,

프로모션을 둘러싸고 각각의 구성요소들을 미분적으로 검토해 보는 태도가 요구된다. 미분(differentiation)적인 요소들의 개선이 차별화(differentiation)를 가져오기 때문이다.

그러나 현실은 다르다. 특히나 제작과 관련해서 우리는 뺄셈이 아니라 덧셈에 능하다. 이를테면 별색 쓰자, 후가공 하자, 이런 식으로 자꾸 뭘 보태는 데 익숙하다. 리얼타임으로 꼭 필요한 만큼만 소량으로 찍을 수 있는 POD가 상용화되었는데도 여전히 과다재고의 위험을 무릅쓰고 한꺼번에 오프셋 인쇄로 대량 제작하는 방식을 선호한다. 출판은 정신을 디자인한 결과물인 지식을 독자에게 제공하는 것을 본령으로 하는 업인데, 전달 수단으로서 종이책이라고 하는 인쇄 미디어를 이용하는 과정에서 출판의 본령이 마치 인쇄·제본에 있기라도 한 것처럼 그쪽에 자꾸 비용을 쓰는 본말이 전도된 방식으로 출판을 하고 있다.

출판의 본령은 인쇄·제본이 아니라 마인드 디자인이다. 저자 마인드와 독자 마인드의 만남을 주선하고 쌍방의 소통을 통해 서로 섞이게 만드는 것이 에디터, 디자이너, 마케터의 일이다. 책을 잘 만들고, 책을 멋지게 디자인하고, 책을 잘 파는 사람이 능력있는 에디터, 디자이너, 마케터가 아니라 콘텐츠를 가지고 독자의 마인드 속으로 들어가 그의 니즈(욕망)를 이해하고, 그의 문제에 해결책을 제시하고, 그와 삶의 지혜와 경험을 공유하는 사람이 능력있는 에디터, 디자이너, 마케터다.

포지셔닝에서 중요한 것은 선택된 포지션을 커뮤니케이션하고 실제로 전달하는 것이다.

'더 비싼 가격에 더 많은 혜택을'의 포지션을 추구하는 기업은 반드시 최고 품질의 제품을 생산하고, 가격을 높게 책정하고, 고품질의 제품을 취급하는 딜러들을 통하여 제품을 유통시키고, 고품격 미디어에서 광고해야 한다. 이것이 일관성 있고 믿을 만한 '더 비싼 가격에 더 많은 혜택을'의 포지션을 구축하기 위한 유일한 방법이다.[19]

어떤 포지션 전략을 선택하면 일관성을 가지고 밀고가야 사람들이 헷갈리지 않고 신뢰감을 갖게 되고, 그럴 때만 포지셔닝이 가능해진다. 포지셔닝은 일관성이 핵심이다. '더 비싼 가격에 더 많은 혜택을'이 콘셉트라면 마케팅믹스인 4P도 거기에 맞춰 일정한 수준 이상을 일관되게 고급스럽게 구사해야 고객에게 설득력이 있다. 갑자기 싸구려 매체에 광고한다거나 해서는 안 되는 것이다.

포지셔닝과 4P

4P는 포지셔닝(가치제안)과 관련해서 어떻게 표현될 수 있는가. 일반적으로 가치제안이 가능하고 받아들여지기 위해서는 생산성이 높아야 한다. 생산성은 인풋 대비 아웃풋의 결과이므로 '얼마만큼의 인풋(비용)을 들여 얼마만큼의 아웃풋(매출·이익·고객만족)을 얻었는지'가 가치제안의 크기를 결정한다고 할 수 있다. 고객은 여러 가지 선택 가능한 가치제안들 중에서 생산성이 가장 높은 대안 즉 '비용 대비 가치가 가장 뛰어난 제품·서비스'를 구매한다. 고객 입장에서 비용은 공

---

19 『코틀러의 마케팅원리』, 225쪽.

급자인 기업의 언어로는 가격이므로, 가치제안은 다시 '가격 대비 가치가 뛰어난 제품·서비스' 즉 '가격 대비 편익의 크기'로 나타낼 수 있다. 포지셔닝과 4P와의 관계를 식으로 나타내 보면 아래와 같은데, 이 식을 통해 우리는 몇 가지 사실을 추론해 볼 수 있다.

$$\text{가치제안} = \frac{\text{아웃풋}}{\text{인풋}} = \frac{\text{혜택(편익)}}{\text{가격}} = \frac{\text{제품} \times \text{유통} \times \text{프로모션}}{\text{가격}}$$

첫째, 제품(솔루션)의 퀄리티, 유통의 편리함, 커뮤니케이션의 용이성은 혜택의 크기를 키워줌으로써 고객가치를 증대시킨다.

둘째, 가치를 구성하는 요소인 제품, 유통, 프로모션은 합이 아니라 곱으로 그 결과가 나타난다. 합은 물리적 단순결합과 평균의 사고방식을 반영한다. 반면 곱은 화학적 복합결합과 시너지효과를 나타낸다. 예를 들어 제품 80점, 유통 80점, 프로모션 80점이라고 하자. 이경우 가치는 80+80+80=240이 아니라 80×80×80=512,000이다. 제품 80점, 유통 80점, 프로모션 70점이면 가치는 448,000으로 앞의 경우와 64,000이나 차이가 난다. 포지셔닝 싸움에서 이 차이는 결정적인 차이다. 시장 점유율 1위, 2위, 3위가 각각 매출의 70%, 20%, 10%를 가져가는 이유다. 좀더 극단적인 경우로는 제품 80점, 유통 80점인데 프로모션이 0점인 경우다. 이 경우 가치는 80+80+0=160 혹은 (80+80+0)÷3=53이 아니라 80×80×0=0이 된다. 강점 혹은 약점의 효과는 단순 합이 아니라 차원을 달리해 승의 결과로 나타난다. 합이 아니라 곱의 세계에서는 차원이 달라지면서 사소한 미분(differentiation)적 차이가 커다란 차별화(differentiation)를 낳는다. 디테일에 강해야 하는 이유다.

셋째, 곱의 법칙에서는 '최소량의 법칙'의 영향이 강하게 나타나기 때문에, 제품, 유통, 프로모션 각각의 결과값에서 경쟁업체에 비해 눈에 띨 정도의 최소량이 발생하지 않도록 자원의 배분과 성과에 주의를 기울여야 한다.

넷째, 소비자 입장에서는 가격이 쌀수록 즉 분모가 작으면 작을수록 가치가 커진다. 더 싼 가격으로 할 수 있는 가치제안에는 세 가지가 있다. 먼저, 더 싼 가격으로 더 많은 혜택을 주는 가치제안이 있을수 있다. 소비자 입장에서 보면 가장 바람직한 가치제안이다. 그러나이는 기업입장에서 실현하기가 매우 어려운 가치제안이다. 분자를키우면 분모 또한 커지기 때문이다. 또 하나는, 더 싼 가격으로 같은혜택을 주는 가치제안이 있을 수 있고, 마지막으로, 훨씬 더 싼 가격으로 더 적은 혜택을 주는 가치제안이 가능하다.

다섯째, 분모 즉 가격은 고정시키고 분자 즉 혜택을 키우는 '같은가격으로 더 많은 혜택을' 주는 가치제안이 가능하다.

여섯째, 분모와 분자를 함께 높이는 전략도 가능하다. 즉 '가격을더 비싸게 하고 더 많은 혜택을' 주는 프리미엄 가치제안이 가능하다. 출판의 경우 다품종소량생산 성격이 점점 더 강해지는 추세이므로 제품의 독창성과 전문성을 더욱 강화하고 가격 또한 더 세게 매기는 부가가치(프리미엄) 전략을 적극적으로 구사할 필요가 있다.

일곱째, 1인출판사나 소규모 출판사의 경우, 편집은 외주로 처리해도 경쟁력이 있다. 편집은 아웃소싱의 수준이 상당히 높기 때문이다. 유통은 대형출판사·중소형출판사·1인출판사 가릴 것 없이 한계상황에 직면해 있다. 유통은 핏줄이다. 창의적인 유통방법이나 경로를 지속적으로 발명해내지 않으면 출판산업의 재생산은 심각한 타격을 받을 것이다. 프로모션은 아웃소싱(홍보·광고의 대행)을 하자면 비용이 상당히 들 뿐만 아니라 효과도 의심스럽다. 최소량의 법칙이 직접적으로 발목을 잡는 것도 바로 이 프로모션 부분이다. 더욱이 프로모션은 그 효과가 장기에 걸쳐서 나타나기 때문에 1인출판사나 소규모출판사에서는 의욕을 내기가 쉽지 않다. 사업의 주제가 연관성이 있는 출판사 몇 군데가 모여 웹사이트나 블로그를 공동으로 운영하면서 네트워크를 함께 구축하는 것도 좋은 전략일 것이다.

5장

마케팅은 생물이다

마케팅 철학은 어떻게 변해왔나

마케팅관리 철학(혹은 지향성)은 생산개념에서 시작하여 제품개념, 판매개념, 마케팅개념, 사회적 마케팅개념으로 진화해 왔다.[1] 생산개념은 생산성의 극대화를 통해 제품을 낮은 가격으로 대량 생산·공급함으로써 시장우위를 점하는 전략이다. 그러나 생산성 평준화가 이루어지면서 가격을 통한 차별화 요인이 사라지자 시장을 지배하는 프레임은 제품개념 단계로 넘어간다. 공급자들은 이제 좀더 고급스럽고 세련되고 성능이 뛰어난 제품, 즉 제품차별화를 통해 시장우위를 점하려는 전략을 취하게 된다. 그러나 기업들 간의 기술력 차이가 좁혀지면서 제품차별화도 점점 어려워지자 충분한 규모의 광고나 프로

---

1 『코틀러의 마케팅원리』, 12~13쪽. 사회적 마케팅개념은 "기업들은 마케팅 전략을 수립함에 있어 기업의 이익, 소비자 욕구, 그리고 사회적 복리 간에 균형을 맞추어야 한다."고 보는 사고방식이다. "단기적인 소비자 욕구를 충족시키는 과정에서 생수 산업은 사회의 장기적 이해에 역행하는 환경적 문제를 유발할 수 있다."(같은책, 13쪽)

모션을 통한 판매개념 쪽으로 시장의 무게중심이 이동하게 된다. 판매개념의 시대를 이미지시대라고도 하는데, 주로 매스미디어 광고를 통해 고객의 머릿속에 상품에 대한 강렬한 이미지를 심어 판매를 유도하는 전략을 썼기 때문이다.

판매개념을 수용하는 기업은 시장이 원하는 것을 만들기보다는 기업이 만든 것을 판매하는 것을 목표로 삼는다. 판매개념은 설득된 고객이 제품을 구매하면 그 제품을 좋아할 것으로 가정하거나, 구입한 제품을 좋아하지 않더라도 제품에 대한 실망감을 망각하여 그 제품을 다시 구매할 수도 있다고 가정한다. 이러한 생각은 대체로 기업에 부정적인 결과를 초래할 가정이다.[2]

판매개념의 등장과 함께 마케팅은 물질(material, 제품)에서 인간의 마인드(mind)로 시선을 옮기게 된다. 판매개념 시대를 계기로 마케팅 철학은 이전과 이후로 나뉘는데, 판매개념을 포함한 이전 시기에는 마케팅의 포커스가 물질에 맞춰졌다면, 판매개념 이후 시기인 마케팅개념과 사회적 마케팅개념 시대에는 제품이 아닌 고객의 마인드에 마케팅의 포커스가 맞춰지게 된다.[3]

머티리얼을 갖고 경쟁우위를 차지하는 데 한계가 오니까 사람들의 마음과 정서에 호소하기 위해서 이미지 광고를 대량으로 살포해 경쟁우위를 점하려던 시대가 판매개념시대였다. 그러나 이미지를 통해 상품을 파는 판매개념은 아무리 목표를 달성한다 하더라도 성과

---

2 『코틀러의 마케팅원리』, 11쪽.

가 대개는 1회성에 그치고, 이는 광고의 고비용화와 비효율화를 낳는다. 소비자의 마음을 일시적으로는 훔쳤으되 여전히 제품 중심이어서 그 효과가 일회성에 그치고 마는 것이다. 만약 브랜드이미지가 소비자 마음속에 달라붙어 고착성을 띠게 된다면 그 효과는 훨씬 크고 지속적인 것이 될 터였다. 소니 노트북이나 맥북에어나 사실 기능면에서는 큰 차이가 없다. 둘을 가르는 것은 제품의 차이가 아니라 포지셔닝 즉 마인드의 차이다. 마케팅개념 시대가 되면서부터 물질이 문제가 아니라 마인드가 문제가 되기 때문에 맥북에어와 소니 노트북이 차이가 나는 것이다. 차이는 머티리얼의 차이가 아니라 마인드의 차이다. 애플 것이 훨씬 좋다고 사람들 마음에 인지(포지셔닝)된 것이 제품 구매라는 결과의 차이로 나타나는 것이다.

이런 점에 착안한 기업들이 제품에서 고객에게로 눈을 돌리게 되면서 마케팅철학 또한 판매개념에서 마케팅개념으로 진화해 가게 된다. 마케팅개념은 소비자 마음을 1회 훔치는 것을 넘어서 마인드 세팅(포지셔닝)을 통해 브랜드이미지가 소비자 마음속에 고착되는 것을 목표로 한다. "마케팅의 임무는 자사제품에 맞는 올바른 고객을 찾는

---

3 판매개념이 지배하던 시기를 '이미지 시대'라고 한다면, 그 이전 시기인 생산개념 시대와 제품개념 시대는 물질 중심 시대라는 의미에서 '상품 시대'라고 명명할 수 있으며, 그 이후 시기인 마케팅개념과 사회적 마케팅개념 시대는 '포지셔닝 시대'라고 이름할 수 있다. 또 판매개념 시대까지는 마케팅의 포커스가 제품에 맞춰진 탓에 시각 또한 공급자 중심의 인사이드-아웃 방식이었다. 그러나 제품 경쟁이 한계를 노출하자 제품에서 고객 쪽으로 눈을 돌리게 되면서 마케팅개념이 등장하게 된다. 즉 고객의 니즈와 심리적·행동적 변수에 기반하여 시장을 세분화한 다음 목표고객을 타겟팅하고, 그 목표고객의 마인드에 차별적 우위성을 갖는 제품·서비스를 포지셔닝시키는 전략을 채택하게 된 것이다. 이러한 STP전략을 토대로 탁월한 고객가치와 고객만족을 제공함으로써 고객관계를 구축하는 쪽으로 마케팅의 포커스가 맞춰지면서 기업의 시각 또한 고객 지향의 아웃사이드-인 방식으로 바뀌게 된다.

것이 아니라 자사고객을 위해 올바른 제품을 찾아내는 것이다."[4]

이제 기업들은 마케팅 리서치를 통해 고객의 니즈와 원츠를 파악하고, 이를 토대로 목표시장을 잡고, 그 시장에서 경쟁사보다 차별화된 제품·서비스를 목표고객에게 제공하여 고객만족을 끌어내고, 만족한 고객을 단골고객으로 만드는 단계로 나아간다. 고객관계관리(CRM)가 중심이 되는 브랜드 포지셔닝 즉 마케팅개념 시대가 도래한 것이다. 마케팅개념은 웹과 소셜네트워크 중심으로 미디어 환경이 변화하면서 더욱 힘을 받게 된다. 사람들은 더 이상 광고 이미지에 휘둘려 상품을 구매하지 않는다. 구매 이전은 물론 구매 이후에도 사용후기 등의 형태로 서로의 사용경험을 공유하면서 적극적으로 구매행동을 주도해나간다.

마케팅관리 철학의 변화와 함께 고객을 만나는 방식도 변화를 겪게 된다. 판매개념이 지배적인 시기까지는 프로모션이 고객을 만나는 주된 방식이었다. 프로모션은 내 제품·서비스를 홍보하고 광고하고 판매촉진하는 것으로, 메시지의 발신자와 수신자의 역할이 비교적 명확히 나누어져 있다. 메시지는 발신자에서 수신자에게로 거의 일방향으로 흐른다. 프로모션(promotion)에서 pro-는 '밖으로', motion은 '의사를 전달하기 위해 동작을 해보이다'라는 뜻을 갖는다. 즉 제품의 공급자가 소비자를 향해 '밖으로' 자신의 메시지를 '발신하는' 것이 프로모션이다.

그러나 마케팅개념으로 마케팅철학이 바뀌면서 고객을 만나는 방식도 일방향의 프로모션에서 쌍방향성이 보다 강화된 커뮤니케이션

---

4 『코틀러의 마케팅원리』, 11쪽.

방식으로 바뀌게 된다. 커뮤니케이션(communication)이란 알다시피 '공유하다' '함께 나누어 갖다'라는 뜻의 라틴어 communis에서 유래한 말로, 발신자와 수신자의 역할이 교차하면서 상호 발신하고 상호 수신하는 쌍방향의 모델을 가리킨다. 소비자의 문제에 공감하고 그 해결책을 제시할 수 있으려면 소비자를 만나는 방식이 당연히 프로모션 방식이 아니라 커뮤니케이션 방식이 되어야 한다.

판매개념이 지배적 패러다임이었던 시대에는 제품만 팔면 그것으로 끝이었다. 그러나 마케팅개념이 지배적 패러다임인 지금은 그것을 두 단계나 더 넘어설 것을 요구하고 있다. 이익이 나는 고객관계 구축과 고객으로부터 기업가치의 획득이 그것이다. 이익이 나는 고객관계의 구축은 쉽게 말하면 단골을 만들라는 이야기다. 어떻게 하면 단골로 만들고 충성고객으로 만들 수 있을까. 감동을 주면 된다. 감동은 무엇으로 주는가? 앞에서 리츠칼튼 호텔이나 노드스트롬 백화점의 예를 들어 고객감동을 설명한 바 있지만(128쪽 참조), 고객의 마음을 훔치는 고객감동에서 중요한 건 자기 수준에 맞는 감동을 창출해 내는 것이다. 이 말은 곧 이익이 나는 범위 내에서 감동을 만들어 내라는 것을 의미한다.

고객관계 구축 다음 단계는 고객으로부터 기업가치 획득인데, 이게 바로 마케팅의 최종 목표다. 여기서 중요한 건 고객자산, 고객 생애가치. 이를테면 A라는 필자와 한 번 관계를 맺어서 단골 관계가 되면, 즉 릴레이션십을 확보하면, '아, 이 사람 지적능력과 부지런함과 열정, 이런 걸 감안할 때 2년에 한 권은 쓸 수 있겠다, 지금 쉰살이니까 앞으로 30년은 더 쓸 수 있을 것이고, 그러면 모두 15권의 저서를 낼 수 있겠구나.' 고객자산이라는 말이 의미하는 건 이런 것이다.

이렇게 숫자로 측정 가능하지 않으면 자산이라고 하지 않는다. 독자 고객도 마찬가지다. '이 사람이 평소 우리 출판사 책을 1년에 5권 사니까, 이 사람의 기대수명과 라이프스타일을 고려할 때 앞으로 30년 동안 200권은 더 사겠구나.' 이런 데이터를 갖고 있으면 예측 가능한 마케팅을 할 수 있다.

유감스럽게도 우리는 이런 마케팅을 해보지 않았다. 판매만 해왔고, 프로모션만 해왔다. 출판사는 이런 독자 데이터를 거의 갖고 있지 않다. 이런 고급정보는 인터넷서점들이 다 갖고 있다. 독자 데이터 없이 출판 사업을 하는 것은 눈을 가린 상태에서 출판을 하는 것과 같다. 출판을 진정한 의미에서의 사업으로 하려면, 우리가 하는 모든 행위를 고객만족과 고객감동, 고객관계의 구축과 고객생애가치의 획득이라는 마케팅 관점에서 분석·평가할 수 있어야 한다.

지금까지 마케팅관리 철학의 변화를 개괄적으로 살펴보았다. 주의할 것은 하나의 철학이 등장한다고 해서 기존의 철학이 사라지는 건 아니라는 점이다. 비록 주도적인 자리는 내주었을지라도 생산개념, 제품개념, 판매개념, 마케팅개념은 모두 지금도 많이 사용되는 매우 유용한 전략지침들이라는 점이다. 요컨대 사업을 하다보면 때론 생산과 유통의 효율성이, 때론 최고의 품질과 성능이, 때론 판매력이 요구되는 지점이 있다. 마케팅개념을 주도적으로 구사하면서 다른 개념을 적절하게 믹스해서 운용하는 지혜가 필요하다. 특히 출판마케팅은 일반마케팅과는 다른 특성을 갖고 있어서 더욱 세심한 운용이 필요한데도, 우리 출판의 현실은 유감스럽게도 제품개념과 판매개념이 출판의 '판'을 주도하고 있다. 한쪽에서는 '제품만 좋으면' 눈 밝은 독자가 알아서 구매해줄 거라는 믿음을 갖고 열심히 책만 만들고 있는가 하면, 다른 한쪽에서는 책은 무조건 '많이 팔리면' 장땡이라는 신념(?)으로 수단과 방법을 가리지 않고 매출을 올리는 데만 급급해하기도 한다. 모두 마케팅과는 거리가 먼 출판들이다.

출판은 다품종소량의 특성이 어느 산업보다 더 극적으로 나타나는 업종이다. 1년에 출간되는 단행본 신간만 해도 4만종이 훨씬 넘으며, 여기에 전자책, POD 기술 등의 발달로 절판본이 줄어들면서 유통 가능한 책의 종수가 이전과는 비교할 수 없을 정도로 증가하는 추세다. 당연히 종당 판매부수는 점점 더 떨어질 수밖에 없고, 책값은 점점 비싸질 수밖에 없다. 이는 한편으론 비싼 책값을 설득할 수 있는 제품차별화와, 다른 한편으론 최대한 가격을 낮추기 위한 생산비 인하에 대한 압력요인으로 작용한다. 제품개념과 생산개념은 출판의 경우 여전히 유효한 것이다. 다만, 여기서 말하는 제품차별화는 화려한 편집, 비싼 종이, 고급인쇄, 후가공 등을 가리키는 것이 아니라, 독자친화적인 편집과 전문성·독창성을 가진 콘텐츠를 가리킨다.

출판사들은 마케팅개념으로 출판의 큰틀을 설계하되, 특히 생산개념에 주의를 기울여 생산의 효율성을 혁신적으로 높임으로써 가격경쟁력을 최대한 확보할 수 있는 방안을 찾아내야 한다. 덧붙이자면 정도의 차이는 있지만, 거의 모든 출판사가 종이책을 내고, 신문 홍보에 의존하고, 푸시 전략을 구사하여 서점내 경쟁을 하고, 각종 판촉 이벤트를 하는 것으로 출판프로세스를 운용하고 있다. 지금까지 출판계를 지탱해오던 밸류체인이 붕괴되었다는 것은 이런 프로세스가 붕괴되었다는 것을 의미한다. 앞으로 출판사들은 기존의 제품개념, 판매개념 중심에서 마케팅개념 중심에 생산개념을 가미해 출판의 '판'을 새로 짜야만 한다.

what이 아니라 why다

마케팅은 제품·서비스를 '고객의 마음속에 집어넣는 것'(포지셔닝)이다. 물질 자체로 집어넣을 수 없으니까 이미지나 메시지의 형태로 광고·홍보 등을 통해 고객으로 하여금 인지(인식)하게 하는 방법을 쓴다. 인간의 뇌의 구조와 작동방식을 이해하면 훨씬 효율적으로 이미지나 메시지를 고객의 마인드에 심어놓을 수 있다. 기업의 사명이나 핵심가치, 비전, 목표도 마찬가지다. 이것을 전사원이 공유하게 하려면(사원들의 마인드에 집어넣으려면) 인간의 심리나 뇌의 작동방식을 충분히 이해하고 활용해야 한다. 인간의 뇌는 어떤 새로운 것을 받아들이거나 학습할 때 4단계의 프로세스를 거친다고 한다. why→what→how→if가 그것이다.[5]

why를 설명해 주면 사람들은 오른쪽 뇌로는 '아, 이거 나한테 필요한 건가보다' 하고 이해하면서 자신과 연결짓고(connect), 왼쪽 뇌로는 공감하면서 마음을 열고 받아들일 자세를 취한다(attend). 처음부터 다짜고짜 what을 설명하면 '그게 나하고 무슨 상관이 있는데', 하면서 반응을 보이지 않는다. what보다 why를 먼저 설명해 주어야 하는데, 이게 생각만큼 쉽지 않다. 에디터는 보통 한 권의 책을 만들면서 원고를 네다섯 번은 보게 마련이다. 책 '내용'(what)에 대해 필자만큼이나 훤히 꿰게 된다. 의식적으로 노력하지 않으면 편집자의 몸과 마음은 why가 아니라 what을 설명하는 쪽으로 기울 수밖에 없다. '세상에 이렇게 내용이 훌륭한 책이라니…' 그러면서 자신도 모르게

---

5 『기획의 정석』, 박신영 지음, 세종서적, 2013, 42쪽 참조.

독자들에게 이 책을 읽어야 하는 이유(why)가 아니라 책의 내용(what)을 열심히 설명하게 된다. 그러나 why가 아니어서 사람들은 쉽게 커넥트하고 어텐드하지 않는다. 마음을 열지 않는 것이다. 독자가 마음을 열어야 비로소 커뮤니케이션이 시작되고 그의 마음속으로 들어갈 시도를 할 수 있는데 말이다.

참고로 책이라고 하는 상품의 경우, 독자들이 가장 먼저 만나게 되는 것이 책제목이다. 책제목이야말로 사람들의 관심을 끌고 마음을 열게 할 수 있는 메시지여야 하는데, 그러려면 why가 담겨있는 제목을 짓는 것이 좋다. 예전에 출간된 토익책 중에 『토익 점수 마구마구 올려주는 토익책』(앞글자만 따서 '토마토'라고 불렸다)이 있었는데, 독자의 니즈 즉 why를 제대로 담은 제목 덕분인지 독자 반응이 매우 좋았던 것으로 기억한다.

프로모션 할 때도 마찬가지다. 이번에 새로 출간한 토익 책을 독자들에게 프로모션한다고 해보자. "왜 이 책을 사봐야만 하는가, 이 책으로 공부하면 한달 만에 토익점수가 100점이 오르니까." 독자의 관심을 끌고 커뮤니케이션의 고리를 잡아내기 위해 why로 시작한 경우다. why가 아니라 what으로 시작할 수도 있다. "이 책은 토익의 문법 문제를 이렇게 설명하고 있고, 이 책의 오디오 테이프를 들으면 리스닝 문제는 이렇게 해결할 수 있고…" 아무리 제품을 열심히 설명해도 독자들은 마음도 지갑도 열지 않는다. 영어시장에는 그런 책이 너무 많기 때문이다. 토익시장의 경우, 가장 절박하고 목마른 욕구(니즈)는 토익 시험 성적이다. 스펙과 관련되어 있기 때문이다. 이 니즈에 주목해 독자가 이 책을 구매해야 하는 이유로 "이 책으로 한 달 공부하면 토익점수 100점이 오른다"는 것을 내세워 프로모션을 한다면,

독자는 마음을 열고 '어, 그래?' 하고 관심을 보이는 것이다.

이렇게 되면 그 다음 단계인 what으로 별다른 저항 없이 넘어갈 수 있다. 독자는 이미 이 책이 자신에게 필요한 이유를 이해한 상태이므로 이어지는 내용 설명을 주의해서 들을 준비가 되어 있다. what의 단계에서 받아들이게 되는 책의 내용을 콘텐츠라고 한다면, 콘텐츠는 이미지(형태와 색)와 텍스트(활자)로 구성되어 있다. 오른쪽 뇌는 이미지(image)를, 왼쪽 뇌는 텍스트(inform)를 받아들이는 데 관여한다. 따라서 이미지 측면과 텍스트 측면에서 책의 내용을 충실히 설명해주면 사람들은 책의 내용에 점점 빠져들면서 구매를 결심하게 된다.

구매를 통해 독자는 다음 단계인 사용단계 즉 how 단계로 넘어간다. how 단계에서는 구매한 책으로 공부를 함으로써(practice), 자신의 영어세계가 확장되는(extend) 경험을 하게 된다. 마지막 기대효과를 얻는 if 단계에서는 영어실력이 업그레이드됨으로써(refine) 토익시험 성적이 자기도 놀랄 만큼 오르는 성과를 얻게 된다(perform).

책의 목차, 광고·홍보의 메시지 등은 모두 why→what→how→if의 순서를 따라야 한다. 개인의 인생관도 마찬가지다. 나는 왜 사는가(why), 내 삶의 원칙은 무엇이고 무엇을 하며 살 것인가(what), 옳은 일을 올바로 하려면 어떻게 해야 하는가(how), 그렇게 하면 꿈은 이루어질까(if)로 구성되어 있는 것이다. 기업도 자신의 존재이유와 핵심가치, 비전, 목표를 기업전략으로 갖는데, 이 역시 마찬가지 프로세스를 따르고 있다. 미션(사명)은 사업을 하는 이유와 사업의 주제(내용)를 밝히는 것이므로 why와 what에 해당한다고 볼 수 있다. 기업이 사업을 해나가는 데 있어 우선순위의 기준 역할을 하는 핵심가치나 사업포트폴리오는 how에 해당한다. 비전은 if에 해당하는 것으로,

그런 미션과 핵심가치, 사업포트폴리오로 사업을 하면 우리 기업이 어떻게 달라질 것인지에 대한 청사진(꿈)을 의미한다.

인간이 어떤 새로운 것을 받아들일 때 거치게 되는 이 4단계의 프로세스는 뇌의 구조를 반영한 자연스러운 것으로 동기, 지각, 학습, 신념과 태도라고 하는 인간의 네 가지 심리적 요인으로 나타난다. 이해를 통해 동기 부여가 된 개인은 행동에 나설 마음을 먹고, 행동 준비 차원에서 주위의 정보를 적극적으로 지각(인지)하는 과정에 들어간다. 지각 활동을 통해 어느 정도 의미를 파악하고 행동에 나선 개인은 시행착오를 거치면서 학습을 하게 되고, 학습은 다시 개인의 행동 변화를 초래함으로써 결국 신념과 태도를 형성하게 해준다. 이러한 동기, 지각, 학습, 신념과 태도는 개인의 행동이나 조직의 활동에 강력한 영향을 미침으로써 실질적인 변화를 끌어내게 된다.

"Stay hungry, Stay foolish"

결국 마케팅을 포함해서 인간의 삶이라고 하는 것은 물질과 마인드 사이를 왕복운동하면서 둘 사이의 관계를 조정하는 것이라고 할 수 있다. 물질과 마인드, 이 둘 사이의 관계를 통찰력 있게 꿰뚫어본 기업인이 바로 스티브 잡스다. 2005년 스탠포드대학 졸업식에서 행한 연설 중에 나오는 "Stay hungry, Stay foolish"가 한 예다. 우리에게 익숙하게 알려진 번역은 이렇다. "항상 갈망하라, 그리고 우직하게 나아가라." 아마 '현재에 만족하지 말고 욕망을 갖고 우직하게 밀고 나가라' 이런 뉘앙스를 살려서 한 번역일 것이다.

하지만 이 문자 그대로의 번역은 '잡스스럽지' 않다. 번역은 단어를 일대일로 대응시키는 작업이 아니라 잠시 원저자에 빙의해 그의 지성과 감성, 서사를 다른 언어로 토해내는 작업이다. '우직하게', 이런 말은 센서티브한 잡스하고 잘 어울리지 않는다. 그가 우직한 사람은 아니잖은가.

"Stay hungry, Stay foolish." 이 말은 인간 존재 자체, 나아가 인간의 삶을 이루는 두 축인 물질과 마인드를 염두에 두고 한 말이라고 생각하면 다른 느낌으로 다가온다. 물질에 해당하는 것으로는 몸, 하드웨어, 제품, 기술 등이 있을 것이고, 마인드에 해당하는 것으로는 정신, 소프트웨어, 가치, 인문학 등이 있을 것이다. 이런 관점에서 보면 "애플은 기술과 인문학의 교차점에 있다."는 잡스의 또 다른 말도 쉽게 이해된다.

"사랑에 눈뜨자 사랑에 눈멀다"라는 말이 있다. 이 역설적 표현은 비단 사랑의 경우에만 한정되는 것은 아니다. "출판에 눈뜨자 출판에 눈멀게 되는" 경험을 우리는 종종 한다. 출판을 더 잘 알수록(출판전문가일수록) 기존의 익숙한 방식의 출판에 눈이 멀어 미디어 환경의 변화와 독서대중의 욕망의 변화를 따라가지 못하는 오류를 범한다. 이 오류에서 벗어나는 길은 스스로 foolish해지는 방법밖에는 없다. 일시적인 성공에 만족하거나 집착하지 말고, 스스로의 성공조차도 실패로 만들면서 끝없이 인간 욕망의 본질을 향해 육박해 들어가는 창조와 혁신의 태도를 가질 필요가 있다.

결국 "Stay hungry, Stay foolish"는 "물질을 hungry하게, 마인드를 foolish하게"라고 옮길 수 있다. 보이는 게 전부가 아니고, 아는 게 다가 아니다. 잡스의 말은 잠재성의 관점에서 보면(잠재성의 세계는 무한히 넓은 세계지만, 그 넓은 세계가 누구에게나 똑같이 보여지거나 주어지는 건 아니다.

역설적이지만 잠재성을 보려면 마인드를 foolish하게 해야 한다), 성과물이라고 하는 현실성의 세계는 극히 일부의 세계일 뿐이므로 현실에서 이룬 것을 늘 무위로 돌리고, 즉 hungry하게 비우고, 스스로 foolish해짐으로써 지금까지 보지 못했던 새로운 니즈를 발견해내고, 그것을 새로운 원츠로 만들어내기 위해 노력하라, 몸과 마음을 혁신하라, 하드웨어와 소프트웨어를 혁신하라, 이런 의미로 이해할 수 있다.

기업의 미시환경과 거시환경

기업환경은 크게 미시환경과 거시환경으로 구성된다. 미시환경은 "고객을 대하는 능력에 영향을 미치는 기업 가까이에 위치한 구성원들로 구성된다."[6] 미시환경 분석에서 가장 많이 쓰이는 것이 3C 분석인데, 3C란 자사(company), 경쟁사(competitor), 고객(customer)을 가리킨다. 미시환경 분석과 3C분석[7]은 거의 같다고 보면 된다. 3C에 해당하는 자사, 경쟁사, 고객에 공급업체, 유통경로, 공중(public)이 더해져 미시환경의 주요 구성원을 이룬다.

기업의 미시환경 하면 중심에 자사를 놓고, 그 주위를 경쟁사와 고객 등의 환경이 둘러싸고 있는 것으로 생각하는 사람들이 의외로 많다. 자사 입장에서 주어진 환경을 바라보는 이런 자사중심주의 시각

---

6 『코틀러의 마케팅원리』, 70쪽.

7 마케팅전략을 설계할 때 기업들은 먼저 시장을 세분화한 다음, 각 세분시장들의 매력도를 평가하여 표적시장을 선정한다. 세분시장들의 매력도를 평가할 때 고려해야 할 사항이 바로 3C 즉 자사·경쟁사·고객이다. 3C분석을 하는 이유는 같은 고객을 놓고 경쟁하는 자사와 경쟁사를 비교·분석하여 자사를 차별화시킬 수 있는 경쟁우위의 요소들을 찾아냄으로써 경쟁에서 이길 방도를 찾아내는 데 있다. 결국 3C분석이란 고객의 니즈를 분석하고, 자사의 핵심역량을 분석하고, 경쟁사와의 차별화 요소를 분석하는 것이다.

을 '인사이드 아웃' 사고방식이라고 한다. 자신을 중심에 놓고 보면 필연적으로 선택적 주의, 선택적 왜곡, 선택적 보유를 할 수밖에 없다. 쉽게 말해 보고 싶은 것만 볼 가능성이 크다는 얘기다. 이래서는 자기 모습을 객관적으로 볼 수 없으며, 다른 사람 눈에는 잘 보이는 것이 안 보이기 쉽다.

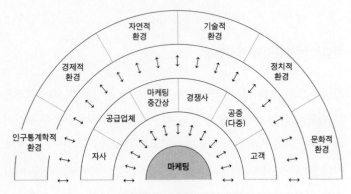

마케팅의 미시환경과 거시환경

위의 그림에서 보는 것처럼 미시환경의 중심에는 자사가 아니라 마케팅이 있다. 이것은 마케팅의 눈으로 자사·경쟁사·고객을 객관적으로, 평평하게, 등거리에서 바라봐야 한다는 것을 의미한다. 이러한 '아웃사이드 인'의 사고방식을 견지할 때 3C분석이나 스와트(SWOT) 분석이 비로소 의미를 갖는다. 스와트 분석은 기업이 처한 상황을 내부의 긍정적·부정적 요인인 강점·약점과 외부의 긍정적·부정적 요인인 기회·위협의 네 가지 요소로 나누어 분석하는 기법이다. SWOT 분석의 목적은 "기업의 강점을 살려 매력적인 기회를 자사의 것으로 만들고, 약점을 제거·극복하여 환경 내 위협을 최소화하는 것이다."[8] 이 분석이 효과적이려면 객관적 시각인 '외부적 시각'(outside-in)을 가져야 한다. '내부적 시각'(inside-out)을 갖고 있는 한 내부와 외부를 객관적으로 보기가 쉽지 않으며, 이는 결국 SWOT 분석의 네 요소가 뒤섞이는 위험으로 이어진다. 네 요소가 뒤섞이면 효과적인 대응전략을 마련하는 것이 불가능해진다.

미시환경의 주요 구성원 중 공급업체(suppliers)는 공급(업)자라고도 하는데, 출판의 경우 지업사, 인쇄소, 제본소 등을 가리킨다. 마케팅 중간상은 유통경로(마케팅경로, 유통업자)인 서점을 가리킨다. 공급업자와 유통경로를 합쳐서 공급망(supply chain)이라고 부른다.

미시마케팅 환경은 다양한 '공중'(public)을 포함한다. 출판을 하면서 우리가 공중을 구체적인 실체로 느끼는 경우는 신간을 홍보하기 위해 언론사에 막 출간된 책을 릴리스할 때다. 우리에게 공중은 좁은 의미의 PR 즉 신간홍보의 대상일 뿐이다. 그러나 공중은 기업 가까이에 위치하면서 기업과 고객에게 커다란 영향을 미치고, 기업이 만든 제품·서비스에 기꺼이 관심을 보여주는 매우 중요한 존재다.

공중은 조직의 목표를 달성하는 능력에 영향을 미치거나 조직과 현실적·잠재적으로 이해관계를 갖는 집단이다. 공중에는 기업의 자금확보 능력에 영향을 미치는 은행·투자회사·주주 등의 금융 공중(financial publics), 신문·잡지·라디오·방송 등의 미디어 공중(media publics), 정책 등으로 기업활동에 영향을 미치는 정부 공중(government publics), 소비자단체·환경단체 등의 시민활동 공중(citizen-action publics), 지역

8 『코틀러의 마케팅원리』, 57쪽.

커뮤니티 등의 지역 공중(local publics), 기업의 제품과 활동, 구매에 영향을 미치는 일반 공중(general public), 종업원·관리자·이사진·자원봉사자 등의 내부 공중(internal publics) 등 7가지 유형의 공중이 있다.[9]

마케팅을 위시한 사회과학 분야에서 퍼블릭(public)은 대개 '공중'으로 번역된다. 그러나 퍼블릭의 용어 번역과 관련해서는 주의가 요구된다. '퍼블릭'은 라틴어 publicus(인민)에서 유래된 말로, "공적인 뉘앙스를 갖는 일반대중" 즉 공중(公衆)을 뜻하기도 하고, "입장과 코드를 공유하는 사람들"의 전체로서의 '다중'(多衆)을 뜻하기도 한다. 대중의 존재양태는 고정된 것이 아니라 공중과 다중 사이에서 다양한 흐름의 양상을 보이고, 모호하게 혼재되어 있는 경우도 많기 때문에 상황과 맥락에 맞게 적절한 번역어를 선택하는 것이 중요하다. 위의 인용문에서 금융·미디어·정부·시민활동 등의 경우에는 공중이라는 번역어가, 지역·일반·내부의 경우에는 공중보다는 다중이라는 번역어가 더 어울린다.

요즘 메이저 신문의 출판면에 책 기사가 크게 나도 그 파급력이 예전 같지 않다는 말들을 많이 한다. 오히려 팟캐스트 같은 소셜캐스트(socialcast)[10]의 파급력이 훨씬 큰데, 신문 등의 매스미디어가 사후적 홍보 수단인 데 반해 소셜캐스트는 책 출간 이전부터 이미 입장과 코드를 공유하는 독자들과 충분히 커뮤니케이션을 하기 때문에 홍보효

---

9 『코틀러의 마케팅원리』, 73~74쪽.

10 기존의 공중파 방송을 브로드캐스트(broadcast)라고 하고, 유선방송이나 케이블 방송을 내로우캐스트(narrowcast)라고 한다면, 소셜네트워크를 기반으로 하는 팟캐스트 등의 미디어는 소셜캐스트라고 불러도 좋을 것이다.

과가 더 클 수밖에 없다. 이런 현상의 배후에는 미디어 파워가 공중을 상대로 한 매스미디어에서 다중 중심의 소셜미디어로 이동해 간 사실이 깔려 있으며, 이에 따라 퍼블릭이란 용어도 '공중'의 뉘앙스보다 '다중'의 뉘앙스가 점점 강해지고 있다.

출판의 경우 '퍼블릭'의 용어 문제는 다른 산업과 달리 매우 중요하다. 출판에 해당하는 영어단어가 publishing, publication인 것으로도 알 수 있듯이, 출판은 '퍼블릭(public)에게 다가가는 것(ishing=going)'이고, '퍼블릭(public)과 함께 활동을 구성하는 것(-ation)'이기 때문이다. 이런 관점에서 출판을 넓은 의미로 정의하면 "퍼블릭과 관계맺기"(public relations) 즉 PR을 의미한다고도 할 수 있다. 변화된 미디어 환경과 출판 환경에서 우리는 PR의 의미를 좀더 적극적으로 사고할 필요가 있다. PR을 공중관계나 홍보의 좁은 의미로 축소시켜 사용하는 것이 출판의 잠재성을 좁은 틀 안에 가둬놓는 산업적 관점에 해당한다면, "퍼블릭과 관계맺기"라는 확장된 의미로 사용하는 것은 출판의 잠재성을 넓고 깊게 드러내는 시장적 관점에 해당한다고 하겠다. 시장적 관점에 설 때 출판은 책이라고 하는 제품을 만들어서 파는 일이 아니라 지식을 둘러싸고 저자·독자·출판사가 서로 관계를 맺으면서 경험을 공유하는 일이 된다.

퍼블릭의 번역어로 아직까지 일반적으로 쓰이는 것은 '공중'이다. '다중'이라는 용어는 아직 일반화된 용법으로 사용되고 있지는 않지만, 최근의 사회·문화적 환경의 변화나 미디어 환경의 변화를 고려할 때 좀더 적극적으로 사용할 필요가 있다고 생각한다.[11]

---

11 공중과 다중에 대해서는 이 책 후반부 PR 부분에서 좀더 상세히 다룬다. 377쪽 참조.

미시환경 주위를 다시 거시환경이 둘러싸는데, 거시환경의 주요 요소들로는 인구통계학적, 경제적, 자연적, 기술적, 정치적, 문화적 환경 등이 있다. 거시환경의 요소들은 미시환경의 주요 구성원 모두에게 영향을 미친다. 즉 자사에도, 경쟁사에도, 고객에게도, 유통경로나 공중(대중)에게도 모두 영향을 미친다.

인구통계학적 환경에서 이슈가 되는 건 저출산, 인구절벽, 베이비부머 은퇴, 노령화, 청년실업, 1인가구의 증가 등인데, 이러한 이슈들을 염두에 두고 기획을 하고 제품을 개발해야 한다.

경제적 환경의 경우, 일본의 전철을 밟아 10년, 20년 장기불황의 터널로 들어갈 조짐이 여기저기 나타나고 있다. 일본이 지난 20년 동안 경험한 사례를 눈여겨볼 필요가 있다. 경제적 요인의 변화는 특히 경제경영출판사에 중요한 문제다. 장기불황이라는 경제적 환경의 변화와 노령화, 인구절벽, 청년실업의 인구통계학적 환경의 변화가 맞물리면서 빚어내는 사회문제는 출판사들에게 다양한 기획의 요소들을 제공해준다.

기술적 환경은 출판에 직접적인 영향을 미치는 중요한 요인이다. POD기술이나 에스프레소 머신 같은 것은 책의 생산·유통·소비에 혁신적 변화를 초래할 수 있으며, IT기술로 촉발된 미디어 혁명은 출판에 다양한 기회와 위협을 동시에 제공하고 있다.[12]

정치적 환경의 경우, 정치이념의 스펙트럼이나 대중의 정치 참여 양상을 놓고 볼 때 한국처럼 드라마틱한 모습을 보여주는 국가도 드물다. 특히 1980년의 사회과학 서적 붐은 전세계적으로 그 유례를 찾아보기가 쉽지 않다. 출판계에서는 "종이에 잉크만 발라도 책이 팔렸다"는 말이 돌 정도였다. 비록 원츠로서의 사회과학 서적 붐은 사라졌어도 사회과학 책에 대한 니즈는 여전히 남아 있다. 지금의 정치·경제 지형에서 이 니즈를 읽어내 그에 맞는 제품을 개발해내는 것이 출판사들의 과제다.

문화적 환경에서 언어 문제는 출판인들이 가장 눈여겨볼 부분이다. 한국사회는 '한자 → 일본어 → 영어'라는 언어가 시대를 각각 지배해 왔는데, 이에 따라 개념, 사유, 지식, 출판의 세계도 강한 영향을 받을 수밖에 없었다.

일본 제국주의의 지배를 받기 전, 조선시대 우리의 지식인들이 쓰던 문자는 한자였다. 당연히 주요 텍스트들은 모두 한자로 쓰여졌다. 한자로 쓰여진 수많은 텍스트들이 아직 번역되지 않은 채 서고에 잠들어 있다. 이 텍스트들을 번역하고 해석하고 복원해 대중에게 체계적으로 소개하는 것이 출판사들의 주요 과제 중 하나다.

일본 제국주의의 지배를 받으면서 우리의 언어생활은 또 한번의 굴절을 겪는다. 우리 말과 글 속에 일본어의 영향이 강하게 스며들었을 뿐만 아니라 일본을 통해 번역 소개된 서양의 학문과 개념은 지금도 여전히 우리 지식계에 강한 영향을 미치고 있다.

---

12 일례로 누구나 아마존이나 애플의 플랫폼에 접속해 책의 제작에서부터 판매까지 비용을 들이지 않고 할 수 있는 셀프퍼블리싱은 출판사들에게 기회일까, 위험일까. 출판을 '책을 만들어서 파는' 좁은 의미의 산업적 관점에서 정의하면 셀프퍼블리싱은 출판사에 위협이 되는 강력한 경쟁자의 출현으로 볼 수 있다. 하지만 산업적 관점이 아니라 시장적 관점에서 글을 쓰고 싶어하고 책을 내고 싶어하는 독자의 니즈에 주목하면 셀프퍼블리싱은 다른 사업의 가능성(이를테면 편집·제작·유통 서비스의 제공)을 제시해 주는 기회가 될 수도 있다. 생태계의 해비탯(habtat) 관점에서 보더라도 셀프퍼블리싱은 기회다. 해비탯이란 생물들이 잘 자라는 요소를 갖춘 환경을 뜻하는 말로, 책이 늘 가까이에 있고, 이야깃거리가 되고, 쉽게 연상이 되는 그런 환경이 조성될 때 책의 생산·유통·소비도 활발해진다. 자기 책을 내려는 사람이 많아지면 많아질수록 '출판의 해비탯'은 풍요로워질 수밖에 없다.

해방이 되고 미군정이 들어오고 한국전쟁을 거치면서는 영어가 우리 지식계와 일반의 언어생활을 지배하게 된다. 전국민이 영어를 공부하고, 대학의 주요교재는 영미권 교재가 압도적이며, 출판계는 영미권 책을 앞다투어 번역해낸다.[13] 영어가 글로벌 언어라는 점은 인정한다 하더라도 지식생태계의 특성상 다양성이 중요하므로 출판계가 거시적인 인식의 틀을 공유하면서 공동으로 대처해나갈 필요가 있다.

법률적 환경 또한 중요한 문제다. 2014년 11월에 시행된 개정 도서정가제 같은 것이 대표적인 경우다. 도서정가제, 공정거래법 등 출판콘텐츠의 생산·유통·소비에 커다란 영향을 미치는 주요 입법조치들에 대해 출판계는 깊은 관심을 갖고 대처해 나가야 한다.

세탁소에서 배우는 소규모기업의 시장조사

동네 세탁소에서 여러 가지 안 좋은 경험을 한 후, 바이얼리는 자신이 직접 세탁소를 하기로 결심했다. 지역을 면밀하게 살펴본 후 그는 거의 모든 몰에 세탁소가 있음을 알았다. 어떻게 내 세탁소가 소비자들의 눈에 띌 수 있을까? 답을 얻기 위해 그는 도서관에서 일주일 동안 세탁산업을 연구했다. 정부보고서와 업계간행물을 통해 이 산업은 16억 달러 규모의 시장이고, 대개 부부가 운영하고 있음을 알았다. 거래개선협회가 발간한 보고서는 세탁소가 많은 항의에 시달리고 있음을

---

13 '대한출판문화협회'가 펴낸 『2015 한국출판연감』에 따르면, 출판저작권 수입액은 북미 36.3퍼센트, 유럽 21퍼센트, 일본 19.1퍼센트, 중국 15.8퍼센트, 동남아 6.7퍼센트, 기타 1.1퍼센트 순이었다.

보여주고 있었는데, 그중에서도 첫째는 '세탁소가 자신의 행동에 책임지지 않는다'는 것이었다. 잠재고객으로부터 정보를 얻기 위해 바이얼리는 마케팅회사에 의뢰해 가게 이름, 가게 외관, 홍보물에 대한 표적집단면접을 실시했다. 그는 또한 지역에서 가장 우수한 15개의 세탁소에 세탁물들을 맡긴 다음, 표적집단면접에 참가한 사람들에게 작업결과에 대한 평가를 요청했다. 그는 이 조사를 위하여 모두 1만 5천 달러를 썼고, 조사결과를 토대로 새로운 사업의 주안점에 관한 리스트를 작성했다. 리스트의 첫번째는 자신의 세탁소는 자신이 한 모든 것에 대해 책임을 진다는 것이었다. 싼 가격은 리스트에 없었다. 완벽한 세탁소와 저렴한 가격은 서로 양립할 수 없었다. 그는 고품질과 편리함으로 포지션된 고급 세탁소 빕벤터커스(Bibbentuckers)를 개업했다.[14]

꽤 길게 인용한 이유는 시장조사는 대기업이나 하는 것이지 소규모 기업은 시간·비용·인력 문제 때문에 할 수 없다는 편견을 깨트린 마케팅조사 방법론의 교과서적인 사례이기 때문이다. 기업은 크게 제품지향적 기업, 고객지향적 기업, 경쟁자지향적 기업, 시장지향적 기업의 네 가지 유형으로 나눌 수 있다. 소규모 기업일수록 제품지향적 사고방식을 갖기 쉬운데, 이는 완성도 높은 제품에 대한 열망에서 그렇다기보다 대개는 마케팅 관점을 결여하고 있기 때문이다. 제품지향적 기업이 시장에서 성공할 가능성은 매우 낮기 때문에 기업들은 시장을 구성하는 내 고객을 알고, 내 경쟁자를 알아가면서 고객지향적 기업, 경쟁자지향적 기업을 거쳐 결국 고객과 경쟁자에게 균형

---

14 『코틀러의 마케팅원리』, 128쪽.

잡힌 관심을 갖는 시장지향적(마케팅지향적) 기업으로 변화해간다.

소규모 자영업에서부터 글로벌 대기업에 이르기까지 자본주의 시장에서 경쟁을 하는 모든 기업들은 반드시 마케팅지향적인 자세와 관점을 가져야 한다. 위의 인용문에서 세탁소 부분을 전부 출판사로 바꾼 다음 다시 한번 읽어보라. 구구절절 와닿지 않는가. 참고로 이 세탁소는 성장을 거듭해 지금은 전세계에 매장을 갖고 있는 글로벌 기업이 되었다.

세탁소를 차리기 전에 바이얼리는 세탁산업을 둘러싼 기초시장 조사와 고객의 니즈를 파악하기 위해 도서관에 가서 오픈된 자료(2차자료)들을 찾아보면서 세탁산업과 관련된 마케팅 인텔리전스를 했다. 오픈된 2차자료만으로는 한계를 느낀 바이얼리는 1차자료를 얻기 위해 마케팅리서치 회사에 의뢰해 표적집단 인터뷰(Focus Group Interview)를 실시했다. 2차자료를 통해 확인한 고객의 니즈를 마케팅 회사의 리서치를 통해 재차 확인하면서, 바이얼리는 고객의 니즈 충족(항상적 불만의 해소)을 제1의 사업전략으로 채택하게 된다.[15]

사람들이 세탁소에 대해 갖는 가장 큰 불만은 뭘까. 가격일까, 서비스일까. 바이얼리는 마케팅조사를 통해 제1의 불만요소가 서비스, 그 중에서도 세탁물 하자에 대해 세탁소가 책임지지 않는 것임을 알아내고 이를 흔들림없는 사업의 제1원칙으로 삼았다. 그밖에 다른 세탁소보다 훨씬 편리하게 세탁물을 맡기고 찾는다든지, 기다리는 시

---

15 원래 니즈는 인간이 갖고 있는 본원적 욕구, 즉 '~을 하고자 하는' 욕구이지만, 그 욕구가 좌절을 겪으면 결핍에 따른 불만을 느끼게 되므로 욕구와 불만은 동전의 양면과도 같다. 니즈가 크면 클수록 그것이 충족되지 않을 경우, 불만 또한 그만큼 커질 수밖에 없다. 니즈를 제대로 포착하려면 사람들이 느끼는 커다란 불만, 항상적 불만에 주목해야 한다.

간을 위해서 제공되는 TV스크린, 간단한 음식물 등의 여러 가지 엔터테인먼트 요소 같은 것들이 제공되었다.

만약 바이얼리가 마케팅조사를 하지 않고 사람들이 갖는 제1의 불만요소는 '가격'일 거라고 지레짐작했다면, 사업의 방향은 180도 달라졌을 것이다. 서비스는 대충 남들 하는 만큼만 하고 가격을 조금 더싸게 책정하는 식으로 사업을 벌였을 것이고(세상에는 이런 세탁소가 차고넘친다), 그의 사업은 고전을 면치 못했을 것이다.

고객을 설득해서 마음을 빼앗는 두 가지 강력한 무기는 편익(혜택)과 가격이다. 혜택의 제공 즉 제품·서비스에 자신이 있으면 가격을 세게 부르고, 제품·서비스에 자신이 없으면 가격을 같거나 싸게 부르는 게 인지상정이다. 자신의 제품·서비스의 강점도 모르고, 시장조사를 생략함으로써 고객의 불만도 구체적으로 알지 못하는 상태에서는(지피지기는 고사하고, 자신도 모르고 상대도 모르는 상태에서는)[16] 좋은 게 좋다는 식의 무난한 결정을 내리게 마련인데, 그게 바로 싼 가격전략이다. 바이얼리는 지피지기형이었다. 철저한 마케팅 리서치를 통해 고객의 항상적 불만을 정확히 꿰뚫어보았고, 거기에 대응해 자신이 해야 할 일을 명확히 알고 고품질·편리함을 콘셉트로 하는 '고급세탁소'를 전략으로 채택하여 시장에서 성공할 수 있었다. 바이얼리는 말한다. "나는 세탁소처럼 보이지 않으면서 오성특급호텔이 제공하는

16 『손자병법』, 손자 지음, 김원중 옮김, 글항아리 2011, 106쪽. 「모공편」(謀攻篇), "知彼知己 百戰不殆 不知彼而知己 一勝一負 不知彼不知己 每戰必殆"(지피지기 백전불태 부지피이지기 일승일부 부지피부지기 매전필태), 적을 알고 나를 알면 백번을 싸워도 위태롭지 않다. 나를 알고 적을 모르는 상황에서 싸우면 승과 패를 각각 주고받을 것이며, 적은 물론 나조차도 모르는 상황에서 싸우면 반드시 위태롭다.

서비스와 품질을 제공하길 원했다."[17]

바이얼리의 사례는 우리가 마케팅 공부를 해야 하는 이유를 말해준다. 편법 내지는 요행을 바라지 말고, 시장경쟁에서 우위를 점하는 원칙을 습득하고, 바로 그 원칙대로 해보자는 것이다. 2천만 원이 넘지 않는 비용으로 대기업 수준의 마케팅 리서치를 해냄으로써, 사업 차별화를 위한 전략적 포지셔닝의 틀을 만들어내는 데 성공한 빕벤터커스의 사례는 출판을 하는 우리에게도 많은 참조점이 된다고 하겠다.

구매자 블랙박스의 비밀

소비자는 어떤 메커니즘으로 제품이나 브랜드를 선택하는 걸까. 일단 외부에서 자극이 주어지면, 그 자극은 구매자의 블랙박스[18]로 들어갔다가, 제품이나 브랜드를 선택하는 구매자 반응의 형태로 나타난다. 외부의 자극이란 마케팅 자극과 그밖의 다른 자극 요소를 가리킨다. 마케팅 자극은 제품·가격·유통·프로모션의 4P를 가리키고, 그밖의 다른 자극요소들은 경제적·기술적·정치적·문화적 환경에서 비롯된 주요 영향요인들과 사건들을 가리킨다.

소비자들의 반응을 정확하게 예측하고 싶어하는 마케터들은 소비자 블랙박스 즉 소비자의 마음이나 심리의 비밀을 풀고 싶어한다. 그

---

17 『코틀러의 마케팅원리』, 129쪽.
18 일반적으로 어떤 장치의 내부구조나 작동원리는 알려져 있지 않지만, 입력이 주어지면 그에 따라 출력이 나오는 장치를 블랙박스라고 한다. 블랙은 내부에서 어떤 일이 일어날지 알 수 없다는 의미에서 쓴 단어로, 인간의 마음이나 심리 같은 것이 대표적인 예다.

러나 소비자의 머릿속이나 마음속을 들여다보고 구매행동의 동기나 이유를 찾아내는 것은 매우 어렵다. "인간의 뇌 혹은 마음은 제멋대로 충돌하고 산란함으로써 새로운 개념들, 사고들, 관계들을 끊임없이 만들어내는 소용돌이치고 무질서한 뉴런들의 덩어리"[19]이기 때문이다. 겉으로는 웃고 있지만 속으로는 복수의 칼날을 가는 인간의 그 복잡함을 이해하기 위해서는 뇌과학, 인지심리학, 사회심리학, 뇌신경과학, 진화생물학, 철학, 역사, 경제학 등 넓고 깊은 공부가 필요하다. 요즘에는 신경윤리학, 신경미학, 신경경영학 등의 학문도 계속 생겨나고 있다. 인간에 대한 깊은 이해가 없고서는 마케팅은 불가능하며, 마케팅이 어렵다고 하는 것도 그 때문이다.

고객 블랙박스의 비밀을 풀려면 고객관계관리(CRM), 즉 세분시장의 타겟팅된 고객들과 강력한 네트워크를 구축하고, 그들과 가까운 거리에서 깊게 커뮤니케이션을 해야 한다. 20대 사무직 여성, 이런 식으로는 결코 블랙박스에 다가갈 수 없다. 'A회사에 다니는 직장경력 2년차의 26세 대졸 여성 B', 이 정도는 되어야 한다. 좁게 포커싱하고 확실히 장악해야 한다. 특정고객 B와 소비자구매행동 단계에 따른 세세한 이야기——이를테면 이 책을 아는지 모르는지, 안다면 어떻게 알게 되었는지, 알고 난 다음에 책을 보았는지, 보았다면 좋았는지, 좋았다면 샀는지, 샀다면 읽어 봤는지, 읽어 봤다면 만족했는지·그저 그랬는지·불만족했는지, 만족했다면 주위에 추천을 했는지, 그저그랬거나 불만족했다면 그 이유는 뭔지——를 나눔으로써, 문제라고 생각되는 것들을 하나하나 풀어나가는 것이 더디지만 가장 **빠르고** 확

---

19 『코틀러의 마케팅원리』, 138쪽.

실한 방법이다.

고객의 블랙박스는 크게 두 부분으로 구성되어 있다. 하나는 '구매자는 어떤 이유로 그 제품을 구매하는가' 하는 소비자 행동(선택)에 영향을 미치는 요인들이고, 다른 하나는 '구매자는 어떤 프로세스를 거쳐 구매에까지 이르는가' 하는 구매자 의사결정 과정이다.

소비자구매행동에 영향을 미치는 요인에는 문화적 요인, 사회적 요인, 개인적 요인, 심리적 요인의 네 가지가 있다. 소비자가 어떤 제품이나 서비스를 선택·구매하는 것은 이들 네 가지 요인이 복합적으로 상호 작용한 결과다.

네 가지 요인 중에서 문화적 요인은 가장 넓고 가장 기본이 되는 요인이다. 문화적 요인에는 비슷한 가치관과 관심사와 행동을 공유하는 사회계층도 포함된다.

마케터들은 항상 문화적 변화를 알아내려고 한다. 예를 들어 건강과 체력단련 쪽으로 문화적 추세가 이동하면서 건강과 체력단련 서비스 업체, 운동기구와 운동복, 자연산 식품과 갖가지 식이요법과 같은 사업 분야들이 생겨났다. 격식을 차리지 않는 쪽으로 추세가 기울자, 캐주얼 의류와 심플한 가구들에 대한 수요가 늘어났다.[20]

소비자 행동은 문화적 요인 외에 소비자가 속한 소규모 집단, 준거 집단,[21] 가족, 사회적 지위나 신분 같은 사회적 요인의 영향을 받기도 한다.

---

20 『코틀러의 마케팅원리』, 139쪽.

마케터들은 목표시장의 준거집단이 누구인지를 파악하려 한다. 준거집단은 사람들로 하여금 새로운 행동과 생활방식에 노출되도록 하고, 나아가 그들의 성격과 자아에 영향을 주고, 그들의 제품 및 브랜드 선택에 영향을 미치도록 압박감을 유발한다. 소비자가 존경하는 사람에게서 그 제품을 발견했을 때 그 영향력은 가장 강하게 나타난다.[22]

구매자의 행동결정은 "구매자의 나이, 라이프사이클 단계, 직업, 경제적 사정, 라이프스타일, 성격과 자아 같은 개인적 특성에 의해 영향을 받는다."[23] 개인적 요인(특성)이 한 개인을 밖에서 바라본 모습이라면, 한 개인을 온전히 이해하기 위해서는 그의 내면 즉 그의 심리 속으로 들어갈 필요가 있다.

문화적·사회적·개인적 요인들은 통계적이고 유형적이어서 눈에 잘 보이고, 파악하기가 비교적 용이하다. 그러나 동기, 인식, 학습, 신념·태도 등의 심리적 요인은 파악하기가 쉽지 않다. 인식(perception)만 하더라도 "사람들은 세 가지 인식과정 즉 선택적 주의, 선택적 왜곡, 선택적 보유 때문에 동일한 자극물에 대해 각기 다르게 인식한다."[24] 심리적 요인은 블랙박스의 진수로서 잘 보이지 않는 데다가 요

---

21 집단에는 회원집단(membership group)과 준거집단(reference group)이 있다. 회원집단은 한 개인이 소속해 있는 소집단으로, 개인은 집단의 직접적인 영향을 받는다. 이에 반해 준거집단은 직접 속해 있지는 않지만, 한 개인이 자신의 신념, 태도, 가치 및 행동방향을 결정하는 데 준거(근거나 기준)로 삼고 있는 소집단을 가리킨다. 사람들은 부지불식간에 준거집단의 영향을 많이 받는다.

22 『코틀러의 마케팅원리』, 145쪽.

23 『코틀러의 마케팅원리』, 150쪽.

24 『코틀러의 마케팅원리』, 155쪽. "노출된 정보들 모두에 주의를 기울이는 것은 불가능하므로 대부분을 걸러내게 되는데, 이를 선택적 주의라고 한다. 또 선택적으로 받아들여졌다고 해도

동치기 때문에 이것인가 싶으면 저것이고, 저것인가 싶으면 이것이어서 붙잡기가 쉽지 않다. 입자인가 싶으면 파동이고 파동인가 싶으면 입자인데, '슈뢰딩거의 고양이' 같은 실험이 이를 잘 보여준다.

입자가속기와 청산가리 통이 들어 있는 박스 안에 고양이를 집어넣는다. 1시간 안에 입자가속기가 알파파를 방출할 확률은 50%다. 만약 입자가속기에서 알파파가 나오면 그 알파파에 의해 통이 깨지면서 청산가리가 퍼져 고양이는 죽게 된다. 1시간이 지난 후 고양이는 살았을까, 죽었을까. 양자론자들에 따르면, 그것의 결과는 전적으로 우리의 관측에 달려있다고 한다. 고양이는 죽을 수도 살 수도 있는데, 그것은 우리가 상자를 열어봤을 때에만 의미를 지닌다는 것이다. 원인에 의해 결과가 나타나는 것이 아니라, 결과에 의해 거꾸로 원인을 알 수 있다는 것이다. 박스를 열어봐서 결과적으로 죽어있으면 죽은 원인이 있는 것이고, 살아있으면 산 원인이 있다는 것이다.

소비자 구매행동도 마찬가지다. 내가 세분화하고 타겟팅한 고객과 커뮤니케이션을 해서 그가 그 결과로 구매를 하면 그때 비로소 구매 원인을 알 수 있는 것이다. 결과가 중요한 것이고, 결과가 있어야 원인도 파악할 수 있는 것이다. 결과가 없으면 원인을 파악하기가 어려운데, 구체적인 실행이나 결과물도 없이 그저 머리로만 생각하면서 요행을 바라는 것을 관념론이라고 한다. 중요한 것은 실제로 해보는 것이다. 가능성은 언제나 열려 있기 때문이다.

브라질에 있는 나비의 날갯짓이 미국 텍사스에 토네이도를 몰고

마케터의 의도대로가 아니라 각 개인의 현재의 사고방식(mind-set)에 맞춰 받아들이는데, 이를 선택적 왜곡이라고 한다. 사람들은 망각하는 존재여서 자신의 신념과 태도를 지지하는 정보만을 보유하는 성향이 있는데, 이를 선택적 보유라고 한다."(같은책, 155쪽)

올 수도 있다는 나비효과도 마찬가지다. 나비효과란 나비의 날갯짓처럼 초기의 작은 변화가 결과적으로 폭풍우와 같은 엄청난 변화를 초래할 수도 있다는 이론으로, 카오스 이론의 토대가 된 이론이다. 카오스 이론은 한없이 무질서하고 불규칙해 보이지만 그 혼돈 속에 질서가 내재되어 있다는 이론으로, 안정적으로 보이면서도 불안정하고, 불안정해 보이면서도 안정적인 현상(세계뿐만 아니라 인간도 그렇다)을 설명해주는 이론이다.

블랙박스의 잠재된 무의식의 세계, 욕망의 세계, 니즈의 세계는 무질서의 세계다. 왜 무질서인가? 질서가 없어서? 아니다. 자연상태에서는 엔트로피가 증가하면서 질서들이 마구 뒤섞여 무질서한 상태가 된다. 이 무질서(니즈)에서 질서(원츠)를 만들어내려면 엔트로피를 감소시키면 된다. 질서가 없는 것이 아니라 질서가 너무 많아서, 너무 많은 채로 마구 뒤섞여 있어서, 무한한 질서라서 무-질서일 뿐이다. 이 무한히 얽힌 질서의 실타래에서 하나의 가닥이 현실화되면서 우리 눈앞에 하나의 질서가 그 모습을 드러내는 것이다.

무한히 많은 질서라서 이것도 가능하고, 저것도 가능하다. 그것을 서둘러 하나로 확정하려는 조급함과 그로 인한 피로감이 우리를 마케팅에 기반한 사업의 길이 아닌 요행과 운을 바라는 도박의 길로 내몬다. 비록 구매자 블랙박스의 특성상 우리가 예측하고 계획한 대로 작동하는 것은 아니지만(소비자는 구매할 수도 있고 구매하지 않을 수도 있다), 따라서 굳이 마케팅을 할 필요가 있을까 하는 마케팅 허무주의에 빠질 수도 있지만, 거꾸로 그렇기 때문에 마케팅을 긍정적 마음으로 즐겁게 의욕적으로 할 수도 있는 것이다. 왜? 구매할 수도 있으니까. 계획한 일이 실제로 일어날 수도 있으니까.

분명한 건, 시도하면 일어날 수 있지만 시도하지 않으면 일어나지 않는다는 것이다. 이것이 소비자 블랙박스의 비밀이다. 허무주의 관점에서 구매자 블랙박스를 볼 수도 있지만, 우리가 접근하는 방식과 강도에 따라서 천의 얼굴로 나타나는 소비자의 반응, 이게 비밀의 블랙박스를 여는 마케팅의 열쇠다. 마케팅의 열쇠를 갖고 그 안으로 들어가려고 하는 만큼만, 딱 그 만큼만 블랙박스는 자신의 비밀을 우리에게 보여줄 것이다. 마케팅의 무한한 가능성과 잠재성을 즐기면서 실험할 수 있을 때 우리 눈앞에는 다양한 현실성이 그 모습을 드러낼 것이다. 창의란, 혁신이란 이것의 다른 이름일 뿐이다.

구매자 의사결정 과정

	구매전				구매중	구매후
	알리고		→ 느끼게 하고(느낌·감정유발)		→ 구매	→ 만족/보통/불만족
①	인지	→지식	→호감	→선호	→확신	→구매	
②	Attention	→Interest	→Desire→	(Memory)	→Action	
③	Attention	→Interest	→Search		→Action	→Share
④	욕구인식		→정보탐색	→대안평가	→구매	→구매후 행동

순간적으로 충동구매를 하기도 하지만, 소비자들은 나름의 긴 의사결정 과정을 거쳐 구매를 한다. 마케터는 소비자의 구매중 행위에만 초점을 맞춰서는 안 되고 구매가 시작되기 전부터 구매가 끝난 이후에 이르기까지 기나긴 과정 전부에 넓고 깊게 관여해야 한다.

위의 표는 구매에 이르기까지의 '소비자 구매 프로세스'의 몇 가지 모델을 표 하나로 정리해본 것이다. 소비자 구매 프로세스와 공급자 프로모션 프로세스는 사실 동전의 양면과도 같다. 따라서 프로모션을 진행할 때는 소비자 구매 프로세스를 반영해서 진행해야 한다. 구매를 유도하는 마케팅커뮤니케이션에서 가장 중요한 것은 타겟으로 삼은 고객이 구매 의사결정의 어느 단계에 위치하고 있는지, 어느 단계로 이동해 가고 있는지를 아는 것이다. 그래야 단계에 맞는 적절한 메시지로 커뮤니케이션을 할 수 있고, 그럴 때만이 '소비자의 구매'라는 원하는 결과를 얻을 가능성이 크기 때문이다.

큰 틀에서 마케팅커뮤니케이션(프로모션)의 프로세스는 이렇다. 먼저 내 이야기, 내 메시지를 들어줄 표적청중이 누군인지를 확인한다. 모두에게 대고 얘기하면 아무도 듣지 않는다. 들을 사람에게 각 단계에 맞는 목표를 설정해서 메시지를 전달하되 고객들의 TPO(시간, 장소, 경우)에 맞게 제공해야 한다. 출시 초반에는 소비자들이 제품의 존재 사실을 모르거나, 알아도 어설프게 아는 상태이므로 알리는 데 집중해야 한다. 그러나 알리는 것이 마케팅의 전부가 아니다. 소비자에게 제품의 존재를 인지시키고 지식을 제공하는 것을 넘어 경험을 공유하는 과정으로 나아가야 한다. 그래야 소비자는 호감을 갖고, 선호하고, 확신함으로써 최종 구매를 하게 된다. 이때 주의해야 할 것은 인지나 지식 단계에서 호감이나 선호, 확신을 유도하는 프로모션을 하면 안 된다는 것이다. 반드시 알린 다음 느끼게 해야 한다.

①은 소비자들이 구매에 이르기까지 거치게 되는 여섯 개의 단계를 보여주는 '구매자 준비 단계' 프로세스다.[25] 가장 먼저 제품의 존재

---

[25] 『코틀러의 마케팅원리』, 421쪽 참조.

사실을 인지(Awareness)하고, 그런 다음 해당 제품에 대해 좀더 깊은 지식을 갖게 되고, 이후 순차적으로 호감(제품에 대한 긍정적인 감정)을 갖게 되고, 선호(다른 제품보다 더 좋아하는 것)하게 되고, 확신(최고의 대안임을 믿는 것)을 갖게 되면서 최종적으로 구매를 하는 과정을 보여준다. 이 프로세스가 중요한 이유는 메시지를 설계하고 미디어에 메시지를 탑재해서 표적청중에게 발신할 때 각 단계에 맞는 마케팅커뮤니케이션을 해야 하기 때문이다. 제품이 이제 막 시장에 막 나왔다면 메시지의 내용은 당연히 인지·지식 단계의 정보전달에 초점이 맞춰져야 한다. 그렇지 않고 확신 쪽에 맞춰진다면 그 메시지는 사람들에게 효과적으로 침투되기 어렵다. 구매전, 구매중, 구매후의 각 단계에 맞게 메시지를 개발하고 전달하는 게 중요하다. 메시지 개발 프로세스는 소비자 구매 프로세스와 나란히 가야만 한다.

②는 아이드마(AIDMA) 혹은 아이다(AIDA) 법칙이라고 하는데, 메시지 개발 프로세스로 가장 널리 알려져 있는 것이다. 물론 이것은 메시지 개발 프로세스이면서 동시에 소비자 구매 프로세스이기도 하다. 여기서 Attention은 마케터 입장에서 보면 '메시지로 주의를 끄는 것'이고, 소비자 입장에서 보면 '광고 홍보 메시지를 보는 것'을 의미한다. 요컨대 제품이 나온 사실을 인지시키는(인지하는) 단계다.

인지하고 나서 더 깊은 지식을 제공하면 사람들이 호감을 갖게 되는데, 이 단계가 관심(Interest) 단계다. Interest는 마케터 입장에서는 '관심을 끄는 것'이고, 소비자 입장에서는 '관심이 가는 것'을 의미한다. 관심 다음 단계는 욕망(Desire;구매욕구)을 자극하는 단계로, 호감을 넘어서 선호하고 확신하게 하는 단계다. Desire 단계에서 구매를 결심한 소비자는 기억(Memory)을 해두었다가 나중에 구매(Action)를 한다. 욕망(Desire)과 구매(Action) 사이의 시간적·공간적 간극을 기억이 이어주고 있는 셈이다.

구매를 결심한 그 순간, 바로 옆에 제품이 있다면 소비자는 그 자리에서 즉시 구매를 할 것이다. 그러나 대개는 시간적으로나 공간적으로나 갭이 있게 마련이다. 그 갭을 없애거나 줄여준 것이 인터넷이다. 인터넷이 없었을 때는 기억해 두었다가 사야 했기 때문에 메모리가 매우 중요했지만, 인터넷이 등장한 이후에는 그때그때 검색(Search)을 통해 찾을 수 있으므로 메모리가 상대적으로 덜 중요해지게 되었다.

인터넷 검색은 기억의 기능과 역할을 약화시키는 데 머물지 않고, 구매자 모델 자체를 ②의 AIDA모델에서 ③의 AISAS모델로 바꾸어 놓았다. AISAS모델의 경우 호감을 갖기까지는 즉 관심 단계까지는 AIDA모델과 같지만, 그 다음 단계가 욕망(Desire)이 아니라 검색(Search) 단계다. 어떤 제품에 호감(관심)을 갖게 되었는데, 그 제품을 써본 다른 사람들의 평가는 어떤지, 만족도는 어떤지 등을 서치하는 것이다. 서치를 통해 평가가 좋으면 구매(Action)를 하는데, 예전 같으면 마케터들의 관심은 여기까지였다.

그러나 검색의 시대는 마케터들로 하여금 소비자들의 구매후 행동, 즉 사용자 경험을 공유(Share)하는 단계까지 신경 쓸 수밖에 없게 만들었다. 일정한 기대를 갖고 구매를 한 소비자는 구매한 후에 제품을 실제로 써보면서 제품의 성능(performance)을 지각하게 된다. 이 지각된 성능이 기대보다 크면 소비자는 만족하고, 기대보다 작으면 불만족하게 된다. 기대와 성능 간의 갭이 크면 클수록 만족도와 불만족도 또한 그만큼 커진다. 만족한 고객은 가만히 있지 않고 자기 경험을 인터넷 상에 쏟아놓는다. 불만족한 고객은 더 난리다. 불만의 경험은 만족의 경험보다 훨씬 더 세게, 더 빠르게, 더 멀리 퍼져나간다.

④는 '구매자 의사결정 과정'이다.[26] 첫 번째 단계인 욕구인식은 구매자가 자신의 니즈에 대해 인식하는 과정이다. 마케터는 그의 니즈를 불러일으킬 만한 적절한 외적 자극을 제공함으로써 소비자가 제품에 대해 욕구를 느끼도록 해야 한다. 욕구를 인식하고 관심을 갖게 된 소비자는 정보탐색을 시작한다. 정보탐색 과정에서 가장 강력한 영향을 미치는 것은 구전이다. "그 어떤 광고 캠페인도 이웃이 담장에 기대어 '이 제품은 정말 좋아'라고 말하는 것보다 더 효과적이지 못하다. 점점 더 디지털 정보원천이 담장의 역할을 하고 있다."[27] 탐색한 정보를 바탕으로 소비자는 선택 가능한 몇 개의 대안들 중에서 가장 맘에 드는 브랜드를 고른 다음 최종 구매를 한다.

고객전도사가 전면에 부상한 웹시대에 마케팅은 어떠해야 할까. 파나소닉의 사례는 하나의 실마리를 제공한다. 파나소닉은 비용 전액을 다 대서 국제 가전 콘퍼런스에 고객들을 보내주면서 파나소닉 제품에 대한 의견도 청취했다. 파나소닉은 결코 앞에 나서지 않으면서 비판적인 의견도 다 받아들였다. 고객으로 하여금 마음껏 평가·발언하게 하고, 기업은 제안과 지원은 하되 뒤로 한 발 물러나 있었던 것이다. 사람들 사이에서는 파나소닉의 쿨함이 미담으로 퍼져나갔다. 마케팅에서 궁극적인 목표는 고객관계 구축과 고객감동의 창출이다. 말하기보다는 말하지 않음으로써, 드러나기보다는 드러나지 않음으로써 파나소닉은 소기의 마케팅 목표를 이룰 수 있었다. "회사

---

26 『코틀러의 마케팅원리』, 159쪽 참조.
27 『코틀러의 마케팅원리』, 160쪽.

들은 고객들이 불평할 수 있도록 조장하는 시스템을 구축해야 한다. 이렇게 해야 회사는 자신이 얼마나 잘 하고 있는지, 그리고 어떻게 하면 개선할 수 있는지를 배울 수 있다."[28]

소비자 구매결정행동의 4가지 유형

소비자들은 브랜드 차이와 관여도에 따라 크게 네 가지의 구매결정행동 유형을 보인다. 관여도란 말 그대로 상품을 고르는 데 얼마나 관여를 하느냐, 즉 얼마나 머리를 싸매느냐 하는 정도를 말한다. 일반적으로 비싸고, 가끔 구매하고, 위험이 수반되는 경우가 고관여 상품에 해당하고, 싸고, 자주 구매하고, 위험이 별로 없는 경우가 저관여 상품에 해당한다.

브랜드 간에 차이가 크냐 작으냐, 관여도가 높으냐 낮으냐에 따라서 구매결정행동은 '복잡한 구매행동' '다양성 추구 구매행동' '부조화 감소 구매행동' '습관적 구매행동'의 네 가지로 나뉜다.[29]

소비자들이 상품들 간에 브랜드 차이가 매우 크다고 인식하고, 높은 관여도로 상품 구매에 신중할 때, 이때 보이는 구매행동을 '복잡한 구매행동'이라고 한다. 가격도 비싸고 정보도 매우 전문적이라서 이것저것 따지고 알아야 될 게 굉장히 많다. 말 그대로 구매과정도 복잡하고 구매결정도 복잡하다.

브랜드들 간의 차이는 크다고 느끼지만 낮은 관여도로 비교적 쉽게 상품을 선택·구매할 때, 이때 소비자들이 보이는 구매행동을 '다

---

28 『코틀러의 마케팅원리』, 162쪽.
29 『코틀러의 마케팅원리』, 157쪽.

양성 추구 구매행동'이라고 한다. 소비자는 선택한 상품을 소비하면서 그 브랜드에 대한 평가를 한다. 구매자는 이것저것 브랜드를 바꿔가면서 구매하는데, 그건 브랜드에 불만이 있어서라기보다는 다양성을 추구하려는 소비자 성향에서 비롯된 것이다.

다양성 추구 구매행동의 특성을 보이는 제품범주에서 시장리더냐, 마이너(저점유율) 브랜드냐에 따라 마케팅전략이 다를 수 있다. 시장리더는 진열공간을 지배하고(독차지하고), 제품을 선반에 완전히 채워넣고, 상기광고를 자주 내보냄으로써 습관적 구매행동을 조장하도록 노력해야 할 것이다. 마이너 브랜드 회사들은 가격을 보다 싸게 하거나, 특별 판매촉진·쿠폰·무료샘플을 제공하거나, 새로운 것을 시도해봐야 하는 이유가 담긴 광고를 실행함으로써 다양성 추구를 조장해야 할 것이다.[30]

한편, 양탄자 같은 것은 브랜드 간의 차이는 잘 모르겠지만 값도 비싸고 위신재의 성격도 있어서 관여도가 높을 수밖에 없는데, 이런 경우의 구매결정 행동유형을 '부조화 감소 구매행동'이라고 한다. 구매자가 브랜드 차이를 잘 모르는 상태에서 구매했기 때문에 나중에 '잘못 샀다'는 주위의 평가나 얘기를 들으면 심적 불편함이나 혼란을 겪을 수 있는데, 마케터는 구매자가 겪을 수 있는 이런 부조화를 제거하거나 감소하기 위해 구매후의 마케팅커뮤니케이션을 통해 구매자의 선택이 옳았음을 확신시키는 등의 노력을 해야 한다.

---

30 『코틀러의 마케팅원리』, 159쪽.

소비자들이 브랜드들 간에 차이가 별로 없다고 느끼는 데다 저관여 수준에서 그냥 별 고민 없이 구매를 결정할 때, 이런 경우의 구매행동을 '습관적 구매행동'이라고 한다. 소금 같은 걸 살 때 상표도 보고 다른 상품과 비교도 해가면서 오랜 시간을 들여 고민하고 사는 구매자는 별로 없다. 말 그대로 그냥 습관적으로 제품을 집어드는 경우의 구매행동을 가리킨다.

그럼, 책은 위의 네 가지 구매행동 유형 중 어디에 속할까?[31] 책은 브랜드들 간의 차이가 큰 상품일까, 아니면 브랜드들 간의 차이가 별로 없는 상품일까. 먼저 책과 관련해 세 개의 브랜드가 있을 수 있다. 하나는 책 자체가 갖는 타이틀브랜드, 또 하나는 저자라는 브랜드, 마지막으로 출판사라는 브랜드. 이 세 브랜드는 독립적이긴 하지만, 내적으로 긴밀하게 연결되어 있어 서로 영향을 주고받는다.

먼저 책이라고 하는 상품이 갖는 특성상 타이틀브랜드들 간에는 차이가 크다. 책은 사유와 감정과 서사를 담은 지식의 결정체로서 세상에 내용이 똑같은 책은 없기 때문이다.[32] 다만, 아무리 유니크한 책이라도 독자가 모르고, 따라서 구매하지도 않고 사용하지도 않는다

---

31 다른 상품과 달리 책은 네 가지 유형 외에 '습관적 비구매행동'이라는 유형을 더 추가해야 할 듯하다. 문화체육관광부가 발표한 '2015년 국민독서실태조사'에 따르면 책을 1년에 한 권도 읽지 않는 성인이 34.7%에 달하는 것으로 나타났다. 성인 10명 중 3.5명이 1년에 책을 한 권도 읽지 않는다는 얘기다. 비구입자를 포함한 성인의 연간 도서구입비는 평균 4만8천 원이다.

32 저자브랜드가 없는 경우 타이틀브랜드를 만드는 것은 쉽지 않을 뿐만 아니라 비용이 많이 든다. 세상에는 책들이 너무 많아서 개별 책들 가지고는 독자들 머릿속에 강력하게 브랜드 포지셔닝하기가 어렵기 때문이다. 물론 출판사브랜드가 있는 경우에는 좀더 적은 비용으로 타이틀브랜드나 저자브랜드를 만들 수 있다. 출판사브랜드가 중요한 이유다. 저자브랜드가 없는 경우 타이틀브랜드 포지셔닝을 위해서는 차별화되고 강력한 시리즈 기획 같은 것이 힘을 발휘할 수 있다.

면, 그 책은 브랜드는 고사하고 이 세상에 존재하지 않는 책이나 마찬가지다. 타이틀브랜드는 저절로 만들어지는 것이 아니라 독자에게 알리고 사용하게 하기 위해 홍보를 하고 광고를 하고 프로모션을 하는 과정에서 만들어진다. 안타까운 것은 책의 사용경험이 만족스러워서 일시적으로 타이틀브랜드가 생긴다 하더라도(타이틀브랜드가 생기면 저자브랜드 역시 만들어지는 경우가 대부분이다) 출판사들이 이를 출판사브랜드로까지 만들어내지 못한다는 것이다. 즉 단기이익을 중장기이익으로 연결시키지 못한다는 얘기다. 마케팅을 하는 궁극적 목적이 고객만족의 경험 제공을 통해 고객관계를 구축하고, 그 결과 고객으로부터 기업가치와 이익을 획득하는 것이라고 했을 때, 출판사는 타이틀브랜드와 저자브랜드를 출판사브랜드로 수렴시켜 독자들로 하여금 자사 책을 반복구매하도록 유도할 필요가 있다. 이게 바로 출판마케팅이다.

저자브랜드 차이는 어떨까. 책은 저자브랜드 차이가 판매량을 좌우하는 가장 큰 변수일 정도로 저자브랜드 차이가 큰 상품이다. 유명저자일수록 브랜드 차이는 더욱 커진다. 그러나 유명저자와 함께 작업하는 데는 비용이 많이 든다. 높은 선인세나 인세율 등의 불리한 계약조건 외에도 네임밸류에 걸맞은 판매고를 올려야 하기 때문에 광고비나 마케팅비가 많이 들 수밖에 없다. 결국 출판사브랜드를 통해 타이틀브랜드와 저자브랜드를 만들어가는 전략을 쓰는 것이 중장기적 관점에서 바람직하다고 하겠다.

그럼 출판사들 간의 브랜드 차이는 어떨까. 출판업계 내에서 출판사가 갖는 브랜드 차이는 제법 크다. 이를테면 저자를 섭외할 때나, 언론에 홍보할 때나, 서점을 상대로 마케팅을 할 때 출판사브랜드는 상당한 힘을 발휘한다. 하지만 독자들에게는 출판사들 간의 브랜드 차이가 크지 않다.[33] 이는 그동안 출판사들이 독자관계관리를 제대로 하지 못했다는 반증이기도 하다.

관여도 측면에서는 어떨까. 책은 관여도가 높은 상품일까, 낮은 상품일까. 또 관여도가 높은 게 좋을까, 낮은 게 좋을까. 우선 책은 그 책을 소비하는 사람의 지적 수준에 따라 관여도가 달라진다. 어떤 분야에 대해 잘 알고 있는 경우 그 분야의 책을 고르는 일은 그다지 어려운 일이 아니다. 이때 책은 저관여 상품이 된다. 그러나 잘 모르는 분야라면 그 분야의 책을 고르는 일은 그리 쉬운 일이 아니다. 이때 책은 고관여 상품이 된다.

책은 가격에 의해서도 관여도가 달라진다. 독자들 중 상당수가 비싼 책값을 이유로 구매를 많이 망설이면서(쉽게 결정하지 못한다는 점에서 '복잡한 구매행동'처럼 보이지만, 사려 깊은 구매를 위한 정보수집이나 학습활동이 병행되지 않는다는 점에서 무늬만 '복잡한 구매행동'인 경우가 많다) 다양성 추구 구매행동 영역이 아니라 복잡한 구매행동 영역 혹은 부조화 감소 구매행동 영역에 위치해 있다. 이 독자들을 저관여 영역인 다양성 추구 구매행동 혹은 습관적 구매행동 영역으로 옮기기 위해 출판사들은 출혈적인 가격할인 경쟁을 해왔다. 지금은 도서정가제 때문에 주춤하

---

33 앞으로 출판사들의 전략적 과제는 독자들에게 출판사브랜드를 강력하게 인지시키는 일이 되어야 한다. 다품종소량화 경향이 점점 심화되어 가는 출판환경에서 독자들이 특정 출판사브랜드만 보고도 신뢰를 바탕으로 별 고민 없이 책을 집어들 수 있도록, 즉 '습관적 구매행동'을 할 수 있도록 유도하기 위해서다. 주의할 것은, 출판사브랜드 하면 제품 차별화를 먼저 떠올리기 쉬운데, 제품 영역에서의 차별화는 타이틀브랜드나 저자브랜드의 포지셔닝을 위해서라면 몰라도 출판사브랜드 포지셔닝을 위해서는 그다지 효과적이지 않다. 독자를 상대로 출판사브랜드를 포지셔닝하기 위해서는 제품 차별화보다는 책 판매 이후의 사용경험 영역에서 고객만족을 창출하고 고객관계를 구축해야 한다.

고 있지만, 시간이 좀 지나면 대형 인터넷서점의 중고서점의 경우에서 볼 수 있는 것처럼 다시 온갖 편법을 동원한 가격할인들이 등장할 것이다. 왜냐하면 복잡한 구매행동 영역이나 부조화 감소 구매행동 영역에 머물러 있는 독자들을 설득할 수 있는 다양한 전략을 출판사나 서점이 갖고 있지 못하기 때문이다. 그나마 유일하게 갖고 있는 전략이 가격을 할인하는 전략인 것이다.

그러나 그동안의 일상적이고 반복적인 가격할인은 가격불신을 초래했고, 가격불신은 가격거품론으로 이어졌다. 도서정가제가 시행되면서 가격할인이 제한을 받자 책가격에 거품이 끼었다는 주장이 여기저기서 제기되었는데, 그러한 거품가격 주장에는 동의하기 어려운 측면이 있다. 책값은 책의 제작비가 아니라 지식의 가치에 대한 값이다. 그 가치를 계산에 넣지 않고 단순히 종이값, 인쇄비, 제본비 등으로만 책값을 따져서는 안 된다. 한 권의 책을 쓰기 위해 저자가 들인 시간과 노력, 또 그것을 한 권의 책으로 만들기 위해 책을 편집하고 디자인한 편집자와 디자이너의 시간과 노력, 이런 모든 시간과 비용이 책값 속에는 들어 있는 것이다. 그렇게 해서 세상에 나온 책이 1000부, 2000부 팔렸다고 했을 때, 사실 적정한 책값은 지금보다 높아야 한다. 지금보다 책값이 비싸지면 독자들이 보여주는 복잡한 구매행동 내지는 부조화 감소 구매행동도 어느 정도 이해가 된다. 그렇지 않고 지금의 책값을 놓고 거품가격 운운하는 것은 그만큼 책을 둘러싼 환경 자체가 왜곡되어 있다는 걸 말해준다.

이처럼 책이라고 하는 상품은 책을 읽는 독자의 사용자 상태, 분야, 가격 등에 따라 고관여 상품이 될 수도 있고 저관여 상품이 될 수도 있다. 그럼 관여도가 높은 게 좋을까, 아니면 낮은 게 좋을까. 당연히 관여도가 낮은 것이 좋다. 책 한 권 사는 데 이것저것 생각이 많고 고민이 많은 것보다는 별 고민 없이 쉽게 구매하는 것이 좋다. 책을 많이 읽다보면 자연스럽게 책 보는 안목도 생기게 마련이다.

브랜드들 간의 차이와 관여도 수준을 종합해볼 때, 책이라는 상품은 브랜드들 간의 차이가 큰 특성을 보이고 있고, 관여도 수준에서는 고관여에서부터 저관여에 이르기까지 매우 다양한 분포 양상을 보이고 있다. 따라서 구매행동 역시 복잡한 구매행동과 다양성 추구 구매행동을 양 끝단으로 하는 그 사이의 여러 지점에서 다양한 형태를 보인다고 할 수 있다. 출판계는 책이라고 하는 상품의 특성 면에서 보아도 그렇고, 출간종수와 종당 판매량이 계속해서 줄어들고 있는 출판현실로 보아도 그렇고, 독자들의 구매행동을 고관여 구매행동에서 저관여 구매행동 쪽으로, 즉 복잡한 구매행동에서 다양성 추구 구매행동 쪽으로 유도하는 4P전략을 구사할 필요가 있다.

다만, 출판산업의 규모가 계속 축소되고 있는 지금의 상황은 어느 한 출판사만의 문제가 아니라 전체 출판계의 생존이 걸린 문제이므로, 출판사들은 '국민독서율'과 '국민도서구매율'을 끌어올릴 수 있는 전체 수요 확장전략에 대해 공동의 노력을 기울일 필요가 있다.

사실 책이 어느 구매행동 유형에 속하냐고 묻는 것은 의미 없는 질문이다. 그보다는 차라리 어느 유형이 되어야 하느냐고, 그러기 위해서는 출판활동(에디팅, 마케팅)을 어떻게 구성해나가야 하느냐고 묻는 것이 필요한 시점이다.

6장

마케팅, 기업전략과 마케팅전략이 빚어내는 드라마

사장·팀장·사원에게 가장 중요한 세 가지를 물었더니

경영컨설팅회사 맥킨지는 회사로부터 컨설팅 의뢰가 들어오면, 우선 임원급 한 사람, 중간관리자급 한 사람, 말단사원급 한 사람, 이렇게 세 사람에게 "당신 회사에서 가장 중요한 세 가지가 뭐냐"고 물어본다고 한다. 여기서 세 가지란 미션·핵심가치·비전을 말한다. 기업전략이 없는 회사는 세 사람의 이야기가 중구난방인 반면, 마케팅 관점에 서있고 기업전략이 있는 회사는 세 사람의 이야기가 일치하는데, 실제로 경영진단을 해보면 대개 전자의 회사가 많은 문제점을 노출하는 반면, 후자의 회사는 매우 양호하다고 한다. 미션·핵심가치·비전·목표가 중요한 이유는 이것이 있어야만, 그리고 전사적으로 공유되어야만 일이 일관성 있게(콘셉트가 유지되면서) 진행되기 때문이다. 그러나 유감스럽게도 미션과 핵심가치와 비전을 갖고 있는 출판사는 많지 않다. 혹 있다 하더라도 사원 전체가 공유하고 있는 곳은 드물다. 굳이 말하면 사장만의 미션·핵심가치·비전이라고나 할까.

마케팅=기업전략×마케팅전략

앞에서도 언급했지만, 마케팅의 전체 프로세스는 사명을 묻는 것으로 시작해서 다시 사명을 묻는 것으로 끝난다(23쪽 참조). 이 프로세스 가운데 기업의 사명, 비전, 목표, 통합적 마케팅프로그램(마케팅믹스 즉 4P) 등과 관련된 것을 기업전략이라고 하고, 시장세분화와 타겟팅, 차별화와 포지셔닝 등과 관련된 것을 마케팅전략이라고 한다.[1] 결국 마케팅이란 기업전략을 씨줄로, 마케팅전략을 날줄로 해서 짜여지는 텍스트 혹은 기업전략과 마케팅전략이 어우러져 만들어내는 드라마라고 할 수 있다.

마케팅전략이 현실 경쟁에서 강력한 무기로 작동하려면 기업전략과 맞물려야 한다. 기업전략은 사업성과를 내는 데 꼭 필요한 요소로서, 기업 내부적으로는 조직의 존재이유·목표·행동원리·업무 프로세스로, 기업 외부적으로는 사업 및 제품 포트폴리오·매출·이익 등의 성과로 나타난다. 기업은 '고객가치 창출→고객만족→고객관계 구축'이라는 마케팅 목표를 달성하기 위해 사명, 핵심가치, 비전(goal), 목표(objectives), 사업포트폴리오, 마케팅프로그램 등 구체적인 '기업전략 계획'(company strategic planning)을 짠다. 기업전략 중에서도 사명, 핵심가치, 비전은 특히 중요한 의미를 갖는다. 이 세 가지는 마케팅전략과 함께 조직이 나아갈 방향을 나타내는 상위 컨셉(high concept)에 해당하고, 목표, 사업포트폴리오, 마케팅프로그램 등은 기업전략과

---

1 시장세분화, 타겟팅, 차별화와 포지셔닝을 마케팅전략이라고 하는 이유는 마케팅에서 행하는 모든 마케팅 전술의 토대가 되기 때문이다. 제품이든 가격이든 유통이든 프로모션이든 모든 프로그램(전술)들은 시장세분화와 타겟팅, 차별화와 포지셔닝의 토대 위에서 고안·실행된다.

마케팅전략이 구체화되는 하위컨셉(low concept)에 해당한다.

기업전략은 마케팅전략에 기반하지 않고서는 결코 만들어질 수 없다. 마케팅전략 또한 기업전략을 통해 구체적으로 표현되지 않는다면 결코 현실적 무기가 될 수 없다. 마케팅전략과 기업전략은 서로에 기대어 서로를 표현해주는 그런 관계다. 한마디로 "마케팅전략 없는 기업전략은 맹목적이고, 기업전략 없는 마케팅전략은 공허하다"고 할 수 있다. 이를 수식으로 표현해보면 '마케팅=기업전략×마케팅전략'[2]이 된다. 이 수식이 의미하는 바는 마케팅전략 없는 기업전략이란 있을 수 없으며, 기업전략 없는 마케팅 전략 또한 있을 수 없다는 것이다. 기업전략과 마케팅전략은 서로를 통해서만 현실의 힘으로 전화되는 것이다.

맥도날드의 사례가 가르쳐주는 것

애초 맥도날드의 성공 요인은 '좋은 품질의 음식을, 부담없는 가격에, 빠르게 제공'한다는 패스트푸드 콘셉트였다. 그러나 건강에 대한 소비자들의 의식 변화와 스타벅스의 고급커피가 부상하는 라이프스타일의 변화로 맥도날드는 시대에 뒤떨어진 낡은 브랜드로 인식되면서 매출과 시장점유율이 떨어지게 되었다.

---

2 마케팅은 기업전략과 마케팅전략의 합(+)이 아니라 곱(×)이다. 합은 둘 중 하나가 없어도 성립하지만, 곱은 둘 중 하나가 없으면 성립 불가능하다. 마케팅전략은 있지만 기업전략이 없다면, 마케팅은 성과가 없는 것으로 나타난다. 기업전략은 있지만 마케팅전략이 없는 경우도 마찬가지다. 물론 현실에서 이런 경우는 거의 없다. 마케팅전략과 기업전략은 나란히 갈 수밖에 없기 때문이다.

2015년 1분기의 순익은 전년대비 30%나 감소했고, 대규모 점포 폐쇄가 이어지고 있다. 다각도로 타개책을 짜내고 있는 맥도날드는 식품안전에 대한 우려를 씻기 위해 '항생제 닭고기'를 쓰지 않기로 하고, 분위기 반전을 위해 미국 내 직영 매장의 직원 9만 명의 시급을 최소 1달러씩 인상하기로 결정했다. 또 다양한 고객 욕구를 충족시키기 위해 이달 초에는 5달러대(약 5,000원)의 프리미엄 등심 버거를 메뉴에 도입하겠다고 밝히기도 했다. 그러나 시장에서는 이미 이미지 하락이 가속화된 상황에서 이러한 노력이 바로 실적 회복으로 이어지지 않을 것이란 전망이 지배적이다.[3]

당황한 맥도날드가 내놓은 대책을 보면 소비자의 이미지를 바꾸는 쪽이 아니라 음식의 질을 개선하는 쪽——메뉴에 프리미엄 등심 버거나 신선한 샐러드를 추가하는 등——에 맞춰져 있다. 이런 시도들은 실패로 끝날 가능성이 크다. 소비자들에게 인지된 심리적 사실은 맥도날드＝패스트푸드＝정크푸드이기 때문이다. 정크푸드라는 이미지(관념)를 바꿔놓지 않으면, 즉 마인드 차원에서 포지셔닝을 새롭게 하지 않으면 상황을 반전시키는 것은 불가능한데도 계속 제품에만 몰두하는 오류를 범하고 있다.

전세를 역전시키기 위해서는 제품에서 눈을 돌려 고객의 니즈에 주목하면서 패스트푸드의 강점을 슬로푸드의 건강한 이미지에 결합시키는 것이 중요하다. 시장에서 벽에 부닥쳤을 때는 제품에서 눈을 거두고 마케팅의 처음으로 돌아가 기업의 사명 즉 우리는 왜 이 일을

---

3 「한국일보」, '맥도날드 순익 30% 급감, 패스트푸드 왕국 흔들', 2015년 4월 23일자 참조.

하려고 했던가를 되돌아보고, 고객의 마인드(니즈)에 주목하면 문제를 보는 눈, 해결 방법에 대한 힌트를 얻을 수 있다.

사명은 기업이 존재하는 이유

사명(mission)이란 쉽게 말하면 '우리는 이 일을 왜 하는가'에 대한 대답이라고 할 수 있다. 앞에서도 말한 바 있지만, 인간의 뇌는 why→what→how→if의 프로세스를 거칠 때 외부의 일이나 사물을 가장 효과적으로 받아들이게끔 구조화되어 있다. 기업은 일(사업)을 하기 위해 만들어진 조직이다. 일을 잘 하려면 가장 먼저 '왜'(why) 하는지에 대한 이해가 선행되어야 한다. 그 '왜'에 해당하는 것이 바로 기업의 사명이다. '이 일을 왜 하는가'는 어떠어떠한 이유로 특정한 일을 하겠다는 선언이고, 이는 뒤집어서 말하면 특별히 정한 일 이외의 다른 일은 하지 않겠다고 선언하는 것과 마찬가지다.[4] 즉 사업의 방향과 주제를 명확히 하는 것으로, 출판으로 치면 특정 주제의 책을 내겠다는 선언이다. 이 말을 마케팅적으로 풀어서 하면 모든 세분시장에서가 아니라 특정 세분시장에서 특정 표적고객들을 대상으로 해서만 사업을 전개해서 차별적 우위의 목표를 달성하겠다는 이른바 '선택과 집중'(narrow focusing & dominate catergory) 전략을 가리키기도 한다. 기업전략과 마케팅전략(STP)은 이렇게 내적으로 서로 긴밀하게 연결되어 있다.

---

4 "제 갈 길을 가라, 남이야 뭐라든!" 칼 맑스가 『자본』 1권의 서문에서 한 말이다. 미션을 이보다 간결하게 표현한 말은 달리 없을 것이다.

기업을 만들고 운영하는 것도 사람이 하는 일이라 '사명-핵심가치-목표-비전-사업포트폴리오'로 이어지는 기업전략 또한 why→what→how→if의 프로세스를 따를 때 조직원들에게 빠르고 확실하게 흡수되고 공유된다. 가장 먼저 사업 분야와 주제를 선택하고 (why), 그 다음에는 어떤 제품·서비스를(what), 어떤 방식으로(how;어떤 목표를, 어떤 속도감으로, 어떤 핵심가치를 갖고) 실행에 옮겨서, 시장에 안정적으로 뿌리를 내리고 원하는 기업의 꿈(비전)을 이룰 것인가(if)의 프로세스를 밟아가야 하는 것이다. 그럼, 바람직한 기업사명은 어떤 것일까.

일부 기업들은 '우리 회사는 가구를 생산/판매한다' 혹은 '우리 회사는 화학 가공처리회사이다'처럼 제품지향적이고 근시안적인 기업사명문을 만든다. 그러나 사명문은 시장지향적이고 기본적 고객욕구에 근거하여 정의되는 것이 바람직하다. 제품과 기술은 결국 구식이 되지만, 기본적 시장욕구는 영원히 지속되기 때문이다. 예를 들어 홈데포의 사명은 단지 '수선도구와 집 개량용 품목들을 판매하는 것'이 아니라 '소비자들이 꿈의 가정을 실현할 수 있도록 하는 것'이다. 많은 기업사명문들이 홍보 목적으로 만들어졌고 구체성이 결여되고 업무수행의 지침이 되지 못한다. 기업사명문은 의미있고, 구체적이고, 동기유발적이면서 고객경험에 초점을 맞추어야 한다.[5]

출판문화공간 '엑스플렉스'는 독자들에게 글쓰기의 시간과 공간

---

5 『코틀러의 마케팅원리』, 41~42쪽.

을 제공함으로써 궁극적으로 독자가 저자가 되는 사건(경험)을 창출해내려고 한다. 지금까지의 전통출판에서는 책은 저자가 내는 것이고, 독자는 저자가 낸 책을 읽는 사람이었다. 분업에 따른 역할분담이 분명했다. 하지만 지금은 역할 분담의 경계가 사라지면서 독자가 얼마든지 저자가 될 수 있는 시대다. 그것이 가능해진 것은 1인미디어(개인미디어)의 발달 덕분이다. 과거와 달리 무수히 많은 사람들이 자신의 블로그, 트위터, 페이스북 등에 글을 써서 올린다. 그렇게 여기저기에 쓴 글들을 묶어서 한 권의 책으로 만들거나, 다양한 글쓰기 프로그램을 통해 많은 저자를 배출해내려는 것이 엑스플렉스가 하려는 일이고 존재하는 이유, 즉 엑스플렉스의 사명이다.[6]

엑스플렉스의 사명은 사내용, 사외용(고객용), 그리고 그 둘을 매끄럽게 이어주는 역할을 하는 포지셔닝 서술용의 세 가지가 있다. 회사 이름이기도 하고, 사내 슬로건이기도 하고, 제품·서비스 지향의 기업 사명문 역할을 하기도 하는 것이 엑스플렉스(X-PLEX)이다. 그리고 사외 슬로건으로서 고객중심의 시장지향적 사명문 역할을 하는 것이 "보통의 글쓰기, 보통의 책쓰기"이고, 포지셔닝서술용의 슬로건에 해당하는 것이 "퍼블리시 유어셀프!"(Publish Yourself!)다. 이 셋은 '글쓰기와 책쓰기'라고 하는 일관성을 갖는 콘셉트가 대상과 상황에 따라 각기 달리 표현된 것이다.

먼저 사내용 슬로건인 "X-PLEX"에서 플렉스(PLEX)는 출판

---

6 물론 써놓은 글을 그냥 모아서 묶는다고 책이 되는 것은 아니다. 한 권의 책이 되기 위해서는 책이라는 미디어가 요구하는 표현의 형식과 내용의 형식이 있는데, 엑스플렉스의 읽기, 쓰기, 책 만들기와 관련된 다양한 프로그램들은 저자, 에디터, 디자이너의 체계적인 지도와 도움을 통해 독자 스스로 형식을 제대로 갖춘 책을 완성해내는 것을 목표로 한다.

(Publishing), 강의(Lecture), 교육(Education), 세미나(Xeminar)의 머릿글자를 따서 만든 말이다. 글쓰기·출판과 관련된 다양한 강의, 교육, 세미나를 통해 글쓰기를 연마하고 그 결과물을 책으로 출판하자는 공간의 존재이유와 사명을 나타내고 있다. 플렉스 앞에 붙어 있는 X는 '미지수 X'로서 무한한 가능성과 잠재성을 의미한다.

사외용 슬로건인 "보통의 글쓰기, 보통의 책쓰기"에서, '보통'은 보통사람을 의미하기도 하고(글쓰기는 아무나 할 수 있는 것은 아니지만 누구나 할 수 있다), '일상다반사'를 의미하기도 한다. 글쓰기는 평소 꾸준한 수련이 무엇보다 중요하기 때문에 일상 밥 먹고 차 마시는 것처럼 항상 갈고닦아야 한다는 의미에서 '보통'을 썼다. 보통은 또 누구나 '알랭 드 보통' 정도의 글쓰기, 책쓰기를 했으면 좋겠다는 바람 또한 담고 있다. 보통은 국내에서 꽤 높은 인지도를 갖고 있는 영국 작가로서, 글이 상당히 고급스럽다. 그 정도 수준이 가능하다면 우리 인생에서 글쓰기와 출판을 통해 여러 가지 의미있는 이벤트(사건)를 만들어낼 수 있고, 그럴 때 우리 삶은 행복하고 풍요로워지리라고 생각해서 중의적으로 쓴 표현이다.

포지셔닝 서술(마케팅 콘셉트)에 해당하는 "Publish Yourself"는 "당신 자신을 표현하라" "당신 자신을 출판하라"는 뜻과 함께 "당신 자신이 직접 출판하라"는 뜻을 담고 있으며, 통합적 마케팅프로그램 즉 4P를 개발하는 토대가 된다. 이 슬로건을 구체화시킨 제품으로서의 프로그램이 각종 읽기·쓰기 강좌와 '텐북스'(tenbooks)[7], '저자양성

---

7 텐북스는 독자가 평소에 쓴 글들을 모아 책으로 묶어 내는 독자의 '저자-되기' 프로그램이다. 원고 분류하는 법부터 제목 짓는 법, 맞춤법과 교정보는 법, 표지 디자인에 이르기까지 전문 편집자와 디자이너의 1:1 코칭과 피드백 속에서 책을 완성·출간하는 과정으로 설계되어 있다.

소[8]다. 이 프로그램들은 표현하는 주체로서의 자기 삶을 재구성하는 것, 자기 삶을 지금까지와는 다른 방식으로 스스로 만들어갈 수 있게 하는 것을 목표로 한다. 지금 베이비붐 세대가 대대적으로 은퇴를 눈앞에 두고 있다. 2~3백만 명에 달하는 수많은 사람들이 인생 2막 준비를 거의 못하고 쏟아져 나오는 것이다.

"퍼블리시 유어셀프"는 노령화 시대의 새로운 준비다. 한 권의 책은 호흡이 길어서 지나온 자기 생을 통째로 정리할 수 있다. 조각글이나 잡글과 다른 점이 바로 이것이다. 쓰고 또 쓰면 책이 된다. 쓰고 또 쓰는 것은 단순히 써놓은 것을 더하는 것이 아니다. 그것은 더하기의 셈법이 아니라 곱하기의 셈법으로, 쓰고 또 쓰다보면 사람과 사물을 보는 시각이 변하고, 감성이 변하고, 생각이 변하면서 문체가 변한다. 쓰는 것은 단순한 차이없는 반복이 아니다. 쓰면서 매순간 변화해 가는 차이나는 반복인 것이다. 이렇게 쓰고 또 쓰다보면 사유와 감성이 깊어지고 이야기가 풍부해지면서 원고 또한 500매, 1천 매가 모이게 된다. 이것을 나누고, 묶고, 콘셉트를 부여하여 체계적으로 정리하면 한 권의 책이 되는 것이다.

글쓰기와 출판을 사업 주제로 하는 엑스플렉스는 다양한 커리큘럼의 운영을 통해 글쓰기가 왜 필요한지, 글쓰기를 하면 우리의 삶이 어떻게 달라지는지를 보여주려고 한다.

---

8 이 프로그램은 수강생이 쓴 글을 전문편집자가 1:1로 붙어서 책에 적합한 형태의 원고로 업그레이드하는 원고 코칭 프로그램이다. 출판사에 원고를 투고했다가 거절당한 사람에게는 왜 거절당했는지 그 이유를 설명해주기도 하고, 책 한 권을 낼 정도의 원고가 있는 사람의 경우에는 책이 되기 위해 필요한 개고의 전과정을 책임지고 지도하고, 원고량이 얼마 되지 않는 사람의 경우에는 책쓰기에 필요한 원고 작성의 방법 등을 가르쳐주기도 하는 과정이다.

핵심가치는 구체적이고 명확해야

미션이 기업이 존재하는 이유에 대한 대답이라면, 핵심가치는 어떤 방식으로 사업할 것인가에 대한 대답이다. 미션이 옳은 일을 하는 것이라면, 핵심가치는 옳은 일을 옳은 방식으로 하는 것을 가리킨다. 핵심가치란 전체 구성원이 공유하는 우리 회사만의 일하는 원칙이나 기준, 의사결정을 하는 데 있어 우선순위를 가리킨다. 따라서 구체적이고 명확해야 한다. 추상적이거나 모호하면 경우마다, 사람마다 해석이 제각각이어서 행위의 준칙으로 기능하기 어렵기 때문이다. 일을 하다보면 매순간이 의사결정의 연속임을 알게 된다. 의사결정의 원칙이 없거나 두루뭉술하면 일관성을 결여하게 되고, 그러면 당연히 중복·누락·착오의 비효율이 발생하게 된다. 핵심가치를 공유하면 무엇을 하고 무엇을 하지 말아야 하는지, 어떤 것을 먼저 하고 어떤 것을 나중에 해야 하는지 조직 전체가 같은 반응을 보임으로써 문제해결을 효율적으로 할 수 있다.

사실, 핵심가치라고 해서 특별하거나 거창할 필요는 없다. 밋밋하고 별것 아닌 것 같아도 사내에 공유되면 커다란 힘을 발휘하는 것이 핵심가치다. 유명한 일화가 있다. 한 축전지 기업의 대전 공장에서 황산이 유출된 사건이 있었다. 마침 장마철이라 유출된 황산은 비에 씻겨 보안 유지만 잘하면 외부에 알려지지 않고 그냥 넘어갈 수 있는 상황이었다. 공장장이 전화로 현황을 보고하면서 어떻게 하는 게 좋을지 묻자, 부사장은 호통을 치면서 한 치의 망설임도 없이 이렇게 말했다고 한다. "공장장, 우리 회사의 핵심가치가 뭔지 잊었소!" 이 회사의 핵심가치는 '정직'이었다. 공장장은 당국에 황산 유출 사실을 신고하고 수습에 나섰다. 이후 이 회사는 정직한 기업 이미지로 고객으로부터 더 큰 신뢰를 얻게 되었다고 한다.[9] 바로 이게 고객만족이고 고객감동이다. 이건 이 회사에 핵심가치가 살아있기 때문에 가능한 일이었다.

어떤 일을 할 때 사장이 있건 없건, 편집장이 있건 없건, 누가 해도 똑같이 할 때, 그 회사는 핵심가치가 살아 있는 회사라고 할 수 있다. 길벗출판사의 슬로건은 "독자의 1초를 아껴주는 정성"인데, 의사결정의 준칙, 행위의 준칙으로서 구체성과 명확성을 갖춘 좋은 핵심가치라고 할 수 있다. 길벗의 조직원들은 기획, 편집, 제작, 유통, 판매, 판매후의 모든 가치사슬에서 독자의 1초를 아껴줄 수 있도록 일의 우선순위를 잡고 행동할 것이다. 이 관점에서 보면 오탈자나 비문을 내지 않는 것도 독자의 1초를 아껴주는 정성이고, 고객문의나 고객클레임에 신속하게 대응하는 것도 독자의 1초를 아껴주는 정성이다. 이처럼 좋은 핵심가치는 조직원들을 기업이 추구하는 하나의 방향으로 향하게 함으로써 조직에 활력과 효율과 성과를 가져다준다.

엑스플렉스의 핵심가치는 역발상과 혁신

출판을 대하는 사고방식이 거의 같기 때문에 그렇겠지만, 대개의 출판사들의 경우 사업을 해나가는 방식이 비슷하다. 저자에게 원고를 받고, 편집자가 교정 교열을 보고, 디자이너가 표지를 만들고, 인쇄소

---

9 『세상 모든 CEO가 묻고 싶은 질문들』, IGM세계경영연구원 지음, 위즈덤하우스, 2013, 467~468쪽.

에서 인쇄를 하고, 제본소에서 제본을 하고, 책이 다 만들어지면 서점에 유통시키고, 이 과정을 거의 모든 출판사들이 매번 책을 낼 때마다 동일하게 반복한다. 편집도 비슷하고, 프로모션도 비슷하고, 따라서 당연한 얘기겠지만 원가도, 가격도 비슷하다. 대개의 편집자는 1년에 책을 네다섯 권 정도 만드는데, 이처럼 편집자의 생산성조차도 비슷하다. 이런 상황에서 차별화는 너무 어렵고, 출판사들이 상황을 타개하기 위해 할 수 있는 것이라곤 베스트셀러의 뒤를 쫓는 것 외에는 달리 뾰족한 방법이 없다.

출판은 10년 전이나 지금이나 편집을 혁신하지도, 디자인을 혁신하지도, 마케팅을 혁신하지도 않았다. 그런 상황에서 2014년 10월말부터 개정 도서정가제가 시행되면서 그나마 프로모션 툴로 활용해오던 가격할인마저 금지되자 책을 팔기 위해 할 수 있는 방법이 거의 없게 되었다. 지금의 불안과 위기의식은 정확히 이런 사정을 반영하고 있다. 벗어나는 유일한 방법은 출판의 개념을 혁신하는 것이다. 지금의 디지털 시대는 과거 아날로그 시대와 비교해 감각이나 속도감이 전혀 다를 수밖에 없다. 개념을 혁신하면 사고방식이 혁신되고, 사고방식을 혁신하면 보이지 않던 것이 보이게 되고, 그러면 출판의 감각이나 방법, 속도 등도 새롭게 바꿔낼 수 있다.

디자인만 해도 그렇다. 그동안 우리는 디자인 개념을 스타일 개념으로 좁게 사용해 왔다.

스타일이 단순히 제품의 외양을 서술하는 것이라면, 디자인은 제품의 외관과 성능을 포함하는 개념이다. 좋은 디자인은 새로운 아이디어를 얻기 위한 브레인스토밍과 제품모형 만들기로부터 출발하는 것이 아니라 고객을 관찰하고 그들의 욕구(needs)를 깊이 있게 이해하는 일로부터 시작된다. 제품디자이너는 제품속성과 기술적 명세보다는 고객이 제품을 어떻게 사용하고 어떤 편익을 얻게 될 것인지에 대해 더 많이 생각해야 한다.[10]

라틴어 데시그나레(designare)에서 유래한 디자인이라는 용어는 '지시하다' '표현하다' '성취하다'의 뜻을 가지고 있다. 출판업은 본래 기호로서의 언어를 가지고 '지시하고' '표현하여' 지식콘텐츠를 '만들어내고'(성취해내고), 프로모션과 커뮤니케이션을 통해 독자에게 만들어낸 책의 존재를 알려서 구매와 독서를 유도함으로써 최종 '성취를 이루어내는' 미디어 산업이다. 이런 관점에서 보면 디자인과 출판은 의미의 외연이 같고, 따라서 디자인(design)은 에디트(edit)와, 디자이너는 에디터와 동의어가 된다. 이럴 경우 에디터는 텍스트 디자이너, 디자이너는 이미지(비주얼) 에디터라고 불러도 무방할 것이다. 이름이 바뀌면 역할이 바뀐다. 이름이나 용어 사용법이 중요한 이유는 전통적인 역할 분담을 넘어설 것을 지금의 미디어 환경이 요구하고 있기 때문이다. 에디터로 불리건 디자이너로 불리건 중요한 것은 제품을 만들어내는 역할을 넘어서 사용자(독자) 경험을 창출해내는 지점으로까지 자신의 역할을 확장해야 한다는 것이다.

그러나 현실의 에디터와 디자이너는 제품, 기술에 매몰돼 있다. 좀더 완벽한 문장에 사로잡혀 마감을 모르는 에디터, 책을 좀더 멋지게 만들려고 여러 가지 복잡한 인쇄 가공 과정을 거치고 싶어하는 디자

---

10 『코틀러의 마케팅원리』, 237쪽.

이너. 이들은 스스로를 책이라고 하는 제품을 보다 완성도 높게 만드는 장인(기술자)으로 정의한다. 하지만, 이런 식으로 스스로를 정의하는 한 편집 혁신, 디자인 혁신은 불가능하다. 편집과 디자인의 최종 목적은 책을 만드는 데 있는 것이 아니라 사용자 경험을 창출하는 데 있다. 그러려면 자신이 만든 책을 독자의 눈에 띄게 만들고, 구매를 권유하고, 읽기를 권유하는 활동으로까지 나아가야 한다. 그런 혁신을 이뤄낼 때 비로소 편집과 디자인은 최종적으로 완성되는 것이다. 지금 우리에게 필요한 건 그런 에디터십이고, 디자이너십이다.

예전에 북스피어 출판사에서 책날개의 뒷면을 이용해서 등장인물의 계보도를 보여준 적이 있다. 외국의 추리소설을 보다보면 등장인물도 많고, 이름도 낯설고 해서 읽는 동안 계속 헷갈리게 마련이다. 계보도를 그려놓고 보면 덜 헷갈리는 경험을 누구나 한번쯤 했을 것이다. 책표지를 보면 크게 네 부분으로 구성되어 있다. 앞표지를 표1이라 하고, 앞날개를 표2, 뒷날개를 표3, 뒤표지를 표4라고 부른다. 표1에서 표4까지는 누구의 눈에나 다 잘 보이는 부분이다. 대개의 디자이너와 에디터는 누구의 눈에나 다 잘 보이는 이 부분을 채우는 데 익숙하다. 그런데 앞날개 뒷부분, 뒷날개 뒷부분은 접혀 있는 부분의 뒷면으로 눈에 띄지 않고, 따라서 에디터나 디자이너가 별로 신경을 쓰지 않는 부분이다. 북스피어는 이 부분에 주목했다. 접혀 있는 날개를 펼치면 아무것도 없는 백면이 나오는데, 거기에 등장인물들의 계보도를 적어 넣은 것이다. 독자는 책을 읽다가 인물이 헷갈리면 날개를 펼쳐 계보도를 확인함으로써 독서에 훨씬 몰입을 할 수 있다.

이처럼 남이 보지 못하는 것을 봄으로써 새로운 용법을 발명하고 제안하는 것, 그래서 깜짝 놀랄 만한, 누구도 생각 못한 다른 해결책

(솔루션)을 보여주는 이런 것이 편집 혁신이고 디자인 혁신이다. 디자인을 할 때는 디자이너 자신의 예술적·심미적 가치를 얼마나 충족시키느냐가 아니라 고객이 얼마나 만족하고 감동할 수 있느냐가 기준이 되어야 한다. 사장, 편집자의 눈에 드는 표지가 아니라 타겟으로 삼은 표적고객이 감동할 수 있는 표지인가 아닌가를 모니터해야 한다. 에디터 역시 내가 기획하고 만든 책이 표적독자에게 만족과 감동을 줄 수 있는 책인가 모니터해야 한다. 이 모든 것을 에디터, 마케터, 디자이너가 공유할 수 있게 해주는 게 바로 출판사의 핵심가치다. 사용자 경험과 사용자 만족까지 시야에 두고 책임을 지는 이런 마케팅 프로세스를 전사적인 원칙과 기준, 우선순위로 공유할 수 있도록 만든 한 마디 단어나 문장이 바로 핵심가치다. 없다면 지금 당장 만들어야 한다. 왜? 앞으로의 출판은 다르게 해야 하니까.

지금까지의 출판 시스템에서 '누구나' 저자가 되는 것은 드물고 희소한 일이었다. 그러나 엑스플렉스의 사명은 이 '희소한 일'을 의지만 있다면 누구나 저자가 될 수 있는 '보통의 일'로 바꾸겠다는 열망을 담고 있다. 사명에 걸맞게 만든 엑스플렉스의 핵심가치는 "역발상과 혁신"이다. 모순과 역설에 주목함으로써 그 속에서 많은 사업의 가능성과 기회들을 발견해내려는 것이다. 다시(re-) 소용돌이(volution)에 빠진 지금의 '혁명(revolution)적인' 출판환경에서 살아남으려면 패러독스에 주목할 필요가 있다. 역발상은 패러독스(paradox)를 옮긴 말로, '나란히 성립하는'(para) '의견'(doxa)이다. 의견이 다르거나 반대되는 것을 모순이나 적대적인 것으로 배척하지 않고 나란히 양립하는 것으로 보기 때문에 패러독스의 세계는 기본적으로 여러 가지 것들이 우글대는 무–질서(무한한 질서)의 세계고, 그만큼 많은 가능성과 잠재성을 내포한 세계다. 우리가 패러독스를 쉽게 받아들이지 못하는 것은(그 많은 가능성들과 잠재성들을 보지 못하는 것은) 고정관념(상식)에 사로잡혀 있기 때문이다. 상식과 통념에 붙들려 있는 한 혁신은 불가능하다. 패러독스를 핵심가치로 한다는 것은 고정관념이나 편견을 거부하고 발견의 세계, 창조의 세계로 그만큼 깊숙이 들어선다는 것을 의미한다. 창조란 '없는 것을 만들어내는 것'이 아니라 역발상의 관점에서 이미 있는 것을 새로 발견해내는 것이다.

혁신도 마찬가지다. 혁신(革新)은 혁명적으로 새로워지는 것을 말한다.[11] 혁명은 과거와의 일정한 단절을 요구한다. 지금 우리 출판이 어려운 이유는 현상적으로 여러 가지 이유를 들 수 있지만, 근본적으로는 출판의 패러다임이 혁명적으로 바뀌었는데도 출판의 생산과 유통 방식은 여전히 전통적인 낡은 방식을 고수하고 있기 때문이다. 혁명의 소용돌이에서 살아남는 방법은 가지고 있는 것을 놓아버림으로써 최대한 가벼워지는 것이다. 그래야 소용돌이의 가장자리로 빠져나올 수 있다. 가진 것을 놓지 않(으려)는 무거운 몸짓으로는 점점 더 소용돌이 한복판으로 빨려들어갈 뿐이다. 지금 출판에 요구되는 것은 책(종이책)에서 벗어나는 것이다.[12] 책에서 벗어나려면 저자관, 독

---

11 혁신이라고 해서 완전히 새로운 어떤 것을 의미하는 것은 아니다. 유에서 유가 나오지 무에서 유가 나오는 경우는 없기 때문이다. 배치되고 모순되기 때문에 우리가 버리거나 외면했던 것들 중 다시 끄집어내 살릴 수 있는 게 현실에는 매우 많다. 그걸 발견해서 출판의 새 모델을 만들어낼 수 있을 때 그게 바로 혁신일 것이다. 예를 들어 지금까지 우리는 책을 쓰는 건 저자고, 그 책을 읽는 건 독자라고 일방향적으로만 생각해 왔다. 혁신적인 사고방식이란 독자가 저자가 되는 거꾸로의 발상을 가리킨다. 이러한 발상법에 따르면 저자와 독자의 구분이 사라지면서 새로운 출판 사업의 계기들이 보이게 된다.

12 이 말은 종이책을 버리라는 말이 아니라, 앞으로는 제품과 경험 사이를 왕복운동 하면서 출판을 하는 소위 '사이의 출판'을 해야 한다는 것을 말한다. 지금까지 제품 중심의 출판을 해왔다

자관에서부터 기획, 유통, 프로모션까지 모든 방식을 다 바꿔야 한다. 바꿔야 기회가 있다. 미디어와 미디어 수용자는 빠르게 변하는데 출판은 10년 전이나 지금이나 속도도, 리듬도, 과정도, 감각도 크게 달라진 게 없다. 이래서는 점점 멀어져만 가는 독자의 뒷모습조차 끝내는 놓쳐버리고 말 것이다.

비전, 함께 꾸면 현실이 된다

나이키 초창기의 비전을 아는가? "무찌르자, 리복!"(Crush Reebok)이었다. 월마트는? 알다시피 "매일매일 싼 가격"(Everyday Low Price)이다. 이 구체성이 기업의 장기적 목표(goal)로서의 비전이다. "혼자 꾸면 꿈에 불과하지만 함께 꾸면 현실이 된다"는 말처럼, 비전으로서의 꿈은 혼자 꾸는 꿈이 아니라 함께 꾸는 꿈이고, 따라서 구체적이어야 한다. 구체적이지 않고 추상적이면 전 사원이 함께 공유하기가 그만큼 어렵기 때문이다.

물리량을 나타나는 데는 스칼라(scalar)량과 벡터(vector)량의 두 가지 방법이 있는데, 크기 즉 스칼라만으로는 최종 결과를 예측할 수 없다. 크기만으로는 정방향으로 이동하고 있는지 역방향으로 이동하고 있는지 알 수가 없고, 따라서 최종 결과를 예측하는 것이 불가능하다. 크기 외에 방향까지 제시되어야 결과를 예측할 수 있는데, 이것이 바

면 앞으로는 독자들과 함께 경험의 목차를 짜고 내용물을 만들어가는 그런 액션으로서의 출판이 필요하다는 것이다. 그러려면 무엇보다 출판이라고 하는 업태를 제조업에서 서비스업으로 재정의해야 한다. 우리가 서비스를 아무리 이야기해도 우리의 몸은 제조업에 굳어져 있다. 즉 제품(print)에 가있지 경험을 만들고 공유하는 액션(publishing/publication)에 가있지 않다는 것이다.

로 벡터 개념이다.

기업의 운동(활동)도 마찬가지다. 현실에서 기업이 존재감을 드러내려면(시장 포지션을 획득하고 실적을 내려면), 방향과 크기가 필요하다. 기업이 사명(주제)을 정하고 핵심가치를 정하면 사업의 방향이 잡힌다. 그러나 방향이 잡혔더라도 속도를 통제하지 못하면, 즉 목표나 계획 없이 되는 대로 하다 보면 사업이 시장에 자리를 잡을 수 없다. 자본주의는 경쟁체제다. 시장에서 자리를 못 잡으면(고객의 마인드에 자리를 잡지 못하면) 퇴출될 수밖에 없는 체제인 것이다. 포지셔닝에 성공하려면 시장에 빠르게 뿌리를 내려야 하는데, 그러기 위해서는 비전과 목표가 분명해야 하고 물량과 속도에 대한 통제력이 절대적으로 요구된다. 비전은 10년~15년 정도에 걸친 기업의 장기적 목표(goal) ──15년 후에 우리 회사는 이런 회사가 돼 있을 거야── 를 가리킨다. 비전이 기업의 장기적 전망으로서 꿈에 해당한다면, 목표(objective)는 1년~3년 정도의 단기적인 계획을 가리킨다. 우리는 올해 책을 몇 권 출간해서 매출은 얼마, 이익은 얼마 달성하고, 그 이익을 어떻게 재투자해서 얼마만 한 규모로 사업을 확대재생산할 것인지 목표와 실행 플랜을 짜는 것을 가리킨다. 사명과 핵심가치가 구체적이면 비전이나 목표도 구체적이고, 사명과 핵심가치가 모호하면 나머지 모든 것도 다 모호할 수밖에 없다.

지금까지의 전통출판에서 독자가 저자가 되기는 쉽지 않았다. 출판사로 보내오는 독자투고 중에서 책이 되어 나오는 원고는 1%도 채 되지 않는다는 사실이 독자의 저자-되기가 얼마나 어려운지를 말해준다. 엑스플렉스의 비전(꿈)은 체계적인 글쓰기 프로그램을 통해 15년 안에 5천 명의 독자를 새로운 저자로 데뷔시키는 것이다(Everyday

New Writer, 매일매일 1명씩의 새로운 저자를 발굴하는 셈이다).

책을 많이 사게 만들고, 책을 많이 읽게 만드는 가장 빠른 길은 저자를 많이 만들어내는 일이다. 처음에는 여행 가서 본 이야기, 먹은 이야기 등을 통해 한 권의 책을 쓸 수 있다. 그런데 두 권, 세 권 책을 내다보면 어떤 벽 같은 것을 느끼게 된다. 책을 찾아서 읽지 않고는 이야기나 사유를 펼쳐나갈 수 없다는 걸 깨닫게 된다. 독자를 저자로 만들겠다는 프로젝트를 시작했을 때, 우려의 시선이 있었던 것도 사실이다. '아무나' 저자가 될 수는 없지 않느냐는 것이다. 물론 아무나 저자가 될 수 있다고는 생각지 않는다. 그러나 '아무나'는 아니더라도 '누구나'는 저자가 될 수 있고, 또 되어야 한다고 생각한다.

지금 유럽 프로축구계는 잘 나가고 있다. 선수층이 두텁고 관객층이 두텁기 때문이다. 마찬가지로 출판(생태)계가 잘 나가려면 저자층이 두텁고 독자층이 두터워야 한다. 출판생태계를 축구생태계를 벤치마킹해서 5부리그 정도로 구성할 수 있다면, 그래서 5부리그의 필자가 3부, 2부를 거쳐 1부리그까지 올라올 수 있는 두터운 구조를 만들어낼 수 있다면 전체 출판생태계는 틀림없이 풍요로워질 것이다. 누구나 자기 조건과 실력에 맞게 축구를 직접 하기도 하고 보기도 하면서 즐길 수 있는 세상, 출판 세상도 그래야 한다.

제품포트폴리오를 위한 차별화 전략

출판이 마케팅 관점에 서지 않고 베스트셀러 지향으로 짜여지면 매출이 널을 뛰기 십상이고, 이럴 때 함수는 만들어지지 않는다. 이때 출판은 한탕주의 도박산업이 된다. 마케팅의 관점에서 전략적으로 설계 집행될 때만(즉 계획→실행→피드백→수정→실행→피드백→계획 재수 정의 프로세스에 따라 사업이 진행될 때만), 출판은 함수가 되고 유의미한 분석의 대상이 된다.

기업을 도박이 아니라 마케팅전략의 토대 위에서 사업으로 운영해 나갈 때 그 성패를 좌우하는 것은 강력한 포지셔닝이다. 포지셔닝에 성공하려면 무엇보다 차별화가 중요하다. '차별화'에 해당하는 영어 단어는 differentiation인데, 수학에서는 미분[13]을 의미한다. 미분과 차별화는 어떤 연관성이 있을까. 차별화는 '다른' 것으로, 여기에는 '양적 차별화'와 '질적 차별화'의 두 가지가 있다. "한 개의 타자기를 보고 100개의 타자기를 만들었다면 수평적 진보를 이룬 것이다. 한 개의 타자기를 본 다음 워드프로세서를 만들었다면 수직적 진보다."[14] 수평적 진보가 양적 차별화로 보통점에 해당한다면, 수직적 진보는 질적 차별화로 특이점에 해당한다. 기업을 둘러싼 미시환경과 거시환경이 사업에 우호적인 평화 시기에는 보통점의 차별화만으로도 기업은 성장을 해나갈 수 있다. 그러나 기업을 둘러싼 내·외부환경이 적대적인 전환기에는 보통점의 차별화가 아니라 특이점의 차별화가 요구된다.

---

13 "들뢰즈는 이웃항과의 관계에 의해 결정되는 어떤 항의 가치를 도출하는 작업을 미분이라고 부른다"(『고쿠분 고이치로의 들뢰즈 제대로 읽기』, 146쪽). 수학적으로 미분이란 함수상의 어느 한 점에서의 순간변화율(미분계수)을 구하는 것을 말한다. 쉽게 말하면 그래프 곡선 상의 어느 한 점에서의 접선의 기울기를 구하는 것을 말한다. 이 접선의 기울기를 구하는 것을 특정한 어느 한 점의 순간변화율이 아니라 모든 x에 관한 순간변화율로 일반화하여 함수로 나타낸 것을 도함수라고 한다. "어떤 함수를 미분계수로 '이끄는'[導] 함수"라는 의미에서 도함수(導函數)라고 부른다. 결국 미분이란 도함수를 구하는 것을 의미하며, y' 혹은 f'(x)로 표기한다.

14 『제로 투 원』, 피터 틸·블레이크 매스터스 지음, 이지연 옮김, 한국경제신문, 2014, 15쪽.

미분을 해보면 그 점이 보통점인지 특이점인지 알 수 있다. "어떤 점이 특이점이라는 것은 그 점의 미분계수가 0이거나, 또는 부호가 바뀌거나 하는 경우들을 가리킨다. 미분계수가 둘 이상이거나 아니면 아예 없는 경우들(삼각형의 세 꼭짓점처럼 수학적으로 미분 불가능한 점)도 특이점을 형성한다."[15] 미분을 해보면 어느 점을 계기로 해서 운동의 양상이 내리막에서 오르막으로, −에서 +로 바뀌는 것을 알 수 있는데, 이처럼 '양상이 바뀌거나 무슨 일인가가 새로 일어나는 특이한 움직임'을 특이점이라고 한다.

여기 A와 B 두 출판사가 있다고 하자. A사의 매출은 $y=x^2$의 그래프를 그리고 있고, B사의 매출은 $y=x^2+100$의 그래프를 그리고 있다고 하자. 두 출판사의 매출은 100의 차이가 난다. 그러나 미분을 해서 도함수를 구해 보면 $y=2x$로 두 출판사가 똑같다. 이 말은 접선의 기울기 즉 운동성이 같다는 말이다. 즉 매출의 양적 차이에도 불구하고 운동성이라고 하는 질적 측면에서는 차이가 없다는 말이다. 이런 구도하에서는 동일한 시장 파이를 놓고 경쟁적으로 출혈 경쟁을 감수할 수밖에 없고, 이는 결국 두 출판사 모두의 생존력을 심각하게 약화시킨다. 성숙기나 안정기에는 양적 차별화만으로도 그런 대로 사업을 유지해 나갈 수 있지만, 지금과 같은 쇠퇴기나 전환기에는 시장의 틀을 바꾸는 질적 차별화를 통해 새로운 성장 동력을 확보해야 한다.

그럼 운동성에 변화를 줌으로써 질적 차별화를 꾀하려면 어떻게 해야 할까. $y=x^2+c$의 모델에서 벗어나 $y=ax^2+bx$의 모델로 사업모델을 바꾸어야 한다. 여기서 눈여겨보아야 할 것은 상수 a, b, c와 새로

---

15 『사건의 철학』, 174~175쪽 참조.

추가된 변수 x다.

먼저 전자의 모델에서는 상수 c에 아무리 많은 변화를 주어도 도함수는 $y'=2x$로 변화가 없다. 상수를 추가했지만 질적 차별화를 꾀하는 데 실패했다는 말이다. 대표적인 예가 경쟁적인 가격할인이나 프로모션 이벤트다. 만약 이 c를 더하기의 상수가 아니라 곱하기의 상수로 쓰는 전략을 채택했다면, 함수는 $y=ax^2$이 될 것이고, 그럴 경우 도함수는 $y'=2ax$가 되어 질적 차별화에 성공할 수 있었을 것이다. 가격할인 전략이 아니라[16] 제품 업그레이드나 커뮤니케이션을 위한 네트워크 구축 전략 등에 자원을 썼다면 말이다.

후자의 모델에서는 상수 a와 b, 그리고 미지수 x를 추가함에 따라 도함수가 $y'=2ax+b$가 되어 전혀 다른 미분계수(운동성)를 얻게 된다. 이처럼 새로운 운동성을 확보함으로써 질적 차별화에 성공하려면 미지수 x를 추가하고 x의 승수효과를 낳는 a와 b를 부가함으로써 시너지 효과를 꾀하는 전략을 써야 한다.

전자의 모델은 지금 우리 출판계 대다수 출판사들의 모습이고, 후자의 모델은 앞으로 우리 출판계에 요구되는 출판사의 모습이다. 지금 우리 출판계에 필요한 건 지금까지와는 다른 미지수를 넣어서 출판의 새로운 패러다임을 창출해내는 것이다. 지난 30년간 인쇄나 출판 방식이 바뀌긴 했어도 출판의 문법이 바뀐 건 없다. 저자를 동원하는 방식, 편집자가 원고 다루는 방식, 프로모션 방식, 가격 매기는 방

---

16 물론 가격할인 전략도 가치를 높이는 전략이 될 수 있다. 그러나 이 전략이 문제적인 것은 한 번 가격을 할인하면 끊임없이, 그것도 점점 더 할인폭을 크게 해야 한다는 사실이다. 월마트의 기업사명이 "Everyday Low Price"이긴 해도 그것이 가격할인을 의미하진 않는다. 오히려 월마트는 가격할인을 극도로 자제한다. 원가절감을 통해 가장 저렴한 가격으로 제품을 공급하는 것과 가격할인은 근본적으로 다르다.

식 등이 거의 변하지 않고 그대로다. 심지어 "단군 이래의 최대 불황"이라는 클리셰도 20년 전이나 지금이나 똑같다.

왜 그럴까. 새로운 시도, 미지수 x를 고민하지 않았기 때문이다. 그건 출판 불황의 원인을 니즈 차원에서 찾지 않고 원츠 차원——어떤 저자가 잘 나갈까, 가격을 얼마나 할인해야 할까, 어떤 이벤트를 해야 책이 잘 팔릴까——에서만 찾으려 했다는 말과 같다. 미디어의 변화로 분출된 대중의 표현 욕구와 열망은 지식과 서사의 생산·유통·소비 방식을 크게 뒤흔들어놓았는데도, 출판인들은 여전히 원츠에 세계에 갇혀 눈앞의 유명저자와 베스트셀러를 쫓아다닌 것이 지금의 어려움을 초래한 주범이라고 해도 과언이 아니다. 가장 안전할 것 같은 베스트셀러 전략이 사실은 가장 위험한 전략인 것이다. 그 시장은 가성비('비용 대비 이익')도 떨어지고, 예측 불가능하고, 운에 좌우되고, 무엇보다 잘 나가는 극소수의 저자를 두고 피튀기는 경쟁을 벌여야 하는 레드오션 시장이다.

사업포트폴리오의 설계

기업은 성장 자체를 목표로 삼지 말아야 한다. 기업의 목표는 '이익이 나는 성장'이어야 한다. 마케팅은 이익이 나는 기업성장을 달성하는 데 중추적 책임을 진다. 시장침투, 시장개발, 제품개발, 다각화 등의 기업성장 기회를 파악하기 위한 포트폴리오 계획수립 도구를 제품·시장 확장그리드라고 한다.[17]

---

17 『코틀러의 마케팅원리』 47쪽.

	기존제품	신제품
기존시장	시장침투 (market penetration)	제품개발 (product development)
신시장	시장개발 (market development)	다각화 (diversification)

　　기업은 기존제품을 갖고 기존시장에 더 깊이 침투함으로써 성장을 추구할 수 있는데, 이 전략을 '시장침투전략'이라고 한다. 기존제품의 마케팅믹스(4P)에 변화를 줌으로써 더 많은 매출을 꾀하려는 전략이다. 출판의 경우라면 '한정된 독자층'(기존시장)을 상대로 이미 출간되었지만 판매가 부진했던 책의 표지를 바꾼다든지, 가격을 조정한다든지,[18] 새로운 유통경로를 만들어낸다든지,[19] 프로모션과 광고를 추가한다든지 함으로써 매출을 높이려는 전략이라고 할 수 있다. 대부분의 출판사들은 시장침투전략에 마케팅 노력을 집중하고 있다. 내 제품과 내 고객이 있는 영역이기 때문이다. 개정 도서정가제 이전에는 시장침투전략이 주로 경쟁적인 가격할인과 과도한 이벤트의 출혈경쟁으로 나타났다.

---

18 현행 도서정가제하에서 출판사는 출간 후 18개월이 지난 책의 경우 한국출판문화산업진흥원에 재정가를 신청해서 가격을 조정할 수 있다.
19 우리 출판의 현실에서 새로운 유통경로의 추가는 시장침투전략에서 가장 중요한 부분이라고 할 수 있다. 오프라인 서점이 계속 줄어드는 상황에서 유통경로의 대안 마련이 시급한데도 거의 대부분의 출판사들은 기존의 한정된 유통공간에서 경쟁적 우위를 점하려는 푸시(push)전략으로 일관하고 있다. 앞으로 플랫폼을 중심으로 독자를 직접 만나는 D2C(direct to customer)마케팅이 일반화될 전망이므로 이에 따라 출판사가 직영하는 소매서점이나 직판 유통채널이 새로 만들어질 가능성이 크다.

'시장개발전략'은 기존제품을 갖고 새로운 시장을 개발하는 시장 확장전략을 가리킨다. 새로운 시장 개발이란 '새로운 유통경로의 개발'(시장 파이는 그대로인 상태에서 시장점유율을 높임으로써 매출 확대를 꾀하는 전략)을 가리키는 것이 아니라, 새로운 용도 개발이나 새로운 사용자(신규독자)의 유입, 사용빈도를 늘림으로써 시장 파이를 키우는 것을 말한다. 이 세 가지 전술은 명확하게 분리되어 있다기보다는 새로운 용도를 발명하면 새로운 사용자가 유입되고 사용빈도도 증가하는 식으로 서로 긴밀하게 엮여 있으면서 영향을 주고받는다.

지금의 소셜미디어 환경은 시장확장에 확실히 플러스로 작용할 공산이 크다. 그동안 책은 '사적 미디어'(private media)로서 주로 혼자 읽는 방식으로 소비되었다면, 소셜미디어 시대인 지금은 함께 읽고 함께 이야기하는 방식으로 소비될 가능성이 매우 크다. 새로운 독자 개발이나 사용빈도 증가를 위해 북클럽, 북캐스트, 북토크, 북세미나 등의 다양한 콘텍스트 활동과 오디오북, 대활자본, 점자책 등 다양한 독자맞춤형 콘텐츠상품을 제공할 필요가 있다. 그밖에 새로운 용도 개발의 예로는 단행본을 학교 현장에서 교재로 활용할 수 있도록 교육콘텐츠로 재가공한다든지, 독자를 저자로 만드는 '저자되기 프로그램'을 개발 운영한다든지(사람들은 책을 쓸 때 참고자료로 이용하기 위해 훨씬 더 많은 책을 읽는다), 책을 '읽는 도구'에서 '저작 도구'로 바꾸어낸다든지,[20] 거실을 미니 가족도서관으로 만든다든지 하는 경우를 들 수

20 리딩패킷 같은 저작도구를 제공하는 경우에도 사람들은 훨씬 많은 책을 이용 소비하게 된다. 출판사가 챕터별로 쪼개서 판매하는 경우, 독자는 편자가 되어 필요한 챕터를 구매해서 독자적인 판본을 만들 수도 있고, 편저자가 되어 구매한 챕터에 자기가 쓴 챕터를 더해서 독자적인 편저를 만들어낼 수도 있다. 또 시나 단편소설 같은 경우는 시 한편 한편, 단편소설 한편 한편을 따로따로 구매해 독자적인 판본의 시집이나 단편소설집을 엮을 수도 있을 것이다.

있을 것이다.

갈수록 국민독서율이 떨어지고 출판시장의 규모가 축소되는 상황에서 출판사들은 출판계 공동대응전략 차원에서 시장개발전략을 중점적으로 고민할 필요가 있다.

한편, 기업은 성장을 위하여 기존고객(기존시장)에 수정된 제품 혹은 신규제품을 제공하는 전략을 쓸 수 있는데, 이를 '제품개발전략'이라고 한다. 제품개발전략은 출판업의 본질과 특성을 가장 잘 보여준다. 문화적 존재로서 자아실현 욕구가 강한 인간존재의 특성상 인간 사회에는 새로운 사유와 새로운 이야기가 끊임없이 만들어지고, 이는 새로운 지식의 출현과 그것을 담은 새로운 책의 끊임없는 출간으로 이어져 출판사가 존재하는 이유가 된다. 일반산업의 경우 신제품이 나오면 구제품은 시장에서 사라진다. 그러나 출판은 다른 산업과 달리 신제품(신간)이 나온다고 구제품(구간)이 시장에서 사라지진 않는다. 출판에서는 출간 당시 판매가 지지부진했던 책도 나중에 다시 활발하게 팔리는 경우가 적지 않다. 출판은 신간과 구간의 구분이 명확하지도, 큰 의미를 갖지도 않는다.[21] 출판은 구간과 신간으로 운영되는 사업이다. 출판업은 구간이 신간을 뒤에서 받쳐주고(구간을 back-list라고 한다), 신간이 구간을 앞에서 끌어주는(신간을 front-list라고 한다) 방식으로 구간과 신간이 하나의 목록을 이루면서 사업의 근간을 이루는 업종이라고 할 수 있다.[22] 구간을 신간화하려는 노력이 중요

---

21 보통 출간일을 기준으로 1년 이내의 책은 신간, 1년 이후의 책은 구간이라고 하는데, 편의적이고 자의적인 기준일 뿐이다. 2014년 11월까지 적용하던 개정 이전의 도서정가제에서는 18개월을 기준으로 신간과 구간을 나누기도 했는데, 이 기준 역시 자의적이기는 마찬가지다.

22 출판을 한마디로 정의하면 목록산업이라고 할 수 있다. 목록이 만들어져야 출판이 비로소 산업이 될 수 있기 때문이다. 목록이 만들어지려면 구간이 살아있어야 한다. 살아있는 구간의 바

한 이유다.[23]

수정된 제품 혹은 신제품을 끊임없이 개발해서 기존의 시장에 지속적으로 제공하는 것, 이것이 출판업의 본령이다. 지식은 끊임없이 갱신되어야 하고, 그럴 때만이 출판사는 존재해야 할 이유가 있다. 그것이 다품종소량이라고 하는 출판의 시대적 트렌드하고도 맞는다.

그러나 지금 우리 출판은 시장침투전략이 업의 본령이 되고 있다. 시장침투전략을 쓰더라도 새로운 유통경로(서점) 개발에 치중하는 시장침투전략이면 좋으련만, 서점 경쟁에서 우위를 차지하기 위해 공급률 할인을 중심으로 출혈을 감수해가면서까지 경쟁적으로 싸우는 시장침투전략이라는 데 문제의 심각성이 있다. 그런 전략은 자사를 위해서도 타사를 위해서도, 그리고 저자나 독자를 위해서도 좋을 게 하나도 없다. 공중파 텔레비전의 저녁 뉴스에서 거품가격 운운하는 지금의 현실이 그것을 단적으로 말해준다.

출판사들은 지금, 독자에게는 불신을 받고 있고 서점에게는 무시 내지는 휘둘림을 당하고 있다.[24] 영향력이 막대한 서너 군데 서점에

탕 위에서 신간이 계속 쌓여갈 때 출판은 비로소 산업이 될 수 있다. 구간이 살아있으려면 두 가지 전제조건이 필요하다. 무엇보다 출판의 주제와 목표가 일관성이 있어야 하고, 주기적인 수정 혹은 개정이 필요하다. 이런 조건이 충족될 경우, 시간의 경과 속에서 구간과 신간은 조화를 이루면서 깊이와 넓이를 갖춘 목록이 되고, 그럴 때만 책들이 오랫동안 시장에서 살아남아 다품종소량의 지속가능한 출판사업 모델이 가능해진다. 잘 팔릴 만한 타이틀만을 쫓아다녀서는 일관성 있는 목록을 만들 수 없고, 그렇게 되면 구간이 살아남을 수 없어 신간만으로 그것도 베스트셀러로 사업을 해야 하는데, 이래서는 사업이 아니라 도박이 되어 버린다.

23 구간을 신간화한다는 것은 수정 혹은 개정 작업을 가리키기도 하고, 발견성의 측면에서 독자들의 눈에 띄도록 프로모션(커뮤니케이션)하는 것을 가리키기도 한다.

24 책값에 대한 그 어떤 독자 설득도 생략한 채, 그때그때 임시방편으로 50%, 심지어 90%까지 할인판매를 마구 했기 때문에 책값을 불신 그 자체로 만들어 버렸다. 이런 상황에서는 거품 가격에 대해 스스로를 방어할 논리를 찾기가 쉽지 않다. 책값을 내리는 것도 독자를 설득하는 한 방법일 수 있지만, 그럴 경우 거품가격이 아니었음에도 거품가격을 인정하는 셈이 될 뿐만

유통을 전적으로 의존한 필연적인 결과다. 모든 도서에 대해 할인율이 15퍼센트 이내로 제한된 만큼 출판사의 서점공급률 인상은 당연한 일인데도, 대형서점의 압박과 출판사들의 자발적(?) 협조로 쉽게 올리지 못하고 있다. 공급률은 책값을 불신하고 있는 독자들의 신뢰를 회복하는 데 키포인트 역할을 하는 중요한 문제다.[25] 공급률을 끌어올리면 그만큼 가격을 내릴 수 있는 여지가 생기기 때문이고, 또 공급률 인상으로 인한 이익의 확보로 다양한 마케팅커뮤니케이션을 시도할 수 있는 재원을 확보할 수 있기 때문이다.

어디서부터 무엇을 해야 하는가. 유일한 방법은 마케팅으로 돌아가는 것이다. 고객관계관리를 하는 한편으로 네트워크를 구축해서 넓고 깊은 '다중관계'(public relations)를 만들어가는 것이다.[26] 그 다중관계 속에서 가격에 대해 독자들을 설득하기도 하고, 그밖에 책을 둘러싼 다양한 커뮤니케이션을 일상적으로 하면서 서로에 대한 이해의 깊이를 더해가야 한다.

사실 지금까지 출판계가 경쟁적인 가격할인으로 내몰릴 수밖에 없었던 것은 가격 외에 고객만족을 줄 수 있는 이렇다 할 프로모션 툴이 없었던 탓도 크다. 독자와의 깊은 커뮤니케이션을 통해 시대의

아니라(명분을 잃게 된다), 서점공급률을 지금과 같은 상태로 유지한 채로 가격을 내릴 경우 이익이 심각하게 위협받는다(실리도 잃게 된다). 가격문제에 대해 그동안 출판계가 너무 안일하게 대처해 온 것이 이런 이중 삼중의 질곡을 낳았다.

25 공급률에 대한 자세한 논의는 이 책 335쪽 참조.

26 퍼블릭(public)에는 크게 '대중'(공중)이라는 뜻과 '입장과 코드를 공유하는 사람들'(다중)이라는 뜻, 두 가지가 있다. 지금까지는 PR(Public Relations)을 '대중(공중)을 상대로 한 홍보'라는 좁은 의미로 써왔다면, 앞으로는 고객 개발 측면에서 '특정 출판사를 사랑하는 팬들과의 관계를 구축'한다는 좀더 적극적이고 능동적인 의미로 쓸 필요가 있다. 좀더 자세한 논의는 이 책 184쪽, 377쪽 참조.

미디어는 어디로 가고 있는지, 당대의 고객이 원하는 지식콘텐츠의 특성과 가격대와 유통방식은 무엇인지에 대해 이해를 새롭게 하고 대응능력을 키워가야 한다. 이제부터라도 내 고객은 내가 만들고 지킨다는 태도가 모든 출판 활동의 베이스에 깔려 있어야 한다.

'다각화'는 기존제품과 기존고객을 벗어나 새로운 사업을 시작하거나 인수하는 전략을 말한다. 한마디로 제품도 새롭고 시장도 새로운 영역이어서 리스크가 매우 큰 영역이다. 새로운 시장에 새로운 제품을 들고 진출하는 것이 다각화인데, 출판의 경우 미디어의 지형도가 크게 변화하고 있어서 신시장과 신제품의 규정이 모호한 측면이 있다. 이를테면 전자책은 신제품일까, 기존제품일까. 또 전자책을 보는 독자는 신시장에 속할까, 기존시장에 속할까. 오디오북은 새로운 제품인가, 기존 제품인가. 고민과 논의가 더 필요한 지점이라고 하겠다. 이에 비해 강의나 교육사업, 방송이나 TV 사업 등에 진출하는 것은 신사업의 성격이 좀더 확연히 드러난다고 할 수 있다.

일반기업의 경우 기업의 성장을 위해서 M&A 같은 것들이 일상적으로 일어나고 신규사업 전개도 비교적 활발한 편이다. 그러나 출판의 경우 이종기업과의 M&A는 말할 것도 없고, 동종기업 간의 M&A도 거의 일어나지 않는다. 신규사업의 시도도 그리 많지 않다. 규모가 영세한 탓도 있지만, 책이라고 하는 상품이 갖는, 일반상품과는 다른 특성 탓도 크다. M&A가 이루어지기 위해서는 객관적인 기업가치 평가가 전제되어야 하는데, 출판사는 저작권이라고 하는 저자 권리의 특수성으로 인해 자산 평가나 기업가치 평가가 쉽지 않다. 일반적으로 저자와는 처음 출판권설정계약을 맺을 때 5년 계약을 맺고 그 이후에 1년 혹은 2년 단위로 계약을 연장 갱신하는데(특허권의 보호기간이

20년인 것과 비교된다), 저자가 원할 경우 계약만료일 3개월 전에 문서로써 통보하면 언제든 계약을 해지할 수 있다. 이런 불안정한 상황에서 출판사가 기업가치를 갖는다는 건 거의 불가능한 일이다. 또 음반제작자나 방송사업자와 달리 출판사업자의 권리는 법적으로 보장되고 있지 않다.[27]

이처럼 출판사의 자산을 보호할 만한 법적·제도적 장치가 미비한 상황에서 기업의 가치 평가는 불완전할 수밖에 없고, 이는 M&A를 가로막는 요인으로 작용한다. 출판사를 인수하더라도 저자가 저작권 계약 기간이 종료되면 서면 통보만으로 계약을 종료시킬 수 있는 상황에서 출판사의 기업가치는 거의 없다고 보아도 무방할 것이다. 또 반품되어 창고에 쌓여 있는 책 재고는 폐지나 다름없을 정도로 자산으로서의 가치가 거의 없다고 보면 맞다. 이런 상황을 감안할 때 출판에서의 다각화전략은 어느 정도 한계가 있다고 하겠다.

앞에서 살펴본 대로, 시장개발과 제품개발 쪽으로의 마케팅 노력은 근거가 있는 전략이다. 시장개발은 이미 갖고 있는 제품으로 새로

---

27 지금의 출판권설정계약은 저자의 권리인 저작권과 출판사의 권리인 출판권을 규정하는 내용으로 구성되어 있다. 하지만 출판권은 저작권에 부속 연동되어 있어서, 저자와의 계약이 끝나면 출판사의 권리인 출판권은 저작권의 저자 귀속과 함께 자동 소멸되어 출판사 손에는 남는 게 하나도 없게 된다. 출판사의 자산가치나 기업가치가 거의 없는 이유도 여기에 있다. 그러나 책의 개발과 마케팅에 들인 출판사의 비용과 투자를 고려할 때 지금의 출판권은 출판사업자의 권리를 충분히 보호하고 있지 못한 것이 사실이다. 출판사업자의 권리 보호를 위해 한때 판면권 논의가 있기도 했지만, 발상과 접근법 측면에서 실효성을 거두기가 어려웠다. 저작인접권의 형태로 제작자의 권리가 보호되고 있는 음반제작자나 방송사업자와의 형평성 차원에서라도 저작권, 출판권 외에 출판사업자의 권리보호를 위한 제도 마련이 시급하다고 하겠다. 출판사업자의 권리보호를 위한 제도는 저자가 다른 출판사로 이적할 때 발생하는 이적료라고 생각하면 이해하기 쉬울 것이다. 프로축구에서 구단과 선수의 계약과는 별도로 선수가 구단을 옮길 때 발생하는 이적료가 축구사업자의 권리보호를 위한 장치라는 사실과 궤를 같이한다고 보면 된다.

운 고객을 찾아내는 것이고, 제품개발은 기존고객을 대상으로 새로운 제품을 개발하는 것이기 때문이다. 이에 비해 다각화 쪽으로의 마케팅 노력은 리스크가 매우 크다. 다각화 영역은 제품이나 고객, 그 어떤 근거도 갖고 있지 않은 영역이기 때문이다. 그렇긴 해도 미디어 지형의 변화로 전통출판방식이 한계에 봉착한 상황에서 출판업계는 다각화에 대한 신중하지만 적극적인 방안을 모색할 필요가 있다. 전혀 다른 사업으로의 다각화보다는 기존에 해오던 지식콘텐츠 사업의 연장선상에서 전개가 가능한 신사업 ——M&A까지는 아니더라도 공동출자 방식이나 콘소시엄 등을 구성해서 서점업이나 강의산업 등 인접산업으로 진출하는 방식 같은 것——을 적극적으로 고민할 필요가 있다.

출판의 역사—중세 장인모델에서 셀프퍼블리싱까지

다음 페이지의 그림에서 보는 것처럼 출판의 모델은 중세 장인모델(소품종소량) → 근대 인쇄공장 모델(소품종대량) → 웹의 등장과 인쇄기술의 혁신에 따른 다품종소량모델 → 롱테일모델인 셀프퍼블리싱 모델로 발전해 왔다고 할 수 있다. '개별화(일대일) 마케팅'(individual marketing)인 장인모델에서 출발한 출판모델은 대량 마케팅(mass marketing)인 근대분업모델을 거쳐 한층 '업그레이드된 장인모델'(대량개별화 모델)로 다시 이행해 왔다. "고객이 개별적으로 모셔지던 과거의 좋은 시절에서 어떤 기업도 개별고객의 이름을 몰랐던 대량마케팅으로, 그리고 다시 개별화시대로 회귀하는 순환과정을 거치는 것처럼 보인다."[28]

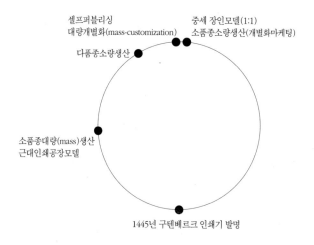

중세의 장인모델에서 다시 업그레이드된 21세기 장인모델로, 이처럼 역사는 돌고 돌면서 차이나는 반복을 계속한다. 돌고 도는 건 시장도 마찬가지다. 앞에서 이야기한 바와 같이 고대 그리스의 아고라(agora)는 원래 시장(장터)이면서 여론을 형성하던 이야기의 광장이기도 했다. 근대 이전 시골 장터 역시도 시장의 기능과 이야기 나눔터의 역할을 겸했다. 그러다가 시장과 이야기가 점차 분리되더니 이윽고 시장에서는 상품의 교환만이 행해지게 되었다. 대형마트에서 이야기를 나누는 쇼핑객을 본 적 있는가. 그들은 말없이 필요한 물건을 산 다음 구매한 물건을 차에 싣고는 재빨리 그곳을 떠난다. 인터넷 시대가 되면서 이야기가 있는 곳에 광고와 상품이 달라붙고, 상품이 있는 곳에 이야기가 달라붙으면서 시장과 이야기가 한 공간에서 교환되던 아고라의 모습이 다시 복원되고 있다.

28 『코틀러의 마케팅원리』, 214쪽.

인간이 쓰는 언어도 돌고 돈다. 인간은 문자 이전에는 몸짓과 말로 의사소통을 했다. 그러다가 기억과 전달의 한계를 넘어서기 위해서 문자를 발명해서 사용하기 시작했다. 지금은 다시 문자 중심에서 이미지와 영상, 말 중심으로 넘어가고 있다. 구술문화에서 문자문화로, 다시 업그레이드된 구술문화로 그 중심이 이동해 가고 있는 것이다. 역사는 돌고 돌지만 차이나는 반복을 통해 그 차원을 달리한다. 원시 시대의 말 중심 문화와 21세기 유튜브를 플랫폼으로 하는 말 중심 문화는 전혀 다른 문화다. 게다가 21세기 인간의 문화에는 빅데이터 같은 비언어적 요소에 인공지능까지 가미되고 있어 한층 복합적이고 중층적인 양상을 띠고 있다.

역사적으로 476년 서로마제국의 몰락에서부터 르네상스 시대까지 1천년의 시기를 중세라고 하는데, 중세 수도원은 계속되는 전쟁과 사회혼란으로부터 책(코덱스)을 만들고 보관하는 역할을 했다. 이 시기에 수도원의 필경 수도사들은 양피지에 필사를 해서 책을 만들었다. 지식인이 생산까지 직접 담당한 모델이었다. 숙련된 장인의 기술이 요구되는 데다 책 한 권에 수백 마리의 양가죽이 필요했던 만큼 코덱스 책은 당연히 소품종소량의 초고가일 수밖에 없었다.

1445년경 구텐베르크가 주조 활자에 의한 활판 인쇄에 성공하여 지식생산자와 출판생산자가 분리된 이후에는 인쇄업자들이 활자주조에서부터 편집·인쇄·판매에 이르기까지 전체 출판 과정을 주도하게 된다. 이후 인쇄의 비약적인 발달과 계몽주의의 등장은 지식의 생산과 소비를 폭발적으로 증가시켰고, 이에 따라 지식 매니지먼트 역할의 중요성이 부각되면서 다시 출판의 주도권은 인쇄업자의 손에서 출판업자의 손으로 넘어가게 되고, 이후 출판산업계는 인쇄업자-출판사-판매·유통업자로 3분할의 분업체계가 정립되면서 이른바 근대 출판산업모델이 자리를 잡게 된다.

교통수단의 발달과 매스미디어의 등장으로 전국에 흩어져 있는 사람들을 대상으로 책을 대량으로 판매할 수 있는 조건이 만들어지면서 출판지식의 생산-유통-소비에는 점점 가속도가 붙고, 근대출판은 산업으로서의 면모를 갖게 된다. 소품종대량생산의 출판모델은 이렇게 만들어졌다. 출판이 산업이 되면서 생산성 제고를 위해 출판사 내부의 업무 분화도 에디터, 마케터, 디자이너로 분업모델을 차용하게 된다.

지금 출판은 다품종소량이 메인스트림이 되어가고 있는데, 여기에는 몇 가지 요인이 작용하고 있다. 20세기 후반 인터넷이 등장하면서 출판을 포함한 콘텐츠 세계 전체에 커다란 변혁이 일어난다. TV, 영화, 음악, 라디오, 신문, 잡지, 게임 등 각각의 콘텐츠 지류들이 디지털 비트로 바뀌어 인터넷의 거대한 바다에서 하나로 모이게 된 것이다. 이제 콘텐츠의 세계는 압도적인 양을 과시하게 되고, 여기에 POD(Print on Demand)나 에스프레소 머신 같은 인쇄방식의 변화도 출판의 다품종소량화를 가속화시키게 된다. POD는 한 부 단위로 책 제작이 가능하고, 영국 같은 나라에서 상용화된 에스프레소 머신은 키오스크(무인단말기)에 구매하고 싶은 책제목을 입력하고 결제를 하고 3~5분 정도 기다리면 책이 제본되어 나오는 시스템이다. 또 소셜네트워크상에서 좋아하는 책에 관한 깊이 있는 정보를 공유하는 책읽기 문화가 확산되고는 있지만, 그럼에도 불구하고 책은 여전히 사적 미디어로서의 특성을 갖는다는 점, 게다가 책이라고 하는 상품을 소비하기 위해서는 일정 정도의 지적 능력과 경제적·시간적 여유가 있어야 한다는 점[29]도 다품종소량화를 거드는 요인이 된다.

소품종대량에서 다품종소량으로 출판의 생산·소비 패러다임이 바뀜에 따라 출판사들 역시 제품과 판매를 중요시하던 영업방식(광고에 의존한 비차별적 대량마케팅)에서 벗어나 고객관계관리를 중시하는 마케팅방식(독자 네트워크에 기반한 차별적 소량마케팅)으로 사업의 무게중심을 이동시켜 가고 있다.

콘텐츠만 인터넷 공간으로 모여든 것이 아니라 사람도 인터넷 공간으로 모여든다. 인터넷 플랫폼이 등장한 것이다. 물론 예전에도 플랫폼은 있었다. 플랫폼은 하드웨어·소프트웨어·네트워크가 결합되어 구동되는 '생산-유통-소비'의 시스템을 가리킨다. 출판을 예로 들면, 인터넷 플랫폼 이전에는 저자의 원고(소프트웨어)를 받은 출판사가 편집·디자인을 하고 인쇄소·제본소를 통해 책(하드웨어)을 만들면, 서점은 자신이 갖고 있는 독자 네트워크를 이용해 책을 팔았다. 분업

---

29 출판은 저술하고 편집하는 생산과정은 물론 책을 읽는 소비행위도 노동집약적이다. 저자나 편집자가 그런 것처럼 독자 역시 아무나 될 수 있는 게 아니다. 독자가 되기 위해서는 나름 치열한 자기 수련 과정을 거쳐야만 한다. 음악은 듣고, 영화는 보지만, 책은 읽는다. 음악이나 영화는 눈이나 귀의 운동에 의식의 흐름을 맡겨놓고 편안하게 쫓아가기만 해도 콘텐츠를 웬만큼 소비할 수 있다. 그러나 책을 '읽는' 과정에 들어선 독자는 글자 하나하나를 쫓아가면서 인코딩된 기호를 탈코드화(해석)하면서 읽는다. 탈코드화하는 과정에서 독자는 저자의 생각과 반대되는 자기만의 독특한 생각을 꺼내들기도 하고, 저자의 생각에 자기 생각을 섞기도 하고, 저자가 생각도 못한 전혀 다른 상상을 하기도 한다. 어느 정도 지력이 요구되는 이 노동집약적이고 지난한 독서의 과정으로 해서 책은 대량으로 소비되는 미디어가 아니라 다품종소량의 미디어가 되는 것이다. "1년간 한 권 이상 책을 읽은 사람의 비율이 10명 가운데 7명도 안 된다"는 국민독서 실태조사 결과는 이를 단적으로 보여준다. 또 스쿨(school)이라는 말이 '여유'를 뜻하는 라틴어 스콜라(schola)에서 온 것으로도 알 수 있듯이 공부를 하거나 책을 읽기 위해서는 여유가 있어야 한다. 현대사회에서는 돈이 곧 시간이고, 시간이 곧 돈이다. 다 그런 건 아니지만, 대개 돈이 있으면 시간적 여유가 생기고, 그런 여유가 책에 몰입할 수 있는 조건을 만들어주기도 한다.

의 토대 위에서 출판사와 서점이 각각 분리된 플랫폼으로 운영되었던 것이다. 이 분리된 플랫폼에서 출판사는 저자라는 고객을, 서점은 독자라는 고객을 분담해서 관계관리를 했고, 이것이 출판업의 사업모델이 되었다. 이렇게 분리·운영되었던 오프라인 플랫폼이 인터넷 플랫폼이 등장하면서 생산-유통-소비가 하나의 단일한 공간 안에서 전일적으로 이루어지게 된다. 저자·출판사·독자는 이제 인터넷 플랫폼이라는 동일한 공간에서 쌍방향으로 커뮤니케이션을 하면서 콘텐츠를 생산하고 소비한다. 서점이라는 공간도 이 플랫폼과 링크로 연결되어 있어, 독자는 플랫폼과 서점을 넘나들면서 콘텐츠를 구매하고 소비한다.

흔히들 다품종소량 하면 롱테일법칙을 떠올린다. 다품종소량의 이미지가 긴꼬리와 잘 맞아떨어지기 때문일 것이다. 그러나 하위 80퍼센트의 매출이 상위 20퍼센트의 매출보다 많아서 '역파레토의 법칙'으로 불리기도 하는 롱테일법칙은 유통모델이지 생산모델이 아니다. 즉 서점에나 통용되는 법칙이지 출판사에는 적용할 수 없는 법칙이라는 얘기다.

긴꼬리법칙이 성립하려면 수십만 종의 타이틀이 필요하고 콘텐츠 생산비가 거의 들지 않아야 하는데, 서점의 경우에는 이 두 가지 조건이 모두 충족된다. 서점은 취급하는 책이 수십만 종이며, 책을 만드는 생산비가 들지 않기 때문에 아무리 희소한 주문이라도 총매출에 합산되어 이익을 낳는 요소가 된다. 그러나 출판사의 경우, 단일 출판사가 수십만 종의 타이틀을 보유하는 것도 불가능하고 책을 만드는 데 들어가는 고정비(편집비와 관리비 등)와 변동비(인쇄비와 제본비 등)도 만만치 않아 희소한 주문으로는 매출이 비용을 감당할 수 없다. 만약 출판

사에 롱테일법칙을 적용할 수 있으려면 편집비 등의 고정비를 제로에 가깝게 하면 된다.[30]

그러나 셀프퍼블리싱이 등장하면서 출판사를 거치지 않고도 저자가 직접 출판을 하는 것이 가능해짐에 따라(즉 생산비가 들지 않게 됨에 따라) 유통모델로서뿐만 아니라 생산모델로서도 롱테일법칙이 가능하게 되었다. 저자, 출판사, 독자의 공동의 활동무대가 된 인터넷 플랫폼은 기술기업들이 자사 플랫폼에 책의 편집·디자인 툴을 장착하면서 출판사를 배제하고도 출판의 생산-유통-소비가 전일적으로 이루어지는 구조를 만들어냈다. 이제 누구나 원고만 있으면 아마존, 애플, 구글 플랫폼이 제공하는 편집툴을 사용하여 직접 책을 만들어서 팔 수 있게 되었다. 판매 대금의 30퍼센트에 해당하는 수수료만 내면 누구나 저자가 될 수 있는 시대가 된 것이다. 다품종소량의 극한인 롱테일법칙이 생산 영역에 그 모습을 드러낸 것이다.

셀프퍼블리싱[31]은 출판의 역사에 커다란 획을 긋는 사건이라고 할 수 있다. 지금까지의 출판이 분업과 대의(대행)에 의거한 출판 방식이었다면, 셀프퍼블리싱은 글쓴이가 스스로 책을 만들어 파는 출판의

---

30 변동비 문제는 POD 인쇄기술 등의 발전으로 1부 단위로 찍어 판매해도 이익을 낼 수 있기 때문에 큰 문제가 안 된다.

31 셀프퍼블리싱이란 저자가 자신이 쓴 원고를 플랫폼이 제공하는 툴을 이용하여 자신이 직접 책을 만들고 유통·판매까지 하는 출판시스템을 가리킨다. 따라서 일정한 돈을 내면 출판사에서 지금껏 해오던 출판프로세스에 따라 책의 편집·제작과 판매를 대행해주는(심지어 원고를 대신 써주기까지 하는) 자비출판과 셀프퍼블리싱은 전혀 다른 개념이다. 출판문화공간 엑스플렉스에서 일반인을 대상으로 진행하고 있는 내책 만들기 프로그램 '텐북스'는 자비출판과 셀프퍼블리싱 사이에서 독특한 영역을 구축한 새로운 사업모델이라고 할 수 있다. 앞으로 '대행'과 '직접'을 양단으로 하는 그 중간의 여러 지점에서 다양한 출판사업의 모델이 만들어질 것이다.

형태(생산=유통)다. 셀프퍼블리싱은 경제학적으로 표현하면 21세기 장인모델 혹은 생산의 롱테일법칙이라고 할 수 있고, 정치학적으로 표현하면 출판사의 매개(대행)를 거치지 않고 직접 출판을 함으로써 저자가 될 수 있다는 점에서 출판의 직접민주주의라고 할 수 있으며, 경영학적으로는 개별고객화 혹은 대량고객화(mass-customization)[32]라고 할 수 있다.

저자가 글을 쓰면 출판사가 저자를 대신(대행)해서 책을 만들고 판매하는 지금까지의 출판모델이 시장의 욕구를 전제로 한 시장세분화 모델이었다면, 셀프퍼블리싱 모델은 글을 쓴 개인이 자신의 욕구에 기초해 직접 책을 만들고 판매하는 모델이라고 할 수 있다. 셀프퍼블리싱을 한 문장으로 표현하면 "Publish Yourself"라고 할 수 있다. 셀프퍼블리싱은 언뜻 우리가 아주 오래전에 떠나온 장인모델로 다시 돌아가는 것처럼 보인다. 그러나 외견상으로는 같아 보여도 내용상으로는 커다란 차이가 있다. 중세의 장인 모델이 발주자와 제작자가 분리된 모델이라면, 21세기 장인모델인 셀프퍼블리싱은 발주자와 제작자가 일치하는 모델이다. 대량고객화 즉 미시(개인)마케팅 차원에서 플랫폼 기업의 셀프퍼블리싱 모델과는 차별화된, 출판사가 주도하는 독자적인 셀프퍼블리싱 모델을 어떻게 만들어낼 수 있을 것인가가 출판사들 앞에 던져진 도전적인 과제 중 하나다.

---

32 상호 커뮤니케이션 기술, 유연 생산방식, 빅데이터 기술 등이 하나로 합쳐져 서로 모순적이어서 공존이 불가능했던 품종의 다양화(customize)와 대량화를 동시에 충족시킬 수 있게 됨에 따라 대량고객화가 가능해졌다. 대량고객화로 기업은 단일상품을 대량으로 생산하지 않더라도 전체 생산량을 대량생산체제와 비슷한 수준으로 유지할 수 있게 되었다.

출판사 유형은 총9개, 우리 출판사는?

③ 소품종대량	⑥ 중품종대량	⑨ 다품종대량
② 소품종중량	⑤ 중품종중량	⑧ 다품종중량
① 소품종소량	④ 중품종소량	⑦ 다품종소량

가로축에 투입량에 해당하는 연간 출간 종수, 세로축에 산출량에 해당하는 연간 판매량이 오게 하여 우리나라 출판사들의 실적과 활동을 맵핑해 보자. 연간 출간 12종(1달에 1권 출간)까지를 소품종, 50종(매주 1권 출간) 전후를 중품종, 250종(매일 1권 출간) 전후를 다품종 출간이라고 하자. 판매량을 나타내는 세로축의 경우, 출간 시점부터 1년 후까지의 판매량이 1천부 안팎이면 소량, 5천부~1만부 정도면 중량, 3만부 이상이면 대량이라고 하자. 자사를 포함해서 참조할 만한 출판사들의 출간종수와 평균 판매량을 점찍어 보면 한국 출판계의 분포와 움직임이 한눈에 들어올 것이다.

출판인들의 의식을 지배하고 있는 패러다임은 베스트셀러 방식 즉 ③의 소품종대량방식, ⑥의 중품종대량방식이다. 1년에 10종 안팎, 많으면 40~50종 안팎의 책을 출간하고 그중 적게는 한 종, 많으면 몇 종을 10만부 이상 나가는 베스트셀러로 만들어서 승부를 보는 사업방식이다. 트렌드와 일시적 유행에 민감할 수밖에 없고, "도 아니면 모"의 리스크가 큰 방식이다. 이것을 반복하면 체계적이고 일관성 있는 목록 구성이 불가능해 백리스트는 물건너 갈 수밖에 없다. 그런데도 많은 출판사들이 이 방식을 지향한다. 베스트셀러 한 방이면 모든 문제가 해결되고 사업의 생존과 미래가 보장된다고 생각하기 때문이다.

책은 사람마다 가치관, 신념, 재미, 감동의 기준이 다 다르기 때문에 동일한 책에 대해 소비자가 느끼는 가치는 천차만별일 수밖에 없다. 책이 다품종소량생산의 상품일 수밖에 없는 이유고, 세상에 책이 그렇게 많이 존재하는 이유다. 실제로 1년에 새로 출시되는 단행본만 하더라도 4만 종이 넘는다. 볼 수 있고 봐야 할 책이 많다는 건 그만큼 소비자의 정신생활이 풍요로워진다는 걸 의미한다. 경제의 지속성장에는 한계가 있지만, 감성과 지성의 지속성장에는 한계가 없다. 이 세상 그 누구에게도 콘텐츠가 너무 많은 경우는 없다. 콘텐츠의 세계는 말 그대로 다다익선의 세계. 생산자가 아무리 많아지고 소비자가 아무리 많아져도, 콘텐츠가 수천만 개가 되어도 그 세계는 과잉을 모르는 세계다. 인간에게는 지금 자신이 처한 상태에서 한 발 더 나아가려는 욕구가 있기 때문이다. 콘텐츠의 세계에서 염려해야 할 것은 과소지 과잉이 아니다.

출판이 다품종소량의 영역으로 진화해가야 하는 이유를 좀더 구체적으로 살펴보자. 책은 공급자결정시장의 성격이 강해 독자가 모르는 상품(책)이 계속 나오고, 이는 대체 불가능한 다품종의 지식세계를 구성한다. 대체제가 아니라 독립재 혹은 보완재의 성격을 갖는 책의 성격이 다품종생산의 근거로 작용한다.[33] 책을 읽는다는 것은 책이 소비되어 사라지는 것을 의미하는 것이 아니라 책의 메시지가 정신으로 이전되는 것을 의미한다. 책은 이런 성격으로 인해 반복구매가 일어나지 않고, 따라서 대량으로 판매되기가 쉽지 않다. 게다가 POD나 전자책의 등장으로 절판되는 책이 점점 드물어지는 것도 출판의 다품종소량화를 더욱 부추기는 요인이 되고 있다. 책은 또 매스미디어가 아니라 사적 미디어이고, 지금의 웹미디어 환경에서 소비자가 소비할 수 있는 콘텐츠는 책 이외에도 너무 많다. 따라서 책 콘텐츠는 갈수록 소량으로 소비될 수밖에 없다. 점점 더 소량으로 소비되기 때문에 거꾸로 다품종이 요구되는 측면도 있다.

지금의 출판환경에서 출판사들은 다품종소량을 생존의 조건으로 심각하게 받아들여야 한다. 사람들의 라이프스타일이 다양해짐에 따라 시장 세분화가 더욱 빠른 속도로 진행되고 있으며, 세분시장의 크기 또한 점점 작아지고 있다. 다품종소량은 이론의 문제가 아니라 데이터가 말해주는 현실의 문제이며, 선택이 아니라 필수다. 출판사들은 앞으로 다품종소량을 전제로 출판사업을 전개해야 한다. 그것이 생존을 위한 진화의 방향이기 때문이다.

그러나 우리나라 대개의 출판사들은 ① ② ④ ⑤ 영역에 위치해 있다. 1인출판사나 5인 미만의 출판사들은 1년에 12종 이하의 소품종을 출간하면서 평균 판매량이 1천부~5천부 정도 되는 ①과 ②에 걸

---

33 책은 본래 독립재 혹은 보완재의 성격이 강한 상품 특성이 있다. 그러나 지금은 대체재의 성격이 점점 강해지고 있다. 책의 대체재 경향의 강화는 출판 내부와 외부, 두 방향에서 진행되고 있다. 출판 내부적으로 2014년 11월 개정 도서정가제가 시행되기 이전까지 서점 간의 경쟁적 가격할인으로 대체재 성격이 강해졌다면, 출판 외부적으로는 게임, 웹툰, 영화 등 다른 콘텐츠와의 경쟁에서 비교열위에 처하면서 대체재로 밀려나고 있는 형국이다.

친 영역에서 출판을 하고 있다. 한국출판계에서 중추역할을 하는 중견 출판사들은 주로 ⑤의 영역에 속해 있으면서, 10명~15명 규모의 인원으로 1년에 25~50종 정도의 책을 출간하고 평균 2~3천부 정도의 판매고를 보인다.

향후 한국출판은 ⑤ 영역의 출판사들이 어느 방향으로 자기 비전을 만들어나가느냐에 따라 산업으로서의 전망이 달라질 것이다. 이들 출판사들은 ⑥의 중품종대량, ⑦의 다품종소량, ⑧의 다품종중량 쪽으로 자기 비전을 만들어갈 수 있겠지만, 책의 종당 판매량이 계속 줄어들고 있는 현실을 감안할 때 ⑦의 다품종소량 쪽이 가장 현실성 있는 방향이라고 할 수 있을 것이다. 다품종소량을 기본전략으로 삼고 중량·대량 판매가 가능한 트렌디한 기획을 적절하게 믹스하는 방식으로 출판의 방향을 잡아나가는 것이 최선의 방책이 될 것이다.

다품종소량의 경우를 예를 통해 좀더 구체적으로 살펴보자. 매일매일 신간을 내는 출판사가 있다고 하자. 이 출판사는 1주에 5종, 한 달에 20종, 1년에 250종을 펴낼 것이다. 1년에 250종을 내고 평균 1천부가 팔린다고 하면, 이 출판사는 신간만으로 25만부의 매출을 올릴 수 있다. 책의 평균 정가가 17,000원이고 서점공급률이 70%라면, 공급가는 11,900원이다. 이 경우 신간 총매출은 29억 7,500만 원이 될 것이다. 이 출판사의 신간:구간 매출 비율이 4:6이라고 하면,[34] 이 출판사의 구간매출은 44억 6,250만 원일 것이고, 따라서 1년 총매출

---

34 보통 출간 후 1년이 지나지 않은 책은 신간, 1년이 지난 책은 구간으로 본다면, 신간 대 구간의 매출 비율은 출판사의 업력과 목록의 성격에 따라 차이가 있겠지만, 다품종소량출판 정책을 10년 이상 지속적으로 추구한 출판사의 경우 목록의 전문성과 독창성을 감안할 때 4:6 정도의 비율을 보일 것이다.

은 74억 3,750만 원이 될 것이다.

소량판매만으로도 출판은 이익을 낳는 사업모델이 될 수 있을까? 그렇다. 그러려면 신간(front list)과 더불어 구간이 죽지 않고 백리스트(back list)로 전체 목록 속에서 살아있어야 한다. 만약 고객관계관리가 제대로 이루어진다면 고객자산이 형성[35]되면서 사업모델의 성립 가능성은 더욱 커진다. 또 책은 원천 콘텐츠로서의 성격을 갖는바, 멀티유즈에 따른 시너지 효과도 작지 않다. 무엇보다 다품종소량을 사업방식으로 채택하게 되면 예측 가능한 사업을 해나갈 수 있다.

출판의 본성에도 잘 맞고 예측가능한 사업모델인데 현실에서 다품종소량 출판사를 찾아보기 쉽지 않은 이유는 뭘까. 제품·가격·유통·물류·커뮤니케이션의 그 모든 영역에서 혁신적이지 않으면 다품종소량을 힘있게 밀고가기가 어렵기 때문이다.[36]

참고로, ⑨의 다품종대량 영역은 출판의 근본속성상 쉽지 않은 영역인데, 우리 출판산업의 경우에는 여러 가지 제약요소로 인해 더욱 쉽지 않은 영역이다.[37]

다품종소량은 무조건 책만 많이 낸다고 달성되는 것이 아니다. 앞에서 신간을 내고 뒤에서 구간이 계속 죽어나간다면 다품종소량 출

---

35 고객자산이 형성되면 반복구매가 이루어지는데, 출판의 경우에 그것은 저자가 생애에 걸쳐 쓸 수 있는 책, 독자가 생애에 걸쳐 구매할 수 있는 책으로 나타난다.
36 다품종소량은 늘 혁신적일 것을 요구한다. 소량 판매의 성격상 고가격 전략과 이익극대화 전략을 취할 수밖에 없는데, 고가격은 당연히 높은 수준의 제품차별화를 요구하고, 이익극대화는 혁신적인 비용절감을 요구한다. 고품질과 저비용은 상식적 차원에서는 서로 모순되기 때문에 혁신적 발상과 프로세스가 아니면 동시에 실현하기가 어렵다. 또 높은 가치와 높은 가격을 설득할 수 있는 차별된 커뮤니케이션 전략이 요구된다. 물류와 관련해서도 과다한 재고에서 벗어날 수 있는 혁신적인 방안이 강구되어야 하는데, POD나 '에스프레소 북머신'의 적극적 채용은 무재고 출판의 강력한 대안이 될 수 있다.

판은 불가능하다. 앞에서는 효율적인 방식으로 책을 만들어내고 뒤에서는 출간된 책이 죽지 않고 목록 속에서 오래 살아남을 수 있도록 관리를 해나가는 노하우가 다품종소량의 핵심과제다.

또 출판에서 가장 중요한 자산이 책인 것은 맞지만, 책만 갖고 다품종을 실현하는 것은 비용이 너무 많이 들고, 비용 회수가 쉽지 않다는 점에서 한계가 있다. 책만이 아니라 책(지식)을 둘러싼 모든 콘텐츠 측면에서 다품종을 고민해야 하는데, 사용자가 책의 세계에 결합해 콘텐츠를 함께 생산해내면 콘텐츠의 품종 수는 비약적으로 증가한다. 사용자의 능동적 참여 속에서 다양한 콘텐츠가 생성되려면 그에 걸맞은 다양한 법적·제도적·문화적·시스템적 장치가 수반되어야 한다. 책의 해체와 재조립이 유연하게 이루어질 수 있는 그런 콘텐츠 우호적인 환경 속에서 사용자가 엮은 시집이나 단편소설집, 사용자가 엮은 논문집이나 교재 등이 다양하게 생성될 때 비로소 다품종소량은 실질적인 의미를 가질 수 있고, 그럴 때 출판은 새로운 가능성과 잠재성을 드러낼 수 있을 것이다.

책을 중심으로 해서 다양한 부가콘텐츠가 생성되는 수익모델을 만들어내기 위해서는 '책온리'(book-only)의 사업방식에서 벗어나 시

---

37 인구규모나 사용언어 등을 고려할 때 한국출판의 경우 다품종대량은 거의 불가능하다고 보아야 한다. 다품종대량은 미국의 메이저출판사나 아마존 같은 경우에나 가능한 방식이다. 우선 다품종 개념부터가 다르다. 아마존은 DTP(Digital Text Platform)라는 셀프퍼블리싱 시스템을 구축해 1년에 20만이 넘는 책을 출간한다. 대량판매 개념도 다르다. 인구규모도 우리의 거의 6.5배인 3억2천만 명에 전세계 공용어인 영어를 쓰면서 글로벌 시장을 상대로 콘텐츠를 판매하는 미국 메이저 출판사의 경우 몇십만 부, 몇백만 부 팔리는 책이 다반사로 나온다. 이런 걸 가리켜 다품종대량이라고 한다. 그러나 출판산업의 규모가 상대적으로 작은 우리의 경우, 연간 250종 이상 출간하고 연매출 400억~500억 원 정도 하면 다품종대량 출판사로 보아도 무방할 것이다.

장지향적 콘텐츠 관점을 견지해야 한다. 일례로, '자기소개서'에 관한 책을 냈다고 하자. 책온리 방식에서라면 출판 프로세스는 한 권의 책을 기획하고, 편집·제작하고, 홍보하고, 파는 것으로 완결된다. 성과 평가는 오로지 책이 몇 부 팔렸느냐다.

그러나 책 생산·판매 회사가 아니라 콘텐츠생산·서비스 회사라면 얘기가 달라진다. 퍼블리싱은 책의 형태로만이 아니라 다양한 형태로 확대될 수 있다. 전자책은 기본이고, 전자책을 챕터별로 쪼개서 팔 수도 있고, 오디오북으로 팔 수도 있고, 카드뉴스에 익숙한 독자들을 겨냥해서 카드북의 형태로 제공할 수도 있고(이미 시도한 사례가 있었으나 시장에 성공적으로 뿌리내리지 못했다), 자기소개서 관련 강의를 기획해서 판매하기도 하고,[38] 1:1 첨삭지도 유료 프로그램을 제공하기도 하고, 자소서 관련 책들을 모아서 기획 전시·판매도 함으로써 책만의 '다품종소량'(多品種少量)이 아니라 다양한 시너지 효과를 내는 '다이품종소량'(多異品種少量)을 얼마든지 구현해낼 수 있다. 또 출판의 기술적 혁신이 셀프퍼블리싱의 세계를 활짝 열어젖힌 만큼 책을 '읽는 도구'에서 '저작 도구'로 변모시킬 필요가 있다.

이제 출판사들은 책'만'을 제조해서 파는 제조회사가 아니라 지식 일반을 생산하고 유통하고 서비스하는 콘텐츠생산·서비스 회사가 되어야 한다. 출판사의 편집·마케팅 전문 인력을 활용해 책의 출간을 원하는 다양한 사람들에게 양질의 편집서비스와 마케팅 서비스를 제

---

38 출판사 사무실 공간을 개조해서 낮에는 출판사 사무실, 저녁에는 강의 공간으로 쓸 수도 있다. 강의를 들으러 오는 수강생 입장에서는 출판사 구경도 할 수 있는 절호의 기회다. 개방과 공유와 참여는 모든 국면에서 자연스럽게 이루어지는 것이 비용도 적게 들고 효과도 크다. 또 공간을 바꾸면 출판을 대하는 감각이나 습관, 태도도 바뀐다.

공함으로써 새로운 부가가치를 창출하는 것도 지식서비스의 좋은 사례가 될 것이다.

결국 다품종소량이 진정 의미하는 것은 목록이 살아있어야 한다는 것이고, 그 살아있는 목록을 가지고 독자들과 함께 개방과 공유와 참여의 시대정신을 공동으로 구현해 나간다는 것을 의미한다. 이것은 독자들의 적극적이고 능동적인 참여 없이는 불가능하다는 점에서 다시 출판의 과제는 퍼블릭(public)과 함께 공동의 활동을 구성하는 '퍼블리케이션'(publication)의 문제가 된다. 출판사 독자적으로 하든 연대해서 하든 이제 출판사들은 폐쇄적이고 비공유적이고 비참여적인 방식에서 벗어나서 사업을 새롭게 구성해야 한다. 그게 다품종소량이 진정 의미하는 바다.

다품종소량은 소비자들 앞에 이미 펼쳐져 있는 현실태다. 그러나 생산자인 출판사들 가운데 다품종소량생산의 대응력을 갖춘 출판사는 별로 없다. 이 불일치가 현실에서 출판산업 불황의 모습으로 나타나고 있는 것이다. 지금의 불황을 타개하기 위해서는 베스트셀러 출간이 아니라 출판사업을 다품종소량으로 구성할 수 있는 사업 다각화의 변용 능력이 요구된다.

예측 가능한 출판을 위해서 필요한 조건을 살펴보자. 무엇보다 가격을 소신있게 매길 수 있을 만큼 책이 유니크해야 한다. 유니크함이란 결국 고객가치를 말한다. 만약 독자가 책의 유니크함의 가치를 25,000원 정도로 느낀다면 책값이 20,000원이어도 별 저항감 없이 구매할 것이다.

유니크한 가치를 가진 출판물의 기획은 멀리 있지 않고 가까이에 있다. 책은 작은 요소 하나의 변화만으로도 커다란 차이를 만들어낼 수 있다. 이를테면 퍼블릭 도메인에 속하는 기출간 국내 문학작품이나 해외 문학작품을 다시 내는 기획도 얼마든지 가능하다. 국내 문학작품의 경우 2015년 출간되어 독자들의 폭발적인 사랑을 받은 '초판본시집' 같은 것이 차별화의 좋은 참조 사례가 된다. 전자책의 시대에 디지털의 비물질성이 주는 편리함 대신에 독자들은 초판본의 오리지낼리티가 물씬 배어나는 감각의 물질성에 매료되어 지갑을 열었던 것이다.

해외 문학작품의 경우는 어떨까. 원저작권료가 없다, 번역료를 싸게 매절로 맡긴다, 원가가 대폭 낮아진다, 가격파괴가 가능해진다, 이런 것은 철지난 과거의 차별화 사례일 뿐이다. 이런 약탈적 가격파괴를 통해 출판시장을 무한 가격경쟁의 레드오션으로 만들어서는 출판의 가치지향적 성격을 왜곡해 출판의 기반을 스스로 무너뜨리게 된다. 이런 싸구려 발상 말고 독자 니즈에 부응하는 고급스런 발상의 기획이 얼마든지 가능하다.

책은 각주만 충실히 달아도 퀄리티 차별화를 꾀할 수 있다. 옛날에 출간된 번역서를 보면 고유명사를 보통명사로 옮긴 책들이 많다. 이를테면 지역 특산의 술 이름을 고유명사로 하지 않고 그냥 술이라고 번역한다든지, 그 나라 고유의 빵이름을 그냥 빵이라고 번역한다든지 하는 경우다. 하지만 지금은 누구나 마음만 먹으면 세계 그 어느 곳이라도 다 가볼 수 있는 세상이고, 앉아서도 전세계와 연결되는 SNS시대다. 지금 독자들은 이야깃거리를 원하고 디테일을 원한다. 그들은 고유명사를 현지음에 최대한 가깝게 표기해주고 각주를 달아서 그 고유명사의 어원과 유래, 문화적 의미를 세세하게 밝혀주고, 제조법, 맛, 얽힌 이야기 등등을 전문가적 식견을 갖고 친절하게 설명해

주는 번역을 원한다. 이 번역본을 읽은 독자는 나중에 그 지방을 실제로 가고 싶어할 것이고, 그 지방에 가면 실제로 그 술과 빵을 먹어보고 그 감상을 SNS에 올릴 것이다. 이런 독자의 니즈를 발견해낼 수 있다면 유니크한 책을 얼마든지 기획하고 펴낼 수 있다. 그렇게 해서 1천부 안팎을 팔면, 그게 다품종소량 출판인 것이다. 출판을 원점에서 다시 사고할 때다.

다품종소량은 혁신을 요구한다

다품종소량을 현실에서 구축하기 위해서는 예측 가능한 방식으로 사업을 설계해야 한다. 네트워크의 커뮤니케이션 활동을 통해 왜 독자가 이 책을 사야 하는지, 독자의 생활에—연구생활이 됐든, 독서생활이 됐든, 글쓰기 생활이 됐든—왜 이 책이 필요한지 설득해낼 수 있다면, 1천 명 독자의 구매를 끌어내는 것은 그리 어렵지 않을 것이다. 이런 예측 가능한 방식을 가리켜 사업이라고 한다. 100억 매출을 달성하기 위해 베스트셀러가 반드시 필요하다면 그건 사업이 아니라 도박이다. 어떤 출판 분야를 자기 영역으로, 사명으로 설정했다면 그 분야의 필자들을 꿰지 않으면 안 된다. 그들을 네트워크로 엮어서 관리하면 기획을 쉽게 할 수 있다. 1백만 부짜리 기획은 운도 따라야 하고 성공 확률도 극히 낮지만, 1천 부짜리 기획은 그리 어렵지 않다. 지금 하고 있는 데서 조금만 더 나가면 된다.

　다품종소량은 제품에서 출발하면 실패한다. 사명 즉 출판의 주제를 정하는 것에서부터 출발해 비전과 목표를 세우고 목록을 짜는 순서로 해야 성공한다. 관점도 인사이드아웃 방식이 아니라 아웃사이드인 방식이 요구되고, 가격결정도 제품에서 출발하는 원가기반 방식이 아니라 독자의 가치인식에서 출발하는 가치기반 방식으로 해야 한다. 원가기반은 전형적인 '인사이드아웃' 방식으로, 아이디어 내고 기획하고 제품 만드는 데 비용이 이만큼 들었으니까, 그리고 밑지고 팔 수 없으니까 여기에 이익 얼마를 붙여서 이 가격에 팔자, 이게 원가기반 가격결정 방식이다. 반면 가치기반 가격결정은 '아웃사이드인' 방식으로 원가기반방식과는 거꾸로 고객이 느끼는 가치를 먼저 측정해서 그 가치에 상응하는 가격을 매기는 방식이다. 고객이 느끼는 가치가 크면 클수록 가격 또한 그만큼 비싸게 책정할 수 있다.

가치기반 가격결정 방식은 독자와의 실질적인 커뮤니케이션 속에서 나오는 구체적인 데이터가 확보되지 않으면 구사하기 힘든 방법이다. 그렇지 않으면 예측이 주관적 희망이나 바람으로 끝나는 경우가 많아 실질적인 효과를 끌어내기가 어렵다. 객관성을 담보하는 것은 데이터다. 그간의 데이터에 근거할 때 이 정도 퀄리티면 독자가 2만 원 정도의 가치가 있다고 느낄 것이고, 2천 명 정도는 구매할 것이다, 출판사의 재생산을 위해서는 마진은 10%가 적정하다, 그 조건을 충족시키려면 제품의 원가가 권당 2,000원이 넘으면 안 된다, 2,000원 밑으로 원가를 묶으려면, 편집은 어느 기간 안에 끝내야 하고, 제작비는 어느 선을 초과하면 안 되고, 이건 생략할 수 없으니까 대신 저걸 빼고, 이런 역순의 발상으로 출판프로세스를 진행해 가야 한다.

연간 사업계획 세우는 것도 마찬가지다. 지금 우리 회사 규모가 이 정도고, 이 정도 규모를 유지하려면 이익률이 15%이므로 매출액은 최소 이 정도가 되어야 하고, 우리가 그동안 펴낸 책의 평균 판매량이 얼마니까 그 매출액을 달성하려면 몇 종을 출간해야 하고, 몇 종을 내려면 저자 네트워크를 이렇게 구축해야 하고……, 이런 식으로 사업 계획을 짜고 실행을 하면 예측과 결과를 상당한 수준에서 일치시킬 수 있다.

마케팅 책에서 4P를 소개할 때는 제품(product), 가격(price), 유통(place), 프로모션(promotion) 순서로 소개하는데, 제품이 가장 먼저 나오는 건 제품이 없으면 나머지 요소들도 존재할 이유가 없기 때문이다. 제품에 가격이 붙으면 소비자들은 비로소 유통채널을 통해 그것을 구매한다. 유통채널에 가격이 매겨져 진열되어 있는 제품의 존재를 인지하게 하고 호감을 갖게 하여 구매로 유도하는 프로모션이 맨 마지막에 위치한다. 4P의 이 순서는 제품의 생산-유통-소비 사이클의 논리적 흐름과 일치한다.

그러나 4P의 이 순서는 또한 통제 가능한 순서이기도 하다. 제품을 만들거나 변경하는 건 순전히 내 맘이다. 만들고 싶으면 만들고, 만들고 싶지 않으면 만들지 않아도 된다(물론 필자를 컨트롤하는 것은 내 맘대로 잘 되지 않지만). 종이책은 한번 만들면 변경이 쉽지 않았지만, POD로 만든 책이나 전자책은 변경하기도 매우 쉽다.

가격을 매기는 것도 사실은 내 마음대로다. 그러나 제품에 비해 가격은 시장(고객) 눈치를 본다. 일단 원고가 괜찮아 보이면 책을 내는데, 책을 만들 때는 호기롭다가도 가격 매길 때는 소심해지면서 수세적이 되는 경우가 많다. 이 정도면 다른 출판사는 얼마나 매길까, 시장에서 비싸다고 하지 않을까. 그렇더라도 어쨌든 가격은 내 마음대로 매길 수가 있다.

제품과 가격에 비해 유통과 프로모션은 쉽게 내 맘대로 되지 않는다. 서점이나 독자는 내 맘대로 할 수 있는 요소가 거의 없다. 한편 4P

요소 중에서는 가격만이 수익(매출)을 낳는다. 가격을 제외한 제품·유통·물류·프로모션 등은 모두 비용을 발생시키는데, 하면 할수록 더 많은 비용이 발생한다. 가격을 소심하게 눈치봐가면서 매기면 안 되는 이유가 여기에 있다. 고객가치가 월등한 제품을 만들고 그에 상응해서 소신있게 가격결정을 할 필요가 있다.

출판이 마케팅이 될 때, 즉 고객의 니즈.파악에서 출발해 고객의 경험과 만족으로까지 이어지는 기나긴 과정이 될 때, 출판사와 저자, 출판사와 독자, 저자와 독자, 책과 독자 사이에 신뢰관계가 만들어지는데, 이게 바로 브랜드[39]다. 이들 관계에서 만들어지는 브랜드에는 출판사브랜드, 저자브랜드, 타이틀브랜드의 세 종류가 있다. 이 중에서 다품종소량을 힘있게 밀고가려면 독자로부터 출판사브랜드 획득이 필수적이지만, 우리 출판업계에서 저자브랜드(유명 저자), 타이틀브랜드(베스트셀러, 스테디셀러)는 비교적 쉽게 찾아볼 수 있어도 브랜드 있는 출판사를 찾아보기는 쉽지 않다. 많은 출판사가 자기 사업의 주제나 전문성을 생각지 않고 잘 팔리는 타이틀을 쫓아다니는 방식으로 출판을 하기 때문이다. 출판사브랜드를 만들려면 무엇보다 출판사의

---

39 지식이 점점 온라인으로 모이면서(지식이 검색의 대상이 되면서), 브랜드 만들기가 점점 어려워지고 있다. 브랜드 위상을 높여야 한다고 얘기하는 출판사는 많지만 성공하는 회사는 드물다. 실패하는 까닭은 브랜드와 회사 인지도를 혼동하기 때문이다. 브랜드는 신뢰와 동의어이며, 광고나 베스트셀러로 얻을 수 있는 것이 아니다. 소비자들은 구글 검색의 '정확성' '무료서비스'나, 애플의 '다르게 생각하기'를 신뢰한다. 그 신뢰의 결과가 브랜드이고, 매출이며, 이윤인 것이다. 디지털 미디어 시대에 콘텐트의 가격은 매우 쌀 수밖에 없다. 복제하는 데 비용이 거의 들지 않기 때문이다. 그렇다면 출판사들은 복제할 수 없는 것을 팔아야 한다. 그중 첫째가 '신뢰'다. 신뢰는 복제가 되지 않기 때문이다. 신용이나 신뢰는 반드시 시간이 지나야만 쌓이는 것이다. 신뢰는 활동과 활동의 결과들이 축적될 때 가능하기 때문에 커뮤니티 구축과 네트워크 활동이 필수적이며, 이를 위해서는 강력한 플랫폼의 구축이 요구된다. 참고로 브랜드의 정의에 대해서는 이 책 294쪽(브랜드 포지셔닝)을 참조.

색깔(가치제안)이 분명해야 하는데, 그것은 넓이와 길이, 깊이를 갖춘 목록이 일관성 있는 가치제안(콘셉트) 위에 구축될 때 비로소 만들어진다.

출판사의 포지션을 가늠하는 프레임으로 위에서 설명한 9개 영역 외에 3개의 유형이 있다. '스타일형', '패션형', '패드형'이 그것이다. "스타일(style)은 기본적이고 특색있는 표현방식을 의미한다. 한번 스타일이 고안되면 유행을 넘나들면서 흔히 세대를 넘어 존속한다. 패션(fashion)은 특정 분야에서 현재 받아들이고 있는 인기있는 스타일을 의미한다. 유행(fads)은 소비자의 열광과 즉각적인 제품, 브랜드의 인기에 힘입어 비정상적으로 높은 매출을 기록하는 일시 기간을 의미한다."[40]

이 정의를 현실의 출판사에 적용시켜보면, 스타일형 출판사는 전문성과 독창성이 있는 출판사로 목록이 깊이·넓이·길이·일관성을 갖춘 출판사를 가리킨다. 패션형 출판사는 트렌디한 기획을 순발력 있게 해내는 출판사를 가리키고, 패드형 출판사는 베스트셀러 추구형 출판사를 가리킨다. 이 3개의 유형과 9개 영역을 믹스해보면 자신의 출판사가 현재 어떤 포지션에 있는지 알 수 있다. 자신의 현재 위치를 알면 목표로 삼는 영역으로 이동해가기 위해 어떤 전략과 전술을 써야 하는지 그 방법을 찾을 수 있다.

---

40 『코틀러의 마케팅원리』, 284쪽.

제3부

마케팅전략은 4P로 완성된다

7장

제품전략과 브랜딩전략

화성에서 온 에디터, 금성에서 온 마케터

출판은 '니즈-원츠-디맨드'로 구성된 세계다. 출판은 사람들의 니즈에 기초해, 원츠를 만들고, 최종적으로 이를 디맨드(시장수요)화 하는 과정이라고 요약할 수 있다. 이 경제학적 표현을 철학적으로 표현하면, 보이지 않는 것을 보이는 것으로 만드는 과정이라고 할 수 있다. 보이지 않는 것을 보이게 하는 것, 이게 마케팅이다. 저자 머릿속에 지식의 형태로 있는 콘텐츠, 이것을 눈에 보이게끔 끄집어내는 마케팅이 기획과 편집이다.

사람들의 욕망은 잘 보이지 않는다. 이것을 보이는 것으로 만들려면 커뮤니케이션이 필요하다. 커뮤니케이션을 통해 니즈를 파악한 후 제품으로 만들어낼 때 사람들의 욕망은 비로소 구체적인 모습을 드러낸다. 그러나 이것은 아직 온전한 드러남이 아닌 반쪽의 드러남이다. 에디터나 마케터의 눈에는 보일지 몰라도 독자들의 눈에는 보이지 않기 때문이다. 독자들의 눈에 띄게 하기 위해 출판사는 프로모선을 한다. 그러나 프로모션을 통해 독자들의 눈에 띈다 하더라도 온전한 드러남과는 여전히 거리가 있다. 독자가 구매하지 않는 한, 그것은 독자의 눈에 띈다 하더라도 독자의 욕망과는 아무런 상관이 없는, 따라서 없는 것이나(즉 보이지 않는 것이나) 다를 바 없기 때문이다. 최종적 구매를 통해 책이 독자의 손에 들려졌을 때, 책은 비로소 온전한 모습을 드러내 보이게 된다.

지금 우리 출판계에는 크게 두 가지 유형의 출판사가 존재한다. 먼저 '따로따로형'이 있다. 기획자(혹은 에디터)가 트렌드에 집중해서 기획을 하면, 에디터는 이를 책으로 만들어내고, 마케터는 판매하는 유형이다. 기획, 편집, 판매의 역할 분담이 확연하게 나뉘어 있는 유형으로, 실적이 좋지 않을 경우 서로를 탓한다. 또 하나의 유형으로는 '통합적 가치전달네트워크형'이 있다. 니즈-원츠-디맨드를 하나로 인식하면서 가치전달네트워크 관점에서 에디팅하고 마케팅하는 유형이다. 에디터는 디맨드까지 자기 업무 영역으로 하며, 마케터 또한 원츠를 잘 알고 이를 디맨드로 연결시키려 노력한다. 이 유형의 경우 출판과 마케팅은 동의어가 된다.

지금 우리 출판계에 두 번째 유형의 출판사는 많지 않다. 출판사 규모에 따라 정도의 차이는 있지만, 대개는 기획, 편집, 영업으로 업무가 나뉘어 있다. '대량생산–대량유통' 시대에 만들어진 프레임을 아직도 그대로 유지하고 있는 것이다. 기획하는 사람 따로, 생산하는 사람 따로, 파는 사람 따로, 이런 식의 따로따로가 효율적인 분업 시스템 아래에서는 출판의 모든 활동이 원츠 중심으로 이루어질 수밖에 없다. 책이라고 하는 단일제품을 중심으로 모든 활동이 짜여져 있는 지금의 출판사 업무 시스템이 이를 단적으로 보여준다. 에디터와 마케터의 눈에는 책, 책값, 유통경로, 프로모션(판매촉진)만이 보일 뿐, 독자와의 커뮤니케이션은 보이지 않는다. 네트워크 기술의 비약적 발달로 커뮤니케이션 비용이 예전처럼 많이 드는 것도 아닌데, 왜 에디터와 마케터는 독자와 직접적으로 커뮤니케이션하지 않는 것일까. 아마 분업에 익숙해진 오래된 습관 때문일 것이다. 하지만 누구나 다 볼 수 있는 것, 누구나 다 할 수 있는 것을 가지고 경쟁우위를 확보하기란 여간 어려운 게 아니다. 경쟁우위는 낡은 틀을 깨고 나올 때, 그래서 '보이지 않던 것'을 볼 수 있게 될 때 얻어질 수 있는 것이다.

'누구나 관심을 갖는 주제'에 포커스를 맞추는 것이 매스모델형 사업방식이라면, '특정 부류의 사람들이 관심을 갖는 주제'에 포커스를 맞추는 것은 소셜모델형[1] 사업방식이다. 매스모델형이 세대·연령·직업·소득·학력 등의 인구통계학적 분류법에 기대고 있다면, 소셜모델형은 인구통계학의 틀을 뛰어넘어 심리특성적 변수(라이프스타일, 개성 등)와 행동적 변수(사용률, 충성도, 제품에 대한 태도 등)에 기대어 사업을 전개한다. 매스모델형에서는 10대와 60대가 하나로 섞이는 게 부자연스럽지만, 소셜모델형에서는 하나로 섞이는 게 조금도 이상하지 않다. 대량생산과 대량소비를 지향하는 매스모델형은 분업시스템이 효율적이지만, 커뮤니티를 기반으로 직접적 커뮤니케이션을 중요시하는 소셜모델형은 통합 시스템이 효율적이다.

네트워크로 연결된 지금 세상은 출판 역시 매스모델형(소품종대량)이 아니라 소셜모델형(다품종소량)일 것을 요구한다. 이런 변화된 조건

---

1 소셜모델형이란 '입장과 코드를 공유하는 퍼블릭(public)' 즉 다중(多衆)형을 의미한다. 출판을 publication이라고 할 때, 그것은 퍼블릭과 활동을 공유하는 것을 의미하고, 그것은 다시 소셜네트워크 속에서 활동을 공유해 나가는 것을 의미하기도 한다.

과 환경에서 지금까지 효율적이었던 분업시스템은 비효율적인 것이 되고, 따라서 낡은 분업시스템을 유지하는 것은 출판비즈니스의 무능력을 더욱 부추기는 결과를 낳는다. 지금의 출판비즈니스 환경은 분업시스템을 버리고 니즈-원츠-디맨드를 통합한 새로운 시스템을 요구하고 있다. 에디터와 마케터는 네 일과 내 일을 나누는 낡은 태도를 버리고 함께 기획하고, 함께 만들고, 함께 파는, '공동(共動)의 리듬'을 익혀 나가야 한다.

낡은 분업시스템 아래에서의 에디터와 마케터의 일상을 좀더 구체적으로 살펴보자. 대개의 에디터는 열심히 책을 만들 뿐 판매에는 그다지 관심이 없다. 설령 있다 하더라도 결과에 책임을 느끼지 않기 때문에 없는 것과 큰 차이가 없다. 물론 제품(책) 만드는 일에 에너지를 다 쏟아부어 여력이 없는 탓도 크다. 에디터가 이렇게 좁은 세계에 갇히게 된 건 그가 원래부터 책 만드는 것을 좋아했기 때문이 아니다. 기존의 분업시스템이 그를 그렇게 '책 만드는 기술자'로 만들었던 것이다. 출판시스템이 바뀌지 않는 한, 그는 고독한 장인의 길을 언제까지고 걸어갈 것이다. 그러나 세상은 이 고독한 장인을 마구 흔들어댄다. 장인은 혼란스럽다. 자기 영역만 고수하자니 책이 안 팔리고, 자기 업무를 통으로 재설계하자니 엄두가 나질 않는다. 에디터는 별 수 없이 주위의 책들을 살피면서 틈새상품이나 모방상품을 만드는 데 만족한다. 지금 상황에서는 그 정도가 차별화의 지점이다.

마케터도 마찬가지다. 중장기적 관점에서 출판시장을 디자인하는 것은 현실과 동떨어진 먼 얘기다. 당장 발등에 떨어진 불 끄기에도 바쁘다. 분업시스템에 오랫동안 길들여진 탓에 그의 관심은 오로지 원츠를 디맨드와 연결시키는 테크닉에 쏠려 있다. 에디터가 생산기술자라면 마케터는 판매기술자다. 판매기술자는 제품을 들고 이 서점, 저 서점을 바쁘게 오가며 하나라도 더 팔기 위해 열심히 흥정을 한다. 이런 환경에서 니즈-원츠-디맨드를 관통하는 차별화된 에디팅과 마케팅은 설 자리가 없다.

출판환경의 변화로 이제 에디터와 마케터는 니즈에 입각해 제품을 생산하고 판매하려 한다. 니즈는 이미 상식이 되었지만, 그 이해와 적용은 어딘지 2% 부족한 느낌이다. 니즈, 원츠, 디맨드가 따로 노는 경우가 많기 때문이다. 잠재적인 것은 현실화의 과정을 거쳐 우리 앞에 모습을 드러낸다. 자본주의 시장경제에서 모든 상품은 두 번의 현실화 과정을 거친다. 책 역시 마찬가지다. 한번은 니즈에서 원츠로 나아가는 현실화 과정, 또 한번은 원츠에서 디맨드로 나아가는 현실화 과정. 두 번의 현실화 과정에서 니즈와 디맨드를 이어주는 역할을 하는 원츠는 두 가지 측면을 갖는다. 원츠는 니즈가 현실화된 것인 동시에 디맨드로 현실화되기 이전의 잠재성이기도 하다. 따라서 니즈를 제대로 파악해 디맨드라고 하는 성과를 내려면 원츠 장악이 필수적이다. 원츠를 장악하지 못한 상태에서 니즈를 파악하려 하거나 디맨드라고 하는 성과를 바라는 건 어불성설이다.

하지만 대개의 에디터는 니즈에 기반해 원츠를 만들어내는 과정에까지만 관여한다. 마케터 역시 마찬가지다. 마케팅 포인트를 찾아내기 위해 그는 독자 니즈에 최대한 집중하려 한다. 그러나 콘텐츠에 대한 충분한 이해를 결여하고 있기 때문에 원츠 장악에 실패한다. 원츠 장악에 실패했다는 것은 니즈 파악에 실패했다는 말이고, 이런 상태에서 원하는 결과 즉 디맨드를 끌어낸다는 것은 무망한 일이다. 에디터와 마케터가 절반의 현실화 과정에만 참여하는 이런 조건에서 현실의 성과는 늘 불만족스러울 수밖에 없다.

　이렇게 해서 디맨드를 모르는 에디터, 원츠를 모르는 마케터가 생겨난다. 둘은 니즈-원츠-디맨드를 통으로 꿰지 못한다는 점에서 닮은꼴이다. 차이가 있다면 에디터는 디맨드로까지 나아갈 만큼 시장에 대해 모른다는 점이고, 마케터는 니즈로까지 깊숙이 들어갈 만큼 제품에 대한 이해와 인식이 깊지 못하다는 점이다. 결국 에디터와 마케터는 원츠를 앞에 놓고 정면으로 충돌한다. 에디터는 원츠에 대한 이해가 충분치 않은 마케터에게 할 이야기가 많다. 자기가 만든 뛰어난 원츠가 디맨드로 연결되지 못하는 것은 순전히 무능한 마케터 때문이라고 비난의 화살을 날린다. 마케터 역시 시장의 니즈를 제대로 파악하지 못하고 원츠를 만들어낸 에디터에게 책임을 전가한다. 이래서 화성 에디터와 금성 마케터는 한 지붕 두 가족이 되고, 원츠는 반쪽짜리 상품이 되고 만다. 제품이 시장에서 고객의 선택을 받으려면 니즈-원츠-디맨드가 하나의 가치체인(value chain)으로 이어져 있어야 한다. 체인이 끊어진, 반쪽짜리 상품이 시장에서 제대로 팔릴 리 없다.

　반쪽짜리 상품이 아니라 온전한 상품을 만들려면 끊어진 체인을 이어야 한다. 어떻게 할 것인가. 에디터와 마케터 간의 소통하려는 열린 마음, 상대 업무에 대한 이해나 배려, 이런 건 부차적인 문제다. 중요한 건 에디터와 마케터가 텍스트를 기반으로 콘텍스트의 세계에서 하나로 만나야 한다. 콘텍스트란 '텍스트를 가지고'(with text)라는 뜻을 갖는 만큼, 무엇보다 텍스트를 가지고 놀 정도의 실력이 요구된다. 텍스트를 가지고 다양한 장면과 맥락과 환경을 만들어가면서 독자에게 다가가 쉽게 말걸기를 시도할 수 있을 때, 독자들 역시 그 텍스트에 구체적이고 실질적인 리액션을 보여줄 것이다.

다시 한번 강조하지만, 니즈-원츠-디맨드는 하나의 체인으로 이어질 때만 구체적인 성과를 낼 수 있다. 왜냐하면 현실화의 결과 없이는 잠재성이라고 하는 원인을 파악할 수 없기 때문이다. 그러나 우리는 흔히 습관적으로 원인과 결과를 따로 떨어트려 놓고, 원인을 고정된 것, 결과에 앞서 존재하는 것으로 생각하는 경향이 있다. 이런 사고방식에 따르면 원인이 일방적으로 결과를 만들어낸다. 한마디로 책이 좋으면 판매 결과도 좋다는 것이다.

그러나 원인은 결과에 의해 달라진다. 어떤 결과를 낳았다는 점에서 원인인 것은 분명 맞지만, 그 원인은 그때그때의 결과에 따라 매번 달라지는 어떤 것이다. 원인과 결과는 따로 떨어져 있지 않고 맞물려 있으면서 서로를 규정하는 그런 관계인 것이다. 잘 팔리는 책이 좋은 책은 아니지만, 어떤 책이 좋은 책이려면 판매도 좋아야 하는 것이다. 다시 말해 독자가 구매하지 않으면 그 책은 아무리 좋은 책이어도 좋은 책이 아닌 것이다.

디맨드라는 결과에 앞서 원츠라는 원인이, 원츠라는 결과에 앞서 니즈라는 원인이 따로 떨어져 존재하는 것이 아니라, 디맨드라는 결과가 원츠라는 원인을 규정하고, 원츠라는 결과가 니즈라는 원인을 규정하는 것이다. 디맨드에 앞서 원츠가 존재하고, 원츠에 앞서 니즈가 존재하는 건 분명하지만, 그 원인과 결과는 상호 영향을 미치면서 구체적인 성과로 그 모습을 드러내는 것이다. 니즈-원츠-디맨드가 상호 규정의 '원인-결과' 관계라면, 에디팅이 곧 마케팅이고, 마케팅이 곧 에디팅이라는 사실을 쉽게 이해할 수 있을 것이다. 이 상호규정성을 이해할 때만 에디터와 마케터는 서로의 존재를 긍정할 수 있고,

또 그럴 때만 둘은 공동체(共動體)²의 일원이 될 수 있다. 그 새로운 공동체의 일원을 지칭하는 이름이 있다면, 아마 '마케디터'(markeditor)가 아닐까 한다. 마케디터라는 이름으로 기존의 분업화된 업무가 통합될 수 있을 때 반쪽짜리 상품은 비로소 온전한 하나의 상품이 될 것이고, 그 온전한 상품세계 속으로 독자가 들어와 결합할 때, 출판생태계는 보다 큰 선순환의 사이클을 그리며 자기를 확대 재생산해 가게 될 것이다.

책이라는 상품은 일반상품과 어떻게 다른가

출판이란 무엇인가를 규정하려면 다른 상품과 구분되는 책의 특이성을 명확히 규정할 필요가 있다. 우선 큰 틀에서 일반상품과 책이라는 상품을 비교해보자. 일반상품은 퀄리티 비교, 브랜드 비교 등의 가치 비교가 책에 비해 상대적으로 쉽고, 가격 비교는 훨씬 쉽다. 따라서 대개의 상품은 대체재 성격을 가지며, 가성비를 따져 구매결정을 하는 경우가 많다. 반면, 책은 퀄리티 비교, 브랜드 비교 등의 가치 비교가 쉽지 않고(누구에겐 좋은 책이 다른 사람에겐 별로인 경우도 많다), 대개는 자기에게 필요한 책을 사기 때문에 큰 의미도 없다. 대개의 책은 다 다르고, 저작권으로 보호받고 있다. 같으면 표절이고 저작권 침해다. 대체재 성격이 강한 책도 있지만, 대개는 독립재 혹은 보완재의 성격이 강하기 때문에 가격 비교 또한 큰 의미가 없다. 책도 물론 가성비를

---

2 에디터와 마케터는 共同體의 일원이 아니라 共動體의 일원이 되어야 한다. 이 말은 차이를 무시하고 하나가 되어야 한다는 것을 의미하는 것이 아니라, 미션이나 비전을 공유하고 활동을 공유해야 한다는 것을 의미한다.

따지긴 하지만, 일반상품이 다른 상품과 비교해서 가성비를 따진다면, 책상품은 다른 상품과의 비교보다는 자신이 구매하려는 상품을 놓고 자신의 니즈와 책가격(지불비용)을 비교하는 차원에서 가성비를 따진다.

책은 여타 문화상품과도 다른 특성을 갖고 있다. 미술작품의 경우 원본은 비싸지만 복제품은 싸다. 하지만 책은 정신으로 이전되는 상품이어서 원본이 별 의미가 없다. 따라서 복제품이 유통되고 상대적으로 낮게 가격이 책정된다.[3] 또 음악 같은 경우는 남의 곡을 연주하거나 남의 노래를 불러도 문제가 되지 않지만, 책은 남의 책을 따라 쓰면 표절이 되고 저작권 침해로 법적 제재를 받는다.

출판이 여타 산업과 가장 크게 다른 점은 다른 산업이 주로 소비자 결정시장에서 활동을 전개한다면 출판은 주로 공급자결정시장에서 활동한다는 점이다. 지식은 늘 새로워져야 하기 때문에 그 새로운 게 어떤 것인지 독자들은 세상에 책이 나오기 전까지 알 수가 없다. 출판은 기본적으로 소비자를 끌고가는 고객리드형(customer-driving) 사업인 것이다.[4]

책은 생산·유통·소비의 각 측면에서 일반상품과 뚜렷하게 구분되는 독특한 특징이 있다. 우선 생산의 측면에서 일반기업이 공장의 성

---

3 양피지 등에 쓴 고서의 경우 복제가 거의 불가능해서 매우 높은 가격이 매겨진다. 또 물성이 중요한 화집이나 도록 같은 경우, 비록 복제품이어도 고가격 책정이 가능하다.
4 물론 유아나 초등학생을 타겟으로 하는 학습시장은 소비자결정시장의 측면이 크다. 소비자는 시중에 나와 있는 여러 콘텐츠 중에서 가격 대비 품질이 우수한 콘텐츠를 선택·구매한다. 출판은 공급자결정시장과 소비자결정시장 사이에서 사업을 한다. 일반적으로 콘텐츠가 전문적 지식의 성격이 강할수록 공급자결정시장에 가깝고, 정보의 성격이 강할수록 소비자결정시장에 가깝다.

격을 갖는다면 출판사는 연구소의 성격을 갖는다.[5] 일반상품의 경우
연구개발이 완료되면 공장에서 정해진 프로세스에 따라 상품으로 만
들어진다. 생산된 상품은 판매 과정을 거쳐 소비자 손으로 들어가고
소비자의 사용을 통해 소멸된다. 소비자는 필요에 의해 소멸된 상품
을 다시 구매하고, 기업은 소비자의 반복 구매에 응해 동일한 생산 프
로세스에 따라서 다시 똑같은 원료를 투입하고 동일하게 기계를 돌
리고 동일한 노동을 가해서 재생산을 한다. 재생산 과정에서는 제품
의 퀄리티를 일정 수준 이상으로 유지하는 것이 매우 중요하다. 그래
야 소비자가 반복적으로 구매하기 때문이다. 따라서 일반기업의 경
우 품질관리가 매우 중요하고, 재생산 과정을 엄격하게 컨트롤하는
것이 경영의 핵심과제가 된다.

그러나 책은 같은 상품을 다시 만들어내는 과정이 일반상품과 다
르다. 재생산이 아니라 복제의 사이클을 거친다. 복제는 매번 새로운
원료를 투입해 새로운 상품을 만들어내는 재생산과는 근본적으로 다
르다.[6] 대량으로 생산하면 원가가 큰폭으로 떨어지는 것도 복제의 성

---

5 출판사는 공장일까, 연구소일까. 매우 중요한 문제다. 출판은 인쇄업이 아니다. 출판사는 책을
  만드는 곳이 아니라 지식을 생산하는 곳이다. 출판사는 생산한 지식을 지업사·인쇄소·제본소
  등 공급업자(supplier)의 협력을 얻어 종이책의 형태로 만들거나, E-pub·XML 등을 이용하여
  전자책으로 만든다. 출판사는 책을 만드는 회사가 아니라 지식을 사업의 대상으로 한다는 점에
  서 연구소의 성격을 갖는다는 것, 연구소라는 곳은 남들이 하지 않는 특별한 것을 해야 한다는
  것을 의미한다. 그래서 배타적 사용을 법적으로(저작권과 출판권의 형태로) 보호하고 있는 것
  이다. 특별한 사유와 이야기 — 책이, 출판사가 특별하고 전문화되어야 하는 이유다.
6 물론 책의 경우에도 종이와 잉크를 새로 투입하고 인쇄기를 돌리고 사람 노동력이 투입되기
  는 한다. 그러나 복제방식이기 때문에 누가 인쇄를 해도 품질에 큰 차이가 없으며(다음 쇄를 찍
  을 때 인쇄소를 바꿔도 인쇄 퀄리티에 커다란 차이가 없다. 심지어 복사기로 복사해서 보기도 하
  는데, 책은 지식콘텐츠어서 물질적 퀄리티보다는 정신적 퀄리티가 중요하다), 따라서 인쇄 노하
  우에 대한 특허권이 인정되지 않는다. 일반상품의 경우 재료를 얼마만큼 투입하고, 어떤 제조
  공정을 거치느냐에 따라 제품의 퀄리티 차이가 크게 난다. 제조를 둘러싼 노하우가 특허권으로

격에 기인한다. 출판사들이 베스트셀러에 연연해하는 것도 비용 측면에서 복제를 통한 대량생산의 이점이 워낙 크기 때문이다. 재생산이 아니라 복제를 하기 때문에 책이 날개 돋친 듯 팔려도 생산과 관련해서 출판사가 할 일은 별로 없다. 다만 품절 사태가 빚어지지 않도록 인쇄소나 제본소를 일정 중심으로 관리만 하면 된다.

출판의 경우, 원본 데이터 하나만 있으면 그걸 갖고 반복해서 찍어내면 그만이기 때문에 최초의 발명에 해당하는 저작권과 해당 저작권의 배타적 사용권인 출판권이 중요하다. 따라서 복제 과정의 관리보다는 새로운 콘텐츠 개발이 훨씬 더 중요한 핵심업무가 되고, 하나의 타이틀 개발이 완료되면 곧바로 다른 타이틀의 기획에 돌입한다. 출판 사업에서 신간 출간의 중요성은 아무리 강조해도 지나치지 않다. 인간사회에서는 늘 새로운 지식과 기술, 경험, 이야기가 쏟아져 나오기 때문에 출판사의 신간 출간도 끊이지 않고 이어진다. 그동안 세상에 없던 것, 생각하지 못한 것, 이런 것들은 그 자체로 뉴스거리인 데다가 책이 갖는 문화의 원천콘텐츠 성격과 공공재적 성격까지 더해져 주말마다 주요 일간지들은 출판섹션을 따로 두어 새로 나온

보호의 대상이 되는 이유다. 그러나 복제산업인 출판의 경우, 생산공정은 법적 보호대상이 되지 않고 오직 저작권과 출판권만 법적으로 보호된다. 인쇄업과 출판업을 혼동하면 안 되는 이유가 여기에 있다. 10년 전의 인쇄비와 지금의 인쇄비가 큰 차이가 나지 않는 것은 생산력의 고도화 때문이기도 하지만, 생산의 이런 복제 성격과도 밀접한 관련이 있다. 한편, 전자책의 등장은 복제산업으로서의 출판의 성격을 극명하게 보여준다. 디지털 출판은 한계비용이 제로여서 추가 생산비용이 하나도 들지 않는다. 디지털 시대의 출판은 지금까지의 가격결정모델을 근본에서부터 재검토할 것을 요구한다. 제품마다 정해진 가격을 받는 방식 외에 구독료 방식이 일반화될 가능성도 있다. 또 한 가지 눈여겨봐야 할 것은 3D프린터의 발명이다. 3D프린터는 일반상품의 재생산 과정을 복제 과정으로 바꾸어 놓았다. 쉽게 말하면 이제는 치약도 복제가 가능한 세상이 되었다는 말이다. 생명복제 논쟁과 더불어 이를 둘러싼 정치적·경제적·사회적·문화적·법적 논쟁이 치열해질 전망이다.

책을 비중 있게 뉴스로 다룬다.

매번 새로운 책을 만들어내야 하는 출판의 근본성격은 경험곡선[7]이 제대로 작동하지 않는 결과를 낳기도 한다. 10년 편집자나 20년 편집자나 책을 만들어내는 속도에 큰 차이가 없고, 따라서 경험곡선이 작용하는 일반산업의 경우와 달리 생산의 효율성이 떨어진다. 점점 다품종소량화 해가는 출판업의 특성을 감안할 때 생산의 속도는 출판의 지속가능성을 좌우하는 중요한 문제가 되었다. 이는 개인의 노력이나 의지로 해결할 수 있는 문제가 아니라 생산의 프로세스와 시스템을 혁신해야만 해결할 수 있는 문제다. 속도 문제를 해결하지 못하면 출판은 사양사업이 될 수밖에 없다.

출판의 디지털화는 생산은 말할 것도 없고 유통 또한 혁신적으로 바꿔놓았다. 책을 만드는 공정은 크게 두 단계로 이루어진다. 먼저 1단계는 '정신(mind)을 디자인'하는 단계다. 디자인은 '표현하다', '성취하다'라는 뜻을 갖는 라틴어 데시그나레(designare)에서 온 말로, 인간의 노력으로 성취되는 구체적 실체의 세계다. 따라서 '정신을 디자인한다'는 말은 '표현이라는 창조활동을 통해 정신을 구체적인 실체로 만들어낸다'는 말이 되는데, 이는 책에 대한 정의에 다름 아니다. 디자인은 좁게 해석하면 본문을 레이아웃하고 표지를 디자인하는 것을 가리키지만, 넓게 해석하면 외관과 성능을 포함하는 개념으로, 책의 미적 속성과 편익(유용성) 모두에 기여하는 표현 행위를 가리킨다. 책의 외관이라고 하면 당대의 미디어 기술을 고려해서 적합한 매체

---

7 일반상품 생산의 경우, 연차에 따라 노동 숙련도나 노하우의 차이가 크게 나고, 이는 생산의 효율성 차이로 이어진다. 이처럼 생산경험이 누적됨에 따라 생산성이 향상됨으로써 생산원가가 하락하는 현상을 경험곡선 혹은 학습곡선이라고 한다.

를 선택한 다음, 미적이고, 스타일리시하고, 효율적인 방식으로 제공하는 것을 가리키고, 성능이라고 하면 책을 통해 고객에게 전달하고자 하는 솔루션으로서의 편익(고객가치)을 가리킨다.

'정신을 디자인'하는 것이 책을 만드는 공정의 1단계라면, 2단계는 1단계의 구체적 결과물을 미디움(매체)에 결합시키는 과정이다. 종이책이라면 종이에 인쇄를 한 다음 제본을 하는 과정이 될 것이고, 전자책이라면 e-pub나 XML파일을 모바일이나 이북리더기에서 볼 수 있게 하는 과정이 될 것이다. 정신을 이동시키는 데 지금까지는 종이가 주류 미디움이었지만, 앞으로는 디지털이 주류 미디움이 될 것이다. 아톰(물질)인 종이는 시공간의 제약을 받지만, 비트 신호인 디지털은 시공간의 제약에서 자유롭다. 디지털화된 책은 이제 모든 순간, 모든 지점에 존재하게 되고, 지금까지의 생산·유통·소비의 양태를 혁신적으로 바꿔놓을 전망이다. 정액제 구독 서비스 모델의 등장은 서막에 불과할지도 모른다.

책을 소비한다는 것은 정신을 이동시키는 것이다. 책은 종이와 인쇄가 있기 때문에 존재하는 것이 아니라 정신이 있기 때문에 존재하는 것이다. 이런 관점에서 보면 전자책이냐 종이책이냐, 이런 유의 논쟁은 한가할 뿐만 아니라 의미도 없다. 중요한 것은 당대의 생산, 당대의 유통, 당대의 소비 방식을 채용하지 않으면 소비자의 외면을 받을 수밖에 없다는 사실이다. 독자들이 주로 모바일 상에서 콘텐츠를 소비한다면 모바일로 빨리 들어가는 것이 중요하지, 모바일이 좋으니 나쁘니, 종이책이 죽니 사니, 하는 것은 소모적인 논쟁에 지나지 않는다. 종이책이 죽으면 어떻고 살면 또 어떤가. 출판의 핵심은 마인드를 디자인하는 것이고, 그 구체적 성취물이 종이에 인쇄되든, 전자책으로 유통되든, 오디오북으로 소비되든, 그건 당대의 기술 문제로서 전적으로 독자의 선택에 달려 있는 것이다.

책은 일반상품과 달리 반복구매가 일어나지 않는다. 일반소비재는 한 번 사용하면 소비되어 사라진다. 그러나 책은 소비과정에서 소멸되어 사라지는 것이 아니라 내용 즉 저자의 정신은 소비자의 정신으로 이전되고, 책은 그대로 남는다. 소비되고(정신으로 이전되고) 나서도 사라지지 않는 성격 때문에 책은 반복구매가 불가능하고, 따라서 끊임없이 신상품을 만들어내야 하긴 하지만, 역설적으로 바로 이 정신에서 정신으로 이어지는 불멸성으로 인해 책은 시공간을 초월할 수 있게 되고, 출판산업은 이 불멸성에서 자기 재생산과 존립의 근거를 찾는다. 1백 년도 더 전에 쓰여진 니체의 책이 지금도 읽히는 것은, 바로 정신에서 정신으로 이전되면서 살아남는 책(지식)의 불멸성에 기인한다. 바로 이 점이 여타 산업과는 다른 출판산업의 유니크함이다. 출판산업을 백리스트 산업, 구간 산업이라고 부르기도 하는 이유다.

출판을 사양산업이라고 하는 사람들도 적지 않은데, 그건 구간(백리스트)을 제대로 관리하지 못했을 때 나올 수 있는 얘기다. 출판은 신간만큼이나 구간이 중요하고, 구간만큼이나 신간이 중요한 산업이다. 출판이 사양산업이 아니라 성장산업이 되려면 목록이 일관성이 있고, 독창성이 있고, 전문성이 있고, 유니크해야 한다. 셀러만 쫓아다니면 일시적으로 아주 잠깐 반짝하고 말 가능성이 크다. 목록은 목록 안에서 서로를 견인해내는 관계로 넓이, 길이, 깊이가 일관성을 갖고 엮여져 있어야 그 세계로 발을 들여놓은 독자의 연속구매를 유도할 수 있다. 목록이 유기적으로 구성되지 않으면 구간은 시간 속에서 살아남는 것이 불가능하다. 구간이 죽어버리면 그때부터 출판사는 내리막길로 들어서게 된다. 출판의 산업적 특성은 구간에 신간을 계속 덧붙여 매출도 늘고 이익도 느는 성장모델을 만들어낼 수 있다는 데 있다.

집기양단, 양쪽 끝을 잡아라

집기양단(執其兩端),[8] 공자가 한 말로 '양쪽 끝을 잡는다'는 뜻이다. 마케팅을 할 때는 시작과 끝, 안과 밖,[9] 부분과 전체, 수익과 비용, 촉진 요인과 장애요인, 도입기와 쇠퇴기 등 일의 양단을 고려해야 한다. 양쪽 끝을 본다는 것은 전체를 본다는 말과 같다. 책을 만들 때는 한 권 한 권에 집중하는 것도 물론 중요하지만, 반드시 목록 관점에서 전체와의 연관성을 염두에 둘 필요가 있다.

시간 속에서 백리스트에 살이 붙는 목록을 만들려면 양극단(도입기와 쇠퇴기)에서 일하는 태도가 필요하다. 대개의 상품과 마찬가지로 책도 개발기·도입기·성장기·성숙기·쇠퇴기의 프로덕트 라이프사이클을 거친다. 문제는 이 수명주기가 갈수록 짧아지면서 에디터와 마케터의 업무패턴이 점점 더 개발기와 도입기에 쏠리는, 즉 신간 출간에만 편중되는 패턴을 보이고 있다는 사실이다. 물론 새로운 타이틀의 출간도 중요하다. 그러나 출판은 백리스트 산업이어서 신간만큼이나 구간이 중요한 사업이다.

---

8 『대학·중용』, 이세동 옮김, 을유문화사, 2007, 165쪽. 제6장에 나오는 표현으로, 공자가 순임금의 덕을 흠모하며 "양 극단을 파악한 뒤, 가장 적절한 그 중간을 백성에게 적용했다(執其兩端用其中於民)"고 한 말에서 나왔다.
9 안과 밖이야말로 마케팅의 진수다. 소비자 밖에 존재하는 제품이나 상표를 소비자 안 즉 소비자 마인드에 브랜드이미지로 자리잡도록 하는 것(포지셔닝)이 마케팅이기 때문이다.

구간이 살아있고 전체 목록이 활력을 유지하려면, 집기양단적 관점에서 개발기·도입기의 신간 프로덕션(production)에 온통 쏠려 있는 에디터와 마케터의 관심과 활동을 쇠퇴기에도 균형감있게 배분함으로써 쇠퇴기의 구간을 리프로덕션(re-production)해서 다시 도입기로 돌려놓아야 한다. 시장환경은 변하게 마련이어서 시장을 전체적으로 보면서 새로 떠오르는 시장은 없는지, 그에 따라 타겟팅을 새로 할 필요는 없는지, 제목과 디자인을 바꾸어야 할 필요는 없는지를 꼼꼼하게 체크해서 죽(으려)는 제품을 되살려내는 마케팅전략이 요구된다. 적절한 시기에 개정판을 내고 가격을 조정해야 책이 오랫동안 시장에서 살아남고, 그래야 목록이 백리스트로서의 의미를 갖게 되고, 전체적으로 다품종소량생산방식이 가능해진다.

출판에서는 특히 이 양극단에서 일하는 것을 핵심과제로 삼아 시스템화할 필요가 있다. 필자 관리만 해도 그렇다. 지금 신간을 내는 과정에 있는 필자와는 업무상 필요해서 그렇겠지만 연락도 자주 하고 좋은 관계를 유지한다. 그런데 책이 나오고 나면 연락을 딱 끊는 경우가 많다. 업무 프로세스가 신간 중심으로 짜여 있어서 이번 책 저자에 올인하느라 지난번 책 저자는 깨끗이(?) 잊어버리는 것이다. 양극단에서 일할 시간도, 이유도 없는 셈이다. 양극단에서 일한다는 것은 이를테면, 책의 핵심 메시지는 여전히 유효한데 데이터가 낡아서 책이 안 나가거나 절판된 경우(다른 출판사 저자를 포함해서), 저자한테 연락해서 "선생님, 지난번 책에서 3장과 5장에 인용하신 데이터만 최신 것으로 바꿔주시면 독자들이 많이 찾을 것 같은데요…" 하면서 개정판을 내도록 유도하는 경우를 들 수 있다. 한편에선 신간을 내면서 다른 한편에선 구간을 되살리는 작업을 하는 것이다. 구간을 되살리는 것은 신간에 비해 비용이 훨씬 적게 든다.

일을 잘 한다는 것은 맡겨진 일 한 가지에 올인해서 실수없이 해내는 사람이 아니다. 시야를 넓게 갖고 중요한 요소들을 체크해서 중복 없이, 누락 없이, 착오 없이 하는 사람이다. 그리고 큰것 한 방이 아니라 작은것 여러 방을 통해 차이를 만들어낼 줄 아는 사람이 일 잘하는 사람이다. 큰것 한 방은 계산이 불가능하지만, 작은것들은 계산이 가능하다. 기대치가 적으면 적을수록 적중시킬 확률은 그만큼 높아진다. 10만 부, 20만 부 판매는 예측이 쉽지 않아도 1천 부, 2천 부 판매는 비교적 쉽게 예측할 수 있다. 출판의 주제와 분야를 정하고 그것을 반복하면 예측의 정확도는 더욱 높아진다. 예측 가능한 것을 토대로 비전과 목표를 세우고 계획을 짜서 실행에 옮기는 것, 이것이 사업이다. 예측도 안 되는 불확실성 속에서 근거 없는 희망을 계획이라고 말한다면 그건 사업이 아니라 도박이다.

속도냐, 완성도냐

편집자는 늘 속도와 완성도 사이에서 싸우는 존재다. 그러나 속도와 완성도는 늘 모순 관계이기만 할까. 발상을 바꾸면 속도와 완성도 두 마리 토끼를 다 잡을 수 있지 않을까. 본문 내용의 완성도를 높이기 위해 교정·교열을 보는 방법에는 두 가지가 있다. 초교, 재교, 삼교를 빠르게 3회전해서 보는 방법이 그 하나고, 꼼꼼하게 1회전한 다음 재교, 삼교를 보는 방법이 나머지 하나다. 전자와 후자 중 어느 방법이 시간이 덜 걸리고 완성도가 높을까? 걸린 시간은 전자가 덜 걸리고, 완성도는 후자가 높을 것 같은데, 사실은 전자가 시간도 덜 걸리고 완성도 또한 높다. 전자는 교정·교열을 보다가 이상한 데가 나오면 연필이나 형광펜으로 표시만 하고 계속 진도를 나가는 방식이다. 후자는 이상한 곳을 발견하면 그냥 넘어가지 못하고 이것저것 찾아보면서 자신이 어떻게든 직접 해결하는 방식이다. 사람 심리가 묘한 것이 어떤 하나가 이상하면 그 다음부터는 이상해 보이는 거 천지고, 이렇게 되면 결국 완성도도 속도도 모두 놓치게 된다. 이걸 꼼꼼한 편집자적 장인정신이라고 해야 할지는 의문이다. 출판의 속도감을 현저하게 떨어뜨리는 가장 큰 이유다.

인지과학이론에 따르면 빠르게 3회전 하는 게 완성도가 훨씬 높다고 한다.[10] 인간은 콘텍스트형 동물이어서 그렇다. 텍스트는 뒤에 오는 말에 의해 앞말의 의미가 규정된다. 예를 들어 "나는 개가 너무 좋아" 하고 누군가 말했는데, 그게 보신탕집을 나오면서 하는 말이라면 그 말의 의미는 달라진다. 콘텍스트(문맥)가 중요한 이유다. 단어 자체만으로도 기표와 기의의 불일치 문제가 있지만, 문장이 이어져 나올 때도 뒤에 어떤 문장이 오느냐에 따라 앞문장의 의미가 달라진다. 언어라는 게 흐름 속에서 의미가 규정되기 때문에 정확한 의미 파악을 위해서는 전후 문맥을 빠르게 봐야 한다. 부분에 오래 머물면 머물수록 전체의 의미를 놓치기 쉽다. 인지과학이론에 따르면, 보통 1회전 할 때마다 60퍼센트 수준의 완성도를 확보할 수 있다고 한다. 그러니까 초교를 빠르게 보면 60퍼센트의 완성도가 생기는 셈이다. 다시 재교를 빠르게 보면 초교 때 놓친 나머지 40퍼센트의 60퍼센트가 다

---

10 『세계의 엘리트는 왜 이슈를 말하는가』, 아타카 가즈토 지음, 곽지현 옮김, 에이지21, 2014, 196쪽 참조.

시 추가로 완성되는 셈이고, 이런 식으로 삼교까지 빠르게 보면 약 94 퍼센트의 완성도를 보이게 된다. 이 상태에서 조금만 더 손을 보면 시장에 내놔도 전혀 손색이 없는 상품이 된다.

초교, 재교, 삼교를 빠르게 3회전해서 보는 것이 책의 완성도를 높이면서도 시간을 훨씬 절약할 수 있는 방법이라는 것, 그것은 습관과 신념, 태도를 바꾸면 된다는 것, 그런데 사람은 선택적 주의, 선택적 왜곡, 선택적 보유를 하는 심리적 존재라서 신념이나 태도를 바꾸기가 어렵다는 것, 신념과 태도를 바꾸려면 먼저 동기부여가 필요하고, 인식이 필요하고, 학습이 필요하다는 것, 학습을 하게 되면 아웃사이드 인 방식으로 관점이 전환되고, 고객가치와 고객만족을 통한 고객관계 구축 쪽으로 업무의 무게중심이 옮겨간다는 것. 우리가 마케팅 공부를 하는 이유가 바로 이것이고, 그런 점에서 마케팅은 태도의 과학이고 심리학이고 철학이다.

철학이라고 해서 거창하게 생각할 건 없다. 철학과 마케팅의 공통점은 물질(material)과 마인드(mind) 사이에 위치해, 물질에서 마인드로 갔다가 다시 물질로 되돌아오는 왕복운동을 끊임없이 하면서 둘을 매개하고 조정한다는 점이다.

마케팅은 '고객의 니즈를 읽고, 그 니즈를 충족시키는 제품을 개발하고, 그 제품의 차별화를 통해 포지셔닝에 성공하면, 고객이 그 제품을 구매하고, 구매한 제품의 사용을 통해 만족을 느낀 고객이 기업과 단골관계를 맺는 것'으로 정의할 수 있다. 고객의 니즈를 읽는다는 것은 고객의 마인드와 관련된 문제이고, 차별화된 제품 개발은 물질의 문제이며, 포지셔닝과 만족은 다시 마인드의 문제다. 고객의 마인드에서 출발해서 물질로 갔다가 다시 고객의 마인드로 돌아가는 과정을 반복하는 것이 마케팅이다.

철학도 마찬가지다. 철학을 의미하기도 하는 형이상학은 '메타피직스'(metaphysics)를 번역한 것이다. '메타'(meta)는 '너머에' '이후에'라는 뜻을 갖는 말이고, '피직스'(physics)는 물리학 즉 물질의 세계를 가리키는 말이다. 결국 메타피직스란 눈에 보이는 물질의 세계에서 출발해서 그 물질세계 너머에 있는 참된 본질의 세계 즉 '실재'를 탐구하고 그 실재에 기반해서 다시 현실의 물질세계를 되묻는 과정을 반복하는 학문이라고 할 수 있다.

앞서도 말했지만, 리얼리티(reality)는 실재를 뜻하기도 하고, 현실을 뜻하기도 한다. '현실'을 물리적 세계라고 한다면, '실재'는 그 물리적 세계 너머에 있는 세계 즉 메타피직스의 세계다. 마케팅에서는 이 실재의 세계, 즉 잠재적 욕망의 세계를 '니즈'라고 하고, 현실의 세계 즉 구체적 욕구의 세계를 원츠라고 한다. 니즈와 원츠가 욕망과 현실화의 관계로 맺어져 있다는 점에서 그것은 메타피직스이며, 따라서 마케팅은 형이상학(철학)이 된다. 철학이 '만학(萬)의 왕'인 것처럼, 마케팅 역시 심리학, 정신분석학, 언어학, 경제학, 인지과학, 물리학의 문제를 자신의 문제로 끌어안는다. 따라서 마케팅은 사업이나 일을 넘어 우리 삶 전체를 기획하고 경영해 나갈 수 있는 삶의 강력한 무기가 될 수 있다. 우리가 마케팅을 공부하는 것도 그런 이유에서다.

제품마케팅에서 경험마케팅으로

지금 우리 출판은 위축일로를 걷고 있다. 출판의 프로세스가 경험 쪽보다는 제품 쪽에 맞춰져 있는 것과 무관치 않을 것이다. "제공물의 차별화를 위해 기업은 단순히 제품과 서비스를 전달하는 것에서 한 걸음 더 나아가 자사제품 혹은 회사와의 경험을 창출하고 관리해야"[11] 하는데, 책을 만들고 판매하는 일에 갖고 있는 에너지를 다 써서 경험을 공유하는 쪽으로까지 나아가지 못하고 있는 것이다. 우리가 만들어 파는 지식이라는 제품은 삶 속에서 경험과 만나 지혜가 되는데, 지혜로까지 나아가지 못하고 그냥 지식 단계에서 상품으로 그치고 마는 것이다. 지식과 지혜는 차이가 크다. 지식이 저기 저렇게 대상화되어 있는 객체라면, 지혜는 그 지식이 내 경험의 일부, 내 삶의 일부가 된다는 것을 의미한다. 고객과 커뮤니케이션을 한다는 것은 지식을 매개로 경험을 공유함으로써 함께 지혜를 만들어간다는 의미다. 그럴 때 책은 단순한 지식제품이 아니라 우리의 삶의 문제에 개입을 하고 영향을 미치는 솔루션이 된다. 그때 우리는 비로소 하나의 완결된 과정으로서의 출판을 하는 셈이 된다. 그렇지 않고 단순히 책을 만들고 파는 데 그친다면 우리는 반쪽짜리 출판을 하는 셈이 되고, 그럴 때 책이라고 하는 상품은 다른 일반상품과 별반 차이가 없게 된다.

이탈리안 레스토랑 '올리브 가든'(Olive Garden)의 사례는 제공물의 차별화를 위해 경험을 창출하고 관리하는 경험마케팅의 중요성을 잘 보여준다.

올리브 가든은 이탈리아 사람들과 파트너십으로 투스카니 지역 한 시골에 '투스카니 요리연구소'를 세웠다. 회사는 1년에 10번 이상 레스

---

11 『코틀러의 마케팅원리』, 231쪽.

토랑 팀원들을 요리연구소에서 1주일을 보내도록 파견했는데, 이들 중 상당수가 이탈리아에 한 번도 가본 적이 없었다. 이곳에서 그들은 올리브오일 짜는 방법에서부터 볼로냐식의 음식맛을 곁들이는 방법에 이르기까지 다양한 것을 현지전문가로부터 배웠다. 이와 같은 경험은 본국으로 돌아가 다른 레스토랑에서는 얻지 못할 진정한 고객경험으로 전환된다. 올리브 가든은 물리적 자양분으로서의 음식과 함께 정서적 자양분으로서의 완전한 저녁식사 경험을 판매하고 있다.[12]

경험이 경험을 낳는다. 경험마케팅은 해본 사람만이 할 수 있다. 독자중심이 아니라 제품중심으로 즉 책으로 시작해서 책으로 끝나는 방식으로 사업을 해온 출판인들에게 독자에게 말걸기, 경험걸기는 쉽지 않다. 독자와 함께할, 독자에게 나눠줄, 책을 매개로 한 경험을 갖고 있지 못한 것이다. 선배나 조직으로부터 배우거나 전수받은 것은 책만들기의 기술이었지 경험만들기의 기술은 아니었다. 경험마케팅은 생각을 한다거나 말로 한다고 곧바로 실행에 옮길 수 있는 게 아니다. 올리브 가든처럼 경험마케팅의 감각이 조직 속에 스며들 수 있도록 직원을 동기부여시키는 내부마케팅이 필요하다.

지금까지는 책을 만들어 파는 역할만으로도 출판사의 소임을 다할 수 있었다면, 즉 일정한 수준의 판매가 출판사가 취약한 부분이 드러나지 않도록 막아줬다면, 이제는 그 취약한 부분을 해소하지 않고는 더 이상 출판업을 해나갈 수 없는 상황에까지 이르렀다. 3천부 팔리던 책이 1천부 팔기도 어려워진 데다가 책이라고 하는 지식미디어의

---

12 『코틀러의 마케팅원리』, 231쪽.

위상이 점점 더 경쟁열위로 내몰리고 있기 때문이다. 상황을 반전시키는 길은 독자의 책경험, 독서경험을 재정립하는 경험마케팅을 적극적으로 구사하는 방법 외에는 없다.

출판사의 경험마케팅을 위해서는 다이렉트 이메일 마케팅이 반드시 필요하다. 다이렉트 메일을 통해 "당신의 문제가 이거 아니냐"고 직접 말을 거는 이메일 마케팅은 가장 비용이 적게 들면서도 가장 효과가 확실한 방법이다. 불특정다수의 이메일 주소로 메시지를 보내봐야 스팸 취급만 받을 뿐이다. 정말 받고 싶고 기다려지는 이메일 마케팅이 필요하다. 그러기 위해서는 일차적으로 직접 수집한 이메일 주소, 어떤 계기로든 구체적 관계의 징표로서 확보한 이메일 주소가 필요하다. 만약 그런 주소를 10만 개만 확보할 수 있다면, 이번 책은 왜 기획했고 사용자 측면에서 어떤 용도가 있고 등등을 구체적으로 설명하고 이해를 구함으로써 적어도 (구매반응률을 3퍼센트라고 하면) 3천 부 수준으로까지 판매량을 끌어올릴 수 있을 것이다. 그렇게 되면 출판은 지속가능한 사업모델이 될 수 있다.

10명 안팎의 인원으로 운영되는 출판사가 1년에 50종 정도를 출판해서 종당 3천 부 정도를 판다면, 그리고 신간 대 구간의 판매비율이 5대 5라면, 이 출판사는 신간으로 15만 부, 구간으로 15만 부, 총 30만 부의 책을 팔 수 있다. 이를 매출액으로 환산하면 대략 30억 원 정도가 될 것이다. 계산 가능하고 예측 가능한 출판은 가까운 거리에서 말 걸기가 가능한 10만 명의 독자가 있다면 가능하다. 그렇다면 앞으로 출판사의 과제는 경험마케팅이 가능한 10만 명의 독자를 어떻게 모을 것인가로 좁혀진다고 하겠다.

일반적으로 제품은 세 가지 수준에서 생각해야 한다. 먼저 가장 기본적인 수준에서 '핵심 고객가치'(핵심편익)를 생각해야 하고, 두 번째 수준에서 핵심편익을 만족시켜 줄 실제제품으로서의 속성이나 기능을 생각해야 한다. 그리고 세 번째 수준에서 판매후 서비스 등의 확장제품을 생각해야 한다. 이렇게 세 차원의 조건을 충족시킬 수 있을 때 고객만족과 경험마케팅이 가능해진다. 특히 확장제품 측면에서 생각할 수 있어야 하는데, 이는 판매후 서비스를 할 수 있어야 한다는 것을 의미한다. 물론 2천~3천 부 팔리는데 판매후 서비스까지 해야 한다면 비용계산이 맞지 않는다. 한 권 한 권에 대한 판매후 서비스라기보다는 출판사브랜드 포지셔닝을 위한 판매후 서비스로 생각하면 될 듯하다. 결국 단기 이익과 중장기 이익의 조화가 문제인데, 우리는 그동안 성과를 너무 개별타이틀과 단기이익의 관점에서만 평가해 왔다. 판매후 서비스를 어떤 식으로 하느냐에 따라 실질적이고 의미있는 메일링 주소를 확보할 수 있다.[13] 그러니까 이메일 마케팅은 메일링 숫자도 숫자지만, 그 숫자가 어떻게 만들어졌는지, 어떤 활동 속에서 나온 숫자인지가 성패를 좌우한다고 하겠다.

제품포트폴리오 – 목록의 넓이·길이·깊이·일관성

제품믹스(product mix)와 제품라인에 대해서 명확히 이해한 상태에서 타이틀을 개발해나가야 목록에 일관성이 생기고 출판사브랜드가 생긴다. 그렇지 않으면 목록이 즉흥적이고 우연적이고 방향을 잃어버

---

13 판매와 판매후 서비스는 분리될 수 없다. 앞으로 출판사들은 자사 홈페이지에서 책을 직접 판매할 필요가 있다. 판매를 통해 독자의 이메일 주소를 확보하고 판매후 서비스를 통해 실질적인 고객관계를 만들어나가야 한다.

리기 쉬워 출판사의 미래를 베스트셀러가 터지기를 바라는 운에 맡길 수밖에 없게 된다.

　제품믹스란 제품포트폴리오라고도 하는데, 쉽게 말하면 한 출판사에서 나온 모든 제품을 가리킨다. 가장 상위개념이라고 보면 된다. A라는 출판사가 있다고 하자. 이 출판사의 제품믹스는 인문, 경제경영, 컴퓨터, 외국어의 총 4개의 제품라인으로 구성되어 있다. 외국어 제품라인은 다시 영어, 중국어, 일본어의 3개의 하위제품라인으로 구성되어 있다. 영어라는 하위제품라인 밑으로는 영어와 관련한 개별 타이틀들이 모이는데, 이를 개별품목(item)이라고 한다. A출판사는 이들 개별품목을 다시 몇 개의 시리즈로 묶어서 개발해나가고 있으며, 여기에 초급용, 중급용, 고급용 구분이 다시 더해진다.

　제품라인과 하위제품라인의 관계는 유개념(상위개념)과 종개념(하위개념)의 관계로서, 절대적 기준에 의거해 범주를 설정하는 것이 아니라 각 출판사의 전문성과 방향성에 맞게 상대적 관점에서 설정하면 된다. 앞의 A출판사는 종합출판사로서 외국어라는 제품라인 밑에 영어라는 하위제품라인을 설정했다. 여기 외국어 전문출판사 B출판사가 있다고 하자. B출판사의 제품믹스는 영어, 중국어, 일본어, 스페인어 4개의 제품라인으로 구성되어 있다. 영어라는 제품라인은 다시 토익, 토플, 회화의 3개의 하위제품라인으로 구성되어 있다. 이번에는 영어 전문출판사 C출판사가 있다고 하자. C출판사의 제품믹스는 시험영어, 생활영어, 유학영어의 3개의 제품라인으로 구성되어 있다. 시험영어라는 제품라인은 다시 취업영어, 토익, 토플의 3개의 하위제품라인으로 구성되어 있다. A, B, C 세 출판사의 사례에서 본 것처럼, 제품믹스는 각 출판사의 미션과 비전, 사업목표에 맞게 짜면 된다.

제품믹스는 4가지 주요 차원을 가지는데, 넓이·길이·깊이·일관성이 그것이다. 넓이(width)는 기업이 보유한 제품라인의 수, 길이(length)는 각 제품라인을 구성하는 품목들의 총수, 깊이(depth)[14]는 제품라인 내의 각 제품에서 변형·파생된 버전들의 숫자, 일관성(consistency)은 다양한 제품라인들이 최종용도, 생산요건, 유통경로 등에서 얼마나 밀접하게 관련성이 있는지를 말한다.[15]

예의 A출판사는 지금까지 인문 제품라인에서 100종, 경제경영 제품라인에서 200종, 컴퓨터 제품라인에서 300종, 외국어 제품라인에서 영어 500종, 중국어 300종, 일본어 200종, 총 1,000종의 타이틀을 출간했다. 또 영어 타이틀 중에서 '처음인데요' 시리즈 50종은 독자들로부터 호평을 받아 꾸준히 판매되고 있다. 제품믹스의 4가지 차원을 A출판사의 경우를 예로 들어 설명해 보자. A출판사는 총 4개의 제품라인(인문, 경제경영, 컴퓨터, 외국어)을 갖고 있으므로 제품믹스의 넓이는 4가 된다. 또 제품믹스의 길이는 1,600(인문 100종+경제경영 200종+컴퓨터 300종+외국어 1,000종)이고, 제품믹스의 깊이는 '처음인데요' 시리즈 50종으로 50이 된다. 제품믹스의 일관성은 최종용도 면에서 취업준

---

14 출판의 경우, 테마기획 시리즈 등이 제품믹스의 깊이에 해당할 것이다. 또 저가/중가/고가의 다양한 가격 설정으로 제품믹스의 깊이에 변화를 줄 수도 있다. 뉴퍼블리싱에서는 디지털화된 콘텐츠를 나누고 쪼개고 재조합해서 판매하는 경우가 일반화되면서 다양한 가격설정이 가능해지고, 따라서 제품믹스의 깊이가 지금보다 훨씬 깊어질 것이다. 뉴퍼블리싱에서 다양한 콘텐츠 생성을 위해 미분과 적분을 자유자재로 구사하려면 목차구성의 관점이 달라져야 한다. 올드퍼블리싱의 기승전결 구조나 서론·본론·결론 구조는 쪼개는 순간 비대칭성과 불균형성으로 콘텐츠의 완결성이 떨어지기 때문에 판매가 어렵다. 작은 챕터 하나가 완결적이고 독립적인 구조를 띠면서 전체 목차 안에 한 부분으로 자리잡을 수 있는 구조가 되어야 분해와 조립이 자유자재로 가능하고, 다양한 가격으로 판매가 가능하다.
15 『코틀러의 마케팅원리』, 243쪽.

비생이나 직장인들을 타겟으로 그들의 입사·승진 시험 및 직장생활을 도와주는 타이틀들을 지속적으로 개발해 제공하고 있다.

넓이·길이·깊이는 제품믹스를 구성하는 세 개의 큰 기둥이다. 여기에 제품믹스가 고객에게 포지셔닝이 되고 브랜드가 되려면 일관성이 있어야 한다.[16] 목록의 일관성은 다양한 제품라인이나 타이틀들이 서로 얼마나 밀접하게 관련성을 갖고 있는지를 가리킨다. 일관성이 있다는 말은 곧 핵심독자층(목표고객)이 있다는 말과도 통한다. 일관성이 확보되어야 출판사가 브랜드로 포지셔닝될 수 있다. 현실에서 강력한 브랜드 포지션을 갖고 있는 출판사를 찾아보기 쉽지 않은데, 처음부터 일관성의 관점에서 출간방향과 주제를 정하고 목록을 설계해서 출간하지 않고 감각에 의존해서 팔릴 만한 타이틀을 쫓아다니면서 출판을 한 결과, 제품믹스가 사후적(事後的)이고 우연적으로 구성되었기 때문이다. 제품믹스를 짤 때는 시작과 끝을 아우르는 전체상을 사전적(事前的)으로 미리 그린 상태에서 출간방향과 전략을 결정짓는 주요 기준인 넓이·길이·깊이·일관성의 4가지 차원을 염두에 두고 짜야 한다. 그럴 때만 한 권 한 권 출간되는 타이틀들이 누적되면서 출판사의 역사가 만들어지고, 그 역사가 사업의 성과와 출판사 브랜드로 나타난다.

참고로 목록을 설계하고 구성해나갈 때는 먼저 길이와 깊이 쪽으

---

16 목록에 일관성이 있다는 것은 목록에 콘셉트가 있다는 것이고, 이는 목록이 독자의 '필요성'과 제품의 '차별성'을 반영하고 있다는 것을 의미한다. 일관성은 출판사의 사명(미션)과도 밀접한 관련이 있다. 사명이란 출판사가 자신과 저자와 독자를 위해 해야 할 일을 분명하게 정하는 것, 출판의 주제를 선명하게(일관성 있게) 정하는 것, 다시 말해 선택과 집중을 선언하는 것이다. 모든 것을 다 잘할 수 있는 출판사는 없다. 필요성과 차별성을 획득하려면 특정 세그멘테이션과 제품범주를 선택하고 거기에서 탁월한 퍼포먼스를 보여야 한다.

로 타이틀들을 개발한 후에 옆으로 넓이를 확장해 나가는 것이 좋다. 일종의 선택과 집중의 원리다. 깊고 길게 구성해 보면 아이디어를 선별하고 제품콘셉트·마케팅콘셉트·브랜드콘셉트를 잡는 감이 생기는데, 그것을 신규 제품라인 개발에 적용하면 실패 리스크를 그만큼 줄일 수 있다.

서비스마케팅 ― 출판제조업에서 출판서비스업으로

지금까지 출판사들은 지식산업을 제품산업 ―― 책을 만들어서 파는 업 ―― 으로 인식하고 사업을 영위해왔다. 그러나 이제 출판은 서비스업의 성격을 점차 강하게 띠어 가고 있다. 산업분류표에는 여전히 제조업이라고 되어 있지만, 그건 산업시대 때 인쇄에 기반해 종이책을 만들어내던 감각의 산물이다. 출판은 지식을 매개로 저자와 독자가 경험을 공유하고, 마인드와 마인드가 커뮤니케이션하는 것을 본령으로 하는 업이다. 전자책을 위시해 디지털 콘텐츠의 비중이 커지게 되면 출판의 서비스업으로서의 본질이 점점 더 선명히 드러날 것이다.

서비스 상품은 무형성(intangibility), 비분리성(inseparability), 변동성(variability), 소멸성(perishability)의 4가지 특성을 갖는다.

이 가운데 특히 무형성과 변동성은 출판하는 우리에게는 아킬레스의 건이다. 우리가 전자책을 불안해하는 이유도 실은 이것 때문이다. 종이책은 에디터가 편집하고 디자이너가 디자인한 다음 인쇄·제본이 끝나면 형태가 고정이 되면서 구체적인 유형성과 고정성을 획득한다. 그 유형성과 불변동성이 우리들 안심의 원천이었다면, 눈에 보이지 않고 만져지지 않고 흘러다니는 디지털 비트의 무형성과 변동성은 우리들 불안의 원천이다. 전자가 제조업의 본질과 통한다면 후자는 서비스업의 본질과 통한다.

무형의 서비스는 서비스가 실제로 행해지는 순간(서비스를 매개로 관계가 만들어지는 순간) 유형화되면서 눈에 보이게 된다. 강의실에서 지금 마케팅 강의가 진행되고 있다고 해보자. 원래 강의는 무형성, 비분리성, 변동성, 소멸성의 조건을 충족시키는 서비스 상품이지만, 강의실에서 실제로 강의가 이뤄지는 순간 일시적으로 눈에 보이는 유형성을 띠게 된다. 강의가 끝나서 뿔뿔이 흩어지면 상품은 소멸되고 강의 시간에 나눴던 얘기도 사라진다. 다시 무형성으로 돌아가는 것이다. 그러나 종이책은 그렇지 않다. 읽기가 끝나도 여전히 종이책은 유형성으로 남아있다.

웹 이전의 시기에는 이처럼 유형과 무형의 분리가 명확했고, 제조업과 서비스업의 분리 또한 분명했다. 하지만 웹의 등장은 유형과 무형을 뒤섞고, 제조업과 서비스업을 뒤섞어 놓았다. 강의를 동영상으로 만들어서 서비스하는 것이 가능해지면서 허공으로 사라지는 오프라인 강의를 유형성의 형태로 붙잡을 수 있게 되었다. 그러나 동영상 강의 서비스는 언제든 동일한 콘텐츠를 불러올 수 있다는 점에서 유형성이긴 하되, 평소에는 볼 수 없고 '액세스하는'(관계를 맺는) 동안만 보고 들을 수 있다는 점에서 유형성과 무형성 사이에 있는 상품이라고 할 수 있다. 전자책도 동영상 강의와 마찬가지로 유형성과 무형성 사이에 있는 상품이라고 할 수 있다. 강의든 책이든 영화든 게임이든 웹툰이든, 모든 콘텐츠가 디지털화되어서 서비스되는 세상에서 모든 콘텐츠 사업은 유형과 무형 사이의 제품을 생산·판매하는 업태로 정의할 수 있다.

유형성과 무형성 사이에서 활동하는 업태라고 해서 그것이 유형성에 무형성을 가미하는 형태로 사업을 전개하는 것을 의미하지는 않는다. 앞으로 콘텐츠산업의 메인 스트림은 디지털이다. 디지털은 유동적이고 흘러다닌다는 점에서 굳이 말하자면 무형성이라고 보아야 한다. 즉 앞으로 출판업은 무형성을 바탕으로 유형성을 가미하는 사업 형태, 다시 말해 서비스업을 바탕으로 제조업의 형태를 가미하는 방식이 될 것이다. 따라서 지금 출판사들이 해야 할 일은 유형의 제조업에서 무형의 지식서비스업 쪽으로 사업활동의 무게중심을 이동시키는 일이다. 그러기 위해서는 "서비스-이익 체인(service-profit chain)을 이해해야 한다. 서비스-이익 체인이란 서비스기업의 이익성을 종업원 만족 및 고객만족과 연계시키는 것이다. 이런 관점에서 보면 서비스마케팅은 외부마케팅, 내부마케팅, 쌍방향마케팅이 함께 요구된다."[17]

외부마케팅(external marketing)은 기업이 고객을 대상으로 하는 마케팅으로서, 흔히 말하는 4P를 중심으로 한 마케팅을 가리킨다. 내부마케팅(internal marketing)은 기업 내부의 직원들을 상대로 한 마케팅 활동을 가리키는데, 고객만족이라는 동일한 목표를 위해 기업의 모든 구성원이 고객중심적 관점과 태도를 가지고 일할 수 있도록 동기를 부여하고 유도하는 것을 가리킨다. 쌍방향마케팅(interactive marketing)은 종업원과 고객 간의 서비스 접점에서 일어나는 마케팅 활동을 가리킨다. 고객과 직접적으로 만나는 만큼 누가 어떻게 커뮤니케이션하느냐에 따라 서비스 품질이 달라질 수밖에 없다. 만족한 종업원이

---

17 『코틀러의 마케팅원리』, 246쪽.

고객을 만족시키고, 만족한 고객이 기업에 이익을 가져다준다는 점에서 쌍방향마케팅은 내부마케팅에 의해 좌우되는 측면이 크다.

결국 핵심은 쌍방향마케팅을 위한 내부마케팅을 어떻게 할 것이냐로 모아진다. 기업과 고객 간에 이루어지는 외부마케팅에 대해서는 여러 가지 시도와 경험들이 나름 풍부하게 축적되어 있지만, 기업 내부에서 동료 조직원들 간에 이뤄지는 내부마케팅에 대해서는 경험이 그리 많지 않다. 문제의식이 거기까지 나아가진 못하고 있는 것이다. 에디터, 디자이너, 마케터의 업무가 분할되어 있어 서로의 일이 다르다고 생각하기 때문이다. 기획하고 → 에디팅하고 → 디자인하고 → 제작하고 → 마케터의 손으로 넘어가는, 필연적으로 자기 맡은 분야만 하게 되고 대기시간이 발생하게 되는 단계적이고 순차적인 업무 시스템에 익숙해 있었지, 출판의 시작에서부터 끝까지 전체적 시야를 확보한 상태에서 고객만족을 위해 셋이 함께 팀작업을 수행한 경험이 별로 없었던 것이다. 팀작업은 자기 분야를 버리고 '고객을 만나기 전-고객을 만나는 중-고객을 만난 후'의 전·중·후 전과정을 처음부터 끝까지 같이 하는 것이다. 그것이 바로 내부마케팅이고, 외부마케팅이며, 쌍방향마케팅이다. 출판업은 앞으로 제조업에서 지식서비스업으로 변신해야 하는데, 이 말은 제품 중심에서 벗어나서 항상 저자·독자 네트워크 속에서 일해야 한다는 것을 의미한다.

브랜드 포지셔닝 - 강력한 브랜드의 구축

브랜드는 세 가지 층위의 의미를 갖는다. 먼저 제품·서비스 그 자체를 가리킨다. 둘째, 제품이나 서비스, 회사에 대한 표시 혹은 기호로서 상표를 가리키기도 한다. 셋째, 소비자 머릿속에 자리잡은 브랜드이미지를 가리키기도 한다. 예를 들면 우리가 '코카콜라'라고 할 때 그것은 마시는 음료로서의 코카콜라 자체를 의미하기도 하고, 코카콜라라는 제품 혹은 회사를 가리키는 상표를 의미하기도 하고, '코카콜라' 하면 우리 머릿속에 떠오르는 브랜드이미지를 의미하기도 한다. 이 세 가지 층위는 브랜드가 소비자 외부에 존재하는 제품을 떠나 기호를 거쳐서 소비자 내부(마인드)로 들어가 자리잡는 포지셔닝 과정을 그대로 반영한다.

이렇게 브랜드는 세 가지 층위의 의미를 갖지만, 일반적으로는 소비자 머리에 떠오르는 표상 즉 브랜드이미지를 가리켜 브랜드라고 한다. 브랜드의 최종단계 즉 고객에게 브랜드이미지로 포지셔닝이 되려면 고객의 브랜드 경험이 매우 중요하다. "고급백화점 노드스트롬은 좋은 마케팅은 매출을 실현하는 데서 끝나는 것이 아님을 알고 있다. 판매 후에도 고객들을 계속 행복하게 유지하는 것이 지속적 관계구축에서 핵심이다. 노드스트롬의 모토는 판매전, 판매과정, 판매 후에 걸쳐 모든 노력을 통해 고객을 보살피는 것이다."[18]

출판사도 마찬가지다. 필자고객과는 출간전, 출간중, 출간후의 관계관리가, 독자고객과는 판매전, 판매중, 판매후의 관계관리가 중요한데, 대개의 경우 책 만들기나 판매가 끝나면 관계도 종료된다. 진행 중인 것의 성과는 진행전과 진행후가 어떠냐에 달려 있는데, 필자고객, 독자고객과 지속적으로 경험을 공유하고 커뮤니케이션 하는 경우는 찾아보기가 쉽지 않다. 인력이 없다, 시간이 없다, 플랫폼이 없

18 『코틀러의 마케팅원리』, 241쪽.

다, 여러 가지 이유를 들지만 대개는 마인드의 문제거나 습관 혹은 태도의 문제다.

규모나 조건에 상관없이 글로벌 기업처럼 사고하는 것, 그것이 마케팅적 사고다. 마케팅적 사고는 전·중·후의 모든 지점에서 고객(저자·독자)과의 접촉점을 만들고 이에 적극적으로 관여하는 것이다. 이런 방식으로 업무를 설계하려면 일의 시작과 끝을 알아야 한다. 그러나 대개는 일이 어디서 어떻게 시작되고 어디서 어떻게 끝나는지 전체상에 대한 감을 잘 잡지 못한다. 디자이너가 보는 전체, 에디터가 보는 전체, 마케터가 보는 전체가 제각각인 경우가 많다. 중요한 것은 셋이 바라보는 전체상이 같아야 내부마케팅, 외부마케팅, 쌍방향마케팅을 위한 커뮤니케이션이 원활해진다는 것이다.

"마케터들은 제품속성(product attributes), 편익(benefit), 신념·가치(beliefs and values)의 세 가지 수준에서 자사 브랜드를 포지셔닝시킬 수 있다."[19] 속성 포지셔닝은 제품의 특성에 중점을 두고 포지셔닝하는 것이고[소비자보다는 제품이 중심이다], 편익 포지셔닝은 제품을 소비자 이익의 관점에서 포지셔닝하는 것이고[제품과 소비자를 연결시킨다], 신념·가치 포지셔닝은 속성이나 편익처럼 제품과 연관된 포지셔닝에 머무르지 않고, 소비자의 신념·가치 즉 마인드에 중점을 두고 포지셔닝하는 것을 가리킨다[제품이 아니라 소비자가 중심이다]. P&G의 1회용 아기 기저귀 팸퍼스의 사례는 이 세 가지 차원의 브랜드 포지셔닝을 잘 보여준다.

---

19 『코틀러의 마케팅원리』, 254쪽.

처음에 팸퍼스는 뛰어난 흡수력, 신체 적합성, 처리 용이성 등의 제품 속성을 강조했다. 그후 팸퍼스는 제품속성에서 더 나아가 우수한 흡수성으로 얻게 될 편익인 아기 피부건강에 대해 언급했다. 그러나 성공한 브랜드는 깊고 정서적인 수준에서 고객을 관여시킨다. 부모들에게 팸퍼스는 배설물을 흐르지 않게 하고 수분을 흡수하는 제품 그 이상, 기능적 편익들의 묶음 그 이상의 의미를 갖고 있음을 P&G는 알았다. 양질의 충분한 수면은 뇌발달과 관계형성 기술을 익히는 데 도움을 준다. P&G는 아기들이 더 잠을 잘 잘 수 있도록 하는 데 관심을 가졌다. P&G의 유아용품 사업은 팸퍼스에 대한 사고방식을 배설물을 흡수시켜주는 제품에서 아기의 발육을 위해 엄마를 돕는 것으로 전환함으로써 크게 성장하기 시작했다.[20]

신념·가치 수준에서 포지셔닝이 되면 도전자는 선도자를 넘어서는 것은 고사하고 쫓아가기도 쉽지 않다. "우리 귀저기도 아기 발육에 도움을 준다", 이러면 십중팔구 '왜 쫓아하냐' 이런 반응을 보이게 되어 있다. "우리 기저귀도 아기 피부건강에 좋다"고 할 때는 왜 쫓아하냐고 하지 않는데, 신념·가치 수준이 되면 워낙 유니크한 제안이기 때문에 그걸 똑같이 하면 쫓아하는 게 된다. 쫓아하게 되는 순간, 그것은 1등의 포지셔닝을 더욱 강화시켜 주는 역할을 한다. 포지셔닝의 핵심이다. 먼저 하라는 것, 빨리 하라는 것, 속도감 있게 하라는 것은 이를 염두에 두고 하는 말이다. 일을 하는 스타일을 보면 뒤에서 쫓아가면서 하는 스타일이 있고 앞에서 끌고가면서 하는 스타일이 있다.

---

20 『코틀러의 마케팅원리』, 254쪽.

어느 것이 성과를 낳는 스타일인지는 자명하다. 신념·가치 포지셔닝은 통찰력을 요구한다. 늘 마감에 쫓기면서 눈앞의 것을 보기에도 바쁜 사람에게 통찰력이 생길 리 없다.

이 책 『출판이란 무엇이고 무엇이 아닌가』를 브랜드 포지셔닝 한다고 해보자. 먼저 출판과 관련된 마케팅책이라는 속성에 기반하여 "출판현장에 최적화된 4P이론", "출판 전환기에 요구되는 출판전략" 등을 콘셉트로 하여 포지셔닝을 시도할 수 있는데, 이는 제일 하급에 속하는 포지셔닝 방법이다. 시장에 나와 있는 같은 범주의 다른 책들도 대개 비슷한 제품속성을 갖고 포지셔닝을 시도하고 있기 때문에 독자들에게 차별화의 포인트를 소구하기가 어렵다. 게다가 독자가 관심을 갖는 것은 제품 속성이 아니라 그 속성이 독자 자신에게 제공해주는 솔루션으로서의 기능 즉 편익이다. 따라서 브랜드를 포지셔닝시킬 때는 속성보다는 편익에 기반하여 포지션시키는 것이 좀더 나은 중급의 방법이다. 이 책을 편익에 기반해서 포지셔닝을 한다면 "출판사의 매출과 이익을 두 배로 끌어올려 주는 책"이 콘셉트가 될 것이다.

그러나 다른 제품과 확실히 차별화되는 가장 상급의 포지셔닝 방법은 속성이나 편익을 넘어 신념·가치에 근거하여 포지셔닝을 하는 것이다. 이를테면 "출판, 세상에서 가장 행복한 직업"을 콘셉트로 내세우는 식으로 말이다. 출판이란, 책이라고 하는 제품을 만들어 판매하는 기술직이 아니라 인간의 욕망을 이해하고 그 욕망을 충족시킴으로써 삶을 풍요롭게 디자인하는 일이라는 점, 게다가 인간의 가장 높은 단계의 욕구인 문화적 욕구를 충족시키는 영역의 일이라는 점은 출판인(퍼블리셔·에디터·마케터·디자이너)으로 하여금 라이프스타일의 기획자 혹은 창조자로서 자부심을 느끼게 한다. 일단 신념·가치 포지셔닝에 성공해 기억사다리의 최상위를 차지하게 되면 다른 제품이 그 포지션을 모방하거나 바꾸는 게 거의 불가능해진다. 『출판이란 무엇이고 무엇이 아닌가』는 왜 출판업을 행복과 연결짓는가? 왜 출판인들의 행복에 관심을 갖는가? 출판인들이 행복하면 같은 네트워크 안에서 관계를 맺고 있는 책을 쓰는 저자도, 책을 읽는 독자도 모두가 행복해질 가능성이 커진다. 그렇게 되면 출판의 생산-유통-소비가 선순환의 궤적을 그리면서 양질의 콘텐츠는 더욱 풍부해지고, 그것은 다시 한 사회공동체의 삶의 질, 문화의 질을 그만큼 고양시키기 때문이다.

브랜드 개발전략

"기업은 브랜드 개발과 관련하여 4가지 선택대안을 고려할 수 있는데, 라인확장, 브랜드확장, 복수브랜드, 신규브랜드가 그것이다."[21] 기업은 브랜드를 개발하고 확장해 나감에 있어 기존브랜드를 쓸 수도 있고 신규브랜드를 쓸 수도 있다. 또 길이 쪽으로 확장해 나갈 수도 있고 넓이 쪽으로 확장해 나갈 수도 있다.

먼저 새 브랜드를 만들지 않고 기존 브랜드를 갖고 제품믹스를 늘려나가는 방법이 있는데, 이때 기존 브랜드를 갖고 길이 쪽을 늘려나가는 것을 '라인확장' 전략이라고 하고, 넓이 쪽을 늘려나가는 것을 '브랜드확장' 전략이라고 한다. 기존 브랜드를 쓰는 경우에는 라인확

---

21 『코틀러의 마케팅원리』, 259쪽.

장이든 브랜드확장이든 "범위나 규모 따위를 늘려서 넓힌다"는 의미의 '확장'이라는 말이 붙는다는 것을 눈여겨볼 필요가 있다.

기존 브랜드를 쓰지 않고 새 브랜드를 만들어서 제품믹스를 늘려 나가기도 하는데, 이때 새 브랜드를 갖고 길이 쪽을 늘려나가는 것을 '복수브랜드' 전략이라고 하고, 넓이 쪽을 늘려나가는 것을 '신규브랜드' 전략이라고 한다.

제품믹스 관점에서 브랜드 전략을 나름 짜임새 있게 교과서적으로 구사하는 곳이 '길벗'출판사다. 길벗의 대표브랜드 중의 하나가 '무작정 따라하기'인데, 길벗은 이미 강력하게 포지셔닝이 되어 있는 기존 브랜드를 갖고 길이 쪽의 라인확장과 넓이 쪽의 브랜드확장을 꾀했다. 라인확장의 예로는 외국어 제품라인에서 『영어회화 무작정 따라하기』, 『일본어 현지회화 무작정 따라하기』, 『중국어 무작정 따라하기』 등으로 같은 브랜드를 써서 제품을 추가해 간 것을 예로 들 수 있으며, 브랜드확장의 예로는 역시 같은 브랜드를 써서 경제경영 제품라인의 『재무제표 무작정 따라하기』, 취미실용 제품라인의 『요가 무작정 따라하기』 등 새로운 제품라인을 개발해 나간 것을 예로 들 수 있다.

현실에서 길벗처럼 전략적 관점에서 제품믹스와 브랜드전략을 구사하는 출판사는 많지 않다. 그때그때 독자의 니즈(욕구)라고 판단되는 것들을 이것도 내고, 저것도 내는 출판사가 아직도 많다. 출판사 이름을 가리고 이게 어느 출판사에서 나온 책인지를 물었을 때, 대개는 출판사 이름이 잘 떠오르지 않는다. 브랜드 포지셔닝이 잘 되어 있다고 하려면 출판사 이름을 가리고 물었을 때 바로 알아맞힐 정도가 되어야 한다.

제록스의 사례, 성공은 실패를 부른다

복사기의 대명사 제록스는 1980년대 들어 쇠락의 길을 걷게 된다. 반독점법에 걸려 1,700개의 특허들을 포기해야 했고, 반값으로 시장 공략에 나선 일본 복사기에 밀려 시장점유율은 80%에서 13%로 급락했다. 2000년 8월, 파산 위기에 몰린 제록스를 구원하기 위해 CEO로 취임한 앤 멀케이(Anne Mulcahy)는 "고객을 이해하는 것이 기술을 이해하는 것 못지않게 중요하다"[22]면서 영업맨 출신답게 고객을 최우선에 두는 경영을 내세웠다. 멀케이는 제록스사를 회생시키기 위해 3C 방법론——컬러복사기(Color), 고객우선(Customers), 비용절감(Costs)——을 전면에 내걸었다. 앤 멀케이의 3C경영의 기치 아래 제록스는 가정용 프린터 시장에 진출함으로써 저가 경쟁사들과 전면적인 경쟁을 벌이는 한편, 고부가가치와 고수익의 컬러복사기 시장에도 진출하고, 복사기 유지보수 및 컨설팅 서비스 등의 사업다각화를 통해 위기에서 벗어나 재도약할 수 있었다.

그러나 제록스 사업 재구축의 성공은 그리 오래 가지 못했다. 문서를 얻고자 하는 시대와 대중의 욕구는 이미 클라우드와 디지털, 웹으로 옮겨가, 사람들은 자신이 원하는 시간에 컴퓨터에 접속해서 다운받고 프린트하는 걸 원했기 때문이다. 물론 제록스는 고객 최우선 경영을 추구하는 기업인 만큼 시대를 선도하기 위해 디지털과 웹 쪽에 투자를 아끼지 않았다. "제록스는 거의 10억 달러를 들여 사이언티픽 데이터 시스템이라는 수익성 높고 완벽하게 좋은 이름을 갖고 있는

---

22 『코틀러의 마케팅원리』, 469쪽

컴퓨터 회사를 인수했다."[23] 그런 점에서 제록스의 경우는 소니와는 다르다고 할 수 있다. 소니는 기업 경영의 위기에 처해서 더 얇고, 더 세련되고, 더 뛰어난 워크맨을 만들어 상황을 타개하고자 했다. 늘 그렇듯이 산업적 관점에서 눈에 보이는 카세트 중에서 최고를 지향하는 순간, 눈에는 온통 제품(원츠)만이 보이고, 제품 밑에 가려진 니즈 즉 음악을 소비하는 방식을 둘러싼 대중의 욕망은 보이지 않게 된다. 그때 기업은 사양산업의 길로 들어서게 된다. 제품지향·기술지향의 기업이 실패하는 경우가 많은 것도 이런 이유에서다.

멀케이의 "고객을 최우선에 두라"는 말은 제품에서 눈을 거두고 대중의 욕구(니즈)에 귀를 기울이라는 것을 의미한다. 하지만 잘나가던 제록스가 다시 위기를 맞게 된 것은 역설적이게도 제록스사가 1위 브랜드를 갖고 있는 기업이었기 때문이다. 강력한 브랜드를 갖고 있는 기업이 위기에 빠지는 것은 강력한 포지셔닝에 성공한 바로 그 시장범주 때문이다. '제록스'라는 브랜드 고유명이 '복사'라는 보통명사로 쓰일 정도로 제록스는 복사기 시장 내에서 누구도 넘보지 못할 최고의 강력한 포지셔닝을 확보한 회사였다. 제록스 하면 조건반사적으로 복사기가 떠올라 웹이나 디지털 서비스와 제록스는 매칭이 잘 안 되었던 것이다. 한마디로, 언제 어디서나 자신이 원하는 방식으로 콘텐츠를 자유롭게 이용할 수 있는 디지털 시대 감성과 제록스는 궁합이 맞지 않았던 것이다. 사정이 이런데도 제록스는 거액을 들여 인수한 잘 나가던 컴퓨터 회사 '사이언티픽 데이터 시스템'의 이름을 '제록스 시스템'으로 바꾸는 어이없는(?) 실수를 저질렀다.

---

23 『포지셔닝』, 142쪽.

포지셔닝이 강력하면 할수록 그 그림자 또한 깊고 길다. 포지셔닝은 그렇게 무서운 것이다. 그러니까 도입기·성장기를 거쳐 성숙기로 들어갈 때 바로 다음 단계를 준비하는 게 중요하다. 어느 단계, 어느 타이밍에 기존 브랜드를 갖고 라인확장전략 혹은 브랜드확장전략을 쓸지, 아니면 새로운 브랜드를 도입해 복수브랜드전략 혹은 신규브랜드전략을 쓸지를 신중하게 결정해야 한다. 1등 브랜드의 경우, 기존 브랜드 대신 새로운 브랜드를 도입하는 전략을 채택하기가 어렵다. 그러나 제록스 하면 조건반사적으로 복사기가 연상되는 상황에서 웹서비스에 제록스 브랜드를 쓰는 것은 스스로 무덤을 파는 행위다. "제록스가 컴퓨터 사업에서 성공하려 했다면 제록스라는 이름이 컴퓨터를 의미하도록 만들었어야 했다. 이미 복사기 포지션을 확립한 제록스에게 이것이 과연 타당한 일인가? 복사기 시장의 90퍼센트를 차지한 기업에게 말이다."[24] 그때는 차라리 신규브랜드 전략을 취하는 게 맞다. 그게 "고객을 최우선에 두는" 경영이다.

24 『포지셔닝』, 143쪽.

8장

가격이냐, 가치냐

1퍼센트 가격인상, 33퍼센트 이익증가

가격은 제품을 획득한 대가로 지불해야 하는 금액으로, 출판사 관점에서 보면 가격이지만 독자 관점에서 보면 자신의 '문제 해결에 드는 원가' 즉 비용이다. 문제가 크면 고객비용도 커서 책값도 비싸질 수밖에 없고, 문제가 작으면 고객비용도 작아 책값이 낮아질 수밖에 없다. 다만 대부분의 책은 그 특성상 문제해결을 직접적으로 해주는 것이 아니므로 원가가 온전히 책값에 다 반영되지는 않는다. 대개의 경우 소비자는 책을 통해 문제해결의 방법이나 노하우를 배운 다음 다른 실질적인 도구를 통해 문제를 해결하기 때문에 이런 비용들이 책값에서 빠지게 된다.

가격은 마케팅믹스의 중요한 요소다. "마케팅믹스란 기업이 목표시장의 고객들이 기대하는 반응을 창출함으로써 목표시장 내에 강력한 포지션을 구축하는 데 활용되는 통제가능하고 전술적인 마케팅도구들의 집합이다."[1] 가격 외에 제품, 유통, 프로모션이 마케팅믹스의 주요 구성요소인데, 가격과 나머지 요소들 간에는 중요한 차이가 있다. 가격 요소는 다른 요소들에 비해 기업이 통제력을 발휘하기가 비교적 수월하고, 다른 마케팅믹스 요소들이 비용을 발생시킨다면 가격은 수익을 발생시킴으로써 기업의 재무적 성과에 직접적인 영향을 미친다. 또 가격은 아주 약간의 개선만으로도 상당한 수준의 이익률 증가를 가져오는데, 예를 들어, "기업의 이익률이 매출의 3%일 경우, 가격인상으로 인한 매출감소가 발생하지 않는다면, 1%의 가격인상이 33%의 이익증가를 발생시킬 수 있다."[2] 그만큼 가격결정은 경영에서 매우 중요한 전략도구다.

하지만 개정 도서정가제가 시행되면서 독자들의 가격저항이 만만치 않은 상황에서 정가를 인상하는 것은 쉽지 않다. 지금 출판사들에게는 정가 인상 대신 상당한 수준으로 내려가 있는 서점출고가(공급가)를 인상하는 가격전략이 필요하다. 예를 들어 서점 공급가가 1만 원(공급률이 60%라고 하면 정가는 16,666원이다)인 책이 3천 부 팔렸다면 총매출은 3천만 원이고, 이익률이 3%라고 하면 이익은 90만 원이 된다. 이제 공급가를 1% 인상한다면(60.6%에 공급하는 것이 되어 공급률을 0.6% 인상한 셈이 된다) 공급가는 10,100원이 될 것이고, 판매부수에 변동이 없다고 하면 총매출액은 3,030만 원이 된다. 추가의 비용 발생 없이 단순한 공급가 인상만으로 추가이익 30만 원이 발생했으므로 이는 순이익이 30만 원 증가한 것이고, 따라서 기존의 이익 90만 원에 대한 이익증가율로 표시하면 '30만 원/90만 원'이므로 33%의 이익 증가를 가져왔다고 할 수 있다. 1%도 채 안 되는 0.6%의 공급률 인상만으

---

1 『코틀러의 마케팅원리』, 55쪽.
2 『코틀러의 마케팅원리』, 336쪽.

로도 이익이 33%나 증가한 것이다. 서점공급률이 중요한 이유다. 무엇보다 가격은 기업의 시장점유율과 이익성을 결정짓는 중요한 요소이며, 포지셔닝을 위한 가치제안에서 핵심적인 부분을 차지한다.

가치란 무엇인가

상품의 가격을 논할 때 떼놓을 수 없는 것이 가치다. 가치는 상품을 사용하는 사람과 무관하게 따로 떨어져 존재하지 않는다. 이 말은 고객이 구매하거나 사용하지 않으면 그 상품의 가치는 없는 것이나 마찬가지라는 말이다. 가치는 고객이 인지한 가치로서, '지각된 고객가치' 혹은 '고객가치'라고도 한다.[3]

상품은 인간의 욕망(니즈, 필요성)을 충족시키는 유용성이 있다는 점에서 사용가치를 갖는다. 하지만 자본주의에서 상품은 생산한 사람을 위해서가 아니라 구매할 사람을 위해서 만들어진다. 생산자가 직접 사용하기 위해서가 아니라 '타인의 사용가치'(사회적 사용가치라고도 한다)를 위해, 즉 교환을 위해서 만들어지는 것이다. 교환을 위해서는 서로 다른 사용가치(상품) 간에 양적으로 비교할 수 있는 어떤 공통의 척도가 필요한데, 그것이 다른 상품과 교환되는 비율로서의 교환가치다. '사회적 필요노동'(추상화되고 평균화된 노동)의 결과물로 만들어진 차별성과 희소성이 교환비율 즉 교환가치의 크기를 결정한다.

결국 상품은 사용가치와 교환가치의 두 가지 속성을 갖는데, 일반

---

3 마케팅에서 '가치'라고 말할 때, 그것은 언제나 '고객이 인지한 제품의 가치' 즉 '고객가치'를 말한다. 고객가치란 고객이 그 제품을 소유하고 사용하여 획득한 가치(편익, 유용성)와 그 제품을 획득하는 데 들어간 모든 비용 간의 차이를 경쟁사의 제품과 비교평가한 것을 말한다.

적으로 상품의 가치는 '가치=사용가치×교환가치'[4]로 표시할 수 있다. 사용가치는 질적 가치로, 같은 상품이라 하더라도 사용하는 사람의 필요성의 정도(강도)에 따라 다 다르게 나타난다. 1만원짜리 A라는 책이 누구에게는 1천 원의 가치도 없는 허접한 책이지만, 누구에게는 인생을 바꿔놓을 만큼 가치 있는 책일 수도 있는 것이다. 이에 비해 교환가치는 양적 가치로 보통 가격으로 표시되며 누구에게나 똑같이 적용된다. 1만 원짜리 책은 누구에게나 1만 원짜리여야 하는 것이다. 결국 사용가치와 교환가치의 결합물로서의 가치(고객이 인지한 가치)가 사람마다 다 다른 것으로 인식되는 것은, '가치=사용가치×교환가치'의 계산값이 다르게 나온다는 것을 말한다. 교환가치는 누구에게나 똑같이 적용되는 양적 가치이므로 결국 가치값의 크기를 좌우하는 것은 질적 가치인 사용가치의 값을 얼마로 느끼느냐에 달려 있다고 할 수 있다. 즉 사용가치를 크게 느끼면 가치도 큰 것이 되고, 사용가치를 작게 느끼면 가치도 작은 것이 되는 것이다.[5]

『코틀러의 마케팅원리』 값이 5만 원이라고 하자. 싼가? 비싼가? 5만 원 이상의 가치를 느끼는 사람은 망설이지 않고 살 것이고, 3만 원의 가치를 느끼는 사람은 많이 망설일 것이다. 가격은 상한선으로 가

---

4 가치가 사용가치와 교환가치의 합(+)이 아니라 곱(×)이라는 것은 사용가치와 교환가치가 단순결합물이 아니라 화학적 결합물임을 의미한다. 이를테면 A라고 하는 소비자에게 B라는 상품이 매우 의미있고 사용가치가 크다 하더라도 교환가치가 없는 것이라면 그것은 상품으로서의 가치가 없는 것이다. 참고로 사용가치는 필요성을, 교환가치는 차별성을 의미하므로 가치는 다시 '가치=필요성×차별성'으로 표시할 수 있다.

5 예전에는 사용가치라는 정성적 가치를 측정하기가 어려웠기 때문에 상품의 가치를 측정하기가 어려웠지만, 빅데이터 기술 등의 발달로 사용가치의 측정이 상당한 수준에서 가능해짐에 따라 그에 기반한 가격 책정이 가능해지고 있으며, 따라서 가격의 고객 설득력 또한 그만큼 높아지고 있다.

치의 제약을 받는다. 쉽게 말해 '싸다, 비싸다'는 고객이 느끼는 가치에 따라 달라진다. 똑같은 책인데 누구는 싸다고, 누구는 적정하다고, 또 다른 누구는 비싸다고 느낄 수 있다. 가격은 '고객이 느끼는 가치'와 관련된 인지적이고 심리적인 문제다. '고객이 지불할 수 있는 최대한'을 넘어 가격이 매겨지면 그 책은 잘 팔리지 않을 것이다.

가격은 가치보다는 낮고 원가보다는 높아야 한다. 가치는 가격 결정의 상한선이고 원가는 하한선이다. 이 관계는 '가치 〉 가격 〉 원가'로 표현할 수 있는데, 이를 '가격부등식'이라고 한다. 기업은 고객들이 인지하는 제품의 가치를 넘어서 가격을 책정해서는 안 된다. 만약 책정된 가격이 가치보다 더 높다고 지각할 경우, 고객들은 그 제품을 구매하지 않을 것이다. 가격은 또 원가를 상회해서 책정되어야 한다. 원가 밑으로 가격을 매기면 팔면 팔수록 손해이기 때문이다. 결국 가치와 원가 사이를 왔다갔다하면서 그 사이에서 거리(간격)의 폭을 조절하는 것, 이것이 가격전략이다.

가치●-●-●원가   가치●-●A——B●——C●-●원가

왼쪽 그림처럼 가치와 원가 사이의 거리가 좁은 건 좋지 않다. 원가와 거의 같은 수준에서 가격을 매길 수밖에 없기 때문이다. 오른쪽 그림에서처럼 가치와 원가 사이의 거리는 멀면 멀수록 좋다. 상대적으로 가치는 크고 원가는 작기 때문에 가격을 매기는 데 있어 운신의 폭이 크고 시장경쟁력 또한 클 수밖에 없다. 원가에서 최대한 멀고 가치에 최대한 가까운 A지점에서 가격을 매겼다고 하자. 기업 입장에서 제품 단위당 최대의 이익을 꾀하는 전략이고, 소비자 입장에서는 상대적으로 고가격이라 하더라도 가격이 가치를 넘지는 않았으므로 큰 불만은 없다. 초기 신제품 고가격전략에서 흔히 볼 수 있는데, 애플 같은 경우가 대표적이다. 이노베이터나 얼리어답터의 경우, 그들에게 중요한 건 가치이지 가격은 사실 큰 문제가 아니다. 그러다가 구매층이 초기 다수자로, 후기 다수자로 점점 확대됨에 따라 가격을 낮추는 전략을 쓴다. 즉 A지점에서 오른쪽으로 점점 이동해 가면서 가격을 매기는 것이다.

원가와 가치의 중간 정도 되는 B지점에서 가격을 매겼다고 하자. 기업으로서는 적정마진을 확보하게 될 것이고, 소비자로서도 적정가격에 제품을 구입할 수 있어 기업도 소비자도 만족스런 경우다.

가치에서 최대한 멀고 원가에 최대한 가까운, 즉 원가를 약간 상회해서 손해를 겨우 면하는 수준인 C지점에서 가격이 책정되었다고 하자. 기업 입장에서 제품단위당 이익은 최소가 되겠지만, 싸게 많이 팔려는 의도로 이 전략을 썼을 수도 있고, 또 단기적인 이익 감소를 무릅쓰고라도 고객만족을 극대화시켜 고객관계 구축을 통한 장기이익을 의도했을 수도 있다. 기업의 의도가 어떻든 고객 입장에서는 가치에 비해 가격이 매우 싸기 때문에 대만족하게 되는 경우다. 이처럼 가격전략은 고객가치와 원가 사이에서 고객만족과 기업의 이익을 절묘하게 조율할 줄 아는 능력을 요구한다.

가격이 아니라 가치를 팔라

가치(편익·혜택)와 가격은 '전반적인 포지셔닝 전략 선정' 즉 '가치제안'의 핵심을 이루는 두 요소다. "가치제안은 소비자가 왜 이 브랜드를 사야 하는가에 대한 회사의 대답이다. 볼보의 가치제안은 핵심혜택인 안전뿐만 아니라 신뢰성, 공간성, 그리고 스타일링 등의 혜택도 포함하는데, 이로 인해 지불해야 하는 가격은 평균보다 높지만 이러한 혜택들의 조합을 고려하면 정당하다."[6] 가치제안(=포지셔닝 전략)을 놓고 경쟁하는 상품세계에서는 가격 홀로 문제가 되거나 가치 홀로 문제가 되는 경우는 없다. '가성비'라는 말도 있지만, 가격은 항상 가치와 함께 논의되고 얘기된다.[7] 가격과 가치가 항상 나란히 가는 것은 니즈는 원츠로 구체화되고 원츠는 다시 디맨드와 만나 최종적으로 유의미한 결과가 만들어지는 상품경제의 메커니즘과 관련이 있다. 여기서 원츠는 속성·편익 즉 가치(사용가치×교환가치)의 문제고, 디맨드는 구매력 즉 화폐(가격)의 문제다. 표적고객의 마인드에 자리를 잡는 포지셔닝(=가치제안)은 항상 '가격 대비 가치'(=가치/가격)의 문제다. 가격이 분모에 오는 것은 상품의 운명을 최종적으로 결정짓는 것이 디맨드이기 때문이다.

　목표시장과 포지셔닝 전략이 분명한 색깔 있는 출판사라면 가격 결정을 하기가 비교적 쉽다. 포지셔닝 전략이 분명하다는 것은 목표시장이 분명하고 '제품과 가격이 분명하다'(차별적 우위성이 있다)는 것을 말하기 때문이다. 만약 전문서에 특화한 출판사라면 비교적 높은 가격을, 교양서에 특화한 출판사라면 중간가격을, 대중서에 특화한 출판사라면 비교적 낮은 가격을 매길 것이다. 물론 제품전략, 유통전략, 프로모션 전략도 목표시장과 포지셔닝 전략이 분명한 만큼 그다

---

6 『코틀러의 마케팅원리』, 222쪽.

7 가격과 가치를 논할 때는 항상 목표고객이라는 전제가 깔려 있다. 누구에게나 똑같이 인지되는 (체감되는) 가격이나 가치란 불가능하기 때문이다. 비교적 근사치로 가격과 가치를 느끼는 사람들의 그룹이 세그멘테이션이고, 포지셔닝(가치제안)은 그 세그멘테이션(세분시장)들 중에서 타겟팅한 표적고객을 상대로 행해지는 마케팅전략이다. 이것이 바로 STP다.

지 어렵지 않게 일관성을 갖고 결정할 수 있다.

불경기이거나 실적이 부진할 때 많은 기업들이 가격 할인(cutting prices)의 유혹에 쉽게 빠진다. 그러나 "가격 할인이 최선의 답은 아니다. 가격 할인은 불필요하게 이익의 상실과 가격전쟁을 유발시킬 수 있다. 가격 할인은 고객들에게 브랜드가 제공하는 고객가치보다는 가격이 더 중요하다는 것을 암시함으로써 브랜드가치를 떨어뜨릴 수 있다. 따라서 경제상황에 상관없이 기업은 가격이 아니라 가치를 팔아야 한다."[8] 특히 출판은 다품종소량화의 경향이 점점 뚜렷해져 가는 추세이므로 더더욱 가격이 아니라 가치를 팔아야 한다.

"가격이 아니라 가치를 팔라"는 말은 '가치제안=가치/가격'라는 가치제안 공식으로도 확인이 가능하다. 시장경쟁에서 이길 수 있는 가치제안에는 다음 페이지(혹은 표지 뒷날개 뒷면)의 그림에서처럼 모두 5가지 경우의 수가 있는데, ① 가치는 올리고 가격도 올리고, ② 가치는 올리고 가격은 그대로, ③ 가치는 올리고 가격은 내리고, ④ 가치는 그대로 가격은 내리고, ⑤ 가치는 내리고 가격은 더 내리는 방법이 그것이다. 요약하면 분자인 가치는 올리면 올릴수록, 분모인 가격은 내리면 내릴수록 가치제안 경쟁에서 우위를 점할 수는 있지만, 소비자에게 가치의 증가를 알리는 것은 어렵고, 가격의 인하를 알리는 것은 쉽다. 그래서 많은 기업들이 쉽게 가격 인하의 유혹(덫)에 빠지는 것이다. 그러나 가격 인하를 통한 가치제안은 성공할지도 의문이지만, 설령 성공한다고 하더라도 치러야 하는 대가가 너무나 크다. 브랜드의 손상은 말할 것도 없고, 더 규모가 크고 강력한 경쟁자가 더 큰

---

8 『코틀러의 마케팅원리』, 298쪽.

	가격	
① 더 비싼 가격에 더 많은 편익을	② 같은 가격에 더 많은 편익을	③ 더 싼 가격에 더 많은 편익을
		④ 더 싼 가격에 같은 편익을
		⑤ 훨씬 싼 가격에 더 적은 편익을

가능한 가치제안[9]

폭의 할인으로 치고 들어오면 한방에 무너질 수도 있는 리스크가 큰 가치제안이기 때문이다.

또 거꾸로 가격을 올림으로써 가치제안을 할 수도 있는데, 이 경우 가치를 가격 인상분 이상으로 올릴 수 있어야 하는데, 가치 인상분은 눈에 쉽게 안 띄고 가격 인상분은 눈에 쉽게 띄기 때문에 자칫 마이너스의 가치제안이 되기 쉽다.

어떤 기업이 가격의 인하나 인상이 아니라 가치 인상을 통한 가치제안에 성공한다면 그 기업은 독점적 이익을 확보할 수 있게 되는데, 강력한 포지셔닝을 바탕으로 가격주도권도 함께 쥐게 되기 때문이다. 이렇게 해서 확보된 독점적 지위는 쉽게 모방하거나 따라잡을 수

---

9 『코틀러의 마케팅원리』, 222쪽.

없다. 구글이나 애플 같은 경우가 대표적이다.

　다시 한 번 강조하지만, 기업은 "가격이 아니라 가치를 팔아야 한다." 가치의 크기가 크면 클수록 포지셔닝에 유리하고 경쟁우위에 설 수 있기 때문이다.

가격을 결정하는 세 가지 기준－고객가치·원가·경쟁

가격결정전략에는 세 가지가 있는데, 고객가치기반 가격결정, 원가기반 가격결정, 경쟁기반 가격결정이 그것이다.[10] 가격부등식 '가치〉가격〉원가'를 약간 변형하면 가격결정부등식 '가치〉경쟁과 그밖의 내·외부요소〉원가'를 얻을 수 있다. 기업은 가치를 상한선으로 하고, 원가를 하한선으로 하여 그 사이에서 가격을 결정하되, 이 두 한계선 사이에서 경쟁사의 전략과 가격, 자사의 마케팅전략과 사업목표와 마케팅믹스, 시장과 수요의 성격, 기타 환경요인들 등을 종합적으로 고려하여 가격을 결정한다.

　상한선인 고객의 가치지각에 중점을 두어 가격을 책정하는 전략을 '고객가치기반 가격결정'(customer value-based pricing)이라고 하고, 하한선인 제품의 원가에 기반해서 가격을 책정하는 전략을 '원가기반 가격결정'(cost-based pricing)이라고 한다. 원가기반 가격결정은 원가에 적정마진(목표이익)을 더해 가격을 책정하는 것을 말한다. 원가에는 생산·유통·판매에 들어간 모든 비용이 포함된다. 그리고 경쟁사의 마케팅전략과 가격, 시장동향 등을 고려해서 가격을 책정하는

---

10 『코틀러의 마케팅원리』, 298~309쪽 참조.

전략을 '경쟁기반 가격결정'(competition-based pricing)이라고 한다.[11] "경쟁기반 가격결정은 경쟁자들의 전략, 원가, 가격, 그리고 시장제 공물 등을 고려해 가격을 책정하는 것이다. 소비자들은 한 제품의 가치를 판단함에 있어 그와 유사한 제품들에 대해 경쟁사들이 부과하는 가격들을 비교의 근거로 삼는다."[12]

가치와 원가가 가격결정의 상한선과 하한선의 양극단을 나타내는 만큼, 가치기반 가격결정과 원가기반 가격결정은 발상법과 프로세스가 완전히 반대다. 가치기반 가격결정은 '고객의 니즈와 가치지각의 평가 → 그에 상응하는 목표가격 책정 → (마진을 포함해서) 원가 결정 → 제품 설계'의 아웃사이드-인 방식으로 프로세스가 짜여진다면, 원가기반 가격결정은 '좋은 제품의 설계 → 제품원가 결정 → 원가에 기반한 가격책정(원가+목표이익) → 제품가치를 마케팅을 통해 고객에게 설득'하는 인사이드-아웃 방식으로 프로세스가 짜여진다. 전자가 고객으로부터 시작하는 고객지향적 시각을 취한다면, 후자는 제품으로부터 시작하는 제품지향적 시각을 취한다.

최종적으로 제품가격이 적정한지를 결정하는 것은 고객이다. 따라서 다른 마케팅믹스에 대한 의사결정과 마찬가지로 가격결정은 고객가치에서 출발해야 한다. 고객들이 제품을 구매할 때, 그들은 가치있는 어떤 것(즉 제품을 사용함으로써 얻는 편익들)을 얻기 위해 가치 있는 어떤

---

11 어느 가격결정전략을 쓰든 기업은 제품의 원가를 세심하게 다루어야 한다. 원가는 가격의 하한선을 규정하는 만큼 원가가 높아지게 되면 가격이 비싸지거나 이익이 적어지므로 기업은 그만큼 경쟁열위에 처하게 된다. 경쟁열위에 처한다는 것은 포지셔닝에서 열위에 처한다는 얘기고, 이것은 사업기회의 상실을 의미한다.
12 『코틀러의 마케팅원리』, 309쪽.

것(가격)을 지불한다. 효과적이고 고객지향적인 가격결정이란 소비자들이 제품으로부터 얻게 될 편익들에 어느 정도의 가치를 부여하는지를 이해하고, 그 가치를 획득하는 수준에서 가격을 책정하는 것이다.[13]

가치기반 가격결정은 다시 '우수가치 가격결정'(good-value pricing)과 '부가가치 가격결정'(value-added pricing)으로 나뉜다. '우수가치'란 가격 대비 '좋은, 우수한, 뛰어난, 만족스러운' 가치를 의미한다. 우수가치 가격결정에서 중요한 것은 어디까지나 가격이다. 분모에 있는 가격이 낮거나 적정해야 '뛰어나고, 우수하고, 만족스러운' 가치제안을 할 수 있다. 우수가치 가격결정은 같은 가격으로 더 나은 속성·편익을 제공하거나, 더 싼 가격으로 같은 속성·편익을 제공할 경우에 쓸 수 있는 전략이다. 한편 부가가치 가격결정은 부가적인 속성·편익을 추가하여 제품차별화를 꾀함으로써 더 비싼 가격을 정당화하는 가격전략이다. 분모의 가격이 높아지지만, 그것을 상회하는 높은 가치가 제공되기 때문에 우월한 가치제안과 포지셔닝이 가능하다.

기업이 제안하는 가치제안이 설득력이 있으면 그만큼 쉽게 고객의 마음속에 포지셔닝된다. 가치제안은 다른 말로 전반적인 포지셔닝 전략이라고 하기도 하고, 콘셉트라고 하기도 한다. 가치제안은 가격 대비 가치로서, '편익의 조합/가격'으로 나타낼 수 있다.[14] 차별화

---

13 『코틀러의 마케팅원리』, 300쪽, 310쪽.
14 가치는 '편익들의 조합'이다. 편익들의 조합은 제품이 주는 편익, 유통이 주는 편익, 커뮤니케이션이 주는 편익들을 모두 포함한다. 편리하게 구매할 수 있는 유통환경 등이 유통 편익의 예에 해당하며, 해당 제품·서비스에 대한 정보나 지식, 경험을 쉽게 공유할 수 있는 것이 커뮤니케이션 편익의 예에 해당한다. 가치제안='가치/가격'='편익들의 조합/가격'='제품×유통×커뮤니케이션/가격'으로 나타낼 수 있다.

를 통한 포지셔닝이 가능한, 즉 시장경쟁력이 있는 우월한 가치제안은 그림(312쪽 혹은 표지 뒷날개 뒷면 참조)에서 ① ② ③ ④ ⑤의 다섯 영역이다. 한 가운데 연한 회색 영역은 같은 가격에 같은 편익을 제공하는, 차별적 우위성이 없는 영역이다. 나쁘지는 않지만 좋지도 않은, 우연히 눈에 띄면 살 수도 있겠으나 사람들이 굳이 찾지는 않는, 포지셔닝 하기가 곤란한 영역이다. 왼쪽의 짙은 회색 부분은 경쟁력이 없는 영역들이다. 오른쪽의 흰색으로 된 5개의 영역이 가치기반 가격결정 전략이 가능한 영역들이다.

지식의 가치를 파는 책은 대체재가 아니고, 따라서 수요의 가격탄력성이 비탄력적인 상품이므로 경쟁기반이나 원가기반보다는 독자가 지각하는 가치, 독자가 심리적으로 만족감을 느끼는 가치, 그 가치에 근거해서 가격을 매기는 가치기반 중심의 가격결정을 하는 것이 바람직하다. "수요가 비탄력적일수록 판매자는 가격인상으로 더 많은 수입을 올릴 수 있다. 구매자들이 사는 제품이 독특하거나 높은 품질, 위신, 독점성을 가질 때 그들은 가격에 덜 민감해진다. 또한 대체제품을 찾기 힘들거나 대체재들의 품질을 쉽게 비교할 수 없을 때, 가격에 덜 민감하다."[15]

지식과 책의 성격이 여기에 딱 부합한다. 출판은 사유의 매체, 서사의 매체, 공감의 매체로서, 인생관과 세계관을 바꿔낼 수 있을 만큼 강도와 밀도가 높은 가치지향적 미디어인 데다 저마다 다른 내용을 담고 있는 독점적 성격의 제품이기 때문에 소신있게 가격을 매겨도 괜찮다. 여기서 '소신있게'라는 말은 가치(소비자가 인지하는 가치)에

---

15 『코틀러의 마케팅원리』, 314쪽.

대한 확신을 가리킨다. 가치가 가격을 상회하면 소비자는 비싸다고 생각지 않는다. 문제는 비싸다, 싸다가 아니라 가격 대비 가치의 관계다. 가치를 알 수 있으면 가격을 소신있게 매길 수 있다. 구체적인 고객관계를 통하면 소비자가 인지하는 가치를 알 수 있지만, 우리는 구축된 고객관계가 없고 고객을 잘 모르기 때문에 가치 또한 잘 모른다. 독자가 인지하는 가치를 모르기 때문에 방법은 우리가 생각하는 가치를 광고나 홍보를 통해 독자에게 세뇌시킬 수밖에 없다. 그런데 요즘 소비자들이 일방적 광고나 홍보에 세뇌당할 사람들이 아니다. 다시 문제는 고객과의 커뮤니케이션 즉 고객네트워크 구축 문제로 돌아간다. 네트워크상에서 고객의 직접적인 목소리를 통해 가치를 확인한 다음 그 가치에 필적하는(가치와 가격간의 거리가 매우 가까운) 가격을 매길 필요가 있는 것이다.

또 책값은 지식의 값이지 종이값, 인쇄값이 아니므로 원가기반의 가격결정을 할 필요도 없다.[16] 출판업은 인쇄업이 아니다. 책을 만드는 데 있어 편집비, 디자인비, 종이값, 인쇄비, 제본비 등의 원가를 계산하는 것은 쉽다. 그러나 책(지식)이 갖고 있는 재미, 의미, 학습, 노하우 등의 가치는 독자와 상황에 따라 다르기 때문에 산정하기가 매우 어렵다. 그럼에도 불구하고 출판사들은 이들 지식의 가치를 측정해내려는 노력을 지속적으로 기울여야 한다. 독자들은 지각된(인지된) 가치를 토대로 가격을 평가하기 때문에 측정된 지식의 가치를 독자들에게 인지시키면 그만큼 책값에 대한 동의를 구하기가 쉽다. 책의 판매량이 점점 적어져 책값이 오를 수밖에 없는 상황인 데다 도서정

---

16 디지털 출판에서는 출판의 이런 성격이 더욱 극명하게 드러난다. 전자책의 경우 책 제작의 한계비용이 제로이기 때문에 책값은 말 그대로 독자에게 인지된 '지식가치'의 값이다.

가제 이후 독자들이 책값에 대해 갖는 불신을 해소하기 위해서도 지식의 가치를 측정해서 그것을 가격의 근거로 제시하는 일은 출판사가 반드시 해야만 하는 일이다.

출판과 가치기반 가격결정

가치기반 가격결정이 가능한 ① ② ③ ④ ⑤의 다섯 영역을 출판의 관점에서 검토해 보자. 그림(312쪽 혹은 표지 뒷날개 뒷면 참조)에서 ①은 '부가가치 가격결정'의 영역이다. 소량으로 판매되는 전문서의 경우에 유효한 일종의 프리미엄 가격전략이다. 비록 타겟층의 사이즈가 작긴 하지만 출간 자체만으로도 부가가치가 있어 비교적 비싼 가격을 매길 수 있다. 소량 판매로 인해 손익분기점에 해당하는 원가가 비싸게 먹히는 것도 비싼 가격에 대한 이유를 설명해준다. 비싼 가격이 정당화되려면 책의 가치가 뛰어나야 하는데, 그러기 위해서는 책이 전문적이고 독창적이어야 한다.

그림에서 ②와 ④는 '우수가치 가격결정'의 영역이다. 우수가치(good-value)라는 표현에서 밸류(value)라는 말을 눈여겨볼 필요가 있다. 맥도날드나 버거킹에는 밸류메뉴(value-menu)라는 게 있다. 가격에 예민한 고객들을 끌어들이기 위해 가격을 1달러로 제한한 햄버거를 밸류메뉴라고 하는데, 고객만족을 줄 수 있는 가치제안이 가능한 '간판 메뉴'라는 뜻이다. 말 그대로 맥도날드나 버거킹의 가치를 대변하는 제품이다. 미국에서 버거킹 프랜차이즈 가맹점이 본사를 고소한 사건이 있었는데, 바로 이 밸류메뉴 때문에 벌어진 일이다.[17] 밸류메뉴인 1달러짜리 햄버거는 가격 때문에 본사와 가맹점 간에 갈등

관계가 종종 표출되곤 하는데, 고객에게 만족을 주고 경쟁우위를 차지하기 위해 치즈버거에 패티 한 장을 더 얹는다든가 하면 원가가 쉽게 1달러를 넘는다. 그러나 버거킹의 기업 핵심가치를 표상하고 있는 밸류메뉴이기 때문에 판매가격이 1달러를 넘으면 안 된다.

문제는 팩트가 아니라 소비자 인식이다. 원가가 많이 들어서 도저히 1달러로는 가격을 맞출 수 없다는 게 팩트이긴 하지만, 소비자 입장에서는 심리적으로 받아들이기 어렵다. 간판격에 해당하는 밸류메뉴는 고객들의 마인드에 1달러라고 하는 가벼운 가격에, 간편하게 먹을 수 있는, 비교적 괜찮은 품질의 햄버거라고 강력하게 포지셔닝되어 있기 때문에 사람들을 맥도날드나 버거킹으로 찾아오게 만드는 효과가 있다. 1달러를 넘는 순간, 맥도날드는 더 이상 맥도날드가 아니고, 버거킹은 더 이상 버거킹이 아닌 게 된다. 결국 재판부는 가맹점 손을 들어주었고, 가맹점은 가격은 1달러를 유지하는 대신 치즈를 두 장이 아니라 한 장 넣는 것으로 해서 사건은 일단락되었다.

일반적으로 부가가치 가격결정에서는 가격보다는 부가되는 가치의 증가, 즉 더 많은 편익의 제공이 중요하다. 부가가치의 증가로 원가가 증가하면 더 비싼 가격을 받으면 된다. 그러나 우수가치 가격결정은 '같은 가격으로 더 많은 편익을' 제공하거나, '더 싼 가격으로 같은 편익을' 제공하는 전략이기 때문에 가격과 편익 둘 다가 중요하다. 편익을 일정 수준 이상으로 유지하고 가격을 일정 수준 이하로 유지하는 것이 우수가치 가격결정의 관건이다. 가격을 일정 수준 이하로 유지하기 위해서는 원가절감 노력이 필수적이다.

---

17 『코틀러의 마케팅원리』, 353쪽 참조.

판매 사이즈가 중량 정도(5천 부~1만 부)인 교양서의 경우, ②와 ④
를 기본전략으로 하되, 원가절감 노력을 통한 안정적인 이익의 확보
가 요구된다. 또 대량판매(3만 부 이상)를 목표로 하는 대중서의 경우에
는 ②와 ④를 기본전략으로 하되 프로모션 차원에서 일시적으로 ③
의 전략을 구사할 수도 있다.[18] 또 대량판매를 목표로 하는 만큼 경쟁
자들의 가격이나 프로모션 등을 예민하게 살펴보고 그에 적절한 대
응을 할 필요가 있다.

우수가치 가격전략에서 ②와 ④ 외에도 눈여겨볼 만한 영역이 있
는데, 바로 뛰어난 품질과 서비스를 비교적 저렴한 가격에 제공하는
영역이다. 유명브랜드 제품들이 상대적으로 저렴한 제품들을 시장에
새로 도입할 때 주로 이 전략을 사용하는데, 대표적인 사례가 패션 소
매업체 자라(ZARA)의 경우다. '치프 시크'(cheap chic) 즉 저렴한 가격
에 '시크한'(일류의, 세련된) 스타일의 자라 패션의류는 ②와 ③의 영역
에 걸쳐 있다. "같거나 더 싼 가격에 더 많은 편익을" 제공하는 자라
의 가치세안은 경쟁입체를 압도하는 속도에 기인한다. 디자인·제조·
유통·진열을 수직적으로 통합한 압도적 경쟁우위의 최첨단 공급시

18 한번 책값이 정해지면 거의 변하지 않는 게 우리 출판계 현실이다. 하지만 도서정가제의 할인
제한으로 인한 독자의 불만을 고려할 때 재정가작업을 포함한 다양한 가격전략이 요구된다.
베스트셀러를 목표로 한 경우 처음 시장에 진입할 때 저가격 전략을 쓸 수도 있을 것이며, 또
어떤 책이 베스트셀러가 된 경우 구매해준 독자들에 대한 감사 표시로 가격을 인하하는 것도
고려해볼 수 있을 것이다. 독자의 니즈를 반영하여 때로는 싸게, 때로는 비싸게 책값을 매기는
유연한 가격전략이 필요하다. 도서정가제란 도서가격의 결정권을 공급업자인 출판사가 갖는
다는 것을 의미하지, 한번 가격이 정해지면 그것으로 고정해야 한다는 것을 의미하는 것은 아
니다. 개정 도서정가제하에서는 출간 후 18개월이 지난 구간의 경우, '재정가판매'가 가능하
도록 규정하고 있다. 할인과 재정가가 다른 점은 할인은 그 시행 주체가 서점이라면, 재정가는
주체가 출판사라는 점이다. 도서정가제의 핵심이 가격결정권을 출판사가 갖는 것이라고 했을
때, 재정가제도는 도서정가제의 근본취지에도 어긋나지 않는다.

스템에 힘입어 자라는 중산층 대상의 고품질 의류를 낮은 가격에 공급할 수 있었다.

사실 싸면서도 고급스러운 제품을 끊임없이 시장에 선보일 수 있으려면 원가절감의 노하우가 절대적으로 요구된다. 혁신을 통해 원가를 파격적으로 내리지 못한다면 '싸면서도 고급스러운' 가치제안은 불가능하다. "자라는 패스트 패션을, 정말 빠르게 전달한다. 지난해 평균 10,000종 이하를 생산해낸 경쟁사들에 비해 자라는 30,000종을 선보였다. 소량으로 제공되는 폭넓은 신제품의 조합으로 자라소비자들은 연평균 17회 가량 매장을 방문하는데, 경쟁사들은 5회이하에 머물고 있다. 빠른 순환 덕에 뒤떨어진 재고나 할인 물품들이 적게 발생한다."[19]

출판이 자라에서 배울 점은 무엇일까. 출판도 자라처럼 "정말로 빠른 출판"을 통해 비용을 혁신적으로 절감할 수 있다면, 소량판매의 특성상 값이 비쌀 수밖에 없는 지금의 출판조건에서 최대한 가격을 낮춤으로써 독자에게 새로운 고객가치와 고객만족을 줄 수 있을 것이다. '저술-편집-디자인-제작-물류-서점-독자'로 이어지는 지금의 선형적이고 단계적인 공급시스템은 독자와의 거리가 너무나 멀고, 따라서 독자를 만나는 데 시간과 비용이 너무나 많이 든다. 핵심은 독자와의 거리를 좁히는 것이고, 독자를 만나는 데 드는 시간과 비용을 줄이는 것이다. 지금까지의 기나긴 공급시스템을 '생산·유통-독자'의 단순하고 직접적인 수직적 통합 시스템으로 바꿈으로써 독자와의 거리를 최대한 좁혀낼 수 있을 때만 비용도 절감되고 사업의

---

19 『코틀러의 마케팅원리』, 356쪽.

기회도 생길 것이다.[20]

　일반적으로 ③은 기업의 일반전략으로 채택하기에는 한계가 있는 전략이다. ③의 포지션에서 성공한 사례들이 있기는 하지만, 시간이 지나면서 계속 그 포지션을 유지할 수 있느냐가 관건이다. 처음에는 2개만 줘도 만족하지만 얼마 지나지 않아 3개, 4개를 바라는 것이 소비자 심리다. 계속 더 주면서도 싼 가격을 유지해야 하는데, 더 많은 편익을 제공하면 비용이 많이 들고, 이는 가격상승 요인으로 작용해 '더 싼 가격으로'라는 가치제안의 유지를 어렵게 만든다. ③을 전략으로 쓰는 기업은 결국 '더 많은 편익'과 '더 싼 가격' 중에서 하나를 선택해야 하는 상황에 직면하게 된다.

　마지막으로 ⑤를 살펴보자. ⑤는 훨씬 싼 가격이 강점이긴 하지만 고객 입장에선 더 적은 편익을 감수해야 하는 영역이다. 훨씬 싼 가격이 가능하려면 대량 판매가 가능해야 하는데, 책은 일부 베스트셀러나 스테디셀러를 제외하면 기본적으로 소량판매 상품이다. 소량판매라면 책값은 비싸질 수밖에 없다. 따라서 일반상품과 달리 책의 경우

---

20 지금까지의 출판프로세스는 프리프로덕션(pre-production)-프로덕션(production)-포스트 프로덕션(post-production)의 단계를 밟아가는 시스템이었다. ① 기획을 하고, 원고발주를 하고, 저자가 원고를 다 쓰면(프리프로덕션), ② 편집자가 원고를 받아 편집을 하고, 편집이 다 끝나면 디자이너가 표지 디자인을 한다, 디자인과 편집이 다 끝나면 제작에 들어간다(프로덕션), ③ 제작이 끝나면(포스트프로덕션) 홍보와 마케팅에 들어간다, 책이 서점에 배송된다, 독자가 서점에서 드디어 책을 만난다. 단계로 설정된 이런 업무프로세스는 단계마다 대기시간이 발생할 수밖에 없어 전반적으로 속도를 떨어뜨리고 이는 비용 상승을 초래함으로써 사업의 경쟁력을 약화시키는 결과를 초래한다. 이 프로세스를 수직적으로 통합해 프리프로덕션, 프로덕션, 포스트프로덕션을 동시에 수행할 수 있다면(저자-편집자-디자이너-마케터가 한 팀을 이뤄 저술-편집-디자인-마케팅을 동시에 실행하고 이 과정에 독자를 부분적으로나마 참여시킬 수 있다면), 독자와의 거리는 그만큼 가까워질 것이고, 독자를 만나는 시간과 비용 또한 혁신적으로 줄일 수 있을 것이다.

에는 ⑤를 포지셔닝전략으로 쓰는 게 쉽지 않다. 그러나 출판사가 강력하게 미는 대중교양서 시리즈나 문고본 같은 제품라인의 경우 브랜드 포지셔닝을 위해 ⑤의 가격결정을 할 수도 있다. 과거 3~4천 원대 '책세상문고'나 '살림지식총서'가 그랬던 것처럼.[21] 그러나 한국사회에서 문고본은 쉽지 않다. 한국의 출판시장은 문고본을 지탱할 만큼의 사이즈가 되지 않는 것이다. 그러나 디지털 출판의 가속화는 ⑤의 전략에 새로운 가능성을 부여하고 있다.[22]

시장의 유형과 가격결정

상품의 가격은 위에서 말한 여러 가지 가치제안을 배경에 깔고 결정된다. 책값은 과연 어떻게 매겨지는 걸까. 서점에 가서 책값을 보면 대개 분야별로 비슷비슷하다는 걸 알 수 있다. 그것으로 볼 때 출판사

---

21 책세상문고나 살림지식총서는 ⑤의 전략 즉 '훨씬 싼 가격으로 더 적은 편익을' 제공하는 전략을 구사했다고 할 수 있다. 책의 경우, 더 적은 편익을 제공한다는 것은 저술 관련 편익을 줄이거나, 디자인 관련 편익을 줄이거나, 편집 관련 편익을 줄이는 것을 의미한다. 저술과 관련해서는 원고 매수를 줄인다든지, 연구논문 한 편을 가지고 한 권의 책을 만든다든지 하는 방법이 있을 것이고, 디자인과 관련해서는 표지에서 날개를 없앤다든지, 후가공작업을 하지 않는다든지, 표지를 포맷화하여 표지디자인비를 절감한다든지, 올컬러 대신 1도로 표지나 본문을 디자인한다든지 하는 방법이 가능할 것이고, 편집과 관련해서는 저자와의 작업방식 개선을 통해 편집 속도를 높임으로써 편집비용을 낮추는 방법 등이 있을 것이다. 비용을 낮추고 수익을 확보하기 위해 다른 기업과의 콜라보레이션도 적극 검토할 필요가 있다. 이를테면 네이버나 다음카카오 등 포털기업과의 콘텐츠 생산 협력작업으로 비용을 낮추는 방법도 가능할 것이다.

22 한번의 편집 작업으로 전자책, 종이책을 포함해서 다양한 콘텐츠를 만들어낼 수 있는 XML 기반의 편집은 지금보다 훨씬 싼 가격의 다양한 가치제안을 가능케 해줄 것이다. XML 편집을 하면 책을 챕터별로 쪼개서 팔 수도 있고, 서로 다른 책들 중에서 필요한 챕터만 골라 다시 묶어 팔 수도 있다. XML 기반의 편집은 비단 ⑤뿐만이 아니라 ① ② ③ ④의 모든 가치제안 전략을 가능케 한다는 점에서 출판사들이 시급히 구현해야 할 핵심과제다.

들은 가치기반이 아니라 경쟁기반 혹은 원가기반의 가격 책정을 하고 있는 것은 아닐까 하는 생각이 들지만, 분야별로 일정한 범위 내에서 책값이 매겨지는 데는 그만 한 이유가 있다. 책뿐만이 아니라 자본주의에서 모든 상품의 가격은 일정한 범위 내로 수렴되는 양상을 보인다. 고객의 니즈, 고객이 인지하는 가치, 원가, 경쟁상황 등이 종합적으로 반영되어 평균화된 가격을 형성하는 것이다.

실용서가 됐든, 철학서가 됐든 책은 기본적으로 솔루션이다. 구매자는 책이 아니라 솔루션을 구입하는 것이다. 솔루션은 살아가면서 필요한 삶의 가치나 지혜, 혹은 해결해야 할 실용적인 문제의 실질적인 답을 준다.

예를 들어 수영을 배우고 싶은 경우, 책은 수영에 관한 실용적인 지식 즉 솔루션을 준다. 그러나 책의 솔루션은 직접적이고 1차적인 것이 아니라 간접적이고 2차적인 솔루션이다. 만약 책이 1차적인 솔루션이라면 수영에 관한 책만 열심히 읽어도 수영을 잘 할 수 있게 되어야 한다. 책을 통해 수영의 자세와 호흡법 등을 익힌다고 하더라도 실제로 수영을 할 수 있으려면 직접 물에 들어가 몸을 움직여가면서 영법을 익혀야 한다. 책은 간접적이고 2차적인 솔루션이어서 그 효과가 동시에 다수에게 가닿을 수 있지만, 수영 강습은 직접적이고 1차적인 솔루션으로서 제한된 시간과 공간에서 극히 소수에게만 가닿을 수 있다. 책값이 수영장 회원권보다 싼 이유다.

모든 물체들이 중력의 영향을 받는 것처럼, 책값 또한 2차 솔루션이라는 한계의 적용을 받는다. 그래서 가치기반 가격결정이라고 하더라도 가격은 일정 범위를 벗어나기가 어렵다. 더욱이 여기서 말하는 가치기반이란 공급자가 아니라 소비자가 인지하는 가치기반이다.

궁극적으로 기업이 올바르게 가격을 책정했는지를 결정하는 것은 고객이다. 고객은 제품가격과 그 제품을 사용하여 얻게 될 지각된 가치를 비교한다. 만약 가격이 가치보다 높다면, 소비자들은 제품을 구매하지 않을 것이다. 어떤 가격을 부과하더라도 기업은 자사제품이 지불한 돈에 비해 탁월한 가치를 제공할 필요가 있다.[23]

하지만 책값 결정의 메커니즘을 감안하더라도 지금 출판물의 가격은 너무 비슷하다. 경쟁기반 가격결정을 하기 때문에 그렇다. 아직도 자신이 출판하는 책의 특성을 잘 모르는 것이다. 지식의 근본 성격이 유니크함과 독창성에 있다는 것은 출판이 가치기반 산업이라는 것, 따라서 경쟁자가 얼마 매겼는지 신경쓰지 말고 소신껏 가격을 매겨도 괜찮다는 것을 의미한다.

시장의 유형 또한 가격결정에 큰 영향을 미친다. 시장은 크게 완전경쟁시장, 독점적 경쟁시장, 과점적 경쟁시장, 완전독점시장으로 나눌 수 있다. 완전경쟁시장은 다수의 공급자와 다수의 구매자로 구성되는 시장으로 그 어떤 시장참여자도 가격에 큰 영향을 미치지 못한다. 주식이나 광물 등이 이 시장에 속한다.

독점적 경쟁시장은 "일정한 가격 범위 내에서 거래를 하는 많은 수의 구매자와 판매자로 구성된다. 일정한 가격범위 내에서 거래가 이루어지는 이유는 판매자들이 서로 다른 세분시장에 대해 자신들의 제공물들을 차별화시킬 수 있기 때문이다. 이러한 시장에는 많은 경쟁자들이 존재하기 때문에 과점시장에 비해 경쟁사들의 가격전략이

---

23 『코틀러의 마케팅원리』, 318쪽.

각 기업에 미치는 영향이 상대적으로 작다."[24]

독점과 경쟁이라는 일견 모순된 용어가 결합되어 있는 독점적 경쟁시장은 출판시장의 특성을 가장 잘 보여주는 시장영역이다. 독점적이라는 수식어가 붙어 있긴 하지만 독점하고는 거리가 멀고, 오히려 완전경쟁시장에 가까운 특성을 보인다. 여기서 '독점적'이라는 말은 지식의 유니크함, 즉 우리 출판사가 내는 책은 다른 출판사가 내는 책하고 다르기 때문에 경쟁사를 염두에 두지 않고 '독자적'으로 가격전략이나 그밖의 마케팅믹스를 운용해도 괜찮다는 것을 의미한다. 그렇다면 가격 또한 소량 판매되는 책은 높은 가격으로, 대량 판매되는 책은 낮은 가격으로, 일정 범위 내에서 싸게 혹은 비싸게 소신있게 매길 수 있어야 한다. 책이 가격보다는 가치로 스스로를 차별화하는 상품이라는 점에서, 출판은 독점적 경쟁시장의 특징을 뚜렷하게 보여주는 업종이다. 그런데도 경쟁기반의 가격결정과 경쟁적인 가격할인이 주를 이루고 있다는 것은 출판사들이 출판시장의 특성을 명확히 인식하지 못하고 있다는 반증이다.[25]

다품종소량은 독점적 경쟁시장과 잘 어울리는 생산방식이다. 다품종소량생산의 핵심과제는 두 가지다. 하나는 출판 분야가 전문적이고 독창적이되 그것을 일관성 있게 밀고나가 자신만의 스타일(브랜드)을 만들어낼 수 있을 것, 또 하나는 소량판매에도 결코 흔들리지 말 것. 다품종소량을 마케팅전략으로 채택하면, 판매에 대한 근거없는 기대를 버리고 500부~1,000부 정도 팔아서 손익을 맞출 정도로 가격을 높게 매기고 그 결과에 만족할 정도가 되어야 한다. 컬러링북이 뜨

---

24 『코틀러의 마케팅원리』, 312쪽.

면 그쪽을 기웃거리고, 심리학책이 뜨면 또 그쪽을 기웃거리고, 이런 식이어서는 다품종소량을 밀고갈 수 없고, 출판사브랜드를 만들 수도 없다. 다품종소량은 출판사브랜드가 있어야만 해낼 수 있는 방식이다. 소품종대량 즉 베스트셀러 지향의 출판이 개별 타이틀의 파워 즉 타이틀브랜드와 저자브랜드에 기대는 방식이라면, 다품종소량은 목록의 파워 즉 출판사브랜드에 기대는 방식이다. 전문성과 독창성을 일관성 있게 밀고가 자기만의 스타일을 만들 수 있을 때 다품종소량생산의 성장궤도에 들어서는 것이 가능하다.

과점적 경쟁시장은 공급자가 몇 군데 되지 않아 서로의 가격과 마케팅 전략에 민감하게 반응할 수밖에 없는 시장을 말한다. 자동차 시

---

25 도서정가제는 공급자가 정한 가격이 판매시점에서 유지될 수 있도록 가격할인을 막거나 일정 범위 내로 제한하는 제도다. 즉 가치제안의 두 요소 중 하나인 가격을 묶어놓는 제도다. 가격으로 경쟁하는 대신 출판생태계의 지식 다양성을 위해 가치로 경쟁하자는 취지의 제도인 것이다. 물론 개정 도서정가제의 시행으로 경쟁적인 가격할인에는 일단 제동이 걸린 상태다. 그러나 출판사들은 서점에서의 경쟁우위를 확보하기 위해 서점공급률 할인을 여전히 경쟁적으로 하고 있다. 이래서는 애초의 취지인 생산자 보호와 소비자 보호는 물건너 가고 바잉파워가 있는 소수의 대형서점만이 가격할인 제한의 이익을 독점하게 된다. 또 인터넷 서점에서 겸업하고 있는 중고책방도 도서정가제의 근간을 뒤흔들어놓을 소지가 다분하다. 가격과 가치를 보는 출판계의 시선이 근본적으로 바뀌지 않는 한, 정가제의 정착은 앞으로도 많은 시행착오를 겪을 수밖에 없을 것이다. 책이 가격보다는 가치가 중요한 상품이긴 해도, 가치제안은 가격과의 연관 속에서 의미를 가지는 데다, 가치가 일정한 경우 가격이 싸면 쌀수록(가격이 싸지는 데는 가격할인과 낮은 정가의 두 가지 방법이 있다) 독자만족은 커지므로 출판사는 저가격을 실현하기 위해 혁신적인 노력을 기울여야 한다. 당연한 얘기지만 저가격과 가격할인은 구분되어야 한다. 가격할인 경쟁은 소모적이고 불필요한 경쟁이지만, 저가격경쟁은 독자만족을 위해 반드시 필요한 경쟁이다. 도서정가제는 가격할인 경쟁을 막는 취지에서 시행되지 제도이지, 가격 자체에 신경을 쓰지 말라는 취지로 시행되는 제도는 아니다. 월마트의 가격정책은 좋은 참조점이 된다. 월마트의 사명이 "Everyday low price"(EDLP, 매일 싼 가격)이긴 하지만, 월마트는 1년 내내 할인판매를 거의 하지 않는다. 세일을 자주 하면 고객들이 세일 때를 기다리느라 평소에는 쇼핑을 잘 하지 않게 되고, 이는 결국 기업의 전체 매출 감소로 이어질 수 있으며, 게다가 가격할인은 가격 자체에 대한 소비자들의 불신을 초래할 가능성이 크기 때문이다.

장의 경우가 이에 해당한다. 예를 들어 3천cc 자동차의 가격을 매길 경우, 경쟁자보다 비싼 값을 매겼다면 소비자에게 해당 차의 가치가 경쟁사의 차에 비해 얼마나 뛰어난지 납득시킬 수 있어야 한다. 설득하지 못한다면 경쟁자보다 같거나 낮은 가격을 설정할 수밖에 없다.

마지막으로, 완전독점시장은 하나의 공급자로 구성되는 시장이다. 가스나 전력, 철도 등의 국유사업이 이에 해당하며, 검색시장의 구글 같은 경우도 이에 해당한다. 하나의 공급자로 구성되는 시장이어서 독점 사기업의 경우 상대적으로 높은 가격을 매길 수 있고 초과이윤을 달성하기도 그만큼 쉽다.

출판사가 책값의 적정 여부를 판단하기 위해서는 고객관계 구축을 통해 독자의 '구매후 행동'까지 살펴보아야 한다. 그래야 독자가 만족하는지, 그저 그렇게 생각하는지, 불만족하는지를 알 수 있다. 그러나 대개의 출판사들은 서점을 통해 책을 팔면 그것으로 끝이다. 독자를 모를 뿐만 아니라 독자 관련 데이터도 없다. 독자와 관련된 데이터는 서점들이 다 갖고 있다. 출판사가 자신이 책정한 책값을 정당화하려면 네트워크 활동을 통해 독자가 인지하는 가치를 끌어올려야 한다. 가치가 높아야만 독자들은 출판사가 매긴 가격에 저항감을 갖지 않는다. 지식의 세계는 독자에 의해 끌려가는(reader-driven) 측면보다 독자를 끌고 가는(reader-driving) 측면이 더 강한 세계다.

정가제냐, 오픈가격제냐

지금 우리 사회에서 통용되는 가격제는 세 가지다. 정가제(fixed price system), 권장소비자가격제(suggested retail price system), 오픈가격제(open price system)가 그것이다. 1999년 일부 품목에 오픈가격제가 시행되기 전까지는 정가제와 권장소비자가격제가 있었다. 권장소비자가격(권장판매가격, 희망소매가격)은 권장 또는 참고를 위해 제조업자가 임의로 책정한 가격을 말한다. 상품구매시 가격정보의 준거점 역할을 하기도 하지만, 가격경쟁 제한이나 가격담합의 수단으로 쓰이기도 한다. 한때 정가라는 표현을 쓰기도 했지만, 재판매가격유지 상품인 책·잡지·신문의 정가와 혼동을 피하기 위해 1973년에 권장소비자가격으로 표현이 바뀌었다.

정가는 반드시 정해진 가격으로 판매해야 하지만(할인이 가능하긴 해도 할인폭이 법으로 규정되어 있어서 반드시 그 범위 내에서만 할인해야 한다), 권장소비자가격은 어디까지나 참고가격이기 때문에 얼마든지 임의로 할인판매(심지어 할증판매도) 할 수 있다. 권장소비자가격의 이런 맹점을 이용해 가격을 실제 판매가격보다 높게 매긴 다음 큰 폭으로 할인해서 판매하는 편법이 횡행하면서(거품가격은 이런 경우에 딱 맞는 표현이다), 권장가격은 소비자가 불신하는 기피가격이 되었고, 이에 1999년 9월, TV 등의 12개 품목에 대해 권장소비자가격 대신 오픈가격제를 시행하게 되었다.

정가제와 권장소비자가격제가 제조업자가 가격을 매기는 것이라면, 오픈가격제는 최종판매업자가 가격을 매기는 제도다. 자유경쟁을 통해 가격인하를 유도하고 소비자를 보호하기 위해 도입한 오픈가격제는 이후 거의 모든 상품에 확대 시행되었다가, 라면·아이스크림·빙과류·과자 등의 4대 가공식품에 한해 물가 안정 차원에서 2011년 8월부터 다시 권장소비자가격제를 적용하게 되었다.

정가제와 오픈가격제의 차이는 뭘까. 정가제는 제조업체가 가격결정권을 갖는 것이고(제품에 정가를 표시한다), 오픈가격제는 최종판매자가 가격결정권을 갖는 것이다(판매시점에 유통업체가 상품에 가격을 표시한다). 할인(세일)을 할 수 있느냐 없느냐는 둘을 구별짓는 요소가 아니다. 정가제에서도 할인을 할 수 있고, 오픈가격제에서도 할인을 할 수 있다. 정가제의 경우 도서는 할인폭이 정해져 있지만, 신문·잡지는 할인폭의 제한이 없다. 오픈가격제는 당연한 얘기지만 할인에 따로 제한이 없다.

일반적으로 저가격과 할인의 차이를 무시하는 경향이 있는데, 둘은 발상이나 효과가 전혀 다른 만큼 혼동해선 안 된다. 일반적으로 할인보다는 저가격이 기업이나 가격에 대해 소비자 신뢰를 높이는 방법이다.

정가제는 재판매가격유지제도[26]라고도 하는데, 지금 우리사회에서 정가제 적용을 받고 있는 것은 지식과 관련이 있는 도서·잡지·신문 등 세 가지 상품이다. 지식은 다양성을 먹고 산다. 지나친 가격경쟁(가격할인경쟁)은 규모의 경제에 따른 세일즈 파워를 통해 지식의 소비 다양성을 왜곡시킴으로써 결국 지식 생산의 다양성을 훼손시킨다. 도서정가제는 출간된 모든 책에 유통의 균등한 기회를 보장함으로써 지

---

26 재판매가격유지제도(resale price maintenance policy)는 소매가격유지제도라고도 한다. 말 그대로 소매업자로 하여금 가격인하 등의 행위 없이 제조업자가 정한 재판매가격을 그대로 따르도록 하는 것을 말한다(물론 법으로 정한 범위 내에서의 가격인하는 가능하다). 재판매가격유지는 수요·공급의 시장원리에 따른 정상적인 가격 형성을 저해함으로써 소비자 이익을 해칠 수 있기 때문에 많은 국가가 공정거래법으로 이를 제한하고 있다. 다만, 일부 상품에 한해 예외적으로 재판매가격유지 행위를 허용하는 경우가 있는데, 우리나라의 경우 도서·잡지·신문이 이에 해당한다. 지나친 가격경쟁으로 지식 다양성이 위축되거나 훼손되는 걸 방지하려는 취지에서 시행하고 있는 제도다. 공정거래법은 경쟁촉진법 혹은 독점금지법이라고도 하는데, 정식명칭은 「독점규제 및 공정거래에 관한 법률」이다.

식 다양성이 훼손되거나 위축되는 걸 방지하기 위해 마련한 법적 장치다. 2000년대 들어 출판계에서는 도서정가제를 둘러싸고 많은 논의가 있어 왔다. 우여곡절 끝에 2014년 11월 21일자로, 출판사들의 가격할인 과열경쟁을 막음으로써 책값 거품을 방지하고, 바잉파워를 앞세워 낮은 공급률로 책을 공급받는 온라인서점에 비해 할인율 면에서 불리할 수밖에 없는 지역의 중소 영세서점을 보호하자는 취지하에 기존 도서정가제의 문제점을 보완한 새로운 도서정가제가 시행되었다.[27] 이로써 모든 책에 대해 최대 15%(10% 가격할인+5% 간접할인)까지만 할인을 할 수 있게 되었다.

하지만 도서정가제를 논의·시행하는 과정에서 출판계와 정책 당국이 무시하거나 생략해 버린 게 너무나 많다. 가격은 독자, 저자, 출판사, 서점 모두에게 중요한 핵심문제다. 그런 만큼 섬세하게 접근해야 했는데도 지나치게 단선적이고 당위론적으로 접근했다.

도서정가제를 추진하면서 프랑스의 랑법 사례를 많이 인용했는데, 정가제 시행 이후 출간종수가 훨씬 많아졌다는 것을 근거로 들면서 도서정가제를 시행하면 출판생태계가 풍요로워진다고 주장했다. 그러나 모든 생태계는 복잡계다. 출판생태계가 풍요로워지려면 많은 요인이 복합적으로 작용해야 하는데, 마치 도서정가제 하나 때문에 출판생태계가 풍요로워진 것처럼 말하는 것은 자칫 '강조의 오류'(fallacy of accent)를 범하는 것일 수 있다. 프랑스의 경우, 지적 기반이 우리에 비해서 훨씬 넓고 깊다. 이를테면 데리다 같은 경우, 그가

---

27 이전 도서정가제하에서는 실용서나 발행일로부터 18개월이 경과한 구간은 도서정가제 대상이 아니므로 무제한 할인이 가능했고, 따라서 바잉파워를 앞세워 출판사로부터 낮은 공급률로 책을 공급받은 대형 온라인서점이 중소서점에 비해 경쟁우위에 설 수밖에 없는 구조였다.

쓴 글들은 철학문헌에 속하지만 여러 문학작품과 고전들을 다루고 있어서 학생들 사이에 비주류 저자들의 작품들에서 플라톤의 고전까지 읽는 게 유행처럼 번지는 계기가 되었다.

이렇게 책을 둘러싼 논의가 활발히 이루어지는 토양이었기 때문에 랑법과 더불어 출판산업이 활성화될 수 있었던 것이다. 라캉, 푸코, 들뢰즈, 블랑쇼, 바타유, 바르트 같은 경우도 마찬가지다. 다품종 소량이 가능한 문화의 토양 자체가 다르다. 그런 토양에서 도서정가제까지 시행하니까 출판산업이 활성화된 것이지, 도서정가제를 시행했기 때문에 출간종수가 많아졌고 출판생태계가 풍요로워졌다고 말하는 것은 논리의 비약이다.

뿐만 아니라 그동안의 도서정가제 논의를 보면 독자나 저자를 배제한 상태에서 출판사와 서점 중심으로 논의를 진행해 왔다고 해도 과언이 아니다. 정가제 관련 각종 공청회에서도 독자 혹은 저자를 발표자로 초청한 경우는 거의 없었다. 온라인서점과 오프라인서점 간의 불균등 발전과 그로 인한 오프라인서점의 잇따른 폐업으로 도서정가제 논의의 아젠다가 "오프라인 서점을 살려야 출판이 산다"[28]는

---

28 2003년 2월 27일 도서정가제가 처음 시행되면서 인터넷서점을 활성화시키겠다는 취지로 인터넷서점에만 10% 할인을 허용했는데, 이는 결국 가격경쟁력을 상실한 오프라인 중소서점들의 대거 몰락을 가져와 2007년 법 개정으로 일반 오프라인 서점도 10% 할인이 가능하도록 했다. 그러나 출판사로부터 받는 도서공급률의 차이, 실용서·초등학습참고서·구간(출간후 18개월이 지난 도서)의 도서정가제 적용 제외 등으로 오프라인 서점은 구조적으로 온라인서점과 할인경쟁을 하는 것이 불가능했고, 따라서 몰락의 속도는 더욱 가속화되었다. 이에 2014년 11월, 도서정가제는 다시 한번 개정 시행되기에 이른다. 주요 골자는 정가제를 모든 도서에 예외없이 적용한다는 것, 할인을 쿠폰이나 마일리지 포함하여 최대 15% 이내로 제한한다는 것 등이다. 오프라인 서점을 보호하려는 취지가 반영되었다고는 하지만, 기본적으로 그동안 소수 대형 온라인서점에 적용되고 있던 낮은 도서공급률에 변화가 없었기 때문에 애초 생산자와 소비자를 보호하겠다는 도서정가제의 근본취지는 무색해지고, 독자와 출판사의 희

쪽으로 설정된 것은 그렇다쳐도, 논의 과정에서 독자가 철저히 배제된 것은 너무 근시안적이고 안일한 접근법이었다는 생각이 든다. 지금 새로 개정된 도서정가제가 시행되고는 있지만, 출판계가 맞닥뜨리고 있는 현실은 우리가 무시하거나 덮어버리려고 했던 문제들을 하나하나 들춰내고 있다. 서점공급률 문제가 단적인 예다.

도서정가제의 키는 서점공급률이 쥐고 있다

$$독자(가 느끼는) 고객가치 = \frac{책의\ 가치(편익)}{가격}$$

자본주의 상품경제에서 '고객이 느끼는 가치'(줄여서 고객가치라고 한다)는 '가격' 대비 '상품의 가치'(편익)로 결정된다. 고객은 가치가 같거나 비슷하다면 가격이 싼 상품을, 가격이 같거나 비슷하다면 가치가 더 높은 상품을 선택한다. 가치와 가격의 가장 최적화된 조합을 찾기 위해 사람들은 상품정보를 둘러싼 다양한 정보를 서치(search)하고 공유(share)한다.

위의 공식에서 독자가 인지하는 가치는 분자의 크기가 클수록(책의 가치가 높을수록) 커지고, 분모의 크기가 작을수록(가격이 낮을수록) 커진다. 훨씬 더 싼 가격으로 더 많은 가치를 줄 수 있을 때 고객이 느끼는

생을 담보로 소수 대형서점만이 도서정가제의 할인율 제한에 따른 반사이익을 챙기는 결과를 낳게 되었다. 참고로 한국서점조합연합회에 따르면, 1998년 4,897개던 서점 수는 2013년 1,625개로 3분의 2가 줄었다. 이 기간 동안 온라인 시장은 빠른 속도로 성장했는데, 2001년 1,800억원이던 매출액이 2014년에는 1조 2,800억원으로 700퍼센트 이상 늘어났다. 또 대한출판문화협회 2014년 출판통계에 따르면, 1998년 1억 9,053만 5,987부였던 도서 발행부수는 2014년 9,416만 5,930부로 1억부 가량이 줄어들었다.

가치 즉 고객만족은 최대가 된다. 마케팅은 고객에게 누가 더 높은 고객가치와 고객만족을 주느냐의 싸움이라고 할 수 있다. 마케팅용어로는 '포지셔닝' 싸움이라고 한다.

우월한 가치제안을 통해 기업들은 포지셔닝 우위를 점하려고 한다. 고객의 마음속 사다리에서 높은 자리를 차지하면 구매로 이어질 가능성이 크기 때문이다. 우선 기업들은 분모를 낮춤으로써(가격을 할인함으로써) 고객가치를 높이려 한다. 수많은 상품 중에서 가치 우위를 설명하기란 쉽지 않지만, 가격할인은 누구의 눈에나 쉽게 띄고 따라서 고객을 설득하기가 그만큼 쉽기 때문이다. 이것이 극단으로 치달을 경우 가치야 어찌되었든 파괴적 가격할인을 통해 상품을 팔아제끼는 약탈적 마케팅이 시장을 흐려놓게 된다.

책의 경우 이걸 막기 위해 도서정가제를 시행하는 것이다. "가격으로 경쟁하지 말고 가치로 경쟁하자"는 것이다. 그러나 이 말은 반은 맞고 반은 틀린 말이다. 고객을 만족시키려면 가격경쟁을 해야 한다. 가치와 가격은 분리될 성격의 것이 아니다. 가치만으로는 고객을 만족시킬 수 없다. 가격으로 경쟁하지 말자는 얘기는 가격할인 경쟁을 하지 말자는 얘기지, 가격 경쟁 자체를 하지 말자는 얘기가 아니다. 기업에게 가격을 낮추는 '노력'(경쟁)은 품질을 높이는 '노력'(경쟁)만큼이나 중요하다.

개정 도서정가제의 시행으로 독자들을 상대로 한 경쟁적인 가격할인에는 일단 제동이 걸린 상태다. 그러나 출판사들은 서점에서의 경쟁우위를 확보하기 위해 서점공급률 할인을 여전히 경쟁적으로 하고 있다. 좀 이상하게 들릴지 모르지만, 출판사들은 독자에게 책을 팔지 않는다. 출판사들은 독자가 아니라 서점에 책을 판다. 독자라고 하는 최종고객을 상대로 책을 파는 것은 출판사가 아니라 서점이다. 따라서 출판사가 서점에 책을 공급할 때 적용하는 서점공급률은 서점이라는 고객을 상대로 한 가격할인율이나 마찬가지다. 그런 점에서 보자면 개정 도서정가제하에서도 가격할인은 여전히 횡행하고 있는 셈이다.

이래서는 도서정가제의 애초 취지인 생산자(저자, 출판사) 보호와 소비자(독자) 보호는 물건너 가고 바잉파워가 있는 소수의 대형서점만이 가격할인 제한의 이익을 독식하게 된다. 지난 1년 동안 출판생태계에 나타난 변화가 이를 잘 보여준다. 우선 가격할인 제한은 실질적 가격상승 효과를 낳아 책의 전체 판매량이 줄었다(물론 책의 판매량 감소에는 가격적 요소 외에도 미디어 변화에 따른 콘텐츠 소비양상의 변화도 큰 영향을 미쳤다). 독자는 정가제로 가격할인이 제한되는 바람에 가격인상의 직격탄을 그대로 맞는 피해를 보았다. 판매량 감소는 저자의 인세 수입 감소로 직결된다. 또 낮은 공급률하에서 판매량의 감소는 출판사 생존에 심각한 위협요소가 되고 있다. 출판생태계의 모든 주체가 피해와 손해를 보는 동안 소수의 몇몇 대형서점은 도서정가제가 가져다준 달콤한 과실을 혼자 따먹었다. 매출은 늘지 않았지만 이익률은 오히려 높아졌던 것이다.

결과적으로 생태계의 다른 모든 주체는 손해를 보고 소수의 대형서점만이 이익을 보는 지금의 제도는 당연히 수정·보완되어야 한다. 그 열쇠는 서점공급률이 쥐고 있다. 지금의 서점공급률은 무제한으로 경쟁적 할인을 하던 개정 도서정가제 이전의 공급률이다. 제자리로 돌려놓아야 한다. 서점공급률을 올리면 지금보다 낮은 정가의 책정이 가능해진다. 책값이 싸지면 좀더 많은 독자들이 책을 구매할 가능성이 커지고 출판사 매출이 늘어날 가능성 또한 커진다. 매출이 늘면 저자 수입이 늘고, 서점도 책의 판매량이 늘어남에 따라 공급률 인상에 따른 이익의 감소분을 만회할 수 있게 된다. 이처럼 적정 수준의 공급률 인상(지금의 조건에서라면 70%가 적정할 것이다)은 출판생태계의 모든 주체들에게 이익이 골고루 돌아가는 선순환의 구조를 만들어내는 터닝 포인트가 될 수 있다.

가격과 가치를 보는 출판계의 시선이 근본적으로 바뀌지 않는 한, 정가제의 정착은 앞으로도 많은 시행착오를 겪을 수밖에 없다. 책이 가격보다는 가치가 중요한 상품이긴 해도, 가치제안은 가격과의 연관 속에서 의미를 가지는 데다, 가치가 일정한 경우 가격이 싸면 쌀수록(가격이 싸지는 데는 가격할인과 낮은 정가의 두 가지 방법이 있다) 독자만족은 커지므로 출판사는 저가격을 실현하기 위해 혁신적인 노력을 기울여야 한다.

책은 시장재인 동시에 공공재다. 시장에서 자유롭게 유통 판매되는 상품이라는 점에서 시장재이고, 자유로운 시상경쟁을 제한하면서까지 도서정가제를 시행하고, 주요 일간지에서 주말마다 출판면을 따로 할애해 비중 있게 기사로 다루고, 공공도서관이나 학교도서관 등을 통해 무료로 빌려볼 수 있다는 점에서 공공재다. 도서정가제의 근본취지는 불공정거래행위에 해당하는 '재판매가격유지'와 '가격할인 제한'(일종의 가격담합)을 통해서라도 출판생태계를 활성화시키겠다는 것으로, 그 밑바탕에는 책을 공공재로 보는 사회적 콘센서스가 깔려 있다. 책이 갖는 공공재로서의 위상은 사회공동체가 갖고 있는 출판의 가치에 대한 동의와 지지의 표시라고 보아도 무방할 것이다. 미시적 관점과 함께 거시적 관점이 요구되는 이유고, 자사이기주의를 넘어 나도 살고 남도 사는 공동체적이고 생태계적인 관점이 요구되는 이유다.

기본공급률이 출판계를 살린다

도서정가제란 가격결정권을 유통업자가 아닌 생산자가 갖는 제도다. 생산자가 정한 가격이 훼손되지 않도록 할인율도 일정 범위 내로 제한한다. 그것을 통해 생산자와 소비자를 동시에 보호하자는 게 목적이다. 도서정가제는 어떻게 생산자와 소비자를 보호하는가. 유통업자가 가격결정권을 갖게 되면(즉 정가제가 아니라 오픈가격제가 시행되면), 서점은 독자들을 자기 서점으로 끌어들이기 위해 경쟁적으로 가격할인을 할 수밖에 없다. 이렇게 되면 서점이 부르는 게 책값이 되고, 출판사는 생존을 위해 서점의 무리한 요구에 응할 수밖에 없다. 가격경쟁력이 없는 생산자는 죽어날 수밖에 없다.

생산자는 그렇다 치더라도 소비자는 낮은 가격으로 책을 살 수 있어 이익을 보지 않겠는가. 고객의 이익을 외면하는 출판사나 서점은 도태되는 것이 마땅하지 않은가. 도서정가제가 경쟁력이 없는 출판사나 서점을 보호하기 위해 존재하는 것은 아니지 않는가.

도서정가제가 아닌 오픈가격제가 시행되고 있다고 하자. 그리고 경쟁적인 가격할인으로 소비자가 싼값에 책을 살 수 있다고 치자. 소비자는 이익을 얻을까, 손해를 볼까. 단기적으로는 이익을 얻을지 모르지만 장기적으로는 손해를 볼 가능성이 크다. 싼 책값에 익숙해지면 그렇지 않은 책은 독자 눈에 모두 비싸 보인다. 조금이라도 비싸면 책 가격에 거품이 끼었다고 불신하게 된다. 이런 시장환경에서 소량으로 판매되는 책은 설 자리를 잃는다. 시장에는 박리다매의 셀러 상품만이 넘치게 되고, 출판물의 다양성은 크게 훼손됨으로써 독자들은 결국 가치적으로 손해를 보게 된다.

소비자 이익은 가치와 가격의 절묘한 콤비네이션의 결과다. 가치가 크면 클수록 같은 가격이라도 덜 비싸게 여기며, 가치가 작으면 작을수록 같은 가격이라도 더 비싸게 여기는 것이 사람 심리다. 가격할인이 능사가 아니란 얘기다. 나에게 의미도 재미도 없는 책은 아무리 싸도 싼 게 아니다. 또 소비자들은 가격 못지않게 책의 다양성으로부터도 커다란 이익을 얻는다.

그러나 출판유통망이 가격 중심으로 재편된다면 가격경쟁력이 없는 책은 서점이 주도하는 유통망에서 배제될 수밖에 없고, 이는 독자 입맛이 아니라 서점 입맛에 맞는 책만 시장에서 살아남는 결과를 초래한다. 가격경쟁력이 있는(즉 시장에서 팔릴 만한) 소수의 품종이 시장을 장악하면서 다양성의 가치는 훼손되고 이는 결국 소비자 손해로 귀결된다. 다양성은 양의 많고 적음이 결코 아니다. 아무리 많아도 유통업자 마음에 드는 것만 보이고 들리면 과소의 세계가 되기 쉽다.

지금 상당수 출판사들이 대형서점에 정가의 60% 정도에 해당하는 공급률로 책을 공급한다. 1만원짜리 책이라면 6,000원에 서점에 공급하는 것이다. 이 공급률은 출판사와 서점이라는 개별기업들 간에 자율적으로 맺는 사적 계약 영역에 속하는 문제이긴 하다. 그러나 도서정가제의 취지가 살려면 공급률의 하한선에 대한 최소한의 사회적 합의가 필요하다. 공급률 결정권이 유통업자 손에 넘어가면(이 경우 가격결정을 출판사가 하더라도 그것은 무늬만의 가격결정권에 그치기 십상이고, 실제로는 공급률 결정권을 쥔 서점이 가격결정권을 갖는 것이나 마찬가지다) 생산자와 소비자의 이익은 훼손되고, 그러면 도서정가제는 유명무실해진다.

지금의 출판환경에서 독자들에게 가격은 정가에서 보통 10~15% 할인된 금액을 의미하고, 출판사에게 가격은 정가의 60% 금액을 의미한다. 지금 책의 평균 판매량은 2천 부가 채 되지 않는다. 이 판매량을 갖고 출판사가 손익분기를 맞추려면 정가를 올리는 수밖에 없는데, 그러면 소비자 부담이 높아진다. 공급률을 5~10% 정도 올리면(정가의 70%선으로 끌어올리면), 그만큼 정가를 낮추는 요인이 발생해 소비자 부담을 줄일 수 있다. 지금의 출판환경에서 여러 이익집단과 소비자를 고려할 때 사회적으로 합의할 수 있는 적정 공급률은 70% 정도라고 본다.

앞에서도 말했지만 책은 시장재인 동시에 공공재이기도 한 독특한 상품이다. 그렇기 때문에 법률로 가격결정권을 서점이 아니라 출판사에게 주고, 재판매가격을 유지하도록 하는 것이다. 공급률 문제도 이 관점에서, 즉 시장재적 속성과 공공재적 속성을 함께 충족시키는 관점에서 풀어야 한다.

우선 시장재 관점에서 보자면 공급률은 서점과 개별 출판사 간에 자율적 협의를 통해 정해지는 것이 맞다. 동시에 공공재 관점에서 보자면 시장 참여의 기회를 균등하게 보장한다는 차원에서 일정 가이드라인이 필요하다. 공공재적 관점에서의 이 가이드라인을 '기본공급률'(basic supply rate)이라고 이름붙일 수 있을 것이다.[29] 여기가 출발점이다. 여러 가지 조건을 감안할 때 기본공급률은 70%가 적정하다

---

29 최근 기본소득(basic income)에 관한 논의가 활발하다. '기본공급률'이란 용어는 '기본소득'에서 빌려온 것이다. 기본소득의 개념이 국민이라면 누구나 무조건 보장받는 수입을 의미한다면, 기본공급률은 시장참여자라면 누구나 무조건 보장받는 공급률을 의미한다.

고 본다. 이 출발점만 지켜진다면 나머지는 시장 자율에 맡겨도 좋을 것이다. 일례로 서점 프로모션을 세게 하고 싶다면, 서점 담당자와 협의를 거쳐 공급률을 탄력적으로 운용하면 된다. 다만, 특별한 프로모션 없이 책을 팔고 싶은 출판사는 기본공급률을 유지하면서 책을 출고하면 된다. 매절도 마찬가지다. 50부 이상, 100부 이상이면 무조건 매절 ○○%가 아니라 프로모션 차원에서 개별 협의를 통해 매절로 공급하고 싶은 출판사만 매절 공급률로 공급하면 된다.

지금의 서점 공간은 너무 좁다. 신간이 출간되어도 그 사실을 알리지 못할 정도로 턱없이 좁다. 지금과 같은 구조라면 공급률은 경향적으로 저하할 수밖에 없다. 공급률 문제를 근본적으로 해결하는 방법은 하나다. 대안 유통경로를 많이 만드는 것이다. 전문서점, 출판사 직영서점 들이 많이 생겨야 소수 바잉파워가 있는 대형서점과의 갑을 관계에서 벗어날 수 있다. 지금의 공급률은 소수의 대형서점들이 독자들을 만나는 통로를 독점적으로 지키고 있는 데서 오는 필연적인 결과다. 이제부터라도 출판사들은 자기 독자를 직접 만남으로써 서점의 정보 독점과 연결 독점을 막아야 한다. 그 서점 아니면 안 된다, 그 서점의 대문에 걸리지 않으면 팔 길이 막막하다, 이런 구조 속에서 출판을 하는 한, 공급률을 둘러싼 갑과 을의 관계는 결코 바뀌지 않는다.

다시 문제는 PR(public relations)이고, 출판(publishing, publication)이다. public은 느슨하긴 하지만 나름의 입장과 코드를 공유하는 '다중'으로서 잠재적 타겟고객을 가리키고, public relations는 그 잠재적 타겟고객과의 우호적 관계맺기를 의미한다. 출판을 뜻하는 publishing과 publication도 잠재적 타겟고객과 관련이 있는 말이다.

publishing은 public과 ishing(=going)의 합성어로, 잠재적 타겟고객에게로 가는 것을 의미하고, publication은 public과 '공동의 활동을 해나가는'(-ation) 것을 의미한다.

공급률 문제는 서점과 출판사 간의 이익 배분을 둘러싼 헤게모니 싸움이 결코 아니다. 적정 공급률의 확보는 독자를 위해서 매우 중요하다. 적정 공급률은 책 정가의 인하 요소가 된다. 기본에 못 미치는 낮은 공급률은 어쩔 수 없이 책 가격의 인상을 가져올 수밖에 없다. 출판사는 적정 공급률이 확보된다면 책값을 인하할 여력이 생기고, 이는 독자 이익을 가져와 더 많은 독자를 출판의 세계로 끌어들이고, 이는 다시 서점의 매출증대로 이어지는 선순환의 사이클을 그리는 데 크게 기여할 것이다. 적정 공급률은 독자를 살리고, 저자를 살리고, 출판사를 살리고, 서점을 살리는, 모두가 상생할 수 있는 최선의 방책이다.

도서정가제가 우리에게 묻는 것들

도서정가제 논의는 단순히 동네서점을 살리자는 논의가 될 수도, 되어서도 안 되며, 단순히 책값 할인과 관련된 문제가 되어서도 안 된다. 그것은 가까이로는 책값 거품 논쟁의 실체를 묻는 것이고, 디지털 시대에 출판사와 서점의 지위·역할을 묻는 것이며, 멀리로는 책의 본질을 묻는 것이고, 독자·저자의 행복을 묻는 것이고, 출판사의 직업윤리를 묻는 것이며, 한 사회의 지적 인프라에 대해 묻는 것이다.

개정 도서정가제가 시행되자 일각에서 거품가격 논란이 제기되었다. 개정 도서정가제 시행 이전에는 신간(출간일로부터 18개월 이내의 책)

의 경우에만 19%(가격할인 10%+마일리지·쿠폰 등 9%) 범위 내에서 할인을 할 수 있었고, 초등학습참고서, 실용서, 구간(출간일로부터 18개월이 경과한 책)은 도서정가제 제외 대상이었다. 실용서로 등록하면 신간도 얼마든지 할인이 가능했다. 막말로 실용서라고 주장하면 실용서 아닌 책이 어디 있겠는가. 변칙과 편법을 동원한 파괴적인 가격할인은 도서정가제라고 하는 그물에 걸리지 않는 바람이었다.

불완전한 도서정가제를 비웃기라도 하듯, 구간은 말할 것도 없고 실용서로 둔갑한(?) 상당수의 신간이 도서정가제 적용을 피해 50% 이상 할인된 가격으로 판매되었고, 이것이 부메랑이 되어 돌아온 게 거품가격 논란이다. 책값에 거품이 잔뜩 끼었다고 주장하는 거품가격론자들의 주장은 나름 일리가 있다. 50% 넘게 파격할인을 할 수 있었던 것은 그렇게 팔아도 이익이 남기 때문 아니냐는 것이다.

그러나 이는 마케팅전략이라기보다는 살아남기 위한 생존의 몸부림이었다고 보는 것이 맞다. 이 몸부림은 책을 대체재 혹은 일상용품으로 만들어버림으로써 출판사의 체질 약화로 이어졌고, 이는 출판사들로부터 디지털 시대를 주도해갈 잠재적인 에너지를 앗아가버렸다. 파격적인 가격할인으로 공급률은 밑으로 밑으로 내려갔고, 한번 내려간 공급률은 다시 올리기가 거의 불가능해서 지금 출판계에는 낮은 공급률이 일반화되어 있다. 파격할인을 통해 폭리라도 취했다면 거품가격 비난을 감수하겠지만, 생존을 위해 할인을 할 수밖에 없었고, 더욱이 그것이 자신의 미래를 담보로 잡힌 결과였다는 점에서 거품가격 주장은 출판사로서는 받아들이기에 억울한 측면이 있다.

거품가격 주장이 옳으냐 그르냐를 따지기 전에 출판사가 크게 잘못한 것이 있다. 스스로를 가격할인의 무한경쟁 속으로 밀어넣은 것이 그것이다. 할인은 더욱 빈번하고 더욱 큰 폭의 할인을 부르게 마련이어서 이른바 '할인의 덫'에 빠지게 되어 있다. 지식과 서사를 담고 있는 책은 자신만의 특이성을 갖고 있는 상품이다. 책값은 지식의 가치에 매겨진 값이지, 인쇄·제본을 하는 데 들어간 비용에 대한 값이 아니다.[30] 당연히 대체재도 아니고 일상용품도 아니어서 수요의 가격탄력성이 비탄력적일 수밖에 없다(가격변화에 민감하게 반응하는 상품이 아니다). 굳이 할인을 하지 않아도 팔릴 책은 팔린다는 얘기다.

그러나 책이 잘 안 팔리자 출판사와 서점은 쉽게 할인이라는 유혹에 빠져들었고(둘은 어느 정도는 공모자 관계다), 이후 경쟁적 양상까지 더해지면서 빈도와 강도를 더해간 할인은 책의 체질을 가격민감형 일상용품 혹은 대체품으로 바꿔놓아 버렸다. 일상용품이나 대체품은 비싸면 안 팔리기 때문에 할인 판매가 당연한데도, 오히려 2014년 11월 개정 도서정가제가 시행되면서 할인폭이 15% 이내로 제한되자 독자들에게 책값은 터무니없이 비싼 것으로 여겨지게 되었고, 이것이 거품가격 논란으로 불거져 나왔던 것이다. 출판사들은 그동안 거품가격으로 폭리를 취하더니 이제 정가제로 다시 한번 독자들을 우롱하는, 그야말로 담합을 일삼는 탐욕스런 집단이 되어버렸다.

도서정가제를 둘러싼 상당수 독자들의 시선이 이렇게 부정적인데

---

30 이 지식의 가치에 대한 값이 얼마가 적정한지는 지식문화를 생산하고 소비하는 한 사회의 총체적 역량에 달려 있다고 하겠다. 저자는 한 권의 책을 쓰고 그에 대한 대가로 책 정가의 10퍼센트에 해당하는 인세를 받는다. 요즘 책을 내면 2천 부 팔기가 쉽지 않다. 값이 15,000원인 책이 2천 부 팔렸다면 저자는 총 3백만 원의 인세를 받게 된다. 일률적으로 말할 수는 없지만 책한 권을 쓰는 데 최소 몇 달은 걸리게 마련이고, 따라서 3백만 원의 인세는 책을 내는 것으로만 생계를 꾸려가는 것이 불가능한 매우 적은 인세다. 우리 사회에 전업작가가 많지 않은 이유이기도 하고, 번역출판의 비중이 30%를 넘는 것도 이와 무관하지 않다. 지금의 책값에 거품이 끼어있다는 주장은 적어도 이런 관점에서 보면 설득력이 없다.

도 도서정가제에 대한 출판사들의 문제의식과 대응은 긴장감이 거의 느껴지지 않는다. 독자를 떠나서는 출판이 존립해나갈 근거가 없는 만큼 출판계는 스스로에게 심각하게 물어야 한다. 도서정가제는 과연 필요한가.

우선 독자 입장에서는 어떤가. 할인이 안 되니까 과거보다 비싼 값에 책을 살 수밖에 없고 따라서 불만족스럽다. 저자는 어떤가. 일반적으로 저자는 책 판매분에 대해 정가의 10%에 해당하는 인세를 받는다. 따라서 오픈가격제보다는 정가제가 더 낫긴 하지만, 책의 판매량이 점점 줄고 있어 걱정스러운 상황이다. 그럼 출판사는 어떤가. 정가제로 출판사가 가격결정권을 갖는 것은 좋지만, 할인에 대해서는 생각이 많다. 할인경쟁이 출판사를 골병들게는 하지만, 재고도서를 처분하는 데는 가격할인이 가장 좋은 수단이기 때문이다.[31] 그렇더라도 가격결정권을 가질 수 있기 때문에 기본적으로는 정가제가 필요하다고 본다.

도서정가제 문제에서 중요한 건 당위가 아니라 '왜'에 답하는 성실한 구체성이다. 중요한 건 당사자인 독자, 저자, 출판사가 과정을 투명하게 공유하면서 함께 머리를 맞대고 풀어나가야 한다는 것이다. 도서정가제의 필요성을 독자에게 설득하는 과정은 책에 대한 의미를 재규정하는 과정이기도 하다. 도서정가제는 선험적 판단의 문제가 아니라 결과를 갖고 판단할 문제다. 도서정가제를 시행했는데 결과적으로 독자·저자·출판사가 만족해 한다면 정가제는 필요한 것이

---

31 전자책의 시장점유율이 점점 높아지고, POD처럼 주문과 동시에 제작을 하는 저스트인타임 (just-in-time)의 제작환경이 점차 자리를 잡아가면서 악성 과다재고의 부담은 지금보다 훨씬 완화될 것이다.

다. 그렇지 않다면 정가제는 재검토되어야 한다. 만약 정가제가 필요하다고 생각한다면 당위론적 차원이 아니라 독자·저자·출판사가 만족할 만한 구체적 성과를 만들어내는 것이 중요하다.

아날로그 시대의 책값 vs 디지털 시대의 책값

콘텐츠의 세계는 디지털 이전과 이후로 제품·가격·유통·프로모션이 크게 바뀐다. 결론부터 말하자면 정가제는 디지털 이전 시대 즉 아날로그 시대에 어울리는 감성이고 발상이다. 디지털의 세계는 0과 1의 비트 기호로 해체된 모든 콘텐츠가 흘러드는 거대한 잠재성의 바다다. 그 거대한 잠재성의 비트 바다에서 고객의 니즈에 따라 그때그때 건져올려진 비트들은 원츠(구체적 콘텐츠)로 재조립되어 소비자들에게 제공된다. 그때그때 필요에 따라 나타났다가 사라지기를 반복하는 비트들. 이 재조립된 비트들 즉 콘텐츠들은 종이책과 달리 소유와 사용을 소비자가 적절히 조합하여 사용할 수 있다. 즉 소비자는 콘텐츠를 구독사용료를 내고 소비할 수도 있고, 다운로드 방식으로 구매할 수도 있다. 제품과 가격의 모델이 아날로그 시대에 비해 다양해질 수밖에 없고, 이는 정가제나 오픈가격제와는 또 다른 가격 메커니즘을 요구한다.

디지털 이전 시대에는 영화는 극장에 가거나 비디오 기기가 있어야만, TV프로그램은 TV가, 라디오프로그램은 라디오가, 음악은 오디오가, 게임은 게임기가 있어야만 보거나 듣거나 이용할 수 있었다. 또 신문은 신문이 있어야만, 잡지는 잡지가 있어야만, 책은 책이 있어야만 볼 수 있었다. 그러나 디지털 시대인 지금은 모바일 디바이스 하나면 그 모든 콘텐츠를 보고 듣고 이용할 수 있다. 게다가 이 모든 콘텐츠는 사라지지 않고 비트로 분해되어 존재하다가 필요에 따라 언제든 불러올 수 있는 것이 되었다. 이것이 진정으로 의미하는 바는 대량의 콘텐츠를 값싸고 편리하게 이용할 수 있는 필요하고도 충분한 조건이 갖춰졌다는 점이다. 이런 변화된 조건과 환경에서는 개별제품에 개별가격을 붙이는 방식(그것이 정가제든 오픈가격제든)보다는 일정한 범위 내에서 사용을 허락하고 그 대가로 사용료를 받는 방식이 더 적절할 것이다.

콘텐츠 상품의 속성도 가격제 방식보다는 사용료(구독료) 방식이 더 적절한 이유를 제공한다. 콘텐츠는 소비하면 사라지는 것이 아니라 인간의 정신에 이전되어 남는다. 빵은 소비되면 사라지고 재구매에 응하려면 다시 생산과정을 거쳐야만 한다. 다시 밀을 재배해서 밀가루를 만들고 여기에 다시 여러 가지 원료를 추가해서 빵을 만들어야 하는 것이다. 소비하면 없어지는 이 물질성이 빵이라는 상품에 매겨지는 가격의 근거가 된다. 즉 그것이 아니면 사용이 불가능한 바로 그 물질성 때문에 가격을 매겨서 팔 수 있는 것이다.

종이책의 경우에도, 종이가 아니었으면 미디어로서 존재할 수 없었던 그 물질성 때문에 책값을 받는 게 어렵지 않았다(독자가 돈을 내고 책을 구매하는 데 별 저항감이 없었다). 그러나 종이책은 물질성과 동시에 정신성을 함께 갖고 있는 독특한 상품이다. 빵과 달리 책은 씹어먹는 상품이 아니라 읽고 보는 상품이다. 따라서 책을 소비해도 책의 물질성은 사라지지 않고 그대로 남고 다만 책의 정신성이 독자의 정신으로 이전되어 갈 뿐이다. 빵은 빌려 먹을 수 없지만 책은 빌려 볼 수 있는 것도 이 때문이다. 추가 수요가 있을 경우 빵은 다시 생산해야 하지만 책은 다시 복제하면 된다. 종이책 시대에는 종이라는 물질에 인쇄라는 방식을 사용하여 복제를 할 수밖에 없었기 때문에 복제임에도 불구하고 상당한 비용이 들 수밖에 없었고, 이 제작 비용이 책이라는 상품에 매겨지는 가격의 근거인 것처럼 보이는 착시현상을 불러왔던 것이다.

그러나 종이책이 아니라 디지털 콘텐츠나 전자책이 되면 가격의 근거가 확연히 드러난다. 디지털 콘텐츠는 한계생산비용이 제로다. 초기 개발비는 들지만 그 이후에는 아무리 많이 복제해도 추가비용이 전혀 발생하지 않는다. 책은 이제 물질성을 탈각하고 정신성만이 남게 된다. 책값은 복제에 드는 비용에 대한 것이 아니라 바로 이 정신성의 가치 즉 지식의 가치에 대한 것이다. 비트의 형태로 남은 정신성은 독자의 니즈에 따라 그때그때 필요한 콘텐츠가 되어 독자에게 제공된다. 물질성을 탈각한 콘텐츠에는 개별제품에 개별가격을 붙여 판매하는 방식보다는 유료서비스 방식이 더 어울릴 것이다. 값싸고 이용이 편리한 사용료 부과방식은 개방과 공유를 요구하는 디지털의 시대감성과도 잘 맞는다.

물론 지금의 과도기를 지나 디지털이 완전히 대세를 점한다 하더라도 유저들은 디지털 방식 외에 자신의 취향에 맞춰 아날로그적 방식을 적절히 믹스해서 콘텐츠를 이용할 것이다. 예를 들어 월 사용료를 내고 모든 콘텐츠에 대한 사용권을 획득한 소비자는 출판사 플랫폼(혹은 서점 플랫폼)에 접속해 스마트폰이나 전자책 디바이스, PC 등을 이용해서 콘텐츠를 소비하다가, 프린트해서 보고 싶은 부분이 있으면 자기가 갖고 있는 프린터기를 이용해 프린트를 해서 보기도 하고, 또 소장할 만한 가치가 있다고 판단된 콘텐츠는 구매 버튼을 클릭해 전자책[32] 혹은 종이책[33]으로 구매하기도 할 것이다. 또 이 콘텐츠 플랫폼에는 오디오파일도 올라와 있어서 소리로 책을 읽고 싶은 경우, 버튼을 클릭해서 오디오북을 이용할 수도 있을 것이다.

출판계의 과제는 분명하다. 장기적 관점에서 제품·가격·유통·커뮤니케이션의 마케팅 도구들을 독자들의 사용장면에 맞춰 '디지털 베이스에 최적화된 형태'(digital-based form)로 바꿔내지 못한다면, 출판사는 더 이상 지속가능한 사업모델이 될 수 없을 것이다.

---

32 전자책도 스트리밍 방식이 아니라 다운로드 방식으로 구매해서 온라인 서재에 보관하면 아날로그적 방식으로 이용하는 것이 된다.

33 종이책의 경우 주문·생산·유통·배송을 둘러싸고 다양한 조합의 선택이 가능하다. 지금까지처럼 출판사와 서점이 역할을 분담하는 경우, 독자는 서점 플랫폼에 접속해 책을 주문할 수도 있고, 출판사 플랫폼에서 종이책 구매 버튼을 클릭하면 서점 플랫폼으로 연결되는 통로를 이용할 수도 있을 것이다. 독자의 주문을 받은 서점은 출판사에 책을 주문하고, 출판사가 POD로 책을 만들어서 서점에 출고하면 서점은 입고된 책을 고객에게 배송하는 시스템이 될 것이다. 그러나 이 방식은 플랫폼 시대에 너무 길게 돌아가는 비효율적인 방식인 만큼, 일부 서점의 경우 독자가 구매하기를 클릭하면 서점이 출판사로부터 받은 원본파일을 이용해 직접 생산을 한 다음 독자에게 바로 배송하는 시스템도 시행하고 있다. 한편 독자관계관리 차원에서 자사 플랫폼에서 직접 주문을 받아 처리하는 출판사도 점차 늘어날 가능성이 크다.

9장

유통경로의 재구축

마케팅경로 — 체인에서 네트워크로

기업 뒤쪽에서 후방거래를 하는 업체를 공급자(supplier)라고 한다. 출판의 경우에는 지업사·인쇄소·제본소 등이 여기에 해당한다. 기업 뒤에 후방거래처가 있다면 앞에는 전방거래처인 유통경로(유통망)가 있다. 유통경로는 마케팅경로라고 하기도 하는데, 출판사가 거래하는 도매상·소매상을 가리킨다. 후방거래를 통해 제품이 만들어지고 물류와 유통망을 통해 최종소비자에게 전달되는 이 체인 전체를 가리켜 공급체인(supply chain) 즉 공급망이라고 한다. 공급망이라는 표현 속에는 '만들어서 (유통경로를 통해) 판다'는 제조 관점(인사이드-아웃)의 일직선 기업활동의 의미가 담겨 있다. 역방향으로 이루어지는 기업활동도 물론 가능한데, 이를 수요체인(demand chain)이라고 한다. 수요체인은 '감지하고 반응한다'는 마케팅 관점(아웃사이드-인)을 견지한다는 점에서 제품지향적인 공급체인과 달리 고객지향적이긴 하지만, 이 또한 일직선적인 활동이라는 한계를 갖는다.

지금은 선형적인 '밸류체인'(value chain)의 시대가 아니라 비선형적인 '가치전달네트워크'(value delivery network)의 시대다. 밸류체인이 부서별 분업방식이라면 가치전달네트워크는 수직적 통합의 팀작업 방식이다. 밸류체인과 가치전달네트워크의 가장 핵심적인 차이는 최종소비자인 독자를 만나는 방식에 있다. 밸류체인에서는 서점이 구매접점에서 독자를 만난다. 반면 저자·출판사·독자·유통경로 등으로 구성되는 가치전달네트워크에서는 출판사가 독자를 직접 만나는 D2C(Direct to Customer) 마케팅이 가능하다.

제조업에서 소매업으로, 4가지 유용성에 주목해야

지금까지의 생산·유통·소비 모델에서는 출판사는 독자를 직접 만나지 않아도 상관없었다. 소매서점이 독자를 만나는 역할을 했고, 따라서 출판사는 독자와 관련된 데이터를 얻기 위해 서점에 의존할 수밖에 없었다. 그러나 출판환경의 변화는 출판사로 하여금 제조업에서 지식서비스기업, 지식소매상으로의 변신을 요구하고 있다.

제조업체로서의 출판사가 서점을 유통경로로 이용해 간접적인 방식으로 독자를 만났다면, 서비스기업으로서의 출판사는 서점과는 별도로 독자를 일상적으로 직접 만나야 한다. 제조업이나 도매상은 소비자 유용성(utility)을 직접적으로 창출하기 위해 존재하는 것이 아니라, 간접적으로 소매상을 백업하는 방식으로 소비자 유용성을 창출한다. 반면 유통채널의 끝단에 위치해서 고객을 직접적으로 만나는 소매상은 고객에게 유용성을 주기 위해 존재한다. 따라서 제조업에서 벗어나 소매기업이 되는 순간 출판사는 고객에게 직접적으로 유용성을 주어야만 한다.

소매상이 고객에게 주어야 하는 유용성은 네 가지다. 공간(place) 유용성, 시간(time) 유용성, 형태(form) 유용성, 정보(information) 유용성이 그것이다.[1] 공간 유용성과 시간 유용성은 고객이 가장 편리한 곳에서 가장 편리한 시간에 제품·서비스를 이용할 수 있도록 하는 것을 말한다. 시간 유용성의 예로는 '심야책방' 같은 것을 들 수 있다. 전자책이야 말할 것도 없지만, 종이책의 공간 유용성이나 시간 유용성도 24시간 편의점에 에스프레소 머신 같은 것이 설치된다면 고객 니즈에 충분한 대응이 가능하다.

형태 유용성은 고객의 예산이나 필요에 맞게 제품을 쪼개거나 나누어서 소량 단위로 판매하는 것을 말한다. 이를테면 수박을 1인세대에 맞게 조각으로 나눠 파는 것이 이에 해당한다. 출판도 나누어 파는게 가능하다. 이를테면 여러 종의 시집이 있는 출판사의 경우, 저자와 별도의 계약을 통해 모든 시를 낱낱으로 나눈 다음, 독자 개개인의 니즈에 맞춰 맞춤형 시집으로 만들어서 팔 수 있을 것이다. 출판사가 독자에게 제안을 할 수도 있고, 아니면 독자 자신이 마음에 드는 시를 가려뽑아 그것을 한 권의 책으로 만들 수도 있을 것이다. 그밖에 라이프사이클과 라이프스타일에 따라 독자와 쌍방향으로 커뮤니케이션하면서 여러 가지 맞춤형 콘텐츠를 만들어낼 수도 있을 것이다.

이런 관점을 확장하면 책의 구성도 달라질 필요가 있다. 예전 같으면 책의 1부, 2부, 3부가 서론 본론 결론의 선형적 구성 형태를 취했겠지만, 챕터별로 쪼개서 파는 것까지를 염두에 둔다면 각 챕터가 그

---

1 『코틀러의 마케팅원리』, 386쪽.

자체로 완결적이면서도 다른 챕터와 맞물려서 한 권의 책을 구성하는 형태로 기획 편집되어야 할 것이다. 이렇게 분해된 챕터들은 그 자체로 독립적인 책으로 판매될 수도 있고, 사용자가 여러 책에서 여러 편을 가려뽑아 한 권의 책으로 묶어서 구매할 수도 있을 것이다. 이때 편집권은 독자 손에 쥐어지는 셈인데, 이는 사용자제작 콘텐츠(UGC)에 익숙한 독자들에게는 자연스런 일에 속할 것이다.

정보 유용성은 독자와의 의미 있는 커뮤니케이션 과정을 가리킨다. 독자들이 자사 책을 제대로 인지할 수 있도록 충분한 정보를 제공하고, 적절한 가치제안을 하고, 독자와 함께 할 수 있는 활동을 구성하고, 이유 있는 독자불만에 적절하게 대처하는 등의 활동이 포함된다. 공간 유용성, 시간 유용성, 형태 유용성, 정보 유용성, 이것이 앞으로 지식소매기업으로서의 출판사들에게 요구되는 핵심과제다.

제조업은 제품을 팔지만, 소매상은 제품과 경험을 판다. 앞으로 출판사는 소매상이 되어야 하는데, 소매상이 된다는 것은 고객을 직접 만나게 된다는 것을 의미한다. 고객을 직접 만나려면 상품구색, 서비스믹스, 점포분위기가 특별하지 않으면 안 된다.[2] 밋밋한 상품구색, 그저그런 서비스, 특별할 것 없는 점포분위기를 갖고 소비자를 만나봐야 역효과만 날 뿐이다.

예전에 출판사가 제조업의 역할만으로도 자기 역할을 충분히 했을 때는 점포 분위기 같은 것은 그다지 중요하지 않았다. 그러나 지금은 소매상으로서 독자와 온·오프라인 상에서 직접적으로 만나야 하기 때문에 점포 분위기에도 세심하게 신경을 써야 한다. 온라인에 강

---

2 『코틀러의 마케팅원리』, 391쪽 참조.

력한 네트워크를 구축하고 싶다면 오프라인 활동이 활성화되어야 한다. 독자들을 출판사로 초청해서 그들과 함께 이벤트를 하고 그 결과물들이 출판사의 고객 자산으로 쌓이고, 출판사 안에 서점도 두고, 강좌도 개설하고, 이런 다양한 프로그램들이 시너지 효과를 내면서 온·오프 네트워크가 구축되는 것이다. 이런 식으로 10만 명의 충실한 고객과 네트워크를 구축할 수 있다면, 출판을 하기가 훨씬 쉬워진다. 가장 가까운 거리에서 핵심독자에게 책의 존재와 책의 가치를 알릴 수 있고, 구매를 설득할 수 있고, 사용경험을 공유할 수 있다. 이는 출판사와 독자의 관계를 더욱 깊은 관계로 만들어준다. 출판을 예측 가능한 방식으로 하는 가장 확실하고 빠른 방법이다.

출판에 최적화된 로지스틱스가 필요하다

로지스틱스란 군대용어인 '병참'(兵站)에서 온 말로, 원료준비에서부터 생산·보관·판매까지의 물적 흐름을 가장 효율적으로 계획·집행·통제하는 종합적 시스템을 가리킨다. 병참은 알다시피 군사 작전에 필요한 인원과 물자를 보급하고 관리하는 것을 말한다. 나폴레옹 시대 때 병참을 담당한 장군을 로지스티크(logistique)라고 했는데, 이는 '계산의 기술'을 의미하는 그리스어 로지스티코스(logistikos)에서 온 말이다. 로지스틱스, 로직 등은 모두 '로고스'(이성)와 관련이 있는 말로, 로지스틱스의 밑바탕에는 합리적인 '계산의 기술'이 깔려 있다. 요컨대 '물적 유통'(물류)은 "적절한 이윤을 확보하면서 고객의 욕구를 충족시키는 계산의 기술"이라고 정의할 수 있다. 다소 장황하게 로지스틱스를 정의한 건, 출판의 '물류'가 그만큼 정교하게 계산되지 않고 비합리적으로 운용되고 있기 때문이다.

많은 출판사가 수요 예측이 정확하지 않은 상황에서 초판 1천~2천 부를 찍어서 창고에 쟁여놓고 판매하는 방식을 쓰고 있다. 나중에 재판을 찍기 애매한 상황까지 염두에 두고 미리 넉넉하게(?) 찍어놓는다는 셈법도 작용하고 있다. 찍어놓은 것이 다 팔리면 그나마 다행이지만, 과다재고로 남게 되면 그야말로 처치 곤란이다. 개정 도서정가제 시행 이전이라면 파격할인이라도 해서 소진시키겠지만, 지금은 그것도 곤란하다.

오프셋 인쇄방식 외에 다른 대안이 없다면 몰라도, POD의 경우 가격도 많이 내려가고 퀄리티도 좋아져서 적극 활용하면 제작 비용과 물류 비용을 상당히 줄일 수 있다. 회전속도가 느리거나 예상 판매량이 적은 책의 경우 초판을 300~500부 정도만 찍고, 초판이 다 소화된 다음에는 그때그때 필요한 만큼, 주문이 오는 만큼만 '저스트인타임'으로 찍는 것이다.[3] 그 편이 훨씬 합리적이고 계산적이고 경제적이고 효율적이다. 또 입력창에 책제목을 치면 결제창이 뜨고, 결제를 하면 3~5분 만에 책이 인쇄·제본되어 나오는 에스프레소 머신 같은 것이 편의점 등에 설치된다면 물류에 가히 혁명적 변화가 초래될 것이다.

로지스틱스도 포지셔닝도 그 원리는 똑같다. 로지스틱스 시스템의 목표는 다음과 같다. "몇몇 기업은 로지스틱스 목표를 최소의 비용으로 최대한의 고객 서비스를 제공하는 것이라고 말한다. 그러나 로지스틱스의 목표는 최소의 비용으로 목표로 정한 수준의 고객서비스를

---

3 POD로 찍는 경우, 아직은 10부 단위로 찍어야 경제성이 있다. 하지만 출판사들의 수요증가 추세와 POD 인쇄기술의 진보 추세를 감안할 때 1부 단위로도 경제성을 맞출 수 있는 시기가 곧 올 것으로 예측된다.

제공하는 것이어야 한다. 목표는 판매를 극대화하는 것이 아니라 이윤을 극대화하는 것이다. 기업은 더 나은 서비스를 제공함으로써 얻을 수 있는 이점과 비용을 비교·검토해야 한다."[4]

최소의 비용이 무조건 좋은 것이 아니라, 타겟팅한 목표고객에게 목표한 만큼의 고객만족을 제공하는 조건에서 최소의 비용을 실현하는 것이 중요하다. 그것이 최대의 이익을 낳는 유일한 길이다. 제품도, 가격도, 유통도, 물류도, 프로모션도 이런 관점에서 설계하고 집행해야 한다. 타겟팅된 고객을 상대로 그 고객이 원하는 가치제안을 통해 그 고객의 기억사다리에서 최상위를 차지하는 것, 이것이 최대의 이익을 실현하는 길이다.

한 가지 덧붙이자면, 수익(revenue)과 이익(profit)은 구분해야 한다. 수익은 이익이 아니라 매출을 가리킨다. 매출이 아무리 높아도 이익이 나지 않으면 기업활동을 지속해 나갈 수 없다. 포지셔닝을 위한 가치제안에서 '싼 가격으로 보다 많은 혜택을' 제공하는 가치제안은 수익(매출)은 높일 수 있어도 이익을 내기가 쉽지 않은 가치제안이다. 수익과 이익을 구분해서 쓰는 게 중요한 이유다. 용어가 뭐 중요하냐고 생각할 수도 있지만, 이익 관점을 일관되게 유지하려면 개념(콘셉트)을 정확하게 사용하는 것이 중요하다. 콘셉트가 행동의 지침이 되기 때문이다. 대개 제품이 안 팔리면 자기도 모르게 매출 드라이브 정책을 쓰게 마련이다. 개정 도서정가제 이전에 출판사들이 일상적으로 50% 넘게 파격적으로 가격을 할인한 것도 이익을 돌볼 겨를 없이 당장 매출이라도 올려야겠다는 조급함의 발로에서 그랬던 것이다.

---

4 『코틀러의 마케팅원리』, 368쪽.

소셜미디어가 전문서점을 부른다

사람들이 유명 브랜드의 값비싼 고급차를 원하는 것은 그 차를 타면 뭔가 있어 보이기 때문이다. 소셜미디어의 세계도 마찬가지다. 사람들은 자신을 뭔가 있어 보이는 사람으로 만들어줄 그럴듯한 이야기를 자신의 소셜미디어에 올림으로써 사람들에게 인정받기를 원한다. 사람들은 가치있는 이야기의 획득을 위해서라면 기꺼이 시간과 비용을 지불한다.

소셜미디어의 세계에서는 블로그나 페이스북을 통해 콘텐츠를 생산·유통시킬 수 있기 때문에 이야기에 대한 사람들의 욕구가 클 수밖에 없다. 따라서 소셜화된 세상에서는 업태와 종목을 가리지 않고 이야기가 생성되고 퍼질 수 있는 구조로 사업이 짜여져 있느냐 아니냐가 성패를 가르는 요인이 된다. 음식점을 예로 들어보자. 시킨 음식이 나오면 입으로 맛을 보기 전에 눈으로 먼저 맛을 본다. 먹기 전에 우선 인스타그램이나 페이스북에 올릴 콘텐츠를 얻기 위해 사진을 찍는 것이다. 콘텐츠 관점에서 보면 식당이 성공을 위해 갖추어야 할 요소 혹은 조건이 보인다. 맛과 청결은 기본이고 다양한 이야깃거리, 이를테면 식당의 분위기, 음식의 비주얼, 그릇의 모양, 개성있는 인테리어, 종업원의 태도, 식당의 내력이나 역사, 주방장과 관련된 에피소드 등등 음식을 둘러싼 다양한 콘텍스트가 요구된다.

서점도 마찬가지다. 그럴듯한 이야기가 생성될 수 있는 특색있는 전문서점이라야 성공할 수 있다. 흔히 전문서점이라고 하면 책의 목록이나 내용과 관련된 전문성만을 생각하기 쉬운데, 그것은 소셜시대 이전의 전문서점 얘기다. 소셜시대의 전문서점은 책 자체의 전문성을 넘어서 '이야기를 생성해낼 수 있는 전문적 능력'이 있어야 성공한다. 책 자체에 대한 감별력이 서점 성공의 필요조건이라면 사건과 이야기를 만들어내는 능력은 서점 성공의 충분조건이다. 서점 창업의 핵심 포인트는 그 서점을 다녀오면 뭔가 할 이야기가 생겨나는――그 서점에서 추천받은 책이 지금의 내 고민을 덜어주고 위안이 되어주고 어떤 해결책을 제시해 준다면, 그리고 그 서점에서 맺어지는 다양한 인간관계나 이벤트가 내 라이프스타일에 맞는다면, 그것은 충분히 이야깃거리가 된다. 이것을 가리켜 서점의 편집능력 혹은 큐레이션 능력이라고 해도 좋을 것이다――그런 시공간을 어떻게 만들어낼 수 있는가다.

소셜미디어의 세계에서는 저자, 독자 가릴 것 없이 누구나 마음만 먹으면 블로그 등의 개인미디어(1인미디어)를 소유하고 자신이 직접 콘텐츠를 생산·유통시킬 수 있다. 개방과 공유와 참여의 그 세계가 선순환의 콘텐츠 생태계가 되려면 양질의 다양한 지식콘텐츠 공급이 필수적이다. 도서정가제는 바로 양질의 지식콘텐츠 다양성을 위해 존재하는 제도다. 지식콘텐츠 다양성이 확보되려면 시장지배자의 지식콘텐츠 독점을 막고 무수히 많은 지식콘텐츠 공급자(저자·출판사)가 활발하게 활동하는 생태계가 전제조건으로 요구되는데, 그러기 위해서 공급자 보호 차원에서 가격결정권을 지식콘텐츠 판매업자가 아니라 지식콘텐츠 공급자에게 준 것이 바로 도서정가제다.[5]

따라서 도서정가제의 필요성을 논할 때는 도서정가제가 소셜미디

---

5 자유경쟁을 통해 소비자 권익을 최대한으로 도모하려는 공정거래법을 어기면서까지 도서정가제를 시행하는 이유는 콘텐츠 생태계를 풍요롭게 하는 데 공급자의 역할이 그만큼 중요하다는 사회적 인식이 깔려 있기 때문이다.

어 환경에서 지식콘텐츠 공급자를 얼마나 보호할 수 있고, 그 결과로 양질의 지식콘텐츠가 얼마나 활발하게 생산되느냐가 아젠다 세팅의 중심고리가 되어야 한다. 그러나 우리 출판계는 아젠다 세팅을 '오프라인 동네서점 살리기' 쪽으로 잡는 오류를 범했다. 2천년대 들어 온라인서점이 비약적으로 성장한 10년 동안 오프라인 서점 수가 절반 넘게 줄어든 것을 근거로 들면서 지역 오프라인 서점을 살리려면 그어떤 할인도 허용하지 않는 완전도서정가제를 시행해야 한다고 이슈 파이팅을 했던 것이다.[6] 그러나 인터넷서점이 생겨나기 시작한 시점부터 완전도서정가제가 시행되었더라도 생산과 유통의 온라인화는 전 산업분야를 관통하는 커다란 흐름이기 때문에 오프라인 서점 수가 줄어드는 추세를 막지는 못했을 것이다. 게다가 오프라인 서점이 문을 닫은 것은 온라인 서점과의 가격경쟁력에서 밀린 탓도 있지만, 차별화 요소가 없었던 탓도 크다. 꼭 그 서점을 가야 할 이유가 없다면, 독자들은 당연히 집 혹은 사무실에 앉아서 배송을 받는 쪽을 선택할 것이다.

개정 도서정가제가 시행되면서 지역서점이나 동네서점의 숨통이 약간 트인 것 같다. 반가운 일이긴 하지만, 서점은 숫자가 많다고 반드시 좋은 건 아니다. 어딜 가나 비슷비슷하게 베스트셀러나 학습참고서 갖다놓고 파는 서점이 1만 개, 2만 개 있는 것은 많아도 많은 게 아니고, 그런 서점은 사람들의 생활이나 삶에 거의 아무런 영향도 미

---

6 여기에는 도서정가제에 대한 오해도 커다란 몫을 했다. 도서정가제법은 할인방지법이 아니다. 도서정가제와 할인은 서로 밀접한 관련이 있기는 하지만, 개념적으로는 서로 별개다. 도서정가제는 가격결정권을 공급업자인 출판사가 갖는 것을 가리키는 개념이고, 할인을 금지하거나 할인 폭을 제한하는 '재판매가격유지정책'은 유통 단계에서 공급자의 가격결정권이 훼손되지 않도록 하기 위한 후속 조치라고 보면 된다.

치지 못한다. 콘텐츠를 매개로 경험과 이야기를 공유하며 연결의 시대를 사는 소셜미디어 시대의 소비자들에게 많다는 것은 양적인 것이 아니라 질적인 것이다. 도서정가제로 바잉파워가 있는 대형서점이나 그렇지 못한 중소형서점이나 적어도 가격면에서는 동일선상에서 경쟁이 가능해졌다면 결국 서점사업의 성패를 가르는 것은 전문성에 기반한 다양성과 차별성일 것이다. 지금 우리에게 꼭 필요한 서점은 '전문서점'이지, 그 서점이 온라인 서점이냐 오프라인 서점이냐는 부차적인 문제다. 정확하게 말하자면, 독자들은 오프라인 매장과 온라인 매장을 동시에 갖춘 전문서점을 원한다.

축구선수 박지성이 영국 프리미어 리그에 진출한 이후 유럽축구에 대한 국내 축구팬들의 관심이 폭발적으로 늘었다. 요즘 영국이나 스페인, 독일의 프로축구 경기나 유럽 챔피언스 리그의 주요 경기 같은 것은 실시간 검색어 1위에 오르는 경우가 적지 않다. 유럽과의 시차로 새벽 4시에 경기가 벌어지는 경우가 많은데도 적게는 수만 명에서 많게는 20만 명이 훌쩍 넘는 사람들이 그 시간에 경기를 시청한다. 상황이 이런데도 우리나라에 축구 전문서점은 없다. 세분시장 크기가 작아서 그럴 수도 있겠지만, 그보다는 전문서점 개념 자체가 아직 낯설기 때문일 것이다.

오프라인 축구전문서점에서는 책은 기본이고 주말이면 함께 모여 대형스크린으로 주요 경기를 함께 보고, 축구전문가가 축구 전략·전술에 대한 강의나 해설도 하고, 네트워크 플랫폼 역할을 하는 온라인 사이트에서는 책과 함께 축구관련 용품도 팔고, 유럽 축구리그 테마 여행 상품도 팔고 한다면 세분시장의 크기가 결코 작지는 않을 것이다. 또 축구 컬럼니스트 양성을 위한 글쓰기 학교를 개설할 수도 있을 것이며, 서점 소속 축구팀도 조직해볼 수 있을 것이다. 또 우리나라 프로축구인 K리그에 대한 대중의 관심과 참여는 유럽축구에 비해 매우 미미한 편이다. 각 프로구단과 협력하여 국내축구의 붐업을 끌어낼 수 있는 다양한 계기들을 찾아낼 수 있다면, 이는 무궁무진한 사업의 기회를 제공해줄 것이다. 축구 전문서점이 괜찮은 아이디어라는 생각이 든다면, 가장 먼저 해야 할 일은 축구산업의 규모, 관중이나 시청자의 숫자와 성별·연령대별 분포, 조기 축구회 수, 유니폼 판매 상황 등의 마케팅 인텔리전스는 필수고, 그밖에 1차자료 확보를 위한 마케팅 리서치도 필요하다.

소셜은 사건과 이야기를 원한다. 우리의 경험을 키워주고 우리에게 이야깃거리를 만들어줌으로써 우리의 콘텐츠 생산능력을 키워주는 서점이 소셜미디어 시대가 요구하는 서점이다. 그 서점은 책이라고 하는 품목의 전문성을 뛰어넘어 사건과 이야기를 만들어내는 특별한 능력을 갖추고 있다는 점에서 전문서점이다. 그 서점은 책을 파는 공간을 넘어서 이야기를 팔고 사건을 파는 서점이고, 양이 아니라 질로 경쟁하는 서점이다. 이런 서점이 많아질 때만 다양한 콘텐츠 생산이 가능해지면서 저자-출판사-서점-독자로 이어지는 선순환의 콘텐츠 생태계가 만들어진다. 이런 서점이 많아지는 데 도서정가제가 긍정적 역할을 한다면 도서정가제는 반드시 필요한 제도이고 장치이지만, 만약 부정적 역할을 한다면 도서정가제는 재검토되어야 한다. 또 도서정가제와 맞물려 제기되고 있는 서점공급률 인상 문제도 이런 전문서점이 많아져야 해결의 실마리를 찾을 수 있다.

참고로 책에 관한 전문성이 출판사만큼 높은 곳은 없다. 꾸준히 책을 내는 출판사가 대략 500여 군데쯤 된다고 볼 때, 출판사가 서점을 낸다고 하면 500개의 전문서점이 생겨나는 셈이다. 흥미롭게도 서울 마포구 합정동, 서교동, 연남동 일대만 해도 수백개의 출판사가 몰려 있다. 게다가 최근 서교동 일대가 디자인·출판 특구로 지정되기도 했다. 독자들이 쉽게 방문할 수 있도록 출판사 지도와 서점 지도를 만들고, 다양한 이야깃거리와 콘텐츠를 생산해낼 방안을 지역특성화 전략 차원에서 함께 고민한다면 독자들에게 지금까지와는 또 다른 책 세계의 재미를 제공해줄 수 있을 것이다.

출판사가 직접 경영하는 서점은 출판사의 플랫폼 역할, 독자와의 직접대면을 통한 고객관리의 접점, 다이렉트마케팅의 전진기지 역할도 겸하게 될 것이다. 출판사 사무실이 있는 바로 지금-그곳에서 당장 서점을 열면 된다. 사무실 내부 구조를 변경해 사무실 한쪽에 3~5평 정도의 전문서점을 내서 일단 시작해 보는 것이다. 따로 돈이 많이 드는 일도 아니니 겁내지 말고 저질러 보자. 당장 서점을 시작하는 데 걸림돌이 되는 것은 규모나 평수가 아니라, '과연 될까' 하는 의구심과 패배주의다. 서점이라고 해서 꼭 많은 종수를 갖춰놓아야 하는 건 아니다. 엑스플렉스서점이 추천하는 '오늘의 책' 1종만 번뜩이는 발상으로 디스플레이 할 수 있다면, 공간 평수 같은 건 문제도 안 된다.[7] 문제는 매일매일 '오늘의 책'을 선별해낼 수 있는 감식안, 즉 큐레이션 능력이다. 그 뛰어난 큐레이션 능력으로 오늘 방문한 독자를 내일

---

7 '오늘의 책' 7종이 모이면, 독자와 함께 그 중에서 '이주의 책'을 뽑고, '이주의 책' 4권이 모이면 다시 그 중에서 '이달의 책'을 뽑고, '이달의 책' 12권이 모이면 그 중에서 '올해의 책'을 뽑는 방식도 재미있고 의미있을 것이다. 또 일본 홋카이도 시골마을의 동네 책방 '이와타' 서점의 '일만선서'(1만엔을 내면 그 금액 안에서 고객에게 적합한 책을 골라 보내주는 서비스)도 소셜시대의 혁신적 서점을 고민할 때 좋은 참조가 된다. 서점의 경쟁력은 위치와 평수와 구색이 아니라, 발상과 콘셉트에 따른 큐레이션(편집) 능력이다.

도 방문하게 할 수만 있다면, 그래서 독자들과 지속가능한 관계(연결)를 구축할 수 있다면, 그 서점은 성공할 수밖에 없다.

소셜시대가 가져온 가장 큰 변화는 경계의 사라짐을 통한 뒤섞임이다. 생산과 유통과 소비가 뒤섞이고, 생산자와 소비자가 뒤섞이면서 경계에서 사건이 발생하고, 이야기가 생겨나고, 새로운 사업의 기회가 생겨난다. 그 세계에서는 서점이 출판사를 하는 것도, 출판사가 서점을 하는 것도, 저자가 출판사를 하는 것도, 독자가 저자가 되는 것도 조금도 이상한 일이 아니다. 개방과 공유와 참여는 시간과 공간의 모든 부분에서 그 모습을 점차 분명히 드러내고 있다.

서점이 도서관으로 간 까닭은

유통의 핏줄인 서점 문제와 도서정가제 문제는 떼려야 뗄 수 없는 관계다. 도서정가제의 아젠다가 지역 중소서점을 살리자는 쪽으로 초점이 모아진 섯도 대형온라인 서점의 차별적 가격할인으로 경쟁력을 상실한 중소서점이 잇따라 폐업하면서 유통망이 붕괴된 측면이 크다. 정가제 지지자들 중 지역서점론자들의 주장은 이렇다. 지역 곳곳에 서점이 생기면 생길수록 발견성이 그만큼 증가하면서 책의 생산과 소비가 늘어날 것이라고. 그러려면 바잉 파워가 있는 특정서점으로 소비자 구매가 쏠리지 않도록 가격할인을 제한해서 정가대로 팔아야 하고, 그러면 더 많은 지역 동네서점이 생겨날 수 있다고.

그러나 정가대로 판다고 동네서점이 많이 생길지도 의문이고, 또 동네서점이 많이 생긴다고 발견성이 증가할지도 의문이다. 뜻은 선하고 좋지만, 지금의 콘텐츠 소비양상과 독서율 등을 고려할 때 동네서점을 살리는 것은 결코 쉬운 일이 아니다.[8] 도서정가제를 논의하고 시행하는 과정에서 출판계는 얻은 것은 별로 없는데 잃은 것은 실로 엄청나다. 독자들의 신뢰를 잃어버린 것이다. 독자들의 신뢰를 잃고서야 출판사인들 서점인들 존재해야 할 이유가 없다. 양질의 콘텐츠를 싼 가격에 구입하기를 원하는 건 소비자로서 당연한 권리다. 시장의 다른 일반상품과 달리 공급자가 정가를 매기고 가격할인의 폭도 제한하는 만큼 독자들에게 그 이유에 대해 충분하게 설명하고 이해를 구해야 할 의무가 있지만, 그런 시도와 노력은 찾아보기 힘들었다. 또 저자의 대대적인 지지와 참여가 무엇보다 중요한데도 일부 유명저자들을 통해 정가제의 원론적 당위성을 형식적으로 홍보하는 데 그쳤다.

발견성에 대한 관점도 마찬가지다. 발견성은 그냥 눈에 잘 띄는 것을 의미하지 않는다. 단순히 눈에 띄는 것만으로는, 즉 독자가 그 책이 존재한다는 사실을 인지하는 것만으로는 구매에 별다른 영향을 미치지 못한다. 적극적으로 그 책의 의미(구매하고 소비해야 할 이유)를 부여하고 알릴 때만 독자는 그 책을 발견할 수 있다.

따라서 중요한 것은 동네서점이 아니라 지식콘텐츠에 의미를 부여하고 공유할 수 있는 온·오프라인 네트워크 공간이다. 동네서점이 중요한 것이 아니라 어떤 동네서점이냐가 중요한 것이다. 그것이 동

---

8 일단 형성된 소비자의 태도를 바꾸는 건 매우 어렵다. 모바일을 기반으로 한 콘텐츠 소비가 일반화되고, 지난 10년 넘게 온라인서점을 이용하면서 굳어진 독자들의 콘텐츠 구매·소비 습관은 온-오프라인 서점 간에 가격할인을 동일하게 적용하는 것 정도로 쉽게 바뀔 수 있는 성질의 것이 아니다. 또 지역서점이 활성화되려면 신규 소비자 유입을 통한 시장확장이 필수적인데, 지금 출판콘텐츠 산업은 게임, 영화, 웹툰 등 다른 콘텐츠 산업과의 경쟁에서 밀리면서 열위에 처해 있기 때문에 이 또한 쉬운 일이 아니다.

네서점으로 불리든, 도서편의점으로 불리든 철저히 차별화되고 전문
화된 서점이 아니면 존재해야 할 이유도, 의미도 없는 것이다.

최근의 출판계 시도 중에서 가장 눈에 띄는 건 국립도서관에 서점
이 들어선 일이다.

국립중앙도서관은 지난 6일 본관 1층에 2천여 권의 도서를 갖춘 46㎡
규모의 서점 '책사랑'을 열었다. 이곳은 위기의 중소 서점들을 살리기
위해 문화체육관광부가 전국의 공공도서관에 서점을 유치하는 구상
을 적용한 도서관 서점 1호점이다. 한국서점조합연합회가 지난해 전
국 서점을 전수 조사한 결과 편의점, 문구점 등을 겸업하지 않는 순수
한 동네서점은 1625곳이며 전국의 공공도서관은 국공립 877개, 사립
385개 등 1262개이다. 전국의 도서관 수가 동네서점 수와 비슷하다는
데서 착안한 '도서관 서점'은 전국의 공공도서관으로 확대 시행될 전
망이다.[9]

책을 빌려보는 도서관에 웬 서점이냐고 할 수도 있지만, 책을 좋아
하는 사람들이 모이는 공간에 책이 놓여 있으면 책을 살 확률이 그만
큼 높아진다. 책은 어떤 책이냐에 따라 사용법이 매우 다양하기 때문
이다. 한번 보고 말 책이 있는가 하면, 몇 번은 읽어야 할 책, 빌려보는
것으로 충분한 책, 반드시 사서 읽어야 할 책이 있는 것이다. 관점을
바꾸면 창의적인 발상이 얼마든지 가능하다. 도서관이 어떤 곳인가?
기본적으로 책에 관심이 많고 책을 좋아하는 사람들이 모이는 공간

---

9 「서울신문」, 2015년 3월 7일자.

으로, 세그멘테이션과 타겟팅이 가장 확실한 공간이다.

모든 상품은 온라인이든 오프라인이든 기본적으로 표적고객이 잘 모이고 지나다니는 곳에 놓여져 있어야 한다. 그래야 눈길도 주고, 손도 가고, 구매도 하고, 소비도 하고, 입소문도 난다. 각 구마다 도서관이 꽤 잘 정비되어 있다. 이곳에 전문성과 개성이 있는 서점이 들어선다면 그건 지역주민을 위해서도, 저자를 위해서도, 출판사를 위해서도 좋은 일이다. 게다가 공공도서관의 경우 시설도 좋고 쾌적한데 임대료까지 저렴하다. 서점업에 대한 사명과 비전, 목표가 분명하고 전문적 식견이 풍부한 사람이 공정한 과정을 거쳐 서점을 열면 출판에 대한 독자들의 신뢰를 회복하는 데도 크게 도움이 될 것이다. 그런 점에서 '도서관-서점'은 역발상적이고 혁신적인 유통채널의 발명 사례에 해당한다고 하겠다.

제조업의 벙커에서 나와 서비스업의 광장으로

변화된 미디어 환경과 기술환경, 유통환경은 출판의 중간단계를 생략하는 쪽으로 진행될 수밖에 없다. 그것이 시대의 트렌드다. 더 빠르고, 더 직접적이고, 더 공유적이고, 더 개방적인 방향 말이다. 출판사 내부도 개방될 필요가 있다. 출판이 제조업에 머무는 한, 그래서 독자와 유리된 채 책이라는 유형의 상품 뒤에 숨어서만 자기 활동을 전개하는 한, 지금의 개방·공유·참여의 시대 트렌드에 뒤처질 수밖에 없다. 지금의 출판불황은 근본적으로 여기에서 그 원인을 찾을 수 있을 것이다. 출판이 사는 길은 제조업의 벙커에서 나와 서비스업의 광장으로 나가는 것이다. 고객을 직접 만나지 않으면 출판업의 미래는 없다. 자기 제품을 아고라의 장터에 활짝 펼쳐놓고 얘기하고, 나누고, 팔아야 한다.

　출판사들은 유통 문제를 해결하기 위해 시장침투전략 차원과 시장개발전략 차원 두 차원에서 대책을 고민해야 한다. 시장침투전략 차원에서는 시장점유율을 끌어올리기 위해 기존 유통망을 강력하게 푸시하거나(지금 거의 모든 출판사들이 쓰거나 고민하고 있는 방법이다), 신규 유통망을 개척하는 방법을 쓸 수 있다. 그러나 전반적이고 구조적인 출판 불황 속에서 강력한 푸시 전략을 쓰는 것은 출판사 간의 과도한 경쟁으로 이어지고, 이는 출판사의 이익을 잠식하고 출판의 다양성을 약화시킬 위험성이 크다. 따라서 지금 출판사들에게 더 필요한 전략은 후자인 신규 유통망의 개척이다. 신규 유통망을 만들어냄으로써 독자가 더 다양한 책을 접할 수 있는 기회를 제공해야 시장이 개발(확장)되는 계기도 만들어진다.

　앞에서도 얘기했지만, 지금 독자들은 뭔가 이야깃거리가 생성되는 전문서점을 원하는데 그 숫자가 너무 적다. 출판업은 제조업이 아니라 지식서비스업이고 지식소매업이어야 하는 지금 상황과 조건에서 출판사가 직영하는 서점을 내는 것은 제조업을 탈각하고 서비스업으로 변신하는 의미도 있다. 비록 평수는 작지만 출판사 내부에 서점을 두면 충성고객들이 모이는 오프라인상의 네트워크 구심점 역할도 겸할 수 있다. 깊이와 넓이 면에서 전문성이 통하는 몇몇 출판사들이 서로의 목록과 거래조건을 공유하면서 서로에게 책을 공급해주는 것도 좋은 생각이다. 쉽게 가면 된다.

　개별출판사의 시장점유율을 끌어올리기 위한 시장침투전략도 물론 필요하지만, 매출이 줄고, 판매부수가 줄고, 출간 종수가 주는 지금의 출판환경에서는 시장개발전략(시장확장전략)이 더욱 중요하다. 시장확장을 위해서는 새로운 용도를 제안해야 하고, 새로운 사용자(독자)를 찾아내야 하고, 사용빈도를 늘리는 전술을 적극적으로 구사해야 한다.[10]

출판사는 미래에도 살아남을 것인가. 핵심은 출판사의 두 주요고객인 독자가 행복하고 저자가 행복한 모델을 출판사가 지속적으로 만들어낼 수 있는가에 달려 있다. 독자는 보다 저렴한 비용으로 보다 양질의 콘텐츠를 소비하기를 원한다. 저자는 가능하면 자기 콘텐츠가 많이 판매되고 많이 읽혀 사람들에게 영향력을 미치기를 바란다. 지금까지 출판사는 독자와 저자 사이에서 둘의 이런 욕구를 어느 정도 충족시켜 줌으로써 사업을 해올 수 있었다. 앞으로도 출판사는 자신의 역할을 통해 저자와 독자의 '행복'(만족과 즐거움)을 만들어내고 유지해나갈 수 있을까.

출판사의 비전을 만들어가는 데 가장 중요한 건 독자를 만족시킴으로써 출판세계의 확실한 파트너로 삼는 것이다. 독자를 잃고서야 저자도 출판사도 설자리가 없기 때문이다. 그러려면 독자를 구매와 소비의 대상으로서가 아니라 '지식공동체(共動體)'의 일원으로 만들어야 한다.[11] 앞으로의 출판에서는 독자-출판사-저자로 구성된 네트워크 활동이 매우 중요하다. 그 네트워크 속에서 서로가 '지식은 삶 속에서 어떻게 지혜가 되는지', '지혜를 통해 우리의 삶은 얼마나 행

---

10 새로운 용도 및 사용자, 사용빈도를 늘리는 시장확장전략에 대해서는 이 책 234쪽 참조.

11 공동체(共同體)가 아이덴티티(정체성)를 공유하는 그룹을 지칭한다면, 공동체(共動體)란 활동을 공유하는 그룹을 지칭한다. 소셜 네트워크로 연결된 다중들에게 중요한 건 아이덴티티가 아니라 활동이다.

복해질 수 있는지'를 지속적으로 묻고 답할 때 지식공동체는 만들어진다. 저자는 독자와의 만남 속에서 자기 지식의 세계를 객관화시키는 계기를 얻는다. 독자는 저자와의 관계 속에서 자기 지식의 세계를 확장하기 위한 자극과 촉발을 받는다. 그 공동체 속에서 읽기와 쓰기는 책을 매개로 하나가 된다. 과도기인 지금 출판사에게 요구되는 건 고객만족(저자만족·독자만족)을 최대화하는 공동체의 구축과 그것을 위한 구체적인 노력이다.

10장

통합적 마케팅커뮤니케이션 전략

소셜미디어 시대의 프로모션믹스

프로모션 도구에는 모두 다섯 가지가 있다. 광고(advertising), 판매촉진(sales promotion), PR(public relations), 인적판매(personal selling), 직접마케팅(direct marketing)이 그것이다. 기업은 이 다섯 가지 촉진도구들을 적절히 조합하여 프로모션 혹은 마케팅커뮤니케이션을 실행하는데, 이를 마케팅커뮤니케이션믹스 혹은 프로모션믹스(촉진믹스)라고 한다. 규모가 크고 반복구매가 주를 이루는 일반산업의 경우에는 광고나 판매촉진이 중요하지만, 지식산업인 출판의 경우에는 직접마케팅과 PR이 중요하다.

직접마케팅과 PR을 이해하려면 먼저 미디어의 변화를 이해해야한다. 지금 시기는 매스미디어(mass media), 소셜미디어(social media), 프라이비트 미디어(private media), 이 세 가지 미디어가 대중의 삶에 영향을 미치고 있다. 물론 소셜미디어가 중심이고 대세이긴 하지만.

매스미디어는 텔레비전·라디오·신문 등을 가리키는데, 대중에게 대량으로, 비차별적으로 메시지를 전달하는 특징이 있다. 불특정다수의 대중을 상대로 하는 미디어여서 전체시장 혹은 세분시장의 크기가 비교적 큰 타겟시장을 겨냥한 제품의 광고가 주로 실린다. 발신자가 메시지를 미디어에 맞게 인코딩해서 발신하면 수신자는 메시지를 디코딩(해석)하고 반응을 보이게 되는데, 발신자는 수신자의 반응에 따른 피드백을 통해 메시지를 수정 보완한 다음 재발신하게 된다. 이것이 매스미디어 커뮤니케이션 모델이다.

이러한 매스미디어 모델이 일방향의 성격을 갖는다면, 소셜미디어는 쌍방향 커뮤니케이션이 가능한 미디어다. 소셜미디어의 이 쌍방향성 때문에 직접마케팅과 PR이 강력한 마케팅툴로 떠오르고 있는 것이다.

프라이비트 미디어(사적 미디어)의 대표적인 예는 책이다. 책이라고 하는 미디어의 생산과 소비 양태를 보면 지극히 비공개적이고 사적이라는 사실을 쉽게 알 수 있다. 책을 쓸 때 저자는 고독하게 혼자 작업하는 경우가 많다. 또 라디오·TV는 여럿이 함께 어울려서 얘기를 하면서 청취하거나 시청하기도 하지만, 책은 그런 경우가 거의 없다. 책은 사유의 매체로서 프라이비트한 미디어이기 때문에 조용한 곳에서 주로 혼자 본다. 여럿이 있는 환경에서 책을 보는 경우에는 스스로 고립된 분위기를 만들어 '군중 속의 고독'을 자초하는데, 그렇게 하지 않으면 소비할(읽을) 수가 없기 때문이다.

책이 만들어지는 과정을 보면 '책-미디어'의 사적인 성격을 알 수 있다. 책은 언어의 구조물이고 사유의 구조물이다. 언어가 개념을 낳고, 개념이 논리와 만나면 사유가 가능해지고, 사유의 힘으로 정보가 해석되고, 거기에 감정과 서사가 붙으면 지식이 만들어지는데, 이 지식이 미디어를 만나 책이 된다. 이처럼 책은 사유를 기본속성으로 하기 때문에 읽을 때도 몰입을 통한 깊은 사유를 하면서 읽어야 하고, 따라서 다른 사람과 이야기를 하거나 TV를 보면서 책을 읽기란 결코 쉽지 않다.

TV 같은 매스미디어의 경우, 대개는 깊은 사유를 요구하지 않는다. 물론 디스커버리 채널처럼 어느 정도 몰입을 요구하는 프로그램도 있지만, 그런 프로그램은 비교적 소수가 시청하고, 따라서 본래적 의미의 매스미디어 프로그램과는 약간 거리가 있다. 재미있는 드라마, 버라이어티 쇼 정도는 되어야 매스미디어 프로그램이라고 할 수 있다. 디스커버리 채널에는 비싼 광고가 붙지 않는다. 동시접속자 수가 많고 매스미디어 성격이 강할수록 비싼 광고가 붙고, 소수 미디어 혹은 프라이빗 미디어 성격이 강할수록 광고가 잘 붙지 않는다. 책에 자사책 관련도서 소개 정도 말고 본격적인 광고가 붙지 않는 것도 이런 이유에서다. 1~2천 부 정도 팔리고, 그것도 한날 한시에 팔리는 것이 아니라 1~2년 정도에 걸쳐서 팔리는 사적인 미디어에 누가 광고를 실으려 하겠는가.

동시접속자 수도 중요하다. 공중파 매스미디어는 한 시점에 수십만, 수백만 명이 달라붙는다. 슈퍼볼 경기 같은 경우 미국 내에서만도 1억 명이 훨씬 넘는 인구가 동시에 시청을 한다. 동시접속자 수가 많다는 것은 사람들 사이에서 화제가 되거나 공유될 가능성이 그만큼 크다는 걸 의미한다. 그러나 책의 경우는 동시접속하고는 거리가 멀다. 구매도 따로따로, 구매한 책을 읽을 때도 거의 혼자다. 심지어 사놓고 읽지 않기도 한다. 소량의 부수가 몇 년에 걸쳐 팔리는 데다가, 책을 산 시점에 바로 읽지 않고 나중에 읽기도 하고, 또 혼자서 주로 보는, 그야말로 지극히 내밀하고 사적인 프라이비트 미디어에 광고가 붙는다면 그게 오히려 이상할 것이다.

소셜미디어는 블로그, 트위터, 페이스북, 인스타그램 등의 개인미디어(personal media)의 등장과 맞물려 있다. 개인미디어는 소셜네트워크를 만나 소셜미디어가 된다. 소셜미디어는 단순히 미디어 지형도상에 새로운 미디어 하나가 추가된 것이 아니다. 프라이비트 미디어가 향하는 곳,[1] 매스미디어가 향하는 곳, 퍼스널 미디어가 연결되는 곳, 모든 미디어가 다 몰려드는 곳, 그곳이 바로 소셜미디어의 세계다. 소셜미디어는 프라이비트 미디어, 퍼스널 미디어가 광장으로 나가는 통로다. 사적 성격과 대중적 성격이 하나가 되는 곳, 대량이면서도 개인적인 대량고객화(mass-customization)의 공간, 직접적·개별적 마케팅이 성립되는 곳이 바로 이 소셜미디어의 공간이다. 여기에서는 개별맞춤 광고 등도 가능하고, 따라서 사업의 기회가 무궁무진하다.

지금 출판에 요구되는 것은 소셜미디어 환경에 적합한 콘텐츠 가공 능력이다. 만약 그 능력을 인정받을 수만 있다면 콘텐츠를 무료나 저가로 제공하고 광고 수입으로 출판사업을 유지할 수도 있을 것이다. 예전 같으면 프라이비트 미디어인 책을 갖고 그런 발상을 하는 것은 무리였다. 그러나 프라이비트 미디어인 책이 소셜미디어 속으로 들어가면서 소셜미디어화하고 있는 지금, 출판사가 저자·독자와 함께 콘텐츠의 생산·유통·소비 과정에서 웹2.0이 추구하는 공유·개

---

1 예전 같으면 책은 철저히 사적인 미디어였다. 사적 미디어이기 때문에 서가에 꽂혀 있는 책을 보더라도 서가 주인이 그 책을 읽었는지 안 읽었는지 알 길이 없었지만, 지금은 블로그나 페이스북 등을 통해 자신이 읽은 책에 대해 적극적으로 표현한다. 사적 미디어가 소셜미디어화하고 있는 것이다.

방·참여를 높은 수준에서 구현할 수 있다면, 그 모든 가능성은 현실성이 될 확률이 높다.

움베르토 에코는 "종이책이야말로 인류가 가장 진화된 형태로 발명한 미디어로서, 종이책은 영원할 것"이라고 말했다. 그러나 매체가 종이책이면 어떻고, 전자책이면 어떻고, 그밖에 제3, 제4의 방식이면 또 어떻겠는가? 종이책의 '영원성'보다 더 중요한 건 지식콘텐츠(책)가 사람들 일상생활의 한복판에서 이슈가 되고 얘깃거리가 되는 '영향력'일 것이다.

스파(SPA)에서 얻는 직접마케팅의 힌트

기업들은 자주 커뮤니케이션 채널들을 통합하는 데 실패한다. 그 결과 소비자에게 전달되는 메시지들은 뒤범벅이 된다. 매스미디어 광고들은 어떤 것을 이야기하고, 매장 내 가격촉진은 다른 시그널을 보내고, 회사의 매출관련 보고서는 또 다른 메시지를 만든다. 회사의 웹사이트, 이메일, 페이스북 페이지, 유튜브에 올려진 동영상은 그것들대로 서로 다른 메시지를 전달한다.[2]

현실에서 이런 경우를 심심찮게 볼 수 있다. 가치전달네트워크 관점에서 전체적인 시야를 견지하지 못하고 자기 업무에만 충실한 경우, 자기 업무에 충실하면 할수록 사태가 점점 더 악화되는 역설적인 상황이 빚어질 수도 있다.

---

2 『코틀러의 마케팅원리』, 416쪽.

요즘 유통업체 모델 중에 눈에 띄는 것이 '스파'다. SPA란 전문소매점(Speciality retailer), 자사브랜드(Private label), 의류(Apparel)의 첫글자를 딴 말로, '제조사 직매형 의류전문소매점'을 가리킨다. 대형 직영매장을 직접 운영함으로써 소비자 니즈를 빠르고 정확하게 파악하여 상품개발에 반영하고 동시에 비용을 절감함으로써 고품질의 제품을 싼 가격에 공급하는 강점이 있다. 유니클로, 자라, 포에버21, H&M 등의 외국계 SPA들이 국내 의류시장에서 눈부신 실적을 보이고 있는데, 이 기업들의 특징이 바로 기획·생산·유통·판매 기능을 하나로 통합한 수직적 시스템으로 운영된다는 사실이다. 기획서부터 제품개발과 유통판매에 이르기까지의 속도가 빠를 뿐만 아니라 일관성 면에서 동일한 메시지와 사인을 발신하기 때문에 통합적 커뮤니케이션 믹스에도 매우 유리하다. 스파 기업들이 경쟁우위를 가질 수밖에 없는 이유다.

출판사들도 스파 기업처럼 수직적 통합 시스템(기획·편집·디자인·마케팅 부서를 통합)을 구축해서 스피디하고 일관성 있는 방식으로 독자와 직접적 커뮤니케이션을 할 수 있어야 한다. 독자와 일대일로 쌍방향 커뮤니케이션을 하고 피드백을 받아서 제품·가격·유통·프로모션에 신속하게 반영하는 사업모델을 만들어낼 필요가 있다. 시작은 이메일 주소 수집부터다. 이메일을 통해 독자들에게 깊게 다가가 이 책이 당신 삶에 왜 필요한지를 깊게 설득할 수 있어야 한다. 경험을 공유하고 말을 하고 싶게 만들어야 한다. 너무 한가한 방식 아니냐고? 그러나 크게 한 방 노리는 태도는 매스미디어 시대에나 어울리는 발상으로, 지금은 소셜미디어 시대다. 소셜미디어는 기본적으로 구전에 의해 이뤄지는 세계로, 한 사람이 일당백인 그런 세계다. 이 세계에서는 한 사람에게 깊게 내려가서 제품과 가격과 서비스에 대해 말 걸기를 할 수 있는 기업만이 살아남게 되어 있다. 매스미디어와 달리 소셜미디어는 한 사람이 전부인 세계다. 고객 하나하나에서 개인을 보는 것, 그것이 소셜미디어 마케팅이다.

출판사가 마케팅에서 가장 역점을 둬야 할 부분은 이제 광고도 인적판매도 프로모션도 아니고, 온라인 직접마케팅이다. 직접마케팅은 다중 속에서 개별화된 고객을 상대하는 미시(개인)마케팅으로, 개별화가 전제다. 일대일로 커뮤니케이션하려면 고객을 잘 알아야 하고, 내 제품, 내 서비스, 내 가격에 대해 잘 알아야 한다. 난이도가 높긴 하지만, 제대로만 하면 많은 고객전도사를 만들어낼 수 있다. 앞으로 기업들은 입소문 마케팅을 전략적으로 구사할 필요가 있는데, 이는 구매 다음의 쉐어(share) 과정에 적극적으로 개입해서 메시지를 공유하게 하고 입소문이 나게 만드는 것을 말한다.

'파리지앵 러브'와 입소문 마케팅

광고나 신문홍보 등의 영향력이 많이 떨어진 지금의 미디어 환경에서 출판에 중요한 프로모션 도구는 PR(public relations)의 네트워크 속에서 어떻게 독자에게 콘텐츠를 알리고 입소문을 내느냐로 모아진다. 『컨테이저스』는 '입소문 마케팅'에 관한 중요한 책이다. 사람들을 감정적 각성상태로 돌입하게 만드는 것이 입소문 마케팅의 시작과 끝이다. 때로는 분노하게 만드는 것도 좋은 방법이다. 사람을 슬프게 하거나 만족하게 하면 안 된다. 만족감이나 슬픔의 감정은 각성도가 낮아서 적극적 입소문을 유발하지 못한다. 각성상태가 높은 감정 상

태를 유지하면서 가까운 거리에서 커뮤니케이션 하는 것, 그것이 전략적 입소문 마케팅의 핵심이다.[3]

『컨테이저스』는 감성에 호소하는 입소문 마케팅의 눈에 띄는 사례로 '파리지앵 러브'라는 구글의 광고를 소개하고 있다.[4] 구글의 인터넷 검색 인터페이스가 기능적으로 뛰어날지는 몰라도 감동을 주기란 쉽지 않다. 구글은 다중 검색과 외국어 번역 솔루션을 내놓으면서 단순히 제품·서비스를 기능 위주로 홍보하는 데서 벗어나고 싶어했다. 방법을 고민하던 기획자는 매뉴얼 가이드북이나 검색 결과를 통해 사용설명을 해주는 상식적인 방법 대신 '파리지앵 러브'라는 한 편의 드라마──검색의 구글답게 주인공의 모습도 목소리도 들리지 않는, 검색창과 검색 결과만 보여주는 드라마──를 만들었다.

구글 광고 기획자가 보여주고 싶은 것은 외국어 번역 검색 기능과 다중검색 기능이다. 프랑스 유학을 결심한 주인공은 첫 장면에서 검색창에 '프랑스 파리 유학'을 입력한다. 모니터에 뜬 여러 개의 검색 결과 중에서 상위의 검색 결과들을 통해 정보를 얻은 주인공은 유학 절차를 밟고 유학을 간다. 파리에 도착한 주인공은 파리에서 일자리를 얻는 방법, 파리 근교의 분위기 좋은 카페 등을 검색한다. 찾아간 카페에서 마음에 드는 여성을 발견한 주인공은 외국어 번역을 검색한다. "당신 참 귀엽게 생기셨네요." 이걸 영어로 치니까 불어로 검색이 돼서 나온다. 이렇게 계속 시간이 변해감에 따라 다양한 음악을 배경으로 검색어는 계속 바뀌고 그때마다 다양한 검색 결과들이 나온

---

3 『컨테이저스』, 조나 버거 지음, 정윤미 옮김, 2013, 문학동네, 180~182쪽 참조.
4 『컨테이저스』, 189쪽.

다. 후반부로 가면서 차 렌트 검색을 하고, 파리에 있는 교회를 검색하고(이때 배경음으로 교회 종소리가 들린다), 비행기 티켓팅까지 한다. 드라마는 클라이맥스로 가면서 아기 침대 조립법을 검색하고, 마지막은 '더 원하는 검색이 있으신가요'로 끝난다.

감성적 접근 방식을 통해 검색 기능의 편리성과 함께 감동을 주는 데도 성공한 '파리지앵 러브'는 유튜브에서 커다란 반향을 불러일으켰다. '파리지앵 러브'는 소셜네트워크에서 빠르게 퍼져나가는 좋은 콘텐츠의 매력 조건에 대해 하나의 시사점을 제공해 준다. 스토리가 있고, 재미가 있고, 감동을 주는 콘텐츠는 누구나 주변에 널리 알리고 싶어하기 때문에 소셜네트워크의 입소문을 타고 빠르게 퍼져나간다는 것이다.

PR, 공중관계에서 다중관계로

퍼블릭(public)은 '공적 성격을 갖는 대중' 즉 공중(公衆)을 의미하고, 따라서 PR(Public Relations)은 흔히 공중관계로 번역한다. 그러나 이 용어는 맥락에 따라 공중관계 혹은 다중관계로 달리 번역할 필요가 있다. 제품이나 조직에 유리한 환경을 조성하기 위해 신문·라디오·TV 등의 매스미디어를 통해 퍼블리시티(뉴스나 홍보성 기사)를 유도하는 행위를 가리키는 경우에는 지금까지처럼 공중관계로 번역하는 게 의미가 더 잘 드러난다. 그러나 미디어의 무게중심이 점차 매스미디어에서 소셜미디어로 옮겨가면서 소셜미디어의 근간이 되는 입장과 코드를 공유하는 사람들을 가리킬 때는 다중관계 혹은 네트워크관계로 번역하는 게 더 적절하다. 웹 시대 이전 즉 매스미디어 시대에는 퍼블릭에 공중의 의미가 강했다면 소셜미디어 시대인 지금은 나름의 입장과 개성이 드러나는 다중(多衆)의 의미가 더 강하다고 하겠다.[5]

거대한 하나의 덩어리 즉 매스(mass)로서의 대중은 말 그대로 평균적으로 이해된 대다수의 일반사람들을 가리킨다. 대중은 외연은 일정하지만 역사적·사회적 조건에 따라(즉 내포에 따라) 여러 가지 이름——국민, 공중, 군중, 인민, 민중, 다중 등——으로 불린다. 공중도, 다중도, 군중도, 민중도 다 대중으로서, 다만 조건과 상황에 따라 호명하는 방식이 다를 뿐이다. 앞으로 소셜미디어가 어느 쪽으로 진화해나가느냐에 따라 다중은 또 다른 이름을 얻게 될지도 모른다.

특성이 다른 경우 다른 이름으로 불러야만 그 실체가 명확히 이해된다. 퍼블릭을 공중으로 이해하는 것과 다중으로 이해하는 것은 현실에서 마케팅 전략과 전술을 운용하는 데 커다란 차이를 낳을 수밖에 없다. 다중을 다중이라고 부르지 않고 공중이나 대중으로 부르면 소셜미디어 시대의 개인들의 집합 커뮤니티를 제대로 이해할 수 없기 때문이다.

언어는 생명체이므로 시대변화와 트렌드를 반영해서 뜻이 새로 추가되기도 하고 사멸되기도 한다. 새로운 개념이나 용법이 필요하게 되면 기존의 단어에 뜻을 추가해 쓰기도 하고 새로운 단어를 발명

---

5 다중은 나름의 입장과 코드를 공유하는 사람들을 가리킨다. 입장과 코드를 공유한다는 것은 '개인이 삶을 살아가는 방식' 즉 라이프스타일 ——활동(Activity; 일, 취미, 운동, 레저, 쇼핑, 사교활동 등), 관심(Interest; 패션, 음식, 가족 등), 의견(Opinion; 신념, 태도, 사회적 이슈, 제품·서비스 등에 대한)——을 공유한다는 것을 의미하고, 이는 결국 기업의 마케팅 노력에 유사한 반응을 보일 가능성이 큰 잠재적 타겟고객을 가리킨다고 볼 수 있다. 참고로 일군의 학자들 특히 신자유주의를 비판하는 네그리(Antonio Negri)나 하트(Michael Hardt) 같은 정치철학자들이 쓰는 다중은 그 의미가 다르다. 이들의 다중에는 코뮨주의라고 하는 정치적 실천의 의미가 강하게 들어가 있다.

해 쓰기도 한다. 퍼블릭은 기존의 단어에 뜻을 새로 추가한 경우다.[6] 퍼블릭은 크게 두 가지 계열의 뜻을 갖는데, 처음에는 넓은 의미의 '일반사람들'(ordinary people)을 지칭하는 계열 즉 대중, 인민, 민중, 공중 등의 뜻으로 통용되다가 나중에 대중의 특이한 분포 양상이 등장함에 따라 특정한 관심이나 활동, 입장과 코드를 공유하는 '사람들의 그룹'(group of people)을 지칭하는 계열의 의미들 즉 "다중, '~계'(연예계, 스포츠계 등), 동호인, 팬덤 등"의 뜻이 추가되었다. 앞으로 대중의 또 다른 존재 양태가 나타나면 퍼블릭에는 또 다른 의미가 추가될 수도 있고, 아니면 다른 개념어가 발명되어 사용될 수도 있을 것이다.

근대 이전에는 교통수단과 미디어의 한계로 대중은 '촌락'(지역커뮤니티) 단위로 시공간의 제약 속에 갇혀 살았다. 생산과 소비, 커뮤니케이션도 자연스럽게 촌락 커뮤니티 중심으로 이루어졌다. 촌락들은 폐쇄적이었으며, 외연의 한계 속에서 폐쇄적인 촌락이 세계의 전체였기 때문에 고립 분산적인 소규모의 공중이 대중과 동일한 의미로 사용되었다.

20세기 들어 본격적인 매스 시대 즉 대량생산·대량소비 시대가 도래한다. 대량생산은 공장의 발달을, 대량소비는 물자와 정보의 대량 유통을 위한 대중교통수단과 매스미디어의 발달을 추동했다. 공장에서 물건을 아무리 많이 만들어도 교통수단이나 미디어의 미발달로 물자를 제때에 수송하지 못한다거나 해당 상품의 존재를 제대로 알

---

6 서양어가 갖는 강점이 그리스·로마 시대 이래로 철학이나 사유를 전개하면서 언어가 변천해온 과정을 어원의 형태로 간직하고 있다는 것이다. 따라서 어원을 자세히 살펴보면 사회의 변화상과 미디어의 변화상, 인간관계의 변화상을 알 수 있는 경우가 많다. 번역어를 볼 때 그 단어의 뜻을 어원에서 추적해서 보면 역사적 맥락이 보이고 맥락이 보이면 적절한 번역어를 선택할 수 있다.

리지 못한다면 구매나 소비가 일어날 수 없기 때문이다.

미디어와 교통수단의 발달로 점점이 고립되어 흩어져 있던 폐쇄적 촌락들이 하나로 연결되면서 폐쇄적이고 고립적인 커뮤니티(공중)들은 거대하고 단일한 시공간 속으로 포섭된다. 동질적인 대량전달의 매스미디어 메시지가 이질적인 공중(커뮤니티)들을 하나로 덮어씌우면서 수많은 공중들은 대중이라는 개념 아래 포괄되고, 대중은 그 외연이 엄청나게 확장되어 명실상부하게 거대한 덩어리로서의 매스가 되었다.

근대 이전의 전통사회에서는 촌락(지역커뮤니티)의 구성원이 곧 공중이고 대중이었다면(촌락 수만큼의 대중이 있었다), 대량생산시대 때는 분산되어 있던 수많은 공중들이 교통수단과 매스미디어를 통해 하나로 연결되면서 거대한 대중이 되었다. 이런 역사적 과정을 거치면서 대중과 공중은 넓은 의미에서의 '일반사람들'이라는 의미를 공유하게 되었던 것이다.

매스 시대에 무차별적으로 하나의 거대한 전체로 묶인 대중은, 20세기 후반을 지나면서 공통된 욕구와 특징을 공유하는 보다 세분화된 집단으로 나뉘게 되는데, 이런 집단들의 전체를 다중이라고 부른다. 21세기 들어 소셜미디어가 등장하면서 다중은 그 성격을 좀더 분명히 드러내게 된다. 시대가 변하고 미디어가 변하고 생산·소비양식이 변하면 개념이나 용어도 변하게 마련이다. 대중은 이제 공중보다는 다중의 의미와 뉘앙스를 훨씬 강하게 띠게 되었고, 잘게 나뉘어진 다중은 소셜네트워크로 연결되면서 '따로 또 같이'의 존재가 되었다.

공중과 다중의 차이는 공중이 '대상'으로서의 의미가 강하다면, 다중은 '주체'(행위자)로서의 의미가 강하다는 것이다. 공중이 익명적이라면 다중은 실명적이다. 공중이 일방향의 수동적인 메시지 수신자라면, 다중은 직접적이든 간접적이든 쌍방향으로 능동적 커뮤니케이션을 하는 존재다. 대중시대의 공중이 매스미디어의 대상으로서 대중일반을 가리키는 용어였다면(이질성을 지우고 묻어버리는 평균성 혹은 동일성), 초연결 네트워크 시대의 다중은 개별성 즉 이질성을 유지하면서 네트워크에 의해 하나의 거대한 신체를 구성하는 '개성적인 세그멘테이션'이라는 점에서 다르다. "대중이 평균 개념이라면 다중은 모자이크 개념에 해당한다."[7]

공중의 의미 변화는 우리 행위(실천)의 변화를 요구한다. 이제 우리의 PR 노력은 두 방향에서 이루어져야 한다. 매스미디어를 통해 일반대중(공중)에게 어필하는 지금까지의 방식이 그 하나라면, 다른 하나는 자기 네트워크의 구성원을 상대로 직접 커뮤니케이션하는 방식이다. 시대의 흐름을 감안할 때 우리의 노력은 당연히 세그멘테이션(다중)을 상대로 한 커뮤니케이션 쪽에 더 무게중심이 실려야 한다.[8] 그러려면 무엇보다 네트워크의 구축이 급선무다.

이제 자기 네트워크를 갖고 있지 않으면 그 어떤 PR도 불가능한 시대다. 여기서 자기 네트워크란 무엇을 의미할까? SNS가 하나라면, 다른 하나는 다이렉트 이메일 마케팅이다. 이 두 축을 중심으로 정확

---

7 『개념-뿌리들』, 소운 이정우 저작집5, 이정우 지음, 그린비, 2012, 513쪽.

8 PR(Public Relations)이 공중관계에서 다중관계로 무게중심이 옮겨가는 추세라는 것은 출판 (publication) 또한 공중을 타겟으로 한 베스트셀러 전략에서 다중을 타겟으로 한 다품종소량 전략으로 바꿔어야 한다는 걸 의미한다. "셀러의 사이즈가 많이 줄었어요. 이 정도 홍보에 이 정도 광고를 했다면, 그리고 이 정도 셀러 순위였다면 당연히 50만부는 나갔어야 하는데 반토막밖에 안돼요." 일선 마케터의 이런 한탄은 출판불황의 지표가 아니다. 그것은 출판산업의 근본성격이 소품종대량에서 다품종소량으로 변해가고 있음을 보여주는 당연하고도 자연스러운 지표다.

히 타겟팅된 메시지를 발신하고 입소문을 내는 전략이 앞으로 출판 마케팅 활동의 주류가 될 것이다. 어떻게 메시지를 유통시킬 수 있을 것인가 하는 질문은 내 네트워크 사람들에게 내 브랜드나 제품을 어떻게 입소문낼 수 있을까와 같은 질문이다. 그럼 지금까지 해오던 블로그나 웹사이트는 접어야 할까. 그렇지 않다. 지금이야말로 더욱더 강력한 블로그나 웹사이트가 필요하다. 흐르는 입소문이 모여드는 저수지 역할을 하는 블로그나 웹사이트는 고객관계관리를 더욱 안정화시키는 베이스캠프의 역할을 한다.

PR은 전략적 커뮤니케이션 과정이다

PR(Public Relations)은 말 그대로 공중(혹은 다중)과의 관계를 관리하는 일이다. 미국PR협회(PRSA, Public Relations Society of America)는 2012년에 PR에 대한 새로운 정의를 발표했다.

"PR은 조직과 그들의 다중들(publics) 간에 서로 유익한 관계를 구축하는 전략적 커뮤니케이션 과정이다."[9]

참고로 이번 정의는 30년 만에 개정된 정의인데, 개정 전인 1982년의 정의는 이랬다.

"PR은 조직과 그 조직의 공중들(publics)이 상호간에 서로 조정하는 것을 돕는다."[10]

---

9 미국PR협회 사이트(www.prsa.org) 참조. "Public relations is a strategic communication process that builds mutually beneficial relationships between organizations and their publics."
10 "Public relations helps an organization and its publics adapt mutually to each other."

두 정의를 비교해보면, 크게 두 가지 사실을 알 수 있다. 하나는 지난 30년간 미디어 환경, 마케팅 환경, 기업 환경 등이 크게 변했다는 것, 또 하나는 그럼에도 불구하고 PR은 변함없이 '조직'(organization)과 '퍼블릭'(publics) 간의 문제를 컨트롤하는 것이라는 점.[11]

다만 public의 경우, 변경 전이나 후나 영어로는 같은 public이 쓰이고 있지만, 우리말로 옮길 때는 변경 전의 퍼블릭은 '공중'으로, 변경 후의 퍼블릭은 '다중'으로 옮길 필요가 있다.

변경 전의 경우, PR의 목적은 설득적인 메시지 전달을 통해 "조정하는 것을 도움으로써" 어긋나는 부분을 해소하고 조직(기업)에 우호적인 환경을 조성하는 것이었다. 이 경우 조직과 퍼블릭 간의 조정은 일방향(one-way)의 성격이 강했다. 즉 능동적인 발신자 역할을 하는 것은 조직이고, 공중들(publics)은 수동적인 수신자 역할에 만족해야 했다.

그러나 변경 후를 보면, PR의 목적은 "서로 유익한 관계를 구축하는" 것으로 바뀌어 있다. "서로 유익한 관계"라는 대목에서, "관계"(relationships)라는 표현에 주목할 필요가 있다. 릴레이션십은 일반적인 의미에서의 단순한 관계가 아니라 우정이나 애정처럼 상대방에 대한 감정이나 태도가 전제된 구체적인 관계를 의미한다. 릴레이션십으로서의 관계는 불특정한 사람이 아니라 특정한 사람과 맺는 것이고, 일회적인 것이 아니라 지속적이고 반복적인 것이다. 따라서

---

11 PR의 목적이 조직과 퍼블릭 간의 문제를 컨트롤하는 데 있다는 것은 PR이 광고나 홍보와 다르다는 것을 의미한다. PR은 좁은 의미의 제품 홍보도 아니고, 단기 성과를 노리는 광고도 아니다. PR은 퍼블릭과의 신뢰를 바탕으로 한 우호적인 관계 속에서 조직(기업)의 장기 존속을 꾀하려는 활동이다.

"유익한 관계를 구축한다"는 것은 불특정한 다수로서의 공중(public)이 아니라 입장과 코드를 공유하는 집단으로서의 다중(public)과 보다 구체적인 관계를 맺는다는 것을 의미한다.

위에서 본 것처럼, PR에서 '퍼블릭'의 개념은 매우 중요하다. 퍼블릭을 보는 시각에 따라(공중으로 보느냐 다중으로 보느냐에 따라) 기업의 마케팅 전략과 전술이 달라지기 때문이다. '공중'에서 '다중'으로 무게중심의 이동은 매스미디어에서 소셜미디어로 무게중심이 이동하고 있는 것, 그리고 비차별적 마케팅→차별적 마케팅→틈새 마케팅→미시(개인) 마케팅으로 시장세분화가 더욱 정교하게 진행된 것과궤를 나란히 한다. PR의 대상이 공중에서 다중으로 이동해간다는 것은 커뮤니케이션 또한 그만큼 좁고 깊어져야 한다는 것을 의미한다.

"전략적 커뮤니케이션 과정"이라는 말도 의미심장한 말이다. "전략적"이란 단기적이고 임시방편적인 대응책이나 테크닉이 아니라, 중장기적이고 지속적이고 근본적인 성격의 지침을 의미한다. 커뮤니케이션은 라틴어 communis에서 온 말로 '공통화하고 공유하는' 것을 의미하는데, 여기에 "과정"(process)까지 붙여 진행형의 의미까지 더하고 있다. 즉 실시간으로 쌍방향으로 주고받으면서 단편적이고 부분적으로가 아니라 시작부터 끝까지 전체 과정을 함께하는 속에서 문제와 해결을 공유하는 것을 의미한다. 전-중-후의 전과정과 맥락을 공유하는 이런 실시간의 쌍방향성은 신뢰를 바탕으로 한 대등한 관계를 전제로 하는데, 관계가 대등하다는 것은 이익 또한 대등하게 주고받아야 한다는 것, 즉 기업이 이익을 얻기 위해서는 고객에게 그에 상응하는 이익(고객가치와 고객만족)을 주어야 한다는 것을 의미한다.

미국 PR협회가 PR에 대한 개념을 개정한 과정을 보면 입이 벌어질 정도다. 수많은 전문가 집단들로부터 제출된 1천여 개의 안 중에서 세 가지를 최종안으로 압축한 다음 수천 명 회원들의 공개투표를 통해 최종안을 확정하는 절차를 거쳐서 개념을 바꾼 것이다. 한마디로 PR산업 전체가 관여해서 논의하고 결정한 것이다. 이처럼 개념의 정의는 매우 중요한데, 어떻게 정의하느냐에 따라 이후의 업의 방향이나 프로세스가 달라지기 때문이다.

"기업들은 소비자, 투자자, 미디어, 그리고 자신들의 커뮤니티들과 우호적인 관계를 구축하기 위하여 PR을 사용한다. PR은 긍정적인 퍼블리시티(publicity ; 제품홍보 기사)를 개발하고, 좋은 기업 이미지를 구축하고, 비호의적인 소문, 이야기 또는 사건을 처리함으로써 다양한 공중들과 우호적인 관계를 구축하는 것이다. PR에는 입법과 규제에 영향을 미치기 위한 로비활동 등도 포함된다."[12]

책이 출간되면 보도자료를 언론사에 보내 기사화를 유도하는 것, 즉 '널리[弘] 알린다[報]'는 의미의 홍보를 PR의 거의 전부라고 생각하는 에디터나 마케터가 많다. 그러나 홍보는 PR의 극히 일부분일 뿐이다. 인용을 통해 살펴본 것처럼 PR은 다양한 층위의 의미를 갖는 개념이다. 공정거래법이나 도서정가제법 등은 출판사의 마케팅에 미치는 영향이 막대하기 때문에 국회의원이나 정부관료와의 우호적인 관계를 구축·유지하는 로비활동 같은 것도 매우 중요한 PR활동에 속한다. 특히 도서정가제는 책의 구매와 소비에 막대한 영향을 미치는 매우 중요한 문제이므로 우호적인 여론을 조성하는 것이 절대적으로 중요하다. 그런데도 출판사들은 도서정가제처럼 재판매가격을 유지

---

12 『코틀러의 마케팅원리』, 457~458쪽, 462쪽.

하고 일정 범위 내에서만 할인을 허용하는, 독자들 입장에서는 당연히 불만이 터져나올 수밖에 없는 정책의 시행에 대해 독자를 설득하는 일 즉 PR에 적극적으로 나서지 않았다. 이는 결국 나중에 시민사회나 독자들이 거품가격 문제를 제기하는 식으로 부메랑이 되어 출판사들한테 돌아왔고, 출판계는 지속적인 매출하락과 독서인구 감소로 고전하고 있다.[13]

PR은 퍼블릭과 신뢰를 바탕으로 우호적 관계를 구축·유지·확장함으로써 조직(기업)의 장기 존속을 꾀하려는 활동으로 정의할 수 있다. PR의 핵심은 이해·설득·공감을 통해 입장과 코드를 공유하는 다중을 고객으로 만듦으로써 지속적이고 반복적이고 확장적인 관계를 만들어내는 데 있다. 지금의 환경에서 출판사업의 성패는 셀러 몇 권 더 기획하느냐가 아니라 PR관계 구축에 따른 출판사브랜드의 확보에 달려 있다고 해도 과언이 아니다.

PR은 브랜드 포지셔닝을 통해 소비자 인지와 선호를 끌어낼 수 있는 강력한 잠재성에도 불구하고 단순히 프로모션 도구의 하나로만 취급되어 왔다. 광고는 통제 가능하고 효과가 즉각적인 데 반해, PR은 통제가 쉽지 않고 PR만으로는 즉각적인 효과를 보기도 어렵기 때문이었다. 하지만 둘은 목적이 다르다. 기업은 단기 성과 못지않게 지속가능성 측면에서 중장기 성과가 중요하다. 광고가 '상품'의 단기적인 판매 촉진에 그 목적이 있다면, PR은 앞에서 살펴본 미국PR협회의 PR 정의에도 잘 나타나 있는 것처럼 '조직'의 생존에 그 목적이 있

---

13 최근의 출판불황은 미디어의 변화를 포함해서 구조적이고 복합적인 문제다. 그러나 독자는 편익과 가격을 두 축으로 해서 구매를 결정하기 때문에 가격 문제 즉 도서정가제 문제를 가볍게 여겨서는 출판의 구조적 문제를 풀 실마리를 찾기가 매우 어렵다.

다. 그러나 광고와 PR은 그 경계가 점점 희미해지고 있다. "브랜드 웹사이트, 블로그, 소셜네트워크 및 브랜드 비디오는 광고활동일까, PR 활동일까? 아마 둘 다일 것이다. 핵심은 광고와 PR이 브랜드와 고객의 관계를 구축하기 위해 통합적 마케팅커뮤니케이션 프로그램 내에서 서로 조화를 이루어야 한다는 점이다."[14]

마케팅커뮤니케이션을 할 때 주의해야 할 것은 미디어 환경의 변화를 심도깊게 이해할 필요가 있다는 것이다. 미디어는 존재론적으로 매스미디어, 소셜미디어(개인미디어), 프라이비트 미디어의 세 종류로 나눌 수 있지만, 실제적 사용을 둘러싼 용법——누가, 어떤 목적으로, 어떤 방식으로 사용하느냐——에 따라 다시 페이드 미디어, 오운드 미디어, 언드 미디어의 세 종류로 나눌 수 있다. 용법에 따라 분류한 후자의 세 미디어를 가리켜 트리플 미디어라고도 한다.

트리플 미디어라는 용어가 등장한 배경에는 고객이 단순히 미디어 메시지의 수용자 역할에 만족하지 않고 소셜미디어를 중심으로 적극적이고 능동적인 메시지의 발신자로 변화함에 따라 이들의 평가와 입소문이 마케팅에 커다란 영향을 미치면서 기업 마케팅에 새로운 미디어 프레임워크가 필요하게 된 사정을 반영하고 있다. 앞으로 성과를 낳는 프로모션을 위해서는 트리플 미디어를 통합 마케팅커뮤니케이션(IMC : Integrated Marketing Communication) 관점에서 효과적으로 믹스해서 운영하는 플랫폼 전략이 필요하다. IMC 관점에 설 때만 마케팅커뮤니케이션의 효율이 극대화되기 때문이다.

트리플 미디어에 대해 좀더 구체적으로 살펴보면, 먼저 페이드 미

---

14 『코틀러의 마케팅원리』(제15판), 470쪽.

디어(Paid media)는 기업이 매체비를 지불하고 사용하는 미디어 채널로 '구매 미디어'라고도 한다. 유료광고(TV·신문·잡지·라디오 광고와 페이스북 광고, 유튜브 광고를 포함한 각종 온라인 광고), 검색광고 등이 여기에 속한다. 다수의 고객에게 즉시 접근해서 광범위한 인지를 획득할 수 있다는 장점이 있지만, 신뢰도와 고객반응률이 계속 떨어지고 있다는 것이 단점이다.

오운드 미디어(Owned media)는 기업이 자체적으로 보유한 미디어 채널로 '자사 미디어'라고도 한다. 기업웹사이트, 기업블로그, 기업페이스북 페이지, 기업트위터, 유튜브 채널 등을 들 수 있다. 통제가 용이하고 심도깊은 메시지를 전달할 수 있다는 장점이 있지만, 접근성이나 노출도가 낮고 신뢰도 또한 낮다는 단점이 있다.[15]

언드 미디어(Earned media)[16]는 소비자가 소유한 채널로 평가(각종 리뷰나 후기), 입소문 등이 이 미디어를 타고 빠르게 퍼져나가기 때문에 '평가 미디어'라고도 한다. 고객블로그, 고객페이스북, 고객트위터 등이 여기에 속한다. 신뢰도가 높고 마케팅 영향력이 매우 큰 만큼 기업의 관심도 언드 미디어를 어떻게 활성화시킬 수 있을지에 모아지고 있다. 긍정적 정보 전파의 가능성만큼이나, 아니 그 이상으로 부정적

---

15 오운드 미디어의 이런 단점을 극복하기 위해 자사 보유 미디어를 단순한 콘텐츠마케팅의 도구로 사용하는 것을 넘어 뉴스매체 수준으로까지 끌어올리려는 시도들을 하고 있는데, 이를 '브랜드저널리즘'이라고 한다. 브랜드저널리즘은 잠재고객을 고객으로 전환하고 고객로열티를 확보하기 위해 기업관련 뉴스 콘텐츠와 브랜드 스토리의 생산·유통을 일반언론사 수준으로 하되 소셜미디어 환경에 맞게 기업의 표적고객과 직접적으로 심도깊게 커뮤니케이션하는 방식을 취한다.

16 earn에는 '(명성·평판·지위 등을) 얻다', '(이익 등을) 낳다, 가져오다'의 뜻이 있다. 소비자가 언드 미디어를 통해 소개한 긍정적이고 우호적인 콘텐츠는 해당 기업이나 제품에 명성이나 평판 등을 안겨줌으로써 결과적으로 이익을 가져다준다.

정보의 전파 가능성이 높고, 통제하기도 어려운 미디어다.

네트워크로 연결된 소셜미디어는 속성상 모든 미디어 채널들을 자신의 세계로 끌어들인다. 트리플 미디어는 의미상 명확히 분리되고 독립적으로 기능하기도 하지만, 소셜미디어 세계에서 서로 뒤섞일 수밖에 없다. 페이스북은 언드 미디어인 동시에 오운드 미디어이면서 페이드 미디어이기도 한 것이다. 기업 입장에서는 각각의 미디어들을 일관된 통합적 마케팅커뮤니케이션 전략에 의거해 운용함으로써 마케팅 퍼포먼스를 극대화시키는 것이 중요하다. 언드 미디어를 통해 창출된 평판이나 입소문을 오운드 미디어나 페이드 미디어로 흡수함으로써 긍정적인 평가나 입소문이 지속적으로 확대재생산될 수 있는 마케팅 골격을 짜야 하는 것이다.

푸시 전략과 풀 전략

촉진믹스 전략에는 크게 푸시(push) 전략과 풀(pull) 전략 두 가지가 있다. 푸시 전략은 말 그대로 '미는' 전략으로 생산자가 유통경로를 밀면 유통경로는 다시 고객을 미는 전략을 가리킨다. 출판을 예로 들면 서점과 출판사 마케터가 협의를 해서, "이번에 이 책 유명 저자 A가 쓴 거니까 2천 부를 받아 진열에 신경을 써주면, 공급률은 55퍼센트로 하고 매장 내에 이러이러한 광고를 하겠다"라고 밀어내는 전략을 쓰는 경우를 말한다. 말 그대로 동일한 서점 공간에서 출판사 간에 독자의 '지갑 점유율'을 놓고 쟁탈전을 벌이는 것으로 시장침투전략이라고도 한다. 출판사가 서점을 푸시하면 서점은 다시 고객을 향해 서점 중앙통로, 고객들의 왕래가 빈번하고 눈에 잘 띄는 곳에 해당 책을 쌓아놓고 푸시한다.

풀 전략은 푸시 전략과는 반대로 '끌어당기는' 전략이다. 광고나 홍보를 통해서 생산자가 고객에게 직접 소구하면 고객은 서점에서 책을 찾고, 그러면 서점은 공급자인 출판사에 책을 주문하는 방식이다. 시장침투전략이 아니라 시장개발전략이고 시장확장전략이다. 출판시장이 넓어지고 좋은 책들이 널리 소개되려면 새로운 독자를 끌어들이는 풀 전략을 많이 써야 한다. 푸시 전략은 풀 전략과 함께 구사될 때 의미가 있다.[17]

푸시 전략의 경우 서점 내 광고가 주요 프로모션 수단이라면, 풀 전략은 라디오 광고나 신문 광고, 페이스북 광고 등의 서점 밖 광고와 매스미디어나 소셜미디어를 통한 PR이 주요 프로모션 수단이다. 풀 전략이 독자로 하여금 책에 대한 인지·지식·호감·선호·확신을 갖게 하기 위해 PR이나 외부의 광고를 주된 프로모션 믹스로 사용한다면, 푸시 전략은 서점에 이미 발을 들여놓은 고객을 경쟁상대보다 먼저 차지하기 위해 압박하는 것이다. 푸시 전략은 출판사와 서점이 합의하여 특정 제품에 집중하는 전략이다.

"최근 들어 소비재 기업들은 자신들의 촉진믹스에서 푸시 방식의 비중을 높이고 풀 방식의 비중을 낮추고 있다. 이러한 추세는 기업들

---

17 밀고 당기는 푸시(push)와 풀(pull)은 방향과 관련된 용어다. 공급자 입장에서 보느냐, 소비자 입장에서 보느냐에 따라 정반대의 의미로 쓰인다. 공급자가 하는 이메일 마케팅, 광고, 홍보, 프로모션 등은 공급자 입장에서 보면 소비자를 '끌어들이기'(pull) 위한 풀 전략이지만, 소비자 입장에서 보면, 소비자 자신을 향해 메시지나 정보를 '밀어냄으로써'(push) 브랜드를 인지하게 하려는 푸시 전략에 해당한다. 그리고 소비자의 마인드에 포지셔닝된 브랜드는 공급자가 소비자에게 푸시한 여러 가지 촉진도구들을 소비자가 스스로 '당겨'(pull) 받아들임으로써 만들어진 풀 전략의 결과다.

이 장기적인 브랜드 자산의 희생을 담보로 단기적인 매출 증가를 꾀하려는 게 아닌가 하는 우려를 낳고 있다."[18] 사업에서는 이익 못지않게 중요한 것이 지속가능성이다. 사업이 지속가능하려면 서점과 출판사와 고객의 행동방식이 현재의 이익과 미래의 이익을 동시에 충족시키는 방식이어야만 한다. 그렇지 않으면 그 마케팅은 지속가능하지 않다는 점에서 가짜(사이비)라고 할 수 있다.

효율적이고 바람직한 마케팅전략은 시장을 넓혀가면서 내 고객도 함께 늘리는 전략, 즉 풀 전략과 푸시 전략을 동시에 구사하는 것이다. 비록 단기적이고 직접적인 효과 때문에 많은 출판사들이 주로 푸시 전략을 쓰고는 있지만, 출판사업의 중장기적 비전을 위해서는 풀 전략이 함께 구사되어야 한다. 풀 전략을 쓸 경우 지금의 미디어 환경에 적합한 전략은 광고보다는 직접마케팅과 PR이다. 직접마케팅의 예로는 독자 이메일 주소를 확보해서 책에 대해 일대일로 커뮤니케이션을 시도하는 것을 들 수 있는데 이런 방법은 비용 대비 효과가 뛰어난 풀 전략에 해당한다.

일반기업의 촉진도구 믹스전략은 풀 전략을 주로 쓰느냐 푸시 전략을 주로 쓰느냐에 따라 차이가 난다.

B2C회사들은 통상적으로 풀 전략을 더 많이 사용하는데, 광고 〉 판매촉진 〉 인적판매 〉 PR의 순으로 판촉예산을 사용한다. 반면 B2B회사들은 푸시 전략을 많이 사용하는데, 인적판매 〉 판매촉진 〉 광고〉 PR의 순으로 자금을 쓴다. 제품이 고가이거나 위험을 수반하는 경우 또

---

18 『코틀러의 마케팅원리』, 432쪽.

는 판매자들의 수가 작고 규모가 큰 경우, 일반적으로 인적판매가 더 많이 사용된다.[19]

풀 전략을 쓰든 푸시 전략을 쓰든 공통점은 PR이 맨 끝에 온다는 것이다. 그만큼 공중(다중)을 마음먹은 대로 통제하기가 쉽지 않다는 뜻이다.

일반기업과 달리 출판사들은 촉진도구를 '홍보(공중관계)+서점영업(인적판매)+서점광고(광고)+판매촉진' 〉 '직접마케팅'의 방식으로 사용하고 있다. 풀 전략은 신문 홍보 정도이고, 주로 대형서점을 중심으로 독자를 푸시하는 차원에서 촉진도구들을 쓰고 있으며(한정된 공간에서의 경쟁우위를 차지하기 위한 싸움은 필연적으로 낮은 공급률, 과다한 광고·판촉비를 낳을 수밖에 없으며, 이는 출판사들의 성장잠재력을 앗아간다), 직접마케팅은 거의 하지 않고 있다. 또 블로그나 트위터, 페이스북 등의 소셜미디어 활동을 통해 나름 독자관계관리를 하고 있기는 하지만('좋아요' 숫자로 네트워크 활동의 성과를 평가하기도 하지만, 그것만으로는 직접마케팅을 할 수 없다는 한계가 있다), 구체적인 수익 발생으로까지는 연결시키지 못함으로써 프로모션의 효율성이 많이 떨어지고 있다. '좋아요'가 착시효과가 아니라 실질적인 의미를 가지려면 직접마케팅 툴을 따로 갖고 있어야 한다.[20]

그럼, 앞으로 출판사들의 촉진도구 믹스전략은 어떻게 바뀌는 것이 바람직할까. 다품종소량화의 경향이 점점 뚜렷해지고 있는 데다 책이 본원적으로 갖고 있는 프라이비트 미디어의 성격을 고려할 때

---

19 『코틀러의 마케팅원리』, 432쪽.

가장 효과가 큰 프로모션 도구는 독자와 직접 대면해서 깊게 소구하는 직접마케팅이다. 따라서 '공중(다중)관계×직접마케팅'〉'광고+인적판매+판매촉진' 방식으로 바뀌어야 한다.[21]

지금까지 주로 쓰던 촉진도구가 '인적판매+광고+판매촉진'(+로 연결되어 있는 만큼 선택적으로 상황에 맞게 골라서 하면 되었다)이었다면, 앞으로는 '다중(공중)관계×직접마케팅'(×로 연결되어 있는 만큼 둘 다 결코 생략해서는 안 되는 필수활동이다)을 중심으로 프로모션 활동을 재편해야 한다.

그렇다고 할 때 PR 활동도 지금까지 해온 것처럼 퍼블리시티로서의 홍보 위주에서 출판사와 독자 간에 일상적이고 쌍방향적으로 이뤄지는 '다중관계'(public relations) 활동으로서의 PR로 무게중심이 옮겨가야 한다. 결국 출판사의 프로모션 활동은 다중관계의 구축과 관리, 그리고 그 네트워크의 다중을 상대로 한 직접마케팅의 구사로 정리할 수 있다.

---

20 페이스북 '좋아요'가 30만 개가 넘는 출판사들도 있지만, 메시지를 팔로워들에게 가닿게 하려면 따로 페이스북에 돈을 지불하고 광고를 해야 한다. 직접마케팅이 붙어주지 않으면 '좋아요'가 아무리 많아도 프로모션 도구로서 한계가 있을 수밖에 없다. 만약 출판사가 '좋아요'가 아니라 메일주소 30만 개를 확보하고 있다면 어떨까. 출판사가 가지고 있는 풍부한 '콘텐츠'(이야기)를 그 메일 주소에 실어서 독자에게 다이렉트로 전달할 수 있다면 그 어떤 프로모션 도구보다 비용 대비 효과 면에서 강력한 힘을 발휘할 것이다.

21 책의 판매가 점점 다품종소량화하면서 광고, 인적판매, 판매촉진 등은 촉진도구로서의 중요도가 점차 후순위로 밀릴 수밖에 없다. 반면, 구축된 네트워크를 통해 독자와 직접적으로 커뮤니케이션하는 PR과 직접마케팅이 앞으로 출판사 프로모션에서 점점 큰 비중을 차지해 갈 것이다. 직접마케팅이 성립하려면 '이야기×상품거래'가 동시에 충족되어야 한다. 이야기와 상거래가 있는 공간이라야 비로소 커뮤니케이션을 할 수 있고 직접마케팅을 할 수 있는 구체적 상대를 발견할 수 있다. 독자들은 책 판매가 되었든 구독서비스가 되었든 상거래가 있어야 거부감 없이 정보를 제공한다. 서점이 그 많은 고객데이터를 확보하고 있는 것도 상거래를 하고 있기 때문이다. 따라서 출판사가 고객데이터를 확보해서 직접마케팅을 할 수 있으려면 자사 콘텐츠를 자사 웹사이트에서 파는 '아고라(장터)'의 기능을 수행해야 한다. 엑스플렉스의 경우, 홈페이지에서 강의와 책을 직접 판매하면서 고객데이터를 확보하고 있다.

제품중심 영업조직에서 고객중심 영업조직으로

의료장비 공급업체인 힐롬(Hill-Rom)은 제품중심으로 짜여져 있던 여러 개의 영업조직을 두 개의 고객중심 영업조직으로 바꾸었다. '핵심고객 영업팀'과 '기본고객 영업팀'이 그것. 제품중심이 아닌 고객중심으로의 영업팀 개편을 통해 힐롬은 고객 유형에 따라 원하는 것이 어떻게 다른지 더 잘 이해하게 되었고, 또한 각 영업팀이 할당된 고객집단을 위해 얼마나 신경을 쓰는지를 추적할 수 있게 되었다.[22]

지금 출판사들의 영업조직은 거의 제품 중심으로 짜여져 있다. 출판 마케팅의 무게중심이 고객관계관리 쪽으로 점차 이동해가고 있는 만큼, 영업조직도 고객중심으로 바꿀 필요가 있다. 힐롬의 예에서처럼 마케팅에서는 고객을 크게 핵심고객과 기본고객의 둘로 나눈다. 핵심고객(key customer/core customer)은 프리미엄 고객(premium customer)이라고도 하는데, 브랜드 충성도가 높고, 반복구매율이 높고, 고객단가가 높고, 가격민감도가 상대적으로 낮은 고객군을 가리킨다. 출판의 경우 핵심독자가 이에 해당한다. 기본고객은 프라임 고객(prime customer)을 우리말로 옮긴 것으로, 가성비가 뛰어난 제품에 대한 정보가 제대로 주어질 경우 구매반응을 보일 확률이 큰 고객을 가리킨다. 출판의 경우 확산독자가 이에 해당한다.

프리미엄(premium)과 프라임(prime)은 동의어도, 유의어도 아니다. 의미나 지시하는 대상이 완전히 다르다. 프라임은 "주된, 주요한, 기

---

22 『코틀러의 마케팅원리』, 471쪽.

본적인, 최상급의, 뛰어난, 가장 선택될 가능성이 큰, 가장 적합한" 등의 뜻을 갖는다. 프라임은 우리말로 "최상급의, 뛰어나다"는 뜻으로 번역되기도 하지만, 프리미엄이 갖는 최상급과는 그 뉘앙스가 전혀 다르다. 프리미엄이 그야말로 다른 것이 쫓아올 수 없는 최상급을 뜻하는 말이라면, 프라임은 어디까지나 기본이나 바탕에 충실하다는 전제하에 "최상의, 뛰어나다"는 것을 의미한다.[23] 맥도날드나 버거킹의 1달러짜리 햄버거를 밸류메뉴(value menu, 가치메뉴)라고 하는데, 여기에서 밸류의 뜻이 프라임과 통한다. 밸류메뉴는 맥도날드나 버거킹의 '기본적인' (고객)가치를 대표하는 메뉴로서, 기본고객을 만족시켜 주는 기본메뉴다. 가성비가 매우 뛰어나기 때문에 "가장 선택될 가능성이 큰" 메뉴이고, 그만큼 맥도날드나 버거킹의 고객층을 확산시키는 데 "가장 뛰어난, 최상의" 가치메뉴라는 뜻을 함축하고 있다.

기본고객을 전략적으로 늘려가는 맥도날드나 버거킹의 프라임 전략을 출판사들도 적극적으로 벤치마킹할 필요가 있다. 밸류메뉴처럼 가성비가 뛰어난 '밸류목록'의 개발을 통해 프라임 고객(기본독자, 확산독자)을 늘려가고, 다시 이를 토대로 관계의 강도와 밀도가 높은 프리미엄 고객(핵심독자)을 구축해가는 전략이 필요하다.

---

23 미국의 주택담보 대출제도를 보면 프라임의 뉘앙스를 좀더 구체적으로 알 수 있다. 미국의 주택담보 대출은 프라임(prime), 알트-A(Alternative A), 서브프라임의 3등급으로 나뉘어 이루어진다. 프라임 등급은 신용도가 뛰어난 개인을 가리킨다. 하지만 비록 우량이긴 해도 주택을 담보로 해서 대출을 받는 만큼 어디까지나 기본이나 기준에 충실하다는 의미에서 신용도가 뛰어나다는 것을 의미한다. 알트-A는 중간 정도의 신용도를 가진 개인을, 서브프라임은 신용도가 일정 기준 이하인 저소득층의 개인을 가리킨다. 서브프라임 등급은 프라임 등급에 비해 많게는 4퍼센트 정도 더 비싼 대출금리를 감당해야 한다. 집값이 하락세로 돌아서고 금리인상이 단행되면서 신용 기준이 취약한 서브프라임 계층을 중심으로 대대적인 채무 불이행 사태가 발생하게 되는데, 이를 알다시피 '서브프라임 모기지 사태'라고 한다.

할인율이 총 15% 이내로 제한된 개정 도서정가제하에서 고객만족을 최대한으로 끌어내려면 '싼 것은 싸게' 파는 프라임 전략과 '비싼 것은 비싸게' 파는 프리미엄 전략을 유연하게 섞어서 구사할 필요가 있다. 그렇게 하려면 고객가치를 정확히 측정해서 특정할 수 있어야 한다. 자신이 갖고 있는 콘텐츠의 가치를 특정하기 위해서는 발신자(출판사)와 수신자(독자)가 직접 커뮤니케이션을 하는 수밖에 없다. 그런 주고받는 과정을 통해 미세조정을 해가면서 자기 출판사만의 콘텐츠 가치를 정확히 측정해내야만 프리미엄 가격전략과 프라임 가격전략을 구사할 수 있다.

고객에게 직접 묻지 않고 가치를 1만 원이라고 생각해서 원가가 7천 원인 상품의 값으로 8천 원을 매겼는데, 고객이 느끼는 실제 고객가치는 5천 원인 경우가 있을 수 있다. 이렇게 되면 가격을 전략적으로 책정하는 것은 불가능하다(이 경우 해결책은 원가가 5천 원 밑이 되도록 원가절감을 하는 것이다). 그러나 원가 7천 원이 들어간 상품의 가치를 고객에게 물어봤더니 1만 원이라고 답한 경우, 기업은 7천 원과 1만 원 사이에서 이익이 나면서도 고객을 만족시킬 수 있는 전략적 가격 책정이 가능해진다.

만족의 크기가 크면 클수록 고객은 가만히 있지 않고 여기저기 입소문을 내고, 이는 더 많은 고객을 끌어들이는 동력으로 작용한다. 고객만족을 최대화하는 가격전략은 상품단위당 이익은 적더라도 더 많은 고객을 끌어들임으로써 결과적으로 기업에게 더 많은 이익을 가져다줄 수 있다.

이처럼 가격전략은 고객만족과 관련해서 매우 중요한데, 독자적으로 가격전략을 구사할 수 있으려면 고객가치를 반드시 측정할 수 있어야 한다. 고객가치를 측정하지 못할 경우 기업은 가치기반 가격전략 즉 고객중심 가격전략을 쓸 수 없고 경쟁자기반 가격전략을 쓸 수밖에 없는데, 이는 경쟁이 점점 치열해지는 마케팅환경에서 기업의 명운을 경쟁사의 손에 맡기는 것과 다를 바 없다.

웹4.0 vs 출판1.0

4승 1패. 인공지능 알파고가 우연성과 직관이 힘을 발휘하는 바둑에서 인간 최고수를 상대로 거둔 전적이다. 2016년 3월에 벌어진 세기의 대결을 통해 우리는 웹4.0 세계의 도래를 예감했다. 웹2.0이 처음 얘기되던 게 불과 10년 전인데, 벌써 4.0이다. 하지만 출판은 구텐베르크 이래로 아직도 1.0에 머무르고 있다. 변화가 없었던 것은 아니지만 패러다임을 바꿔놓을 정도의 것은 없었다. 개방·공유·참여의 웹2.0 정신은 이제 소비자에게 공기처럼 익숙한 것이 되었다. 그런데도 출판은 이십 년 전이나 지금이나 크게 다르지 않은 방식으로 책을 생산·유통하고 있다.

웹의 진화는 출판과 별개인가. 웹은 미디어를 소비하는 대중의 감각을 바꾸어놓는다. 출판이 웹과 나란히 2.0, 3.0, 4.0으로 진화해가야 하는 이유다. 출판은 그동안 독자와 활동을 공유하지도, 개방적이지도, 적극적인 참여를 유도하지도 않았다. 출판은 웹2.0시대에 지나치게 자신의 고유성만을 강조함으로써 대중과 점점 유리되는 결과를 자초하고 말았다. 이제 출판은 변방의 미디어다.

반전의 시작은 출판2.0부터다. 개방과 공유를 통해 사용자 참여를 끌어냄으로써 책을 중심으로 다양한 '사용자제작 콘텐츠'(UGC)가 생성될 수 있도록 출판의 사업구조를 바꾸어야 한다.[24] 출판문화공간 엑스플렉스는 그런 문제의식하에서, 웹2.0에서부터 다시 시작하고 싶어서 만든 공간이다. 엑스플렉스의 모든 강좌나 프로그램들은 글쓰기와 책쓰기를 지향한다. 사용자제작 콘텐츠, 즉 독자가 직접 생성해낸 콘텐츠에 포커스를 맞추고 있다. 지금은 주로 글쓰기에 포커스를 맞추고 있지만 점차 사진, 그림, 영상, 프레젠테이션, 음악 등의 표현 영역 일반으로 확장해나갈 생각이다.

그동안 출판사들은 독자들에게 지나치게 폐쇄적이었다. 저자(author)의 저작은 쉽게 범접할 수 없는 권위(authority)의 산물이어서 그런 점도 있었겠지만, 미디어 환경과 인쇄기술의 변화는 출판사들에게 도발적인 질문을 던지기에 이르렀다. 저자란 무엇인가? 독자는 저자가 될 수 없는가? 출판사에 투고의 형태로 들어오는 그 수많은 '저자-되기'의 욕망을 왜 출판사들은 외면하는 것일까. 임프린트도 많이 만들고, 출판브랜드도 많이 만들면서 왜 독자를 저자로 만들어주는 브랜드는 만들지 않는 걸까? 앞에서 언급한 엑스플렉스의 '텐북스'(ten-books)[25] 프로그램은 이런 문제의식하에서 만든 독자의 '저자-되기' 프로그램이다. 이런 일을 출판사들보다 잘할 수 있는 곳은 없다. 이런 과정을 운영하는 출판사는 별로 없지만, 출판업이 서비스업화되어 가고 있는 추세를 감안할 때 앞으로 점차 늘어날 것으로 예상된다. 이런 과정을 거쳐 독자가 책을 내는 경험을 하게 되면 콘텐츠 세계에서 독자의 능동성은 한껏 고양되고, 그만큼 UGC의 세계는 풍

---

24 이에 대한 좀더 자세한 내용은 이 책 4부 435쪽 참조.
25 텐북스의 자세한 내용에 대해서는 이 책 217쪽 참조.

요로워질 수밖에 없다.

앞에서도 얘기했지만, 소셜미디어 시대에 대중의 분포 양상은 점점 다중(多衆)의 양상을 띠어 간다. 말 그대로 나름의 입장과 코드를 공유하는 사람들끼리 수많은[多] 집단[衆]으로 잘게 쪼개지고 있는 것이다. 한편, 기업의 마케팅 세분화 전술은 이제 크기를 잘게 나누는 쪽이 아니라 특정 세그멘테이션 내에서 안으로 좁혀 들어가면서 고객 개개인을 정밀하게 타겟팅하는 쪽으로 가고 있다. 개인화마케팅 혹은 미시마케팅의 등장이다. 백인백색(百人百色)의 이런 시대적 트렌드 속에서 저자의 출현 양상 또한 이전과는 달리 다양한 통로를 통해 나타날 수밖에 없다. 셀프퍼블리싱의 등장은 이런 맥락에서 이해되어야 한다.

출판사들은 독자들의 '저자-되기' 욕구를 더 이상 외면할 수도, 해서도 안 된다. 저자가 될 수 있는 구체적인 프로그램을 통해 한 권의 책을 받아든 신생 '독자-저자'는 기쁨으로 행복할 것이고, 출판사는 의미·보람과 함께 새로운 수익의 원천을 만들어낼 수 있다. 이런 과정을 통해 고객감동이 반복적으로 창출되면 자연스럽게 고객관계가 구축된다. 이것이 바로 마케팅에서 말하는 하이터치 마케팅(경험 마케팅)이고, 고객관계관리(CRM)다. 쿠폰 주고, 경품 주고, 반값 할인하는 것만으로는 진정한 고객감동은 창출되지 않는다. 독자의 글을 쓰고 싶은 열망과 저자가 되고 싶은 열망을 자극하고 격려하고 도와줌으로써 저자가 될 수 있도록 구체적이고 유용한 도움을 주는 것, 출판이 고객에게 줄 수 있는 가장 큰 선물이고 감동일 것이다.

웹3.0은 사물인터넷과 빅데이터로 대표된다. 출판사들은 출판2.0과 함께 출판3.0으로도 진화해야 한다. 물론 출판사들도 이제는 RFID

를 시도하기도 하고, 종이책의 플랫폼화를 통해 실시간으로 웹상에 책 콘텐츠가 흘러다닐 수 있는 조건을 만들어내기 위해 다양한 고민과 시도들을 하고 있다. 그러나 웹3.0의 핵심은 이런 기술적인 측면보다는 고객의 욕구를 정밀하게 읽어낼 수 있다는 데 있다. 바로 빅데이터다.

빅데이터가 위력적인 건 인간 욕망의 진수인 무의식적 욕망에 한 발 더 다가설 수 있게 해주기 때문이다. 그렇긴 해도 빅데이터를 확보하고 해석하는 것은 만만찮은 일이다. 출판사는 빅데이터를 사업에 활용할 수 있을까. 빅데이터를 정의하는 방식은 두 가지다. 먼저 데이터 관점에서 정의하면 페타바이트(PB) 규모의 데이터를 일정 속도 이상으로 수집·가공·분석할 수 있는 능력이 있을 때 그 데이터를 빅데이터라고 한다. 한편 기업 관점에서 빅데이터를 정의하면 '가치를 생성해내는 데이터'다.

출판의 경우 데이터 관점의 빅데이터를 활용하는 것은 출판산업의 규모상 지금으로서는 거의 불가능하지만, 기업 관점의 빅데이터라면 욕심을 내볼 만하다. 기업 관점의 빅데이터를 출판에 적용시켜 다시 정의해보면 '직접적인 고객관계 속에서 생성된 구체적이고 실질적이고 유의미한 데이터'라고 할 수 있다. 출판에서 요구하는 빅데이터의 크기는 얼마나 될까. 다품종소량의 출판에서 사업의 원활한 재생산을 가능케 하는 판매부수가 2천~3천 부라고 할 때, 10만 명 정도의 고객 데이터면 빅데이터에 값한다고 할 수 있을 것이다. 출판에 최적화된 이런 빅데이터를 작지만 강한 데이터라는 의미에서 '스몰 빅데이터'라고 이름붙여도 좋을 것이다.

중요한 것은 데이터의 크기가 아니라 내가 타겟팅하고 있는 세그멘테이션이 있느냐는 것이다. 출판사들은 자신의 세그멘테이션에 속하는 독자들의 동선이나 욕망을 읽어내기 위해 어떤 구체적인 노력을 하고 있는가. 그냥 책 내고 독자를 기다리고 있는 건 아닌가. 출판은 과학이(어야 한)다. 지금까지 기대에 근거한 '감의 출판'을 해왔다면, 그것이 효용을 다한 지금부터는 데이터에 근거한 '과학의 출판'을 해야 한다. 다행인 것은 마케팅의 이론과 웹 2.0, 3.0의 기술들이 출판을 예측 가능한 사업으로 할 수 있는 툴들이 되어주고 있다는 것이다. 이제 출판은 출판2.0, 출판3.0으로 진화해가야 한다.

다이렉트 마케팅 — 직접적인 고객관계 구축하기

아마존의 제프 베조스가 킨들을 개발할 때 얘기다. 고객의 욕구를 전자책에서 발견한 베조스는 그 욕구에 최적화된 디바이스를 만들고 싶어했다. "우리가 어떤 기술을 갖고 무엇을 잘 할 수 있는지를 묻기보다는 우리의 고객이 누구인가, 그들은 무엇을 필요로 하는가를 묻는다. 그런 다음 필요한 기술을 익힌다."[26]

출판의 고객은 저자와 독자다. 이것이 여타 산업과 달리 출판이 갖는 독특한 매력이다. 저자라는 고객은 지금까지 그 누구도 생각지 못한 사유나 감정, 서사를 표현하고 싶어한다. 저자고객지향은 독자고객리드로 나타난다. 한편 독자라는 고객은 '아, 이런 책 어디 없나?' 하고 간절히 원하는 책이 있게 마련이다. 물론 자신이 원한 책은 아니었지만 어느 날 자신의 잠재된 욕망을 깨우는 책을 우연히 만나기

---

26 『코틀러의 마케팅원리』, 496쪽.

도 한다. 고객중심에는 고객지향과 고객리드, 두 가지가 있다. 출판의 경우에는 고객지향(아웃사이드-인)과 고객리드(인사이드-아웃)의 두 가지 성격이 교차하면서——교차라는 사실 자체가 텍스트의 성격을 그대로 말해준다——필연적이고 우발적인 방식으로 다양한 텍스트들이 만들어진다.

앞으로의 출판에서 중요한 것은 고객관계관리, 필자와 독자라는 두 부류의 고객관계관리를 다 잘하는 것이 중요하다. 예전 같으면 비용이나 효율을 고려했을 때 저자 고객관계관리가 더 중요하고 효율적이었다면, 온라인마케팅 기술의 발전은 저자와 독자 두 고객관계관리를 저비용으로 할 수 있는 조건을 만들어주었다. 저자와 독자, 두 고객을 관리해야 고객의 욕구를 읽고 거기에 대응하는 기획물들을 제공해 고객만족을 끌어낼 수 있다. 저자의 경우라면 '당신네 출판사가 원하는 거라면 기꺼이 쓰고 싶다', 이 정도의 수준에서 관계관리가 이루어져야 한다. 그래야 독자고객의 욕구를 읽었을 때 빠른 시간 안에 필자를 동원하여 글을 쓰게 하고, 책으로 만들 수 있다. 그렇지 않으면 고객의 욕구를 읽었어도 필자 찾는 데 1년 걸리고, 글 쓰는 데 1년 걸리고, 편집하는 데 6개월 걸리고, 이렇게 되면 고객의 욕구는 저만치 가버리고 만다. 어떻게 스피디하게 기획하고, 생산하고, 유통하고, 구매하게 할 것인가가 출판사업의 핵심과제다.

앞에서 본 것처럼 SPA가 성공한 것도 기획·생산·유통·판매 사이클의 속도를 혁신한 데 있었다. 지금까지 의류업계에서는 6개월 정도 후의 트렌드를 미리 읽고 신상품 출시를 하는 게 유행을 선도하는 방식이었다. 그런데 SPA가 등장하고부터는 고객의 욕구를 읽어내고 제품을 만들어서 매장에 진열하기까지 1주밖에 걸리지 않게 되었다. 거의 실시간인 1주 단위의 리듬으로 신상품 출시가 이루어지면서 유행이나 트렌드를 굳이 예측할 필요가 없어졌다. 예전 같으면 기획에서 생산·판매까지 시간이 많이 걸려서 한번 생산할 때 대량으로 생산할 수밖에 없고, 따라서 예측이 빗나가면 반품과 재고로 엄청난 손해를 감수해야 했지만(지금의 출판 프로세스와 비슷하다), 지금은 세분화된 고객의 욕구를 정확하게 반영해서 저스트-인-타임의 다품종소량으로 출시하기 때문에 반품이나 재고로 골머리를 썩이는 일이 거의 없다.

출판이 콘텐츠업계에서 경쟁력을 가지려면 SPA의 경쟁우위 요소 즉 스피드를 벤치마킹할 필요가 있다. 지금 출판은 너무 느리다. 일간신문? 원고 마감 칼같이 지키고 매일매일 나온다. 일마감 하지 않고 일주일치 한꺼번에 몰아서 내는 일간신문은 없다. 월간지도 매달 정한 날짜에 칼같이 나온다. 출판사? 오늘 원고 받기로 했는데 저자가 다음 달로 한 달만 연기하잖다. 다음 달 되었더니, 한 달만 더 달라고 한다. 무한한 연기. 한 달에 책 한 권을 내는 출판사의 경우, 단순하게 비교하면 월간지를 내는 것과 마찬가지인데, 왜 월간지와 달리 출판은 칼같이 마감이 이루어지지 못할까. 다품종소량이 아니라 소품종대량 즉 베스트셀러 중심의 출판을 오랫동안 해오면서 저자도, 편집자도, 디자이너도 그 시스템에 너무 익숙해져 있기 때문이다.

다품종소량에 최적화된 형태로 출판의 시스템이나 프로세스를 혁신적으로 바꿔야 마감도 지켜질 수 있다. 1천 부 저자, 5백 부 저자 즉 다품종소량의 저자는 원고마감 비교적 잘 지킨다. 기획이 마음에 들고 좋으면 빨리 써준다. 베스트셀러 저자일수록 원고마감일을 넘겨도 출판사는 '벙어리 냉가슴'이 될 수밖에 없다. "A출판사는 3년도 기다렸어, 1년 갖고 뭘 그래. 원고 달라는 출판사 많으니까 싫으면 관두

든가", 이런 풍토에서 원고마감은 어림도 없다. 물론 베스트셀러의 저자의 경우 기다리면 보답이 돌아온다. 이름값을 하기 때문이다. 베스트셀러를 출간하면 그 순간 고생 끝이라는 생각이 알게 모르게 출판계 전체에 만연해 있어서, 출판이 다른 미디어 산업에 비해 프로세스나 시스템도 취약하고 속도도 느린 산업이 되어버렸다.

생산의 예측 불가능성은 고객 커뮤니케이션의 불확실성으로 이어진다. 고객 커뮤니케이션은 모든 고객접점에서 일관성 있게 항상적으로 이루어져야 효과를 기대할 수 있다. 책이 나온 다음에 아주 잠깐 커뮤니케이션하는 것으로 책을 잘 팔거나 출판사브랜드를 만들기는 어렵다. 독자 커뮤니케이션은 책이 나오기 전부터 시작해서, 책이 나와 서점에 깔렸을 때는 말할 것도 없고 독자가 구매하고 나서까지 지속적으로 이어지면서 이루어져야 효과적이다. 그런데 원고마감은 물론 책 나오는 일정까지 불안정하니까 이전·이후의 과정이 다 흔들리고 불안정해질 수밖에 없다. 마감의 연기는 출시의 지연으로 이어지고, 출시의 지연은 당연한 얘기지만 이후 계획의 확정 불가능성과 통제력 상실로 이어진다. 출판이 사전적·사후적 통제력을 잃어버리면서 독자 커뮤니케이션 또한 일회적이고 임기응변적인 서점 이벤트 프로모션 위주로 행해질 수밖에 없다. 이래서는 트렌드 예측은 고사하고 트렌드를 쫓아가기에도 벅차다. 이런 과정을 거쳐 독자대중으로부터 멀어지게 된 출판은 점점 소수매체의 길로 내몰린다.

출판이 독자와 함께 활동을 구성하려면, 모든 접점에서 독자와의 커뮤니케이션이 가능하도록 출판의 프로세스와 시스템을 바꿔야 한다. 기획 단계에서, 원고 단계에서, 편집 단계에서, 제작 단계에서, 유통 단계에서, 구매 단계에서, 구매후 단계에서 독자와 항상적으로 커뮤니케이션을 할 수 있어야 한다.

BMW의 '미니'(mini) 사례가 참조점이 될 수 있다. 미니는 고객이 주문한 차의 생산이 어느 공정 단계를 거치고 있는지 거의 실시간으로 고객과 공유한다. "지금 고객님이 주문한 차, 특별한 보라색을 원했기 때문에 재료를 구하는 데 시간이 걸렸다. 지금 재료가 남태평양 어디를 돌아서 오고 있다. 3주 후에 도착할 예정이고, 다음달 15일이면 도색이 완료되고 배송은 20일쯤 될 것이다." 이쯤 되면 고객은 설레는 좋은 마음으로 기다릴 수밖에 없다. '아, 내 차가, 세상에 하나밖에 없는 내 차가 지금 이 단계를 거쳐서 만들어지고 있구나. 조금만 더 기다리면 드디어 내 손에 들어오겠구나.' 차를 인도받기 전까지 열 번, 스무 번의 커뮤니케이션이 이루어진다. 고객만족이 생기지 않을 도리가 없다. 커뮤니케이션은 질도 중요하지만 양도 중요하다.

출판은 지금까지 독자와의 대화가 별로 없었다. 원고가 언제 들어올지도 모르고, 편집이 언제 끝날지도 모르는 불안정한 상태에서는 독자와 약속을 하거나 책임 있는 말을 하는 게 불가능하다. "글쎄요, 독자님이 기다리시는 심정은 알겠지만, 저희도 애가 타네요. 원고가 언제 들어올지 모르겠어서요. 게다가 책은 기계에 넣으면 뚝딱 만들어지는 공산품이 아니어서 편집자가 한땀 한땀 정성스럽게 만들기 때문에 언제 끝난다고 정확히 말씀 드리기가 어렵습니다. 독자님, 죄송하지만 조금만 더 기다려 주세요. 기다리시는 거 생각해서 원고만 들어오면 야근을 불사해서라도 최대한 빨리 만들도록 하겠습니다." 이래서는 커뮤니케이션을 하고 싶어도 할 수가 없다. 일이 예측 가능한 방식으로 진행되어야 하고, 마감이 칼같이 지켜져야 커뮤니케이션이 비로소 가능해진다.

"아마존은 온라인 마케팅의 면모를 완전히 바꿔 놓았다. 가장 중요한 점은 이 혁신적인 다이렉트 소매상이 온라인 고객경험의 기준을 상당히 높여 놓았다는 것이다. 베조스는 말한다. 우리는 뛰어난 광고업자가 아니다. 그래서 고객으로부터 시작해 그들이 원하는 것을 알아내고 그것을 어떻게 제공해줄 것인지 밝혀낸다."[27] 아마존은 철저히 고객지향으로 승부해서 성공했다. 1년에 20만 종 넘게 책을 출간하는 아마존의 셀프퍼블리싱 시스템은 그 압도적 물량으로 기존 출판의 생산력과 상상력을 비웃는다. 1인출판사, 2인출판사에서도 이런 역발상과 혁신이 필요하다. 구글이 그랬고, 페이스북이 그랬고, 아마존이 그랬고, 시작은 모두 1인 혹은 2인 기업이었다. 아마존의 경우, 사이트 조그맣게 열어서 자기가 갖고 있던 책을 자기 집 차고에서 파는 것으로 사업을 시작했다. 중요한 건 고객의 니즈와 시대의 변화를 읽어내는 혜안, 끈기와 열정이다.

미국의 종합금융서비스회사 USAA(United Services Automobile Association)의 다이렉트마케팅 사례는 고객과의 커뮤니케이션이 어떠해야 하는지 그 진수를 보여준다.

한 고객은 기쁜 표정으로 USAA가 딸의 16세 생일 바로 전, 즉 딸이 운전면허를 취득하기 전에 어떻게 자신이 딸에게 운전법을 가르쳐야 하는지, 딸이 어떻게 운전연습을 해야 하는지, 안전운전이 무엇인지 서로 합의할 수 있는 방법을 찾는 데 도움이 되는 자료를 보내주었다고 말한다. 이 고객이 한 가지 더 놀라는 것은 USAA가 무엇을 팔려고 하

---

27 『코틀러의 마케팅원리』, 497쪽.

지 않았다는 것이다. USAA는 단지 오늘 판매하는 것으로만 수익을 내려고 하지 않는다. USAA는 데이터베이스를 매우 유용하게 사용함으로써 고객 개개인이 원하는 특별한 것을 만족시키고 있고, 결과적으로 높은 고객충성도와 높은 판매성장을 기록하고 있다. 180억 달러 규모의 이 회사는 500만 고객의 98%를 고정고객으로 유지하고 있다.[28]

출판사가 쓸 수 있는 다이렉트 마케팅

고객과 잠재고객(가망고객)을 상대로 한 다이렉트 마케팅에는 "대면판매(face-to-face selling), 다이렉트 메일 마케팅, 카탈로그 마케팅, 텔레마케팅, 직접반응 텔레비전 마케팅, 키오스크 마케팅, 온라인 마케팅 등이 있다. 이러한 다양한 다이렉트 마케팅 기법의 공통점은 선별된 고객에게 직접적으로 접촉하며, 종종 상호적으로 긴밀한 일대일 관계를 형성한다는 것이다."[29] 이 중에서 출판계에서 쓸 수 있는 가장 효율적인 툴은 다이렉트 메일 마케팅일 것이다. 출판사에서 이를테면 "철수씨, 당신이 기다리던 책이 여기 있습니다"라는 다이렉트 메일을 보낼 경우, 그 메일이 반응을 끌어내려면 고객의 독서 이력을 관리할 정도의 수준이 되어야 한다. 다이렉트 메일은 언뜻 생각하기에 비용도 얼마 안 먹히고 쉬운 것처럼 보이지만, 사실은 난이도가 매우 높다. 아무렇게나 대충 해서 보내면 스팸이 되기 때문이다. 스팸이 안 되려면 최적화가 필수다. 그의 욕구, 그의 수준에 맞는 형태로 설계되

---

28 『코틀러의 마케팅원리』, 502쪽.
29 『코틀러의 마케팅원리』, 503쪽.

어 제안되어야 "아 맞아, 이 책 나한테 필요해. 지난번 추천도 너무 좋았어. 이번에도 믿고 읽어봐야지" 하고 고객반응을 끌어낼 수 있다. 고객과의 관계는 이런 식으로 할 때만 만들어질 수 있다.

"다이렉트 메일은 전통적인 것이든 디지털화된 것이든, 관심이 없는 사람에게 배달된다면 정크메일로 여겨질 수 있다. 때문에 똑똑한 마케터는 다이렉트 메일을 신중하게 표적화하여 자신의 돈과 받는 사람의 시간을 낭비하지 않게 한다."[30] 이메일 혹은 전화나 팩스를 이용해 광고성 정보를 고객에게 전송할 경우 고객의 동의를 받아야 하는데, 여기에는 옵트인(opt-in) 방식과 옵트아웃(opt-out) 방식 두 가지가 있다. 옵트인은 수신자의 사전 동의를 얻어야만 메일을 발송할 수 있는 방식을 가리키고, 옵트아웃은 수신자가 발신자에게 수신거부 의사를 밝혀야만 메일 발송이 안 되는 방식이다. 우리나라의 경우, 이메일은 옵트아웃 방식을 채택하고 있는데, 이 방식은 하루에도 수십 개의 메일이 들어오는 상황에서 소비자가 거부 의사를 일일이 밝혀야 한다는 점에서 소비자에게 불편을 주는 방식이다. 그보다는 처음부터 고객이 동의를 하지 않으면 보내지 않는 옵트인 방식이 훨씬 더 고객지향적인 방식이라고 할 수 있다.

카탈로그 마케팅도 출판사로서는 적극적으로 시도해 봄직한 직접 마케팅 방법이다. 카탈로그에는 웹기반 카탈로그가 있고, 인쇄물 카탈로그가 있다. 웹시대에 인쇄물 카탈로그는 구식처럼 보이기도 한다. 그러나 "디지털 시대에도 기업들이 여전히 구식의 인쇄물 카탈로그를 버리지 않는 이유는 무엇일까? 한 가지 이유는 인쇄물 카탈로그

---

30 『코틀러의 마케팅원리』, 504쪽.

는 웹기반 판매공간이 만들어낼 수 없는 감정적 연결을 형성해 준다는 점이다. 윤기 나는 카탈로그 페이지는 여전히 컴퓨터 이미지가 할 수 없는 방식으로 고객을 유인한다."[31] 최근 일부 출판사들이 자기 출판사 색깔을 드러낸 다양한 형태의 인쇄물 카탈로그를 만들어 독자들에게 제공함으로써 좋은 반응을 얻고 있다. 인쇄물 카탈로그는 역설적이게도 웹시대에 들어와 출판사와 책을 브랜드 포지셔닝하는 데 더욱 강력한 힘을 발휘하고 있다.

직접반응 텔레비전 마케팅의 예로는 홈쇼핑 마케팅을 들 수 있다. 개정 도서정가제 이전에는 유아·어린이 도서를 중심으로 활발한 움직임을 보인 시장이었으나 개정 도서정가제 시행 이후로는 시장의 움직임이 많이 약화된 게 사실이다. 앞으로 책전문 방송채널이 활성화되면 이 부분의 광고·홍보를 둘러싼 다양한 직접마케팅 사례들이 만들어질 것이다. 키오스크 마케팅 또한 지금은 별다른 움직임이 없는 영역이지만, 그리 멀지 않은 미래에 집 근처 가까운 곳에 위치하는 편의점이나 쇼핑몰, 공항이나 역사, 버스 터미널 등에 설치된 키오스크를 이용해 책을 주문하고 결제하면 그 자리에서 인쇄·제본된 책을 손에 넣을 수 있는 시스템이 구축될 것이다.

온라인 마케팅은 직접마케팅의 여러 분야 중에서 그 변화와 성장이 가장 빠른 영역이다. 잘 알다시피 온라인 마케팅 영역은 B2C, B2B, C2C, C2B의 4가지 영역이 있다. B2C는 기업이 제품을 온라인에서 최종 소비자에게 판매하는 것을 가리키며, C2B는 소비자가 기업을 상대로 거래를 제안하거나 주도하는 마케팅을 가리킨다. 출판

---

31 『코틀러의 마케팅원리』, 505쪽.

사의 경우 지금까지 제품의 판매는 서점 유통망에만 의존해 왔는데, 앞으로는 온라인 마케팅의 다양한 채널을 통해 새로운 시장을 만들어낼 필요가 있다. 이를테면 B2C 마케팅을 통해 책과 강의를 묶은 상품을 판매했는데 고객만족도가 높은 경우, 이는 C2B 마케팅을 유도하는 계기가 되어 고객들이 책과 강의의 새로운 묶음 상품을 출판사에게 제안하거나 요구하는 형태로 나타날 수도 있을 것이다.

| 제4부 |

출판의 미래, 미래의 출판

11장
지속가능한 출판의 조건

구글이 잘 나가는 이유

기업의 흥망성쇠를 둘러싸고 마케팅의 세상은 돌고 돈다. 성공은 그 성공의 요인 때문에 실패로 이어지고, 실패는 또 다른 성공의 디딤돌이 되기도 한다. 빠름으로 성공했던 맥도날드는 고객의 추가적인 요구에 'QSCV'(Quality, Service, Cleanliness, Value)로 답함으로써 위기에서 벗어날 수 있었다. 그러나 2015년 들어 맥도날드의 주가는 다시 눈에 띄게 떨어졌다. 맥도날드는 태생적으로 패스트푸드점이어서 빠르지 않으면 맥도날드가 아닌데, 요즘 사람들은 빠르면서도 건강에 좋은 식품을 원한다. 문제는 고객의 니즈에 부응해서 건강을 배려하다 보면 전반적으로 느려질 수밖에 없다는 사실이다. 드라이브 스루(Drive Thru)를 하려면 빨라야 하고, 그러려면 영양 파괴를 일부 감수해야 하는데, 이는 맥도날드 자신의 정체성을 흔들고 자신을 배반해야 가능한 일이다. 영양을 제대로 공급하면서도 빠른 패스트푸드를 어떻게 실현할 수 있을까, 지금 맥도날드는 이 딜레마와 싸우고 있다.

마케팅 전략은 창업가적 마케팅 → 공식적 마케팅 → 사내 창업가적 마케팅의 궤적을 따른다. 처음에는 공식적 마케팅 툴을 쓰지 않고 상상력 넘치고 자유분방한 방식의 창업가적 마케팅(entrepreneurial marketing)을 구사하다가, 규모가 커져서 체계적 관리가 필요해지면 공식적 마케팅(formulated marketing) 툴을 채용하고, 그것이 굳어져서 매너리즘에 빠지게 되면 다시 변화와 활력을 불어넣기 위해 사내 창업가적 마케팅(intrepreneurial marketing)을 도입하게 된다.

많은 기업이 창업 초창기에 창업가적 마케팅을 구사한다. 그것은 지금까지 그 누구도 쓰지 않던 창조적인 마케팅 방식이다. 심지어는 마케팅을 전혀 하지 않기도 하는데, 공식적인 마케팅을 거부한다는 점에서 그것은 역설적이지만 새로운 마케팅을 시도하는 것이라고 할 수 있다. 빌 게이츠에게 세상에서 가장 두려운 경쟁상대가 누구냐고 묻자 "눈에 보이는 적(경쟁사)은 무섭지 않다. 지금 차고에서 뭔가를 하고 있는 창업가가 무섭다."고 말한 적이 있다. 구글이 그랬고, 아마존이 그랬고, 페이스북이 그랬다.

창업가적 열정과 창조성으로 가득하던 기업이 성공해서 자리를 잡으면 공식적 마케팅 툴을 쓴다. "그러면서 처음 기업을 창업할 때 가졌던 마케팅 창조성과 열정을 잃어버리기도 한다. 브랜드 매니저와 제품 매니저는 사무실 밖으로 나와 소비자와 함께 생활하며, 고객의 생활에 가치를 더할 수 있는 새롭고 창조적인 방법을 가시화할 필요가 있다."[1]

한때 성공으로 이끌었던 창업가 정신과 행동을 회복하기 위해 기

---

1 『코틀러의 마케팅원리』, 543쪽.

업들은 '사내 창업가적 마케팅'을 구사할 필요가 있다. 구글이 막강한 기업경쟁력을 유지하고 있는 것도 사내 창업가 정신을 끊임없이 조직 속에 불어넣어 기업의 활력을 유지하고 있기 때문이다. 제품·서비스 개발과정에 유저를 참여시킴으로써 구글은 다른 기업에 비해 프로젝트를 빛의 속도로 진행한다. 성공하는 빛의 속도보다는 실패하는 빛의 속도가 더 빛나는 기업이다. 파레토 법칙에 따르면, 신제품 개발이나 신사업의 경우 열 개 시도하면 보통 여덟 개는 실패로 끝나기 때문에 실패할 거라면 빨리 실패하는 편이 낫다. 사실 성공은 실패 속에서 나온다. 깨져봐야 실패 속에서 실패 요인을 찾아내 수정하고 보완할 수 있기 때문이다. 구글은 웹의 시대정신인 개방·공유·참여를 말로만이 아니라 실질적으로 구현하고 이를 기업경쟁력으로 연결시키고 있다. "300년이라는 시간을 들여 전 세계의 정보를 체계화하고 유용하게 사용하도록 만든다"는 구글의 이른바 '300년 비전 프로젝트'가 공허한 수사로 들리지 않는 이유다.

마케팅 전략의 많은 '규칙'을 위반함으로써 성공을 거둔 기업들이 있다. 이런 회사는 제한된 자원을 활용하고, 소비자 가까이에서 일하며, 소비자의 요구를 더 만족시키는 해결책을 창출한다. 구매자 클럽을 만들고, 구전(buzz)마케팅을 이용하며, 소비자의 충성도를 얻는 데 집중한다. 모든 마케팅이 IBM이나 P&G 같은 대기업 마케팅 전략의 족적을 따를 필요는 없을 것이다.[2]

---

2 『코틀러의 마케팅원리』, 542쪽.

그것이 무엇이든 영원한 것은 없다. 지금 출판에 필요한 건 쇠퇴기의 피로함을 도입기의 생동감으로 바꿔낼 전략이다. 그러려면 관점을 바꾸고, 규칙을 위반하고, 새로운 룰을 발명해내야 한다. 그것은 결국 출판사 내부에 어떻게 열정과 창조의 창업가적 마케팅 마인드를 불어넣을 수 있느냐의 문제인데, 구글의 사례는 커다란 참조점이 될 듯하다. 기존의 분업체계를 해체하고 저자·편집자·마케터가 수직적 통합의 형태로 하나의 팀을 이뤄 함께 만들고, 함께 홍보하고, 함께 판매하는 모델을 구축하는 것도 하나의 방법일 것이다.

출판의 경쟁상대는 누구인가

사업은 경쟁우위를 차지하기 위한 싸움이다. 이기려면 경쟁상대를 정확히 파악해야 한다. 경쟁사를 파악할 때 대개는 "가장 좁은 의미로, 자사와 비슷한 제품·서비스를, 같은 고객층을 상대로, 비슷한 가격에 공급하는 다른 기업을 경쟁사로 정의한다. 그러나 경쟁사란 같은 고객의 돈을 가지고 경쟁하는 모든 기업이다."[3] 기업은 좁은 의미에서 경쟁상대를 설정하는 '마케팅 근시안'에 빠지면 안 된다.

기업이 경쟁사를 파악하는 관점에는 두 가지가 있다. '산업적 관점'과 '시장적 관점'이 그것이다. 시장은 동일한 고객 니즈의 충족을 놓고 자사와 경쟁사가 경쟁을 벌이는, 니즈-원츠-디맨드로 이루어진 공간이다. 시장이 그런 공간이라면, 시장적 관점에서 경쟁사를 파악한다는 것은 당연한 얘기지만 원츠와 디맨드는 말할 것도 없고 니

---

3 『코틀러의 마케팅원리』, 535쪽.

즈까지 염두에 두고 경쟁사를 파악하는 것을 말한다. 이에 반해 산업적 관점이란 니즈는 보지 않고(혹은 보지 못하고) 원츠와 디맨드만을 보고 경쟁사를 파악하는 '마케팅 근시안'을 가리킨다.

타워 레코드는 전통적 음반매장에 의해 파산한 것이 아니었다. 베스트바이, 월마트, 아이튠즈, 기타 디지털 다운로드 서비스와 같은 예상치 못한 경쟁자에 희생당했다. 산업적 시각으로 보면 펩시는 코카콜라, 세븐업, 그밖의 다른 청량음료 제조사와 경쟁관계에 있다고 할 수 있다. 그러나 시장적 관점에서 보면 소비자가 진정으로 원하는 것은 '갈증 해소'일 수 있다. 이 니즈는 생수, 과일주스, 그밖의 많은 음료로 충족될 수 있다. 일반적으로 시장적 관점의 경쟁개념은 더 넓은 의미의 현실적[원츠], 잠재적[니즈] 경쟁자 집단을 파악할 수 있게 해준다.[4]

만약 음악 소비와 관련해 밑에 숨겨져 있는 고객 니즈에 주목했다면 타워 레코드는 뒤에서 다가오는 경쟁사를 알아채고 빠르게 변신을 시도했을 수도 있다. 변신에 성공한 기업은 지속 가능성을 보장받지만, 변화를 보지 못해 변신에 실패한 무능한 기업은 아무리 규모가 크고 매출이 높아도 망할 수밖에 없다는 것을 그동안의 기업사는 증명하고 있다.

출판의 경우 산업적 시각을 갖고 있는 한, '유사한 제품을 생산·판매하는 다른 출판사'(독자층이 비슷하고 책의 성격이나 카테고리가 비슷한)를 경쟁사로 보게 되어 있다. 그러나 시장적 관점에서 보면 사람들의 콘

---

4 『코틀러의 마케팅원리』, 535쪽, 536쪽.

텐츠 소비시간을 놓고 경쟁하는 모든 콘텐츠 제공업자가 경쟁사가 된다. 지금 사람들의 시간을 가장 많이 빼앗는 것이 모바일 디바이스인 만큼, 모바일 디바이스의 '화면 점유율'을 놓고 경쟁하는 모든 콘텐츠 기업들이 출판사의 경쟁자다. 출판은 이들 경쟁자들 중에서 가장 경쟁열위에 처해 있다. 지금의 출판 불황은 그 자연스런 결과일 뿐이다.

출판이 불황에서 벗어나기 위해서는 무엇보다 '출판산업적' 시각에서 벗어나 '콘텐츠시장적' 관점을 확보해야 한다. 기존의 낡은 산업 틀을 깨고 산업을 재편할 수 있는 시야와 비전을 확보하기 위해서는 소비자의 니즈를 꿰뚫어보는 통찰력이 필요하다. 독자들은 자신들의 '지식에 대한 니즈' '지적 갈증'을 해소시켜줄 수 있는 솔루션을 찾고 있다. 지금까지 해오던 대로 눈앞에 보이는 것에만 집중해서 열심히 판촉을 하고 광고를 하려는 마케터는 현실의 벽 앞에서 좌절할 것이다. 반면 현실화된 형태로 존재하지는 않지만(쉽게 보이진 않지만) 가능성과 잠재성의 형태로 존재하는 많은 PR·광고·인적판매·판매촉진·직접마케팅을 시도하(려)는 마케터는 출판의 '판'을 바꿔낼 공산이 크다.

분명한 것은 새로운 솔루션은 지금 당장은 보이지 않지만 객관적으로 분명히 있다는 것이다. 그것을 전제하고 활동을 전개하는 것이 마케팅의 시작이고 출발이다. 그런 확신이 없다면 시장을 창조하고 혁신하는 선도자, 이노베이터는 결코 될 수 없다. 기껏해야 시장 추종자밖에는 되지 못한다. 잠재성을 누가 먼저 보고 현실화시키느냐, 거기에 기획이 있고, 선점의 메리트가 있고, 시장의 주도권이 있고, 강력한 포지셔닝의 계기가 있다.

'축구지능'이라는 말들을 많이 쓴다. '지능'은 가시적인 것이 아니라 가지적인 것이다. 눈앞에 보이는 공, 즉 가시적인 것만을 쫓아다니는 축구선수는 축구지능이 떨어지는 하급의 선수다. 축구지능이 뛰어난 상급의 선수는 공이 없을 때의 움직임이 남다른 선수다. 그의 진가는 오히려 공이 없을 때 공이 가는 길을 미리 볼 수 있는 가지적 능력으로 드러난다. 그는 축구장 전체를 보면서 빈 공간을 찾아내는 데 능숙하다. 그는 빠른 자다. 동일한 조건에서 빨리 뛰기 때문에 빠른 자가 아니다. 남보다 먼저 보고 먼저 뛰기 때문에 빠른 자다. 공간을 선점한 그에게 당연히 찬스가 찾아온다.

출판을 업으로 하는 출판선수들에게 지금 필요한 건 '출판지능'이다. 빈 공간을 찾아내거나 만들어낼 줄 아는 감각과 순발력이 있을 때만 찬스가 생긴다. 누구의 눈에나 다 보이는 것, 그것만을 열심히 좇고 있는 한, 죽어라고 뛰어봐야 항상 이미 너무 늦다. 잘해봐야 추종자고 아니면 시장 밖으로 밀려날 운명에 처하게 된다.

출판시장의 전체 파이를 키워야

특정한 시점에, 주어진 목표시장(target market)에서 경쟁하는 기업은 크게 4가지 양태(경쟁적 지위)로 존재한다. 시장 선도자, 시장 도전자, 시장 추종자, 틈새시장 추구자가 그것인데, 이들은 각각 40:30:20:10퍼센트의 시장점유율을 갖는다. 선도자는 1등의 자리를 유지하거나 확장하기 위해 전체시장 확장전략, 시장점유율 보호전략, 시장점유율 확장전략의 세 가지 전략 가운데 하나를 경쟁전략으로 선택할 수 있고, 선두자리를 뺏기 위해 공격전략을 쓰는 도전자는 전면공격 혹은 간접공격 전략을 경쟁전략으로 쓸 수 있다.

선도자나 도전자의 뒤를 따라가면서 모방이나 개선을 통해 이윤을 창출하는 시장 추종자는 바짝 쫓거나 거리를 두고 쫓는 경쟁전략을 쓸 수 있다. "시장 추종자는 선도기업에게서 고객을 빼앗아 오기 위해 충분히 가깝게 따라가되 동시에 보복을 피할 수 있을 만큼의 거리는 확보하는 등 균형을 맞추는 방법을 찾아야 한다."[5]

하위 세분시장을 목표로 하는 틈새시장 추구자는 제품·서비스, 품질·가격, 고객을 특화하는 경쟁전략을 쓸 수 있다. 틈새시장은 규모가 큰 기업이 들어오기에는 시장 사이즈가 작지만, 차별화를 통해 경쟁적 우위를 차지하면 상당한 이익을 낼 수 있는 그런 시장이다. 출판시장에서도 자기 목록을 전문화하면 많은 틈새시장을 찾아낼 수 있다. 1인출판사나 소규모출판사가 사는 길은 틈새시장에 제대로 포지셔닝하는 것이고, 그러려면 목록이 전문화되고, 깊이가 있어야 하고, 일관성이 있어야 한다. 베스트셀러만 쫓아다니다 보면 목록의 일관성과 전문성이 떨어져서 틈새시장에 결코 자리를 잡을 수 없다. "틈새기업은 부가가치를 제공함으로써 비용을 상당히 상회할 수 있는 가격을 매길 수 있다. 대량마케터가 많은 판매량을 확보한다면 틈새기업은 높은 마진을 확보한다. 이상적인 틈새시장은 수익성이 있을 만큼 충분히 크고, 성장 가능성이 있어야 한다."[6]

지금 출판에서 요구되는 경쟁전략은 무엇일까. 전반적 침체기인 만큼 한정된 공간에서 점유율을 놓고 싸우는 시장침투전략보다는 더 이상의 독자 이탈을 막고 신규독자를 끌어들이는 전체시장 확장전략

5 『코틀러의 마케팅원리』, 551쪽.
6 『코틀러의 마케팅원리』, 551쪽.

이 필요하다. 그럼으로써 출판계를 더 많은 출판사가 더 많은 책을 만들어낼 수 있는, 다품종소량시대에 걸맞은 구조로 만들어야 한다. 시장을 확장하려면 새로운 용도를 개발하거나 새로운 사용자(신규독자)를 유입거나, 사용빈도를 늘리면 된다.[7] 시장은 앉아서 기다려서는 절대로 커지지 않는다. 독자·저자·출판사가 출판시장의 확장을 공동의 문제로 인식하고,[8] 구체적이고 가시적인 결과물들을 하나하나 만들어낼 필요가 있다.

시장지향적 마케팅을 넘어 사회지향적 마케팅으로

독일의 자동차 그룹 폭스바겐은 '디젤 스캔들'로 창사 이래 최대 위기를 맞았다. 기업은 시장지향적 마케팅개념을 넘어 기업의 사회적 책임을 다하는 사회지향적 마케팅개념을 가질 때만 지속가능성을 보장받을 수 있다. "장기적으로 비윤리적 마케팅은 고객과 사회 전체에 해를 입히고, 결국에는 평판과 유효성을 손상시키면서 기업의 생존 자체를 위태롭게 한다."[9] '지속가능한 마케팅' '바람직한 마케팅' '윤

---

7 새로운 용도를 발견하거나 발명하는 것은 일반업계에서는 그리 드문 일이 아니다. 이를테면 모기나 벌레에 물렸을 때 파스를 바른다든지, 닌텐도가 자사의 게임기를 학습도구로 만들었다든지 하는 것이 그 예가 될 것이다. 반면 출판의 경우, 책의 용도를 오랫동안 의심하지 않았다. 의미있는 사유의 매체, 그 이상도 그 이하도 아니었다. 앞으로 출판의 미래는 재미와 유익(의미)의 균형 속에서 책을 얼마만큼 다양한 용도로 변용할 수 있느냐에 달려 있다고 할 수 있다. 새로운 용도 개발, 신규사용자 유입, 사용빈도 증가 등 시장개발전략(시장확장전략)과 관련해서는 이 책 234쪽 참조.
8 출판시장이 확장되어야 양질의 콘텐츠를 싼 가격에 공급하고 소비할 수 있는 구조가 만들어진다. 이를 위해서는 독자·저자·출판사 삼자의 공동 노력이 절실하다.
9 『코틀러의 마케팅원리』, 609쪽.

리적 마케팅' '사회지향적 마케팅'은 동의어로서, 이는 기업의 경영 목표가 일관성을 갖고 고객과 사회의 장기적 이익에 부합할 때 비로소 실현 가능한 마케팅 방법론이다.

일반적으로 제품은 '즉각적 소비자 만족'(즐거움·재미)과 '장기적 소비자 편익'(유익)에 따라 크게 4가지로 분류할 수 있다.[10] 첫째, 즉각적 만족도가 높고 장기적 소비자 편익이 높은 제품을 '바람직한 제품'(desirable products)이라고 하는데, 지속가능한 마케팅은 이처럼 즐거움과 유익함을 동시에 주는 제품을 요구한다. 책의 경우도 바람직한 제품이 되려면 '재미있고 유익해야(의미 있어야)' 한다. 둘째, '유익하긴 한데 재미는 없는' 제품이 있는데, 이를 '유익한 제품'(salutary products)이라고 하고, 셋째, '재미는 있지만 유익하지는 않은' 제품이 있는데, 이를 '즐거움을 주는 제품'(pleasing products)이라고 하며, 넷째, '유익하지도 않고 재미도 없는' 제품이 있는데, 이를 '결함이 있는 제품'(deficient products)이라고 한다.

유익한 책은 재미를 더 고려하고, 즐거움을 주는 책은 의미를 더 강화하고, 결함이 있는 책은 재미와 의미 부여를 더 고민함으로써 책이 유익하고 재미있는 '바람직한 제품'이 되도록 해야 한다. 일본의 극작가 이노우에 히사시가 말한 것처럼, 독자들에게 "어려운 것을 쉽게, 쉬운 것을 깊게, 깊은 것을 유쾌하게" 제공할 필요가 있다. 책은 그 깊이와 길이와 호흡으로 이미 의미의 매체이므로 무엇보다 재미를 더하려는 노력이 중요하다. 그것은 소비자들이 하루에 가장 많은 눈길을 주는 모바일 디바이스에 책의 콘텐츠가 성공적으로 달라붙기

---

10 『코틀러의 마케팅원리』, 607쪽.

위한 조건이기도 하다.

한편, 기업이 구사하는 마케팅개념에는 모두 4가지가 있다. 마케팅개념, 전략적 계획 개념, 사회적 마케팅개념, 지속가능한 마케팅개념이 그것이다.[11]

소비자의 현재 니즈와 기업의 현재 니즈가 만나는 지점에서 성립하는 것이 '마케팅개념'이다. 기업은 마케팅개념에 의거해 고객의 니즈를 읽고 그에 맞는 제품을 만들어서 판다. 그러나 기업 경영이 마케팅개념만으로 충분한 건 아니다. 이를테면 SUV 차량의 경우, "역량, 힘, 활용성 측면에서 많은 운전자의 즉각적인 니즈를 만족시키지만, 소비자 안전과 환경적 책임에 대해 커다란 의문을 제기한다. 사고시 사망확률이 더 높고, 공해와 혼잡을 더 많이 발생시키며, 현재와 미래 세대 모두가 짊어져야 할 비용을 발생시킨다."[12] SUV는 소비자의 미래 니즈 측면에서 보면 문제가 많은 상품인 것이다. 생수 같은 경우도 마찬가지다. 건강한 물을 판매한다는 점에서 소비자와 기업의 현재 니즈를 충족시키지만, 페트병 쓰레기를 양산함으로써 환경적 측면에서 소비자와 기업의 미래를 위협한다. 현재의 이익만을 좇는 기업에게 미래는 없다. 환경, 안전, 건강, 그리고 미래적인 가치까지 만족시켜주지 않으면 기업은 지속적으로 존립하기 어렵다.

소비자의 현재·미래 니즈를 기업의 현재 니즈와 연결시켜 기업을 경영하는 것을 '사회적 마케팅개념'이라고 하고, 소비자의 현재 니즈를 기업의 현재·미래 니즈와 연결시켜 기업을 경영하는 것을 '전략

---

11 『코틀러의 마케팅원리』, 587쪽.
12 『코틀러의 마케팅원리』, 587쪽.

적 계획 개념'이라고 한다. 지금처럼 마케팅 환경이 급변하는 시기에 기업의 미래를 보장받기 위해서는 전략적 계획 관점에서 마케팅을 구사해야 한다.

가장 바람직한 것은 사회적 마케팅개념과 전략적 계획 개념에 입각하여 기업을 경영하는 것이다. 그럴 때 비로소 소비자의 현재·미래 니즈와 기업의 현재·미래 니즈를 모두 충족시키는 것이 가능한데, 이를 '지속가능한 마케팅개념'이라고 한다. 지속가능한 마케팅은 '마케팅을 넘어선 마케팅' 혹은 '포스트 마케팅'(post-marketing)이라고 할 수 있다. 지속가능한 마케팅은 현재의 니즈는 물론 미래의 니즈를 충족시키는 마케팅으로, 그것이 가능하려면 기업은 마케팅개념 외에 전략적 계획 개념과 동시에 사회적 마케팅개념을 갖추지 않으면 안 된다. 이것은 기업의 미션(사명), 비전, 목표가 일관성을 갖고 단기-중기-장기에 걸친 고객만족으로 나타나야 한다는 것을 의미한다.

한국 출판사 중에서도 이제 "100년 가는 출판사", 이런 슬로건이 나오기 시작했다. 그것이 구호로만 그치는 것이 아니라 실질적 내용을 가지려면 지속가능한 마케팅 관점에 서서 출판을 해야 한다. 출판사들은 이제 중장기적 전략의 토대 위에서 독자의 현재 니즈는 물론 미래 니즈까지 담보할 수 있는 (출판)마케팅을 구사해야 한다. 지속가능한 마케팅개념은 출판(사)에게 묻는다. 고객이 원하는 시간에, 고객이 원하는 양질의 콘텐츠를, 당대의 미디어기술을 이용해서, 고객이 원하는 가격대에, 고객이 원하는 유통방식으로, 고객과 아주 가까운 거리에서의 쌍방향 커뮤니케이션을 통해서 제공할 수 있는가.

12장

책출판에서 콘텐츠출판으로

작품·텍스트·콘텐츠

책을 '언어로 만든 예술품'으로 생각할 때, 책은 '작품'이 된다. 책을 '작품'으로 보는 사고에는 '완결성'과 '배타성', '권위'와 '개인의 소유물'이라는 관념이 깔려 있다. "'작품'으로서의 책을 읽을 때 독자에게는 그 어떤 선택권도 없다. 독자는 다만 수동적이고 일방향적인 존재로서, 책을 읽는 이유와 목적은 작가가 설정한 최종적이고 고정적이고 유일한 의미를 찾아내는 데 있다. '작가'만이 생산자이고 독자는 그저 소비자일 뿐이다. 독자에게 허용되는 유일한 선택권이 있다면 그 '작품'을 읽지 않을 자유뿐이다."[1]

텍스트[2]는 넓은 의미로는 '의미 있는 것으로 읽혀지고 해석되는 모든 것'을 가리킨다. 작품이 완결적이고 최종적이고 폐쇄적이고 배타

---

1 『일급 비평가 6인이 쓴 매혹의 인문학 사전』, 고모리 요이치 외 지음, 송태욱 옮김, 앨피, 2009, 16~23쪽.

적인 데 반해, "'텍스트'는 능동적이고 쌍방향적이며, 열린 '장'(場)이고 복수성의 '장'이다. '텍스트'의 원래 뜻은 '직물'이다. 씨실과 날실이 교차하면서 직물이 짜이듯, '텍스트'는 이전 시대와 동시대의 여러 텍스트들을 인용해서 짠 직물이다. 그리고 무엇보다 그 자신이 이미 여러 텍스트의 결과물인 독자가 관련됨으로써 의미가 생산되는 동(動)적인 장이다."[3] '읽는다'는 것은 독자가 지금까지 다양한 책을 통해 쌓아온 자신의 기억과 지금 읽고 있는 텍스트를 상호 관련시키는 일이며, 그렇게 함으로써 독자 자신의 텍스트를 짜나가는 일이다.

텍스트적 관점에 서면 책은 책기계가 된다. 어떤 배치 속에서 이웃항과 접속하여 작동하면서 어떤 효과를 생산해내는 것을 가리켜 '기계'(machine)라고 한다. 예컨대 입은 식당의 배치에서는 '먹는 기계'가 되고, 강의실의 배치에서는 '강의 기계'가 된다. 책도 마찬가지로, 어떤 외부(이웃항)와 접속하느냐에 따라 그때마다 다른 효과를 만들어낸다는 점에서 책기계라고 할 수 있다. 누가 어떤 장면에서 어떻게 읽느냐에 따라 똑같은 책이 전혀 다른 책이 되는 것이다. '책을 읽는다'는 건 '텍스트(text)를 가지고(con-)' 다른 텍스트, 다른 세계를 만들어내는 행위라고 할 수 있다. 책을 읽는 행위를 통해 우리의 삶은 다양한 것으로 증식된다. 따라서 편집자와 마케터는 책의 생산·유통·소

---

2 고전적 텍스트 개념에 따르면 텍스트는 닫혀 있는 존재지만, 현대적 텍스트 개념에서는 수용자에 따라 다르게 읽히고 해석되는 '열린 텍스트'다. 현실에서 책은 두 가지 의미의 결을 갖는다. '작품으로서의 책'과 '텍스트로서의 책'이 그것인데, 전자는 '닫힌 텍스트'(닫힌 책)를, 후자는 '열린 텍스트'(열린 책)를 지칭한다. 책은 열린 텍스트(여야 하)지만, 우리의 출판 현실에서는 닫힌 텍스트 즉 작품으로서의 특성을 훨씬 강하게 보여준다. 이 글에서는 텍스트는 열린 텍스트를 의미하는 것으로, 책은 작품으로서의 닫힌 텍스트를 의미하는 것으로 썼다.
3 『일곱 비평가 6인이 쓴 매혹의 인문학 사전』, 16~23쪽.

비 전부문에 걸쳐 텍스트 활동과 콘텍스트 활동을 병행하지 않으면 안 된다. 출간한 책을 홈페이지나 블로그, 페이스북, 트위터 등의 미디어를 통해 적극적으로 사람들 사이에 놓음으로써 책기계로 이용할 수 있는 상황과 조건을 연출해내야 한다. 그게 프로모션이고 마케팅이다.

한편, 웹시대에 들어 콘텐츠라는 말이 널리 쓰이면서 텍스트와 콘텐츠를 구별할 필요성이 제기되었다. 콘텐트 혹은 콘텐츠라는 말이 널리 쓰이게 된 것은 1990년대 후반 인터넷 시대로 본격적으로 진입하면서부터다. 콘텐트(콘텐츠)는 미디어와 결합된 내용물을 가리키는데, 지금 시기 미디어의 대세는 인터넷이므로 주로 인터넷과 결합된 디지털화된 내용물을 가리킨다. 하나의 소스가 다양한 포맷으로 사용자 상황에 맞는 형태로 변형되어 소비되므로 기본적으로 복수적 의미를 강하게 띠고, 그런 점에서 편의상 콘텐트에 복수접미사 s를 붙여 콘텐츠라는 용어로 사용된다.[4]

작품으로서의 책은 텍스트이긴 하되 '닫혀 있는 텍스트'다. 반면 텍스트는 본래 사유의 직조물이라는 정의에 걸맞게 책을 작품으로서

4 콘텐츠는 본래 텍스트의 내용이나 목차를 뜻하는 말이었는데, 지금은 그 의미가 변용되어 웹을 통해 제공되는 디지털 정보나 내용물을 총칭하는 용어로 일반화되었다. 단수형 콘텐트와 복수형 콘텐츠는 둘 다 '내용물'을 가리키는 용어이긴 하지만, 굳이 둘을 구분하자면 콘텐트는 셀 수 없는 명사, 복수형인 콘텐츠는 셀 수 있는 명사의 경우에 쓴다. 디지털 세계의 경우, '내용물'은 비물질적이고 추상적이므로 셀 수 없는 명사다. 따라서 원래는 디지털 콘텐츠가 아니라 디지털 콘텐트라고 써야 맞다. 그러나 우리나라에서는 디지털 콘텐츠라는 말을 훨씬 더 많이 쓴다. 웹의 세계가 기본적으로 복수성을 전제로 한 세계이기 때문이다. 각각의 아날로그 차원을 넘어 디지털의 0차원 세계에 비위계적인 데이터의 형태로 나란히 놓이는 콘텐츠(내용물)들이 구성하는 세계, 그리고 그 콘텐츠들의 혼용과 변용으로 끊임없이 새로운 콘텐츠들이 생성되는 세계는 기본적으로 복수성의 세계일 수밖에 없다. '내용물 전반'을 지칭하는 데는 콘텐트보다는 콘텐츠라는 말이 더 적합하다.

가 아니라 상호텍스트성을 갖고 있는 열려 있는 매체로 대하는 것이다. 콘텐츠는 열린 텍스트가 다양한 콘텍스트 활동에 의해 여러 가지 부가적인 다양한 내용물을 만들어낸다고 했을 때, 그 생성된 내용물 전반을 가리킨다. 작품이 물성에 기반한 소유의 관념에 기대고 있다면, 콘텐츠는 소비와 경험에 포커스가 맞춰져 있다고 보면 된다(최근 서비스 구독 모델이 등장하는 것도 이와 무관하지 않다).

책은 일단 닫혔다가(그래야 작품으로서 책이 만들어진다), 다시 열리는(열려야 하는, 아니 열리게 만들어야 하는, 즉 독자를 찾아나섬으로써 만남을 주선해야 하는) 텍스트다. 텍스트가 열리면서 만들어지는 상호텍스트성의 공간에서 다양한 콘텐츠가 만들어진다. 커뮤니케이션 활동은 상호텍스트성을 활성화시키는 과정이다.

이제 막 제본소에서 나온 따끈따끈한 한 권의 책이 여기 있다고 하자. 이 책이 작품이 될지, 열린 텍스트로서 다양한 증식 활동을 통해 얼마나 다양한 콘텐츠를 생성해낼지는 순전히 우리의 선택과 활동에 달려 있다.

여백의, 여백에 의한, 여백을 위한

어떤 것을 채우고 남은 빈자리를 여백이라고 한다. 여백은 거기 있으되 주목하지 않으면 잘 보이지 않는다. 가능성이나 잠재성도 거기 있으되 보려 하지 않으면 잘 보이지 않는다는 점에서 '여백'과 같다. 채우고 남은 빈자리로서의 '여백'과 애초에 아무것도 없는 '공백'은 다르다. 여백으로 인해 잉여적인 것이 달라붙고, 그럼으로써 새로운 '여지'가 생겨나기 때문이다.

출판은 본래 '여백'과 떼려야 뗄 수 없는 "여백의, 여백에 의한, 여백을 위한 사업"이다. 우선 출판은 언어라는 상징기호가 갖고 있는 임의성과 자의성으로 인해, 그리고 기표·기의와 실제 대상 간의 불일치로 인해 커뮤니케이션의 불완전성 혹은 불가능성을 숙명처럼 안고 있긴 하지만, 거꾸로 그 불일치의 간극(여백)은 적극적인 사유와 커뮤니케이션의 필요성을 강하게 추동하는 요인이 된다. 언어의 근본 속성에서 빚어지는 여백 외에도 책은 표현의 형식으로서 여백을 요구한다. 자간, 어간, 행장, 행간은 간격과 여백을 요구하며, 이를 바탕으로 구성된 판면 또한 자신의 주위에 여백을 만들어낸다. 적절한 간격과 여백은 가독성을 높여줌으로써 커뮤니케이션을 위한 필요조건으로 기능한다.

책을 읽는다는 것은 책을 '텍스트로 해서'(매개로 해서) 저자와 독자가 대화를 나누는 행위다. 책이 독자의 손에 들려 읽히기 시작할 때 작품으로서의 책은 비로소 텍스트가 될 가능성을 획득한다. 독자와 따로 떨어져서 홀로 존재하는──독자의 삶에 개입하지 못하고 독자의 능동성과 적극성을 부추기지 못하는──책(작품)은 상호작용과 움직임으로 가득 차 있는 현실세계와는 아무런 관련도 없다. 작품으로서의 책은 열린 텍스트가 되어야 하고, 그 과정을 통해 텍스트 속으로 들어간 독자는 저자의 사유와 감정과 이야기를 자신의 그것과 섞는다. 독자가 적극적·능동적으로 책을 읽지 않는다면 여백은 사라지고 텍스트를 둘러싼 세계에서는 그 어떤 사건도 일어나지 않는다. '공백'이 되고 마는 것이다.

여백이 실질적인 의미를 획득하려면(텍스트가 실질적인 의미를 획득하려면, 즉 저자와 독자가 커뮤니케이션에 성공하려면) 필요조건으로서의 텍스트적 가독성 외에 충분조건으로서 콘텍스트적 가독성이 필요하다. 시각적(문자적) 가독성을 담보한 텍스트가 커뮤니케이션의 필요조건이라면, 청각적(말걸기) 가독성을 담보하기 위한 콘텍스트 활동 즉 커뮤니티 활동은 커뮤니케이션의 충분조건이다. 책이 다양한 콘텍스트 활동에 의해 열린 텍스트가 될 때 비로소 독자와의 커뮤니케이션은 필요충분조건을 확보하게 되며, 그럴 때 출판활동은 책(작품)을 '만들어 파는' 활동이 아니라, 텍스트를 '매개로 한' 커뮤니케이션 활동이 된다. 본래적 의미의 여백에 충실할 때(텍스트의 본래적 의미에 충실할 때) 출판은 커뮤니케이션과 떼려야 뗄 수 없는 "커뮤니케이션의, 커뮤니케이션에 의한, 커뮤니케이션을 위한" 사업이 되는 것이다. 책의 판매는 커뮤니케이션의 결과물로 자연스럽게 얻어지는 것일 뿐이다.

이제 출판이 가야 할 길은 분명하다. "문자 텍스트의 세계가 1차원적 선(line)의 세계라면,[5] 이미지나 회화의 세계가 2차원적 평면의 세계라면, 조각의 세계가 3차원적 공간의 세계라면, 인터넷은 0과 1의 디지털 신호(비트)로 이루어진 0차원의 점의 세계다."[6] 0차원은 모든 차원이 될 수 있는 세계로, 시간과 공간의 제약을 뛰어넘고 죽음마저도 초월하는 세계다(수사적 표현이 아니라 디지털화된 책은 '절판'이라는 죽음을 맞지 않는다). 모든 차원의 텍스트는(그것이 책이든 동영상이든 음악이든) 디

---

5 활자텍스트의 세계는 선형적 구조의 세계로 선적인 완전성을 추구한다. 글을 읽을 때 우리의 시선은 왼쪽에서 오른쪽으로, 위에서 아래로, 일직선의 운동을 한다. 텍스트의 행간 역시 모든 페이지에 걸쳐 일정한 폭을 유지하는데, 책을 읽는 독자는 이 행간을 이용해 밑줄을 긋기도 한다. 페이지 넘버링도 시작부터 끝까지 누락되는 일 없이 순차적이고 선적인 방식으로 배열된다. 담론과 내러티브 역시 선적인 클라이맥스 구조를 따른다. 이러한 단일한 선형적 구조는 그 귀결로 직선적 서사 구조를 지닌 사유를 낳는다.

6 『피상성 예찬』, 빌렘 플루서 지음, 김성재 옮김, 커뮤니케이션북스, 2006, 2~17쪽 「추상게임」 참조.

지털화됨으로써 존재론적으로 '평등한', 따라서 '중심-주변'의 그 어떤 경계나 위계 없이 얼마든지 뒤섞이는 콘텐츠 세계의 일원이 된다. '쓰여지고 인쇄된 책'은 '보고, 듣고, 말할 수 있는 책'으로 (원하기만 하면) 얼마든지 변용된다.

이제 출판은 그 0차원의 우발성의 세계로 들어가야 한다. 스스로 위기를 발명함으로써(종이책 중심의 텍스트적 1차원 세계에서 0차원의 콘텐츠 세계로 차원 이동함으로써) 미디어 지도를 새로 그려가야 한다. 그 일반성의 평면 위에서 '가치산업'으로서 자신의 특이성을 드러내야 한다. 자신의 존재 위상을 책(종이책/전자책)을 '만들어 파는' 기업으로 축소시켜놓는 한, 미디어 세계에서 출판사가 할 (수 있는) 일은 별로 없다. 출판사는 콘텐츠 공급자인 동시에 플랫폼 기반의 콘텐츠 서비스기업으로 자신을 재정의해야 한다. 출판은 높은 강도와 밀도로 그 어느 미디어보다 소셜미디어에 풍부한 콘텐츠를 공급할 잠재성이 큰 미디어다. 출판은 콘텐츠 공급자로서 플랫폼 시대의 주인공이 될 자격이 충분하다.

프로모션에서 커뮤니케이션으로

플랫폼 시대의 콘텐츠 기업이 되기 위해서는 가장 먼저 프로모션에서 커뮤니케이션으로 관점의 이동이 필요하다. 프로모션(promotion)에서 pro는 '밖으로', motion은 "운동, 동작(특히 의사를 전달하기 위한 손이나 머리의 동작), 움직임, 발의, 동의" 등의 뜻을 갖는다. 결국 프로모션이란 "안에서 밖을 향해 메시지 등을 발신(발의)함으로써 동의와 지지를 구하는 행위"를 의미한다. 지금까지 출판사업은 정확히 이 프로모션에 근거한 '인사이드-아웃' 방식의 모델이었다. 이에 반해 커뮤니케이션(communication)이란 '공통' 또는 '공유'라는 뜻을 지닌 라틴어 'communis'에 운동을 뜻하는 '-ation'이 붙은 말로, 문자 그대로 해석하면 "공통화 또는 공유화하는 행동이나 과정"이 된다. 프로모션이 일방향의 운동을 나타내는 개념어라면 커뮤니케이션은 쌍방향 혹은 다방향의 운동을 나타내는 개념어다.

커뮤니케이션의 개념을 출판에 적용하면 "사유·감정·서사 등을 공통화 또는 공유화하는 행동이나 과정"이 될 것이다. 지금까지의 출판이 프로모션에 기초해 '책'이라는 단일한 제품을 생산하고, 단일한 가격을 매기고, 제한된 유통망을 통해 판매하는 '동일성의 모델'이었다면, 앞으로의 출판은 커뮤니케이션에 기초해 '책'을 포함한 다양한 콘텐츠를 생산하고, 다양한 가격을 매기고, 다양한 유통경로를 통해 판매하는 '차이의 모델'이 될 것이다. 이제 출판은 '출판의 잠재성'이 커뮤니케이션의 대지 위에서 다양한 원츠(제품·서비스)들로 현실화되는 모델이 될 것이다.

프로모션에서 커뮤니케이션으로 관점을 이동하면 작품(책), 텍스트, 콘텐츠의 차이가 비교적 쉽게 이해된다. 책이 '닫힌 텍스트' 즉 작품을 지칭한다면, 콘텐츠는 '텍스트'(열린 텍스트)를 매개로 해서 생성된 다양한 내용물들을 가리킨다. 작품으로서의 책이 프로모션과 짝을 이루는 개념이라면, 콘텐츠는 커뮤니케이션과 짝을 이루는 개념이다. 전자(작품으로서의 책)가 웹 이전 시기의 사고방식과 태도를 가리킨다면, 후자(콘텐츠)는 웹 이후 시기의 사고방식과 태도를 가리킨다(웹의 도래로 커뮤니케이션의 일상화가 가능해지고 콘텐츠의 세계가 구성 가능해졌기 때문이다). 전자가 닫혀 있다면, 후자는 열려 있다. 전자가 변형이 어렵다면(그래서 프로모션의 대상이 될 수밖에 없다), 후자는 변형과 변이가 자유롭다(자연히 커뮤니케이션의 대상이 된다).

작품도 내용물이라는 점에서 "책은 콘텐츠다"라는 말은 성립한다. 그러나 그 역은 항상 성립하지는 않는다. 콘텐츠가 책이 되기 위해서는 '편집'이라는 전문적인 과정을 거쳐야 하기 때문이다. 편집은 누가 하는가. 저자와 편집자가 한다. 저자는 책을 쓸 때 목차라는 큰 틀을 짠 다음 그 안에 구체적인 내용물을 채워넣는 저술 과정을 거친다. 이 과정은 저자 혼자 하는 경우도 있지만 편집자와 함께 하는 경우도 적지 않다. 원고가 완성되면 편집자는 이 원고를 보다 완성된 책의 형태로 만들기 위해 여러 가지 부가적인 편집을 수행한다. 저자와 편집자는 지식의 크리에이터로서 편집이라고 하는 '공동의 활동'(커뮤니케이션)을 하는 파트너다.

사용자제작콘텐츠(UGC)를 떠올리면 콘텐츠와 텍스트의 차이가 좀 더 쉽게 드러난다. '사용자제작콘텐츠'라는 말은 써도 '사용자제작텍스트'(UGT)라는 말은 쓰지 않는다. 블로그라는 개인미디어에서 글을 쓰는 사용자가 있다고 하자. 이것은 콘텐츠일지언정 아직 텍스트(책)는 아니다. 조각글들이 하나의 콘셉트로 꿰어지면서 목차가 짜여지고 그 속에 체계적으로 배치되고 다듬어짐으로써 하나의 사유의 직조물(texture)로 재탄생될 때, 그때 비로소 텍스트(text)가 만들어진다. 콘텐츠는 텍스트(책)가 될 가능성과 잠재성은 갖고 있지만, 아직 텍스트는 아닌 것이다.

콘텐츠가 저절로 텍스트가 되지는 않는 것과 달리, 텍스트는 그 자체로 이미 콘텐트다. 그러나 이 경우 텍스트는 닫힌 텍스트로서 '텍스트=콘텐트'의 가장 단순한 형태에 그치고 만다. 이는 잠재성의 위축과 무능력을 의미한다. 지금 출판계가 미래의 방식으로 고민하고 있는 전자책도 단순히 종이책 텍스트를 디지털 파일로 변환하기만 한 것이라면, '텍스트=콘텐트'의 가장 단순한 형태에 그칠 것이고, 그럴 경우 종이책과 전자책은 별반 차이가 없을 것이다.

일반적으로 텍스트는 무수히 많은 콘텐츠로 증식될 수 있는 잠재성을 가지고 있다.[7] 다만 잠재성이 현실화되기 위해서는 텍스트 편집력과는 다른 의미의 편집력이 요구된다. 텍스트의 운동성을 부추기는 다양한 개입과 활동을 통상의 '편집력'과 구분하여 '출판력' 혹은 '마케팅력'[8]이라고 부르고 싶다. 또 전통적 의미의 편집력과 작품으로서의 책에 치중한 출판을 '선형적(linear) 출판', 그리고 출판력(마케팅력)에 의거해 복수적 층위의 다양한 콘텐츠를 생성해내는 출판을 '비선형적(non-linear) 출판'이라고 부르고 싶다. 선형적 출판이 예상한 만큼, 딱 그만큼의 기대를 충족시킴으로써 독자를 결코 놀라게 하지 않는 '무거운' 출판이라면, 비선형적 출판은 예측 불가능의 우발성으로 독자를 놀라게 하는 '가벼운' 출판이라고 할 수 있을 것이다.

콘텐츠는 인터넷이 우리 일상에 뿌리를 내리기 시작한 이후 본격적으로 사용되기 시작한 용어다. 인터넷이 등장하기 이전에 각각의 미디어는 분할된 미디어 영토 안에서 고유의 텍스트를 생산하면서

---

7 상호텍스트성(intertextuality) 개념에 따르면, 모든 텍스트는 다른 텍스트와의 관계 속에서 존재하며 서로 의존하는 관계다. 이 개념에 따르면 텍스트는 정적인 것이 아니라 동적인 것이며, 따라서 다양한 콘텐츠로 변형될 수 있는 잠재성을 가지고 있다. 이 잠재성을 현실화시키기 위해서는 텍스트의 운동성을 부추기는 다양한 개입과 활동 즉 콘텍스트 활동이 요구된다.

8 여기서 '마케팅력'(marketing power)이라 함은 책을 많이 파는 '세일즈 능력'을 의미하는 것이 아니라 말 그대로 '시장을 만들어내는 힘', '고객감동과 고객만족을 통해 고객관계를 구축해내는 힘'을 가리킨다. 좀더 구체적으로 말하면 커뮤니케이션을 통해 독자의 콘텐츠 생산 욕망을 부추김으로써 다양한 콘텐츠를 만들어내는 능력을 가리킨다.

(즉 출판은 책으로, 신문·잡지는 기사로, 방송은 프로그램으로) 자기를 재생산해 왔다. 이 텍스트의 세계에 일반대중은 생산자로 참여하기가 쉽지 않 았다. 작품성과 전문성을 요구하는 이 세계는 상대적으로 폐쇄적이 고 협소한 세계일 수밖에 없었다. 반면 콘텐츠의 세계는 생산자이면 서 사용자인 프로슈머가 존재하는 세계로, 텍스트에서 파생되어 나 온 무수한 콘텐츠(원심력이 작용한다)와, 텍스트가 될 가능성과 잠재성 을 갖고 있는 무수한 콘텐츠(구심력이 작용한다)가 나란히 공존하는 광 활한 세계다.[9]

웹의 등장이라고 하는 '사건'(웹 이전과 이후는 불연속과 단절이 있다는 점 에서 사건이라고 부를 만하다) 이전에는, 각각의 미디어는 강이나 하천을 흐르는 물과 같았다. 웹이라고 하는 미디어의 바다가 형성되자, 지류 의 텍스트들이 흐르고 흘러 넓고 평평한 콘텐츠의 바다에서 하나로 만나게 된 것이다. 수많은 물방울들 같은 다양한 콘텐츠가 공존하는 그 바다에서, 무수히 많은 콘텐츠들이 평등성을 전제로 자기 발언권 을 획득해나가고 있는 것이 지금의 미디어 환경이다.

여기서 말하는 평등성이 질적 차이가 없는, 즉 평균화되고 평준화 된 평등성이 아님은 물론이다. 여러 층위로 구성되어 있는 콘텐츠의 세계에서 사용자는 클릭을 통해 더 넓게, 더 깊게, 공간을 유영해 가 면서 자신이 원하는 콘텐츠를 향유한다. 그 어떤 콘텐츠도 사용자의 선택 대상에서 배제되지 않는다는 점에서, 사용자가 각자 자기 입맛

---

9 콘텐츠의 세계는 선형적인 세계가 아니다. 콘텐츠가 나란히 놓인다고 할 때 그것은 하나의 단 일한 층위에 콘텐츠가 병렬적으로 놓이는 그런 나란함을 의미하지 않는다. 여기서 '나란하다' 는 것은 존재론적으로 평등하다는 의미이며, 사용자는 중층적으로 구성되어 있는 콘텐츠 세계 의 각 층위들을 비약과 도약의 비선형적 방식으로 이동해가며 원하는 콘텐츠를 향유한다.

에 맞게 고를 수 있다는 점에서, 모든 콘텐츠는 평등한 것이다. "천 갈래로 길이 나 있는 모든 다양체들에 대해 단 하나의 똑같은 목소리가 있다. 모든 물방울들에 대해 단 하나의 똑같은 바다가 있다."[10]

작품은 열린 텍스트를 거쳐 콘텐츠를 낳는다

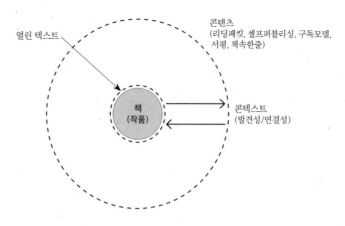

- 안으로 들어갈수록(←) : 유료/고가
- 밖으로 나갈수록(→) : 저가/무료

작품(책), 텍스트, 콘텐츠의 차이에 대해 좀더 구체적으로 살펴보기로 하자. 그림에서 보듯이 콘텐츠의 세계는 구형(球形)의 세계다. 그 세계는 모든 방향으로 열려 있는 다방향성의 세계고, 중층적 구조의 세계다. 사용자들은 도처에서 지식세계를 탐사해 들어간다. 콘텐츠

---

10 『차이와 반복』, 질 들뢰즈 지음, 김상환 옮김, 민음사, 2004, 633쪽.

세계의 한 가운데 밀도가 높은 작품으로서 책이 있다. 밀도가 높은 만큼 저자의 권위가 높을 수밖에 없다. 지금까지 출판은 이 작품을 팔아 (다시 말해 저자의 권위를 팔아) 사업을 영위해 왔다. 작품으로서의 책은 닫혀 있는 텍스트다. 이 닫혀 있는 텍스트가 열린 텍스트가 될 때 다양한 콘텐츠들이 만들어지면서 확장된 콘텐츠의 세계가 구성된다. 그림으로 알 수 있듯이, 내용물인 콘텐츠는 '작품'(책)에 비해 외연이 넓다. 얼마나 큰 구가 만들어지느냐는 콘텐츠 창출 능력 즉 콘텍스트 창출 능력에 달려 있다(실선이 아니라 점선으로 되어 있는 것도 그래서다). 위의 그림은 그 구형을 눌러 폈을 때의 평면(표면)이다. 2차원의 평면처럼 보이지만, 실은 깊이가 있는 3차원의 입체다.

텍스트는 근본적으로 간격, 간극, 여백 등의 속성을 갖고 있고, 독자들은 독서행위를 통해 이 여백이나 간극을 채워 나간다. 이 세상의 그 어떤 텍스트도, 콘텍스트를 떠나 홀로 완전한 텍스트는 없다. 텍스트는 콘텍스트와 함께일 때만 구체적이고 실질적인 의미를 갖는다. 텍스트가 외부에 대해 열려 있(어야 하)는 이유다. 책은 혼자 읽을 때, 함께 읽을 때, 강의를 들으면서 읽을 때, 각각 다른 색깔과 의미를 띤다. 텍스트를 가지고 특정한 조건이나 관계, 환경 속으로 들어가게 되면(독자와 커뮤니케이션을 하게 되면), 텍스트의 '여백'에 잉여적인 어떤 것이 만들어진다. 흔히 잉여적이라고 하면 어떤 부수적이거나 부차적인 것을 떠올리기 쉬운데, 이 잉여적인 것이야말로 독자의 욕망 자체고, 이 잉여로 인해 텍스트는 매번 그 의미를 새롭게 갱신하면서 다양한 콘텐츠를 만들어낸다. 따라서 출판의 능력은 텍스트에 잉여적인 것들을 얼마만큼 만들어낼 수 있느냐, 즉 콘텍스트 활동을 얼마나 다양하게 구성할 수 있느냐에 달려 있다고 할 수 있다.

결국 출판(업)을 한마디로 정의하면, "콘텍스트 활동에 기반해 콘텐츠를 만들어내는 업"이라고 할 수 있다. 그렇다고 할 때 에디터, 디자이너, 마케터의 업무를 정의하는 것도 달라질 수밖에 없다. 지금까지 에디터와 디자이너는 주로 책을 만들고, 마케터는 책을 파는 일을 해왔다면, 앞으로는 "책 안에서 그리고 책 밖에서" 독자에게 다양한 '말걸기'를 시도할 수 있고, 또 해야 하는 존재로 재정의할 수 있다. 어떤 콘텍스트(상황, 조건, 맥락) 속에 텍스트를 밀어넣느냐에 따라 다양한 콘텐츠가 만들어지기 때문이다. 지금까지는 "텍스트를 만들어, 얼마나 많이 팔 것인가"가 출판사의 생존을 가늠하는 잣대였다면, 앞으로는 "'텍스트를 가지고'(콘텍스트) 누구와 무엇을 할 수 있을 것인가"가 생존을 가늠하는 잣대가 될 것이다.

콘텍스트 활동은 다른 말로 커뮤니케이션 활동이다. 콘텐츠는 텍스트를 중심에 놓고 출판사·저자·독자가 '공동의'(communis) 활동을 '구성하는'(-ation) 영역에서 만들어진다. 텍스트를 갖고 어떤 방식으로, 어떤 강도로 커뮤니케이션하느냐에 따라 양적·질적으로 다양한 콘텐츠가 만들어지는 것이다. 이때 콘텐츠 생산자들은 텍스트를 원본으로 삼아 그것을 재현하는 것이 아니라, 텍스트를 매개로 새로운 것을 표현해내고 창조해낸다. 따라서 생산된 콘텐츠들의 밀도는 상이할 수밖에 없는데, 텍스트에 가까울수록 콘텐트의 밀도는 높고(텍스트성이 강하고), 텍스트에서 멀어질수록 콘텐트의 밀도는 낮다.

예를 들어, 하나의 작품으로서 책이 있다고 하자. 챕터를 분할해 판매한다면(대표적인 사례가 아마존의 '싱글즈'다), 이 콘텐츠는 텍스트(책)와의 거리가 가까운 곳에 위치할 것이다. 작품들을 챕터들로 분할한 다음 사용자가 이들 챕터들을 재조립해 다른 작품을 만들어내는 경우

(리딩패킷이 대표적인 사례다)는 저자와 작품의 동일성이 훼손된다는 점에서 챕터별 판매방식보다는 텍스트와의 거리가 좀더 멀다고 할 수 있을 것이다. 그 다음엔 요약본이, 그 다음엔 서평이……, 아마 한줄 서평 같은 것이 콘텐츠 분화의 끝단에 위치할 것이다. 전자책, 셀프퍼블리싱, 동영상 강의, 검색 서비스, 묻고 답하기 서비스 등등 상상 가능한 콘텐츠들이 텍스트의 분화물로서 끊임없이 생성될 것이고, 이러한 분화(미분)의 과정에서 생성된 이질적인 분화물들은 다시 서로 뒤섞이면서(적분) 콘텐츠 바다의 '여백'을 풍요롭게 채워나갈 것이다.

이런 식으로 콘텍스트와 커뮤니케이션 운동을 통해 콘텐츠는 증식해나갈 것이고, 운동의 활성도가 크면 클수록 콘텐츠의 세계는 그만큼 풍부해지고 넓어질 것이다. 우리가 텍스트로부터 멀어지는 원심력 활동을 얼마나 활발하게 구성할 수 있느냐에 앞으로의 출판의 성패가 달려 있다고 할 수 있을 것이다. 그러나 현실은 반대다. 지금 출판계에는 미래에 대한 불안으로 손에 쥐고 있는 것을 놓지 않으려는 심리가 팽배해 텍스트의 '고유성'(완결성·폐쇄성) 즉 '책'을 강하게 주장함으로써 사업의 차별성을 드러내고 그 차별성으로 수익모델을 유지하려는 경향을 보이고 있다. 하지만 우리가 책의 고유성을 강하게 주장하면 할수록(책을 꼭 부여잡고 놓지 않으면 않을수록), 콘텐츠의 세계는 점점 더 빈곤해질 수밖에 없다. 우리가 책에 집착할수록 그만큼 사용자는 소외와 불편을 느낄 것이고, 이는 다시 사용자의 능동적 참여를 차단하는 효과를 낳아, 늘 소수의 저자만이 작품으로서의 책을 만들어낼 수 있는 좁고 폐쇄적인 시스템으로 출판계가 짜여질 것이기 때문이다.

음악의 생산·유통을 둘러싸고 소니와 애플이 보여준 태도가 단적인 예다. 분야가 다른 음반의 사례를 출판에 그대로 적용하는 것은 일반화의 오류라고 주장하는 사람도 있지만, 음반이든 영화든 책이든, 모든 텍스트가 똑같이 0과 1의 비트로 분해·결합되는 디지털의 세계에서 모든 콘텐츠는 같은 일관성의 평면 위에 놓여 있다고 봐야 한다.

소니가 워크맨으로 한때 세계를 주름잡았던 전자회사라면, 애플은 아이팟과 아이폰으로 지금 세계를 주름잡고 있는 컴퓨터회사다. 소니가 작품으로서의 음악텍스트를 음반에 담아 판매하는 음반회사라면, 애플은 스트리밍 방식으로 음악콘텐츠를 서비스하는 플랫폼기업이다. 두 기업은 음악산업에서 웹 이전과 이후를 대표하는 기업이다(물론 애플은 단순한 음악기업이나 컴퓨터기업이 아니라 콘텐츠의 모든 것을 자사 플랫폼상에서 서비스하려는 플랫폼기업이지만). 웹은 텍스트의 형태가 아니라 콘텐츠의 형태로 음악대중이 언제 어디서나 음악을 들을 수 있는 조건을 만들어냈다. 음악이 웹 공간을 자유자재로 흘러다니는 데 유일한 걸림돌이 있다면, 그것은 저작권 문제뿐이었다. 자신이 텍스트기업이기도 한 소니가 음악저작권 문제 해결에 소극적이었던 반면, 플랫폼기업인 애플에게 음악저작권 문제는 기업의 사활이 걸린 중대한 문제였던 만큼 그 해결에 적극적일 수밖에 없었고, 결국 해법을 찾아냈다. 음악저작권을 놓고 보인 두 회사의 텍스트적 관점과 콘텐츠적 관점의 차이는 두 회사가 떠나온 지점이 어디이며 어디를 향해 가는지 그 차이를 극명하게 보여주었으며, 음악대중은 결국 콘텐츠 플랫폼기업인 애플의 손을 들어주었다.

소니와 애플의 사례로 알 수 있듯이, 우리는 책(작품)으로부터 멀어짐으로써 책을 해방시켜야 한다. 책에 달라붙어 있으면 책만 보이지만, 떨어져서 보면 텍스트와 텍스트를 둘러싼 다양한 관계와 세계가 보인다. 책으로부터 멀어져야 한다는 말은 책을 가볍게 여기라거나 무시하라는 말이 아니라 책을 작품세계에 가둬놓지 말고 독자와의 관계 속으로 밀어넣음으로써 텍스트 본래의 의미대로 열린 텍스트 세계에 자리하게 만들자는 말이다. 책의 중요성은 아무리 강조해도 지나치지 않다. 좋은 콘텐츠는 좋은 책, 좋은 텍스트에서 나오기 때문이다. 집착과 집중을 혼동하지 말자는 얘기고, 차별화된 텍스트를 만들어내는 활동을 더욱 강화하되, 책의 세계에 갇히지 말자는 얘기다. 결국 차별화된 텍스트를 기반으로 얼마나 많은 콘텐츠를 만들어낼 수 있느냐에 출판의 미래가 달려 있다고 할 수 있다.

열린 텍스트, 대중지성의 세계

소셜미디어가 등장하기 전까지 책은 독자와 독자 사이를 흘러넘치면서 운동하는 매체라기보다는 개인 차원에서 소비되는 '사적 미디어'의 성격이 강했다. 그러나 미디어 환경의 변화로 블로그, 페이스북, 트위터 등의 '개인 미디어'가 등장하고 개인미디어가 소셜네트워크를 타고 소셜미디어로 전화한 지금, 책의 운동성은 그 어느 때보다 활발해질 가능성이 크다. 이 가능성을 현실성으로 만들어내야만 출판은 성장의 동력을 확보할 수 있다. 콘텐츠는 텍스트의 활발한 운동 속에서, 즉 사람과 사람, 텍스트와 텍스트가 만나는 다양한 배치 속에서 우발성에 의한 증식의 방식으로 만들어진다. 앞의 그림에서 텍스트를 둘러싼 부분이 실선이 아닌 점선으로 되어 있는 것도, 텍스트와 콘텐츠 간 경계를 허물고 양방향으로 자유자재로 넘나들 수 있어야 함을 의미한다. 출판사·저자·독자의 욕망이 거리낌없이 부딪치는 그런 과정을 통해 다양한 콘텐츠가 만들어지는데, '원소스멀티유즈'의 진정한 의미도 바로 이것일 것이다.

우리는 원소스멀티유즈 하면 게임이나 드라마, 영화, 해외판권 수출 등을 떠올린다. 물론 이것도 원소스멀티유즈의 좋은 사례. 그러나 한 해 만들어지는 4만 종이 넘는 단행본 중에서 이런 식의 멀티유즈에 성공한 사례가 얼마나 되는가. 극히 제한적인 장르에서 제한적인 타이틀만이 제한적인 방식으로 성공할 수 있는 사례를 '전략'이라는 이름으로 일반화시킬 수는 없을 것이다. 책이 열린 텍스트로서 운동하는 과정에서 생성되는 다양한 콘텐츠야말로 우리가 채택할 수 있는 '일반전략'으로서의 원소스멀티유즈일 것이다. 그렇다고 하면, 원소스멀티유즈는 '원소스멀티콘텐츠' 혹은 '원북멀티콘텐츠', '원텍스트멀티콘텐츠'라고 불러도 좋을 것이다.

앞의 그림에서 화살표가 양쪽으로 나 있는 것도 눈여겨볼 필요가 있다. 이 쌍방향성은 출판사와 독자가 서로를 감염시키는 공동의 활동을 의미하며, 텍스트에서 콘텐츠로, 콘텐츠에서 텍스트로의 변용 가능성을 의미한다. 출판사는 책을 중심으로 다양한 콘텍스트 활동 즉 커뮤니케이션을 기획·실행함으로써 독자와 만나 뒤섞이고, 외부의 독자 또한 커뮤니케이션이라는 출판사와의 공동의 활동을 통해 점점 내부의 텍스트를 향해 움직여 들어간다. 단순화시켜서 말하자면 한줄 구매후기를 쓰던 독자가 서평을 쓰거나, 출판사에서 개설한 강의를 듣거나, 북클럽 활동을 하거나, 독서토론 모임을 갖거나(예전에 근무하던 출판사에서 독자 대상의 공부모임을 진행한 적이 있는데, 3개월의 이 과정이 끝난 다음 독자들은 자발적으로 독서토론 모임을 만들었다), 독자편집위원 활동 등을 하면서 점점 밀도가 높은 공동활동을 구성해간다. 책에 갇힌

(텍스트로의 변용이 불가능한) 세계에서는 운동의 방향은 대개 일방향성 (프로모션)을 띠고 콘텐츠 생산 또한 극히 제한적이지만, 열린 텍스트의 세계에서는 독자와 출판사가 쌍방향 커뮤니케이션을 통해 다양한 콘텐츠를 함께 만들어낸다. 이를 '대중지성의 세계'라 불러도 좋을 것이다.

책과 콘텐츠는 가격 면에서도 차이를 낳는다. 사실 책의 가격 결정 메커니즘은 단순하다. 독자가 인지하는 책의 가치를 가격의 상한선으로 하고 원가를 하한선으로 해서 예상 판매량과 시장 평균가격을 참조하여 책정하면 큰 문제가 없다. 독자들도 작품으로서의 책을 구매하는 데 큰 저항감이 없다.

그러나 콘텐츠가 되면 얘기가 달라진다. 우선 대부분의 콘텐츠는 웹으로 생산·유통된다. 무료 콘텐츠도 적지 않다. 이 지점에서 가격을 둘러싸고 출판사와 독자 간에 긴장관계가 형성된다. 물론 커다란 원칙은 있다. 위에서 언급한 대로 콘텐츠의 가격은 책에 가까울수록 고가의 유료 모델이 될 것이고, 책으로부터 멀어질수록 저가이거나 무료가 될 것이다. 어느 지점에 위치하느냐 따라 각각의 콘텐츠들 가격이 결정될 것이다. 블로그에 쓴 글이 한 권의 책으로 묶이는 사례는 콘텐츠와 책의 가격 책정 메커니즘을 잘 보여준다. 대개 블로그에 쓴 글은 공짜다. 그러나 이 콘텐츠가 한 권의 책으로 묶여 출판되면, 독자들은 기꺼이 돈을 지불하고 그것을 구매한다. 앞으로 출판사들이 다양한 콘텐츠 사이에서 어떤 가격전략을 구사할지 많은 시사점을 주는 부분이라고 하겠다.

책과 콘텐츠를 구별한다는 것은 생산자와 사용자의 상호주도성이 발현되는 방식으로 출판의 판이 새로 짜여진다는 것을 의미하며, 그것은 지금까지 출판을 떠받쳐온 4P의 툴을 혁신적으로 바꿔야 한다는 것을 의미한다. 앞에서도 말했지만, 책이 냇물이나 강물에 해당한다면 콘텐츠는 바다에 해당한다. 냇물이나 강물이 필연의 공간이라면 바다는 우연의 공간이라고 할 수 있다. 냇물과 강물은 간혹 범람하기도 하지만, 대개 정해진 물길을 따라 흐른다. 반면 바다는 모든 냇물이나 강물이 모여드는 공간인 만큼 온갖 이질성이 뒤섞이는 광대한 공간이다. 이용자들은 자신이 갖고 있는 스마트폰, PC, 태블릿PC 등의 다양한 디바이스를 이용해 이 광대한 바다를 표류하지 않고 자유로이 유영한다.

이제 출판사들은 웹사이트를 다시 사고해야 한다. 지금까지 운영해 오던 웹사이트가 냇물이나 강물에 적합한 사이트였다면, 앞으로의 사이트는 바다에 걸맞은 사이트여야 한다. 즉 지금까지 운영해 오던 사이트가 책 중심의 닫힌 공간에 적합한 것이었다면, 앞으로의 사이트는 콘텍스트 활동을 받쳐주는 콘텐츠 중심의 열린 공간에 적합한 것이 되어야 한다. 그러기 위해서는 웹사이트에 쌍방향 활동이 가능한 다양한 장치를 도입해야 한다. 한 시대가 가고 있다. 텍스트와 콘텐츠를 구분한 상태에서 웹상에서 둘을 섞어낼 수 있을 때, 우리는 '이후'의 출판 역사를 새로 써나갈 수 있을 것이다.

콘텐츠서비스기업이 되려면 플랫폼은 필수

웹은 0차원의 세계여서 지식의 차별성과 희소성을 주장하기가 만만치 않다. 그곳은 신간, 구간의 구분도 없다. 신간이 신간 대접을 받기가 쉽지 않은 것이다. 모든 것이 신간이고 모든 것이 구간이다. "죽은 구간이 산 신간을 쫓아내는" 일이 빈번히 일어난다. 지식과 정보의 생산·유통 속도도 지금의 출판 감각으로 따라가기엔 너무 빠르다. 더 심각한 것은 이런 흐름을 바꿔놓기에는 출판사들의 역량이 한계에 부닥쳤다는 사실이다. 오랫동안 신체가 베스트셀러 만들기에 굳어진 출판사들은 콘텐츠 생산력이 매우 빈약하다. 지금 상황에서 생존을 해나갈 수 있는 방법은 역설적이지만 베스트셀러를 내는 방법 외에는 없다. '베스트셀러의 악순환'. 예전이나, 지금이나, 앞으로나, 출판의 모든 가능성은 베스트셀러 그것 하나뿐일까. 차라리 콘텐츠 공급자가 아니라 베스트셀러 공급자로 자신을 포지셔닝하는 게 맞지 않을까. 1년에 베스트셀러가 수천 종 탄생하는 구조에서 출판을 한다면 이런 낭만적인 생각도 그리 해롭지는 않을 것이다.

뉴퍼블리싱 시대에 출판기업은 어떻게 사업을 전개해야 할까. 구체적인 정책을 수립하기에 앞서, 방향을 다시 검토해볼 필요가 있다. 방향을 잡을 때 출판사들이 범하는 오류가 있다. 출판사의 내적 역량을 주요변수로 놓고 방향을 고민하는 경우가 많다는 것이다. 그러나 방향은 시대가 지시 혹은 명령하는 바로서, 전체 미디어 환경의 변화를 고려하여 잡아야 한다. 방향은 순전히 출판사가 결정하는 것처럼 보일지 몰라도, 기실 시대가, 즉 독자의 니즈(욕망)가 요구하고 명령하는 측면이 더 크다. 우리가 가야 할 방향은 당연히 책을 만들어 파는 제조업체가 아니라 콘텐츠 서비스기업이다.

콘텐츠 서비스업자가 되기 위해서는 질도 질이지만, 양이 중요하다. 콘텐츠 서비스업자라 함은 텍스트는 말할 것도 없고, 콘텐츠 일반에 대한 높은 수준의 장악력을 전제로 한다. 그동안 상당수 출판인들이 자신들이 콘텐츠에 대한 지배력을 가지고 있다고 착각했다. 그러나 출판사가 갖고 있던 것은 콘텐츠 일반에 대한 장악력이 아니라 종이책(닫힌 텍스트)에 대한 장악력이었다. 텍스트와 콘텐츠는 전혀 다른 것인데도 동일한 것으로 착각했던 것이다. 우리가 책(작품)의 생산에만 몰두하면서 콘텐츠 사업을 하고 있다고 착각하는 한, 콘텐츠 시장에서 경쟁우위를 점할 가능성은 거의 없다. 변화된 미디어 환경에서는 누구나 콘텐츠에 관심을 갖는다. 콘텐츠에 대한 확고한 지배력을 통해 플랫폼 시대의 주역이 되려는 것이다. 포털 사이트는 말할 것도 없고, 그밖의 많은 미디어 관련 기업들, 심지어 서점들도 콘텐츠 장악력을 높이기 위해 전사적인 힘을 쏟고 있다. 서점의 경우, 아마존이나 교보, 예스24의 사례로 알 수 있듯이, 출판사에서 공급받는 콘텐츠를 유통시키는 역할을 넘어 직접 출판사를 차리거나 오픈 퍼블리싱 시스템 등을 통해 독자적으로 콘텐츠를 생산 유통시키려 한다.

시장적 관점에서 이종업종간의 경쟁이 치열한 만큼 상황이 쉽지는 않다. 게다가 콘텐츠 서비스 분야는 지금까지 출판사들이 별로 해보지 않은 분야다. 텍스트(책)를 만들어서 팔아본 제조업체로서의 출판사 경험은 많지만 콘텐츠를 서비스해본 경험은 거의 없다. 선뜻 나서기가 어려운 길이다. 콘텐츠 서비스업이란 유저들이 원하는 콘텐츠를 플랫폼을 통해 언제, 어디서나, 그들이 원하는 방식으로 제공하는 업태를 가리킨다. 웹의 등장으로 가능해진 업태라고 할 수 있다.

콘텐츠 서비스기업이 되기 위해서는 웹을 다시 사고해야만 한다. 웹의 세계에서 콘텐츠가 뒤섞일 수 있다는 말은 미디어들도 서로 뒤섞일 수 있다는 것을 의미한다. 지금까지 미디어 간의 경계가 분명했다면, 이제는 이것들이 마구 뒤섞인 속에서 출판을 해나가야 하는 것이다. 경쟁의 틀도, 룰도 다 바뀔 수밖에 없다. 위기일 수도 있고, 기회

일 수도 있다. 서점이 해야 할 일, 출판사가 해야 할 일, 포털이 해야
할 일이 따로 있지 않다. 서점도 유통업체를 탈각하고 미디어 기업이
되려 하고 있는 마당에 '책을 만들어서 파는 제조업자'로 자신을 포
지셔닝하는 것은 너무 나이브한 생각이고, 스스로 능력없음을 드러
내는 태도다.

웹이 요구하는 일반성의 바다에서 출판이 할 수 있는 것을 새로 만
들어내야 한다. 지금까지 책이라는 특정 범주 내에서 출판의 주제와
과제를 정하고 이를 사업화해 왔다면, 앞으로는 경계와 영역을 가로
지르면서 무수히 생성되는 콘텐츠를 사업의 주제와 과제로 삼아야
한다. 해야 할 일은 플랫폼 구축과 콘텐츠 확보다.

막막한 것 같지만, 우리에겐 충분한 잠재성이 있다. 지금까지 우리
는 책을 만들어, 서점을 통해 유통시키고, 독자들을 상대로 다양한 프
로모션 활동을 해오면서 콘텐츠 서비스기업이 되기 위한 나름의 훈
련을 해왔다. 이제 필요한 것은 텍스트에서 콘텐츠로의 관점 이동이
고, 그것을 구현할 플랫폼의 구축이다.

플랫폼이란 인풋과 아웃풋이 완결적으로 이루어지는, 즉 '생산-유
통-소비'가 완결적으로 이루어지는 산업의 체계나 시스템을 가리키
는 말이다. "플랫폼이란 공급자와 수요자 등 복수그룹이 참여해 각
그룹이 얻고자 하는 가치를 공정한 거래를 통해 교환할 수 있도록 구
축된 환경이다. 플랫폼 참여자들의 연결과 상호작용을 통해 진화하
며, 모두에게 새로운 가치와 혜택을 제공해 줄 수 있는 상생의 생태계
라고 말할 수 있다."[11]

---

11 『플랫폼이란 무엇인가』, 노규성 지음, 커뮤니케이션북스, 2014, 5~6쪽.

플랫폼은 더 이상 선택이 아니라 필수다. 물론 플랫폼 없이도 출판을 할 수는 있다. 그러나 이때 출판은 책에 고정된 출판일 뿐이다. 언제 어디서나 불러오기도 어렵고, 해체나 재조립도 어려운 책은 웹의 감각과 감성에 맞지 않는다. 웹은 책이 아니라 콘텐츠를 원하며, 책출판이 아니라 콘텐츠출판을 원한다. 콘텐츠는 책과 달리 고정되어 있지 않고 링크를 타고 끊임없이 흘러다니며 증식된다. 플랫폼이 없으면 콘텐츠 생성의 과정과 결과를 담아낼 수도, 보여줄 수도, 이용할 수도 없다. 플랫폼이 있고 없고는 차이가 크다. 전문검색 하나만 예로 들어보자. 플랫폼이 없으면 어디에서 전문검색을 하게 할 것인가. 전문검색이 된다는 것은 구독료를 받고 콘텐츠를 서비스를 함으로써 수익을 올릴 수 있다는 얘기다. 물론 포털사이트에 유료로 전문검색권을 줄 수는 있을 것이다. 그러나 이 경우의 문제는 얼마의 수익을 낼 수 있을지는 차치하고라도, 콘텐츠 간의 시너지 효과를 전혀 기대할 수 없다는 것이다. 책을 팔고 마는 데 그쳤던 것처럼 콘텐츠를 제공하고 마는 데 그치게 될 가능성이 크다.

이제 출판은 플랫폼 이전의 출판과 이후의 출판, 둘로 크게 나뉜다. 전자가 대의 방식의 출판이라면, 후자는 직접 방식의 출판이다. 플랫폼이 없는 경우 유통과 소비는 당연히 외부에 의존할 수밖에 없다. 지금 출판이 내리막길을 걷고 있는 것은 출판의 대의 방식이 한계에 부닥쳤음을 말해준다. 지금까지는 대의 방식만이 가능했다면, 앞으로는 대의 방식과 직접 방식 모두가 가능하다. 이것은 출판의 힘이 그만큼 확장된다는 것을 의미한다.

지금까지 우리는 '출판의 힘'을 오로지 매출 크기만으로 재는 경향이 있었다. 그러나 출판의 힘이 커진다는 것은 매출뿐만 아니라 지식이 다양한 방식으로 생산·유통·소비되는 것을 의미한다. 출판의 사업모델 역시 총체적인 의미에서 출판의 힘이 확장되는 그런 방향으로 설계되어야 한다. 출판사가 지금까지 지식의 생산에만 주력한 채 유통과 소비는 외부에 의존했다면, 앞으로는 생산·유통·소비의 전 과정에 보다 적극적이고 직접적으로 개입할 필요가 있다. 웹 이전이나 이후를 막론하고 장사나 사업의 기본은 똑같다. 사람들은 특정 공간에 모여서 이야기를 나누고 싶어하고, 그곳을 장터 삼아 물건을 사고팔기를 원한다. 자사 사이트를 플랫폼화하여 사람들로 넘쳐나게 만들어야 한다. 책이 과거의 것이라면, 플랫폼과 콘텐츠는 현재의 것이며 미래의 것이다. 우리는 과거의 것이 아니라 미래의 것을 들고 길을 나서야 한다.

플랫폼이라고 해서 어렵게 생각할 건 없다. 지금 출판사들이 운영하는 홈페이지에 들어가면 책목록 외엔 볼 게 별로 없다. 듣고 싶은 이야기도, 내 얘기를 들어줄 상대도 없다. 재미있을 리가 없다. 볼 게 많고 재미있는 사이트를 어떻게 만들 것인가. 책만으로는 한계가 있을 수밖에 없다. 다양한 콘텍스트 활동을 통해 책을 열린 텍스트로 만들고 그를 통해 생성된 다양한 콘텐츠들이 운동하게 만들어야 한다. 작은 규모의 출판사로서는 부담되는 일이다. 독자적으로 하기 어렵다면 지향이 같거나 성격이 맞는 네다섯 군데 출판사가 모여 '공동 플랫폼'을 운영하는 것도 한 방법일 것이다. 기존에 지출하던 비용을 투자화시키는 것도 한 방법이다. 예를 들면 서점에 집중되어 있던 마케팅 인력과 비용을 자사 플랫폼 개발 쪽과 겹치게 만드는 식이다(사실 지금은 관리해야 할 서점이 많지도 않다). 단기간에 눈에 띄는 효과를 보긴 힘들겠지만, 자사 플랫폼에 책을 둘러싸고 진행했던 각종 이벤트·

프로모션·커뮤니케이션의 '흔적'들을 콘텐츠의 형태로 하나하나 차곡차곡 쌓아가면 점점 살이 붙어갈 것이다.

플랫폼을 통해 콘텐츠가 생산·유통·소비되고 저자·독자와 직접적 커뮤니케이션이 가능한 네트워크를 만드는 일은 하루아침에 되는 일이 아니다. 날아오르기 위해서는 긴 활주로를 달리면서 속력을 높여 가야만 한다. 당장 돈이 안 된다고, 눈앞의 것을 하기에도 힘이 벅차다는 이유로 미루거나 방기해선 안 된다. 플랫폼은 선택이 아니라 필수다. 니체는 말했다. "포기하는 자들의 위험 ──너무 좁은 욕망의 기초 위에 삶을 세우지 않도록 조심해야 한다."[12]

콘텐츠 서비스기업으로서 갖춰야 할 전문플랫폼의 상(像)은 이렇다. 수많은 유저가 플랫폼에 접속해 서로 이야기를 나누고 커뮤니티 활동을 할 수 있는가. 유저가 궁금해 하는 것을 편리하게 찾아볼 수 있도록 전문검색을 제공할 수 있는가. 또 검색의 결과가 충분히 만족을 줄 수 있을 만큼 전문성이 있는가. 모바일을 위시해서 유저들이 갖고 있는 여러 가지 디바이스로 언제 어디서나 플랫폼에 접속해 종이책, 전자책, 오디오북, 강의나 교육 등의 출판사 콘텐츠를 구매·사용할 수 있는가. 유저에게 적절한 기간(6개월, 1년 등)의 구독료를 받고 콘텐츠를 통째로 제공할 수 있는가, 자사 목록을 교육기관 등이 커리큘럼으로 사용하게 할 수 있는가, 자사 목록을 기반으로 독자적인 교육 서비스를 제공할 수 있는가, 양질의 콘텐츠를 기반으로 광고 유치가 가능한가.

한마디로 콘텐츠 서비스기업이 되기 위해서는 전문성에 기반한

---

12 『인간적인 너무나 인간적인 Ⅱ』, 프리드리히 니체 지음, 김미기 옮김, 책세상, 2002, 192쪽.

차별화된 콘텐츠가 풍부해야 하고, 효율적인 플랫폼이 있어야 한다. 책 몇 종 내고 베스트셀러로 만들기 위해 출판사가 가진 역량을 다 쓰는 한, 콘텐츠 서비스기업의 길은 물 건너 간다고 보면 맞다. 그 길은 콘텐츠 서비스기업으로 가는 길과는 정반대로 나 있는 길이기 때문이다.

위기와 기회는 반복된다

위기(crisis)는 예고 없이 찾아온다는 점에서 '언제든 일어날 수 있는' 위험한 상황을 의미한다. '언제든 일어날 수 있다'는 점에서 일상은 언제나 위기와 나란히 가는 한짝이다. 그러나 우리는 덮쳐오는 순간에만 위기를 인식하고, 따라서 위기를 특정 국면에서 특수하게 나타나는 비일상적 사건으로 받아들이는 경향이 있다. 물론 1990년대 중반 이후로 출판계는 늘상 위기를 입에 달고는 살았다. 하지만 대개는 "단군 이래의 최대 불황"이라는 식의 과장된 수사적 방식으로 두루 뭉슬하게 다뤘다는 점에서 위기를 일상으로 살아내진 못했다고 할 수 있다. 쉽게 말해 책이 안 팔리고 매출이 떨어지면 그때마다 그걸 싸잡아서 동어반복적으로 위기라고 말했던 것뿐이지, 그 위기의 원인을 미디어적 관점, 콘텐츠적 관점, 저자적 관점, 독자적 관점 등 다양한 지점에서 진단하고, 낡은 모델을 대체할 새로운 모델의 구상으로까지 확장하진 못했다는 얘기다.

사실 지금의 출판모델이 너무 낡았다는 것을 증거하는 예는 너무 많아서 일일이 열거할 수 없을 정도다. 지난 10년 넘게 왜 매출은 제자리걸음인가. 반품율은 왜 줄어들지 않고 낮아진 공급률은 왜 다시 오르지 않는가. 절판되는 책은 아직도 왜 그리 많은가. 소수의 베스트셀러 작가 외에는 전업작가로 살기가 왜 그리 힘든가. 번역서 로열티는 왜 점점 높아지며, 번역자 구하기는 왜 그리 어려운가. 책의 수명은 왜 갈수록 짧아지는가. 청년실업 문제가 심각한데도 출판계는 신규인력 구하기가 왜 이리 어려운가……. 사태가 이런데도 우리는 낡은 모델을 쉽게 떠나지 못하고 있다. 어떤 것에 붙박여 쉽게 떠나지 못한다는 것은, 위기를 위기로 보지 못한다는 것이고, 이는 위기를 거부하는 것과 마찬가지다. 그러나 아무리 거부해도 위기는 찾아온다. 우리의 무능력과 게으름을 비웃기라도 하듯 말이다.

이제는 위기에 대해 구체적으로 묻고 답해야 한다. 위기(危機)란 위험(危險)과 기회(機會)의 뜻을 모두 내포하고 있는 말이다. 위기에 대처한다는 것은 위험을 최소화하고 새로운 기회를 창출하는 것을 가리킨다. 작금의 상황은 출판의 운명을 절망으로 바꿀 수도 있지만, 효과적으로 대처하면 희망의 계기를 만들어낼 수도 있다. crisis라는 단어가 갖고 있는 의미의 결을 살펴보면 위기가 갖는 풍부한 함의를 알게되고, 그 다양한 함의 속에서 우리는 위기를 호기로 바꿀 어떤 실마리를 찾을지도 모른다. crisis의 형용사형 critical에는 '위태로운' '비판적인' '(앞으로의 상황에 영향을 미친다는 점에서) 대단히 중요한' '결정적인' '비평적인' 등등의 뜻이 있다. crisis는 이런 여러 가지 뉘앙스를 함축하고 있는 단어다. 위기라는 단 한마디로 표상되는 현재 우리 출판의 모습 속에는 critical이 지시하는 이런 여러 가지 뜻이 모두 들어 있으며, 그런 점에서 출판은 '위기산업'이라고 해도 좋을 것이다.

무엇보다 지금 출판은 구조적이고 장기적인 데다 쉽게 탈출구가 보이지 않는 공황(crisis)의 양상을 보이고 있다는 점에서, '위태로운'

상황에 처해 있다. 그것이 구조적인 것은 미디어 지형 자체가 변하고 있기 때문이고, 그것이 장기적인 것은 10년 넘게 매출과 이익이 지속적으로 하락하고 있기 때문이며, 탈출구가 별로 보이지 않는 것은 출판계가 과거의 연장선상에서 출판을 동일한 패턴으로 반복하면서 '이후'의 방향을 잡지 못하고 있기 때문이다.

그러나 위기가 반드시 부정적인 것만은 아니다. 한계상황은 그에 대한 반응으로 위기의식을 낳고, 위기의식은 '비판'(criticism)을 낳으며, 이 비판으로 우리는 위기에 대응할 수 있는 현실적 힘을 얻기 때문이다. 이 비판의 힘을 출판 패러다임을 바꿔내는 '결정적인'(critical) 힘으로 전화시킬 수 있을 때, 우리는 '임계점'(critical point)을 넘어 출판의 새로운 가능성의 지대로 나아갈 수 있다. 이런 점에서 위기와 한계는 양면성을 갖는다. 위기는 기회이기도 하고, 한계는 확장의 계기이기도 한 것이다. 사실 확장은 한계를 부단히 지워나가는 과정이고, 따라서 한계가 없다면 확장도 없다. 위기를 발명해내고 그것을 넘어선다는 것은 성공을 끊임없이 연장해나간다는 얘기와도 같다. 성공에 안주하는 한 그것은 필연적으로 위기를 불러오고, 결국 실패로 귀결될 수밖에 없다. 무엇보다 출판은 존재론적으로 위기와 더불어서만 성립하는 업종이다. 지식과 사유를 다루는 미디어가 출판인데, 지식이나 사유가 매번 스스로를 진부하게 만듦으로써 새롭게 갱신되지 않는다면 어떻게 출판이 성립할 수 있겠는가. 스스로를 끊임없이 '위기적'(critical) 상황으로 몰아넣지 않고서 출판이 어떻게 자기 존재를 증명할 수 있겠는가.

출판은 존재론적으로 위기산업일 수밖에 없다고 했을 때, 임계점이나 임계상태(criticality)는 '결정적 순간에 딱 한번 찾아오는' 어떤 것이 아니라, 일상을 살면서 우리가 '매번, 매순간 만들어내야' 하는 어떤 것이 된다. 1의 임계점을 넘어 2로, 2의 임계점을 넘어 3으로……, 우리는 임계점을 만들어내고 그것을 넘어서는 과정을 끊임없이 반복해야 하는 것이다. 중요한 건 누구에게나 동일하게 적용되는 정해진 임계점 같은 건 없다는 사실이다. 각자가 처한 조건에 따라 수백 수천의 다른 임계점들이 존재한다. 자신의 임계점을, 자신이 처한 조건에서, 자신의 방식으로 넘어가야 하는 것이다. 무엇보다 '일정한 양이 축적되어야 질적 전환'이 일어난다는 그릇된 믿음에서 벗어날 필요가 있다. 양의 축적과는 상관없이 질적 전환은 언제든 시도할 수 있고, 또 일어날 수 있는 것이다. 매출이 적다거나 사람이 부족하다는 등의 이유로 지금 해야 할 일을 미루거나 방기해선 안 된다. 출판사는 플랫폼 성격의 웹사이트를 지금 당장 운영해야 한다. 거대 플랫폼 입장에서 보면 가소로울지도 모르지만, 우리는 우리의 조건에서, 우리의 방식으로, 우리가 할 수 있는 만큼의 질적 전환을 시도해야 한다. 멈추지 말고 계속 진화해 가야 한다. 저자·독자와 서로를 감염시켜 가면서 매순간 변화하고 달라지는, 영원한 진행형의 플랫폼으로 만들어 가야 한다.

출판이 존재론적으로 위기산업일 수밖에 없다는 말은 출판에 어떤 완성되고 고정된 모델이 없다는 말과 같다. 전자책이 처음 등장했을 때 종이책의 운명을 놓고 벌어진 '논쟁 아닌 논쟁'은 이제 종이책과 전자책의 공존을 얘기하는 것으로 바뀌었고, 또 다른 미래에 전자책과 대결하는 새로운 매체가 등장하면 우리는 또 다시 전자책의 운명을 놓고 '논쟁 아닌 논쟁'을 벌일 것이다.

"출판은 종이책산업이다", "출판은 전자책산업이다", 이런 식으로 우리가 출판을 정의할 때, 그것이 의미하는 바는 출판이라는 주어는 오직 술어로서 종이책 혹은 전자책만 가질 수 있다는 의미는 아니다. "나는 가수다"라고 할 때 그 '나'가 오로지 '가수'일 리만은 없지 않은가. '나'는 누구의 친구이기도 하고, 아들이기도 하고, 화가이기도 하고, 직장인이기도 하다. '나'라는 속성과 '가수' '친구' '화가' '직장인'이라는 속성이 상황과 배치에 따라 가변적으로 맺어지는 것처럼, 출판도 '출판'이라는 속성과 '종이책' '전자책' '콘텐츠' '플랫폼' 등의 속성이 서로 이웃하고 있으면서 그때그때 배치에 따라 가변적으로 맺어지는 것일 뿐이다.

출판의 모든 형식은 변하게 마련이다. 출판을 둘러싸고 만들어진 생산의 모델, 유통의 모델, 소비의 모델은 만들어지고, 변형되고, 폐기되고, 다시 만들어지는 과정을 반복한다. 이 말은 우리는 필연적으로 위기와 기회를 반복할 수밖에 없으며, 성공과 실패를 반복할 수밖에 없다는 얘기와도 같다. 위기 탈출에 성공했다고 생각하는 순간, 새로운 이질적인 것이 나타나 성공을 무위로 돌리고, 그에 따라 우리는 새로운 위기에 빠져들고, 그 실패 속에서 다시 새로운 성공의 가능성을 모색한다. 이것이 되풀이되는 것이다. 이런 점에서 보자면 출판의 위기론과 기회론은 같은 얘기일 뿐이다. 우리는 반복되는 위기와 기회 앞에서 다만 매번 다시 새롭게 시도할 수 있을 뿐이다. publication, publishing이라는 단어로도 알 수 있듯이, 출판은 명사일 때조차 동사적 의미를 갖고 있지 않던가.

이제 우리는 출판의 '비평가'(critic)가 되어야 한다. 촉발된 위기 속에서 비평가의 섬세한 시선은 현실의 표층(종이책, 전자책)을 뚫고 내려가, 출판이 딛고 서있는 토대(근본)를 묻는 지점으로까지 가닿는다. 출판의 비평가는 그 깊고 섬세한 시선으로 출판의 토대 밑을 떠받치고 있는 '출판의 힘'을 발견해냄으로써 매번 새로운 토대와 형식을 발명해내는 것을 자기 임무로 하는 존재다.

참고문헌

Principles of Marketing(14th Edition), Philip Kotler · Gary Armstrong, PEARSON, 2012.

『코틀러의 마케팅원리』*Principles of Marketing*, 필립 코틀러 · 개리 암스트롱 지음, 안광호 · 유창조 · 전승우 옮김, 시그마프레스, 2012(제14판), 2015(제15판).

『개념-뿌리들』, 이정우 지음, 그린비, 2012.

『고쿠분 고이치로의 들뢰즈 제대로 읽기』(ドゥルーズの哲學原理), 고쿠분 고이치로 지음, 박철은 옮김, 동아시아, 2015.

『기획의 정석』, 박신영 지음, 세종서적, 2013.

『끌리는 컨셉의 법칙』, 김근배 지음, 중앙북스, 2014.

『나의 문화유산답사기 1』, 유홍준 지음, 창비, 1993.

『대학·중용』(大學·中庸), 이세동 옮김, 을유문화사, 2015.

『로지컬 씽킹』*Logical Thinking*, 테루야 하나코 · 오카다 케이코 지음, 김영철 옮김, 일빛, 2002.

『보이지 않는 고릴라』*The Invisible Gorilla*, 크리스토퍼 차브리스 · 대니얼 사이먼스 지음, 김명철 옮김, 김영사, 2011.

『사건의 철학』, 이정우 지음, 그린비, 2011.

『설득의 심리학』*Influence*, 로버트 치알디니 지음, 이현우 옮김, 21세기북스, 2002.

『세계의 엘리트는 왜 이슈를 말하는가』*Issue Driven*, 아타카 가즈토 지음, 곽지현 옮김, 에이지21, 2014.

『세상 모든 CEO가 묻고 싶은 질문들』, IGM세계경영연구원 지음, 위즈덤하우스, 2013.

『손자병법』, 손자 지음, 김원중 옮김, 글항아리, 2011.

『인간적인 너무나 인간적인 II』*Menschliches, Allzumenschliches*, 프리드리히 니체 지음, 김미기 옮김, 책세상, 2002.

『인문학 개념정원』, 서영채 지음, 문학동네, 2013.

『일급 비평가 6인이 쓴 매혹의 인문학 사전』, 고모리 요이치 외 지음, 송태욱 옮김, 앨피, 2009.

『제로 투 원』*ZERO to ONE*, 피터 틸·블레이크 매스터스 지음, 이지연 옮김, 한국경제신문, 2014.

『좋은 컨셉은 어떻게 만들어지는가』, HR institute 지음, 양영철 옮김, 거름, 2005.

『차라투스트라는 이렇게 말했다』 프리드리히 니체 지음, 김미기 옮김, 책세상, 2002.

『차이와 반복』*Différence et Répétition*, 질 들뢰즈 지음, 김상환 옮김, 민음사, 2004,

『철학의 주요개념』, 백종현 지음, 서울대학교 철학사상연구소, 2004.

『컨테이저스:전략적 입소문』*Contagious: Why Things Catch On*, 조나 버거 지음, 정윤미 옮김, 문학동네, 2013.

『포지셔닝』*Positioning*, 잭 트라우트·알 리세 지음, 안진환 옮김, 을유문화사, 2004.

『플랫폼이란 무엇인가』, 노규성 지음, 커뮤니케이션북스, 2014.

『피상성 예찬』*Lob der Oberflächlichkeit*, 빌렘 플루서 지음, 김성재 옮김, 커뮤니케이션북스, 2006.

『2015 한국출판연감』, 대한출판문화협회, 2015.

찾아보기